权威·前沿·原创

皮书系列为
“十二五”“十三五”国家重点图书出版规划项目

中国社会科学院创新工程学术出版项目
北京市哲学社会科学规划办公室资助出版

京津冀蓝皮书
BLUE BOOK OF
BEIJING-TIANJIN-HEBEI

京津冀发展报告（2017）

ANNUAL REPORT ON BEIJING-TIANJIN-HEBEI METROPOLITAN REGION DEVELOPMENT REPORT (2017)

协同发展的新形势与新进展

祝合良　叶堂林　张贵祥 等 / 著

社会科学文献出版社
SOCIAL SCIENCES ACADEMIC PRESS (CHINA)

图书在版编目(CIP)数据

京津冀发展报告. 2017：协同发展的新形势与新进展／祝合良等著. --北京：社会科学文献出版社，2017.6

（京津冀蓝皮书）

ISBN 978-7-5201-0964-2

Ⅰ.①京… Ⅱ.①祝… Ⅲ.①区域经济发展-研究报告-华北地区-2017 Ⅳ.①F127.2

中国版本图书馆CIP数据核字（2017）第132751号

京津冀蓝皮书

京津冀发展报告（2017）

——协同发展的新形势与新进展

著　　者／祝合良　叶堂林　张贵祥 等

出 版 人／谢寿光

项目统筹／恽　薇　高　雁

责任编辑／王玉山

出　　版／社会科学文献出版社·经济与管理分社（010）59367226

地址：北京市北三环中路甲29号院华龙大厦　邮编：100029

网址：www.ssap.com.cn

发　　行／市场营销中心（010）59367081　59367018

印　　装／北京季蜂印刷有限公司

规　　格／开 本：787mm×1092mm　1/16

印 张：22.75　字 数：344千字

版　　次／2017年6月第1版　2017年6月第1次印刷

书　　号／ISBN 978-7-5201-0964-2

定　　价／89.00元

皮书序列号／PSN B-2012-262-1/1

京津冀蓝皮书编委会

方创琳　中国科学院地理科学与资源研究所研究员、区域与城市规划设计研究中心主任、博士生导师

董锁成　中国科学院地理科学与资源研究所知识创新基地首席研究员，博士生导师，区域生态经济研究与规划中心主任

石敏俊　中国人民大学教授、博士生导师

郝寿义　天津滨海综合发展研究院院长、南开大学教授、博士生导师

周立群　南开大学滨海开发研究院院长、教授、博士生导师

王立国　天津市社会科学院副院长、研究员

王天伟　天津市发改委经济研究所所长、研究员

赵　弘　北京市社会科学院副院长、研究员

刘云中　国务院发展研究中心发展战略和区域经济研究部第二研究室主任、研究员

连玉明　北京国际城市发展研究院院长、研究员

蒋三庚　首都经济贸易大学特大城市经济社会发展研究院副院长、教授、博士生导师

武义青　河北经贸大学副校长、教授

张　贵　河北工业大学教授、博士生导师

沈体雁　北京大学中国区域经济研究中心常务副主任、政府管理学院教授、博士生导师

张耀军　中国人民大学人口与发展研究中心教授、博士生导师

主要编撰者简介

祝合良（主编）

经济学博士，首都经济贸易大学经济学院教授，博士生与博士后导师，产业经济学学科负责人，科研处处长。同时兼任中国流通研究院院长，中国品牌研究中心主任、中国黄金研究中心主任。商务部特聘流通专家、品牌专家，中国流通三十人论坛（G30）成员，中国商业史学会副会长，北京市顺义区政府品牌顾问等。主要研究领域和方向：产业经济、流通经济、品牌经济与黄金经济。已主持国家社会科学基金、国家自然科学基金、北京市社科基金等10项纵向项目和商务部、工信部、北京市商委、北京市顺义区政府等委托的13项横向项目，参与各种课题16项。出版各类著作32部，发表论文120多篇，其中多项成果获奖。专著《中国期货市场的规范与发展》，2014年获北京市第十三届哲学社会科学优秀成果一等奖；主编的《中国品牌发展报告（2006）》，2009年获教育部颁发的第五届高等学校科学研究优秀成果奖（人文社会科学）三等奖；主编的《现代商业经济学》（第1版）和《品牌创建与管理》获北京市精品教材奖。曾获北京市属“高等院校拔尖创新人才”、“长城学者”等称号和首都劳动奖章。

叶堂林（副主编）

经济学博士，首都经济贸易大学城市经济与公共管理学院教授、硕士生导师、北京市经济社会发展政策研究基地执行主任。北京市属市管高校学术中青年骨干，首都经济贸易大学首批经贸学者、区域经济后备学科带头人、校优秀中青年骨干教师，北京市自然科学基金评审专家，北京市科委入库评审专家等。多次获北京市委组织部“北京市优秀人才”培养资助。主要从事京津冀协同发展、首都经济圈的研究与教学工作。主持、参与完成了国家级、省部级项目10余项，专著7部，发表核心期刊以上论文40多篇，撰写了多篇国家级内参和成果要报，有关研究成果多次获中央领导和北京市领导的重要批示。首都经济贸易大学优秀主讲教师，多次获首都经济贸易大学优秀教学效果奖。主持省部级课题有：北京社会科学基金面上项目“‘十二五’期间京津冀产业升级整合研究”（09BFJG269）、北京社会科学基金特别委托项目“北京城市功能疏解与首都圈城镇体系研究”（13JDCSD003）等。专著有：《京津冀都市圈理论与实践的新进展》（2009）、《“十二五”时期京津冀发展研究》（2010）、《世界贸易组织规则下我国农业保护政策研究》（2011）、《京津冀产业发展升级研究》（2011）、《京津冀发展报告（2014）——城市群空间优化与质量提升》（2014）、《北京建设世界城市与京津冀一体化发展》（2014）、《京津冀协同发展的基础与路径研究》（2015）等。

张贵祥（副主编）

理学博士，首都经济贸易大学城市经济与公共管理学院教授，区域经济学专业博士生导师，中国自然资源学会资源经济专业委员会副秘书长，中国区域科学协会理事，北京市属市管高校中青年骨干教师，教育部人文社科基金、中国科学院博士后科学基金项目评审专家。主要从事区域规划、生态城市规划、首都城市与京津冀都市圈、生态区位与水生态补偿等研究和教学工作。近几年主持了教育部人文社会科学基金、北京市自然科学基金、北京市哲学社会科学基金等省部级课题5项，主持北京市委组织部优秀人才资助项目、市教委人文社科项目、市社科联课题3项，主持大兴区城市化发展规划、朝阳区促进人口资源环境相协调问题研究、北京市取水许可与水资源有偿使用制度调研与评估课题3项。发表学术论文60余篇，2013年专著《首都跨界水源地经济与生态协调发展模式与机理》荣获北京市第十二届哲学社会科学优秀成果二等奖。

摘　要

京津冀协同发展上升为国家战略已经三周年，2017 年 2 月 23 日习近平总书记在北京考察并发表重要讲话，4 月 1 日雄安新区正式设立，标志着京津冀协同发展和非首都功能疏解已经进入更高层次的发展阶段。京津冀协同发展在非首都功能疏解、交通一体化发展、生态环境保护、产业升级转移等方面取得了显著进展，但也存在着一些症结与障碍，如“一亩三分地”的思维定式尚未完全打破、协同发展的体制机制及非首都功能疏解的配套政策等仍需进一步完善。本书在全面梳理京津冀协同发展进展与成效的同时，通过构建数理模型、运用指数对京津冀协同发展的现状水平进行定量测度，试图找出协同发展过程中的短板，并提出相应的对策建议。

本书以研究“京津冀协同发展的新形势与新进展”为主题，构建了发展、协同、生态文明、人口发展和企业发展五大指数，并运用构建的指标体系对京津冀协同发展的进展进行测度与评价，由总报告、分报告、专题报告共 12 篇报告内容组成。总报告系统梳理了自京津冀协同发展上升为国家战略以来，在非首都功能疏解、交通一体化发展、生态环境保护、产业升级转移等方面取得的显著进展，得出基本判断和找出问题的症结所在，并提出相应的对策建议。在协同进展方面，当前京津冀协同发展规划蓝图已经绘就，协同发展迈入新阶段；非首都功能疏解有序推进，“大城市病”有所缓解；交通一体化建设成效显著，“1 小时交通圈”正在形成；生态环境保护力度加大，联防联控机制日益完善；产业转移对接步伐加快，产业空间布局得到优化；创新平台建设稳步推进，创新协同效果显著；公共服务一体化成效显现，地区间差距逐步缩小；市场一体化进程全面提速，要素流动日益频繁。在基本判断方面，本书通过构建数理模型、运用指数对京津冀协同发展的现状水平进行定量测度，得出的基本结论是：在综合发展指数方面，北京总体最强，天津支撑力增长迅猛，河北辐射力快速上升；在协同发展指数方面，总体协同程度呈上升趋势，生态环境和社会保障是短板；在生态文明指数方面，北京总体最高，天津生态保护水平上升最快，河北资源利用水平最高；在人口发展指数方面，三地人口发展指数有所上升，京津石三足鼎立态势已确立；在企业发展指数方面，北京企业整体实力最强，天津研发转化优势明显，河北商贸物流优势显著。分报告由综合发展指数研究、协同发展指数研究、生态文明指数研究、人口发展指数研究和企业发展指数研究五个专题报告组成，对京津冀协同发展新进展进行了测度与评价，包括总体水平、发展趋势、内部结构以及得分排名等。专题报告分别对京津冀三地进行综合发展指数研究，并针对重点领域进行了专项分析。

本书的主要建树：

第一，进行了京津冀综合发展指数研究，构建了以支撑力、驱动力、创新力、凝聚力和辐射力“五力”为基本框架、由5个二级指标和33个三级指标组成的测度指标体系，并分别通过规模指标与人均指标对京津冀经济社会发展总体水平及发展特征进行综合测度，得出以下几点结论：从总体发展水平看，北京核心地位稳固，津冀差距呈缩小趋势；从支撑力看，北京实力最强，天津增长迅猛；从驱动力看，北京领先，但增速下降，河北与京津差距较大；从创新力看，北京创新优势明显，津冀创新力有所提升；从凝聚力看，北京呈下降态势，天津平稳上升，河北明显不足；从辐射力看，北京最强，河北快速上升，天津有待提升。本研究提出的对策建议：坚持以创新驱动发展为主线，以非首都功能疏解带动三地转变经济发展方式；坚持以绿色协调发展为保障，助力建设京津冀世界级城市群；坚持以开放共享发展为目标，优化津冀综合发展环境。

第二，进行了协同发展指数研究，采用了定基指数方法，综合运用直接数据、间接数据和全口径大数据，从协同能力、协同行为、协同绩效三个方面，构建了3个二级指标和13个三级指标，对2005～2014年京津冀三地协同发展指数进行了分析，得出的结论是：京津冀协同发展程度总体呈上升趋势，三地协同发展的基础不断稳固，企业对协同行动的贡献最大，但协同绩效需要进一步提升，并就此提出了相应的对策建议。

第三，进行了生态文明指数研究，通过构建评价指标体系，分析了2011～2015年京津冀三地生态文明建设的进展、特点和不足。研究得出的结论是：京津冀三地的生态文明水平在不断提高，呈现北京最高、天津次之、河北较低的总体格局。对北京市来说，其生态文明水平总体上升明显，但在资源利用和环境治理方面相对不足。对天津市来说，与北京基本保持同趋势上升，生态保护水平提升较快，资源利用水平下降明显。对河北省来说，其生态文明水平与京津两市之间的差距较大，经济增长质量和环境质量是河北生态文明水平的相对短板，但进步速度较快。

第四，进行了人口发展指数研究，构建了人口活力、人口结构、生命质量3个二级指标和11个三级指标运用层次分析法对京津冀“2＋11”城市的人口发展指数进行测算。研究得出，北京、天津、石家庄三地人口发展能力处于领先地位，但京津冀人口发展内部不平衡趋势凸显；同时，人口活力与人口结构波动较大，生命质量格局较为稳定。人口年龄结构不断老化，北京市、天津市和河北省在人口增长、受教育水平、居民健康水平等诸多方面存在明显的差别。同时，从“内卷化”的人口流动模式、促进人口均衡发展、发挥区域中心城市的辐射作用、提升生态环境质量等角度提出了相关对策建议。

第五，进行了企业发展指数研究，采用企业大数据对京津冀三地的企业发展实力、活力和创新力进行测度，并进行行业及重点地区分析。得出基本结论：从企业综合实力来看，北京最强、天津其次、河北较差；从行业来看，京津冀地区发展基础较好的行业为批发和零售业、科学研究和技术服务业、租赁和商业服务业、制造业等；从地区创新水平来看，北京科学研究和技术服务业创新能力最强，天津科学研究和技术服务业、制造业等行业创新能力较强，河北批发和零售业、制造业、租赁和商业服务业等行业创新能力较强。在此基础上提出了三方面对策建议：一是北京应依托具有产业优势、技术优势和重大战略价值的前沿领域，打造科技创新中心和创新策源地；二是天津应面向国际、借势北京、立足自身，打造全国先进制造业研发转化基地；三是河北应落实国家重大战略、承接非首都功能、发挥现有产业优势，实现跨越式发展。

第六，针对主要问题，提出相应对策。本书综合五大指数及对京津冀三地和重点领域的研究，认为京津冀目前存在的主要问题是协调共享体制尚未完全形成，导致区域协同缺乏持续动力；配套政策不完善，导致功能疏解区疏解动力不足；生态保护机制薄弱，导致环境问题缺乏长效管控；产业梯度落差较大，导致产业协同缺乏必要基础；行政主导因素过强，导致优质要素分布不均。为此，本书提出五点思路与对策：一是建立协同发展的制度框架体系和区域协调机制；二是尽快完善功能及产业疏解的跨区域配套政策；三是尽快完善多元化的生态补偿机制；四是打造中国参与国际竞争的世界级产业集群；五是重点加强公共服务领域的社会政策对接。

本书是京津冀三地作者通力合作的智慧结晶。作者是来自首都经济贸易大学、国务院发展研究中心、中国人民大学、河北经贸大学、天津行政学院等单位的专家学者。本书为北京市哲学社会科学基金项目“首都发展研究报告（2017）——京津冀协同发展的新形势与新进展”（项目编号：16JDYJB040）和北京市教委创新团队项目“京津冀产业协同发展研究”的阶段性成果，获得北京市经济社会发展政策研究基地、首都经济贸易大学特大城市研究院都市圈研究中心资助。

Abstract

The policy of Beijing-Tianjin-Hebei collaborative development has become national strategy for three years. General Secretary of the Communist Party of China, Xi Jinping visited Beijing and delivered an important speech on 23rd February, 2017. When the Xiongan New Area was established officially on 1st April, Beijing-Tianjin-Hebei collaborative development and alleviating non-capital functions has entered higher development stage. Although Beijing-Tianjin-Hebei collaborative development has made significant progress in alleviating non-capital functions, the integration of transportation development, ecological environment protection, industrial upgrading and transfer, etc. , there are also some problems and obstacles. For example, thinking set of administrative division has not broken completely. Also, the collaborative development mechanism and policies of alleviating non-capital functions will still need to be improved. Based on introduction of the progress and effect of Beijing-Tianjin-Hebei collaborative development comprehensively, it is trying to find out disadvantages in the progress of collaborative and put forward the corresponding countermeasures and suggestions through measuring the status quo of Beijing-Tianjin-Hebei collaborative development using the mathematical models and the indicator systems.

This book consists of general report, sub-reports, special topic reports, amounting12 chapters of 3 parts as the theme of the new trends and progress of Beijing-Tianjin-Hebei collaborative development. It is established five indicator systems as development, coordination, ecology, civilization, population and enterprise. In the General report, it is exploring the significant progress in alleviating non-capital functions, traffic integration development, ecological protection and industrial upgrading and transfer since the policy of Beijing-Tianjin-Hebei collaborative development has become to national strategy. Then, it is concluded the basic judgment, find out the crucial problems and put forward the corresponding countermeasures and suggestions. About the progress of collaborative development, the current blueprint of Beijing-Tianjin-Hebei collaborative development has been drawn up which means that the collaborative development has entered a new age. Specifically, non-capital function has been alleviated effectively which promote to relieve metropolitan disease. It is remarkable that "one-hour-commuter circle" is forming as traffic integration. The ecological environment protection has been intensified and Joint prevention and control mechanisms have been improved. The pace of industrial transfer and docking is accelerating and the layout of industrial space is optimized. The innovation platform has been steadily promoted and the innovation synergy has been remarkable. The integration of public services has been achieved and the gap between regions has narrowed gradually. The process of market integration has been accelerated and the factors flow has become more frequent. In terms of the basic judgement, some conclusions have been drawn up by measuring the status quo of the Beijing-Tianjin-Hebei collaborative development through establishing mathematical models and using the indicator systems. As the comprehensive development indicator system shows that, the total score of Beijing is highest, the supporting force of Tianjin is growing rapidly and the economical radiation of Hebei is rising quickly. As the collaborative development indicator system shows that, the overall synergy level is improving, whereas the ecological environment and social security are short boards. As the ecological development indicator system shows that, the total score of Beijing is highest, the level of ecological protection of Tianjin is improving most rapidly and the level of resources utilization is highest. As the population development indicator system shows Beijing, Tianjin and Shijiazhuang has kept in balance. As the enterprises development indicator system shows that, the enterprises strength of Beijing is strongest, the advantage of research transfer into produce in Tianjin is obvious and superiority of commerce logistics in Hebei is significant. Sub-reports consist of Development indicators research, Collaborative indicators research, Ecological civilization indicators research, Population development indicators research and Enterprises development indicators research. Based on clarified the research ideas, the principles of establishing indicators systems and calculation methodology respectively, Beijing-

Tianjin-Hebei collaborative development was analyzed with multiple perspectives using the calculation outcomes which included the overall level, development trends, the internal structure and the score rankings. Special topic reports focuses on comprehensive indicators research of Beijing-Tianjin-Hebei.

The main contributions and viewpoints are as follows:

1. Beijing-Tianjin-Hebei Development indicators systems have been researched to establish "Five forces": the supporting force, the driving force, the innovative force, the social cohesion and the economical radiation as the framework. The indicators systems were composed of five composite indicators and thirty-three relative indicators. According to the analysis of Development indicators of the scale level and the per capita level, the following preliminary conclusions have been drawn. From the perspective of development level, the core status of Beijing is still stable, while the gap between Tianjin and Hebei has been shrunk. According to the supporting force indicators, the scores of Beijing is highest and growing fast in Tianjin. In term of the innovative force indicators, there are significant innovation advantages in Beijing. From the perspective of the driving force, Beijing is in the lead but the growth rate is declining, whereas the score of Hebei is far from Beijing and Tianjin. The innovation of Tianjin and Hebei has been improved. From the perspective of the social cohesion, the scores of Beijing have been declining, whereas the scores of Tianjin is rising steadily and present inadequate significantly in Hebei. Based on scores of the economical radiation, the highest scores have been kept in Beijing. The scores of Hebei are rising rapidly, while it is need to be promoted in Tianjin. The countermeasures of this research have been proposed as follows. It should adhere to the development of innovation-driven development as the mainline and transform the mode of economic development in Beijing, Tianjin and Hebei through alleviating non-capital functions. We will adhere to the concepts of "Green" and "coordination development" as a guarantee for the construction of a world-class city cluster in the Beijing-Tianjin-Hebei region. Also, it is necessary to adhere to the goal of "Opening up" and "Sharing" and optimize the integrated development environment for the region.

2. Based on the fixed base index, Beijing-Tianjin-Hebei Collaborative

Development indicators system was included three composite indicators and thirteen relative indicators from three items of collaborative ability, collaborative behavior and collaborative performance by direct, indirect and whole caliber big data. Through analyzing Beijing-Tianjin-Hebei Collaborative Development indicators of Beijing, Tianjin and Hebei from 2005 to 2015, it is concluded that the collaborative level keep in rising and the basis of collaborative development has been strengthening in Beijing-Tianjin-Hebei. Enterprises' contribution to the collaborative action is the largest, but it is necessary to further enhance the collaborative performance and puts forward the corresponding countermeasures and suggestions.

3. The Ecological Civilization indicators system has been establishedto analyze the progress, features and shortcomings of ecological civilization in Beijing, Tianjin and Hebei from 2011 to 2015. It is concluded that the level of the ecological civilization has been improved increasingly which resulted in overall patterns as the best in Beijing and the lowest in Hebei. For Beijing, the overall level of ecological civilization has risen, but it is relatively short of resource utilization and environmental management. For Tianjin, the trend of maintaining as same trend as Beijing has been rising, the level of ecological protection has increased rapidly and the utilization of resources has decreased significantly. For Hebei, the gap of the ecological civilization level between Beijing and Tianjin is still large. The quality of economic growth and environmental quality are the short boards of Hebei, but it is making a great progress.

4. The Population Development indicators system has been established including three composite indicators as population viability, population structure andlife quality and eleven relative indicators as the population development capability indicators system. It was contributing to monitor population status and development trends in cities of Beijing, Tianjin and Hebei. It is concluded that it is keeping the leading position of the population development abilities in Beijing, Tianjin and Shijiazhuang, but the trends of internal imbalance of the population development is even more prominent. At the same time, the population vitality and the population structure fluctuate greatly, whereas the life quality degree is relatively stable. Accompanying by an ageing population structure, there are

significant differences in the population growth, education level and residents' health level, etc. in Beijing, Tianjin and Hebei. The countermeasures and suggestions have been put forward from the population flow model as involution, promoting the population development in balance, playing the role of radiation of regional central cities and improving the ecological environment quality.

5. Enterprise Development indicators system has been established including three composite indicators as enterprise strength, vitality and innovation. It is concluded that from the overall strength of the enterprise, Beijing is the strongest, Tianjin is second and Hebei is inferior. From the industry, the industries keeping better development basic in the Beijing-Tianjin-Hebei region are wholesale and retail trade, scientific research and technical services, leasing and business services, manufacturing, etc. From the regional innovation level, the innovation ability of science and technology service industry in Beijing is the strongest, scientific research and technical services in Tianjin is better and manufacturing industries, wholesale and retail, manufacturing, leasing and business services industries in Hebei keep a strong innovation ability. Countermeasures and suggestions hasbeen put forward from the three aspects. Firstly, Beijing should build scientific and technological innovation center and innovation center relying on the competitive industries, technology and major strategic frontier field of value. Secondly, Tianjin should build a national manufacturing and transformation base on advanced manufacturing and oriented towards the international community with advantages of Beijing. Thirdly, Hebei should implement the national key strategies, undertake non-capital functions, give full play to the existing industrial advantages and realize leap-forward development.

6. Aimed to the main problem, appropriate countermeasures have been proposed. Combing five indicators systems and Beijing-Tianjin-Hebei comprehensive indicators, the main existing problems in Beijing-Tianjin-Hebei are as follows. Firstly. collaborative and sharing mechanism has not yet fully formed resulted in lack of sustainable motivation of regional synergy. Secondly, the lack of supporting policies leads to insufficient capacity in the dissolving area. Thirdly, weak ecological protection mechanisms resulted in a lack of long-term control over environmental issues. Fourthly, the industrial gradient is so low that the industrial

cooperation lacks the necessary foundation. Lastly, the administrative dominance factors are too strong which leads to the uneven distribution of quality factors. Therefore, five countermeasures have been put forward in the general report. Firstly, it is important to establish the collaborative development systematic framework and regional synergy mechanism. Secondly, it is necessary to improve across regions policies of alleviating functions and industries as soon as possible. Thirdly, it should put emphasis on enhancing the diverse ecological compensation as soon as possible. Fourthly, it should build world-class international competitive industries cluster of China. Last but not least, it is crucial to strengthen the implementation of the social policies in public service field.

This book is the fruit of the wisdom of experts and scholars from Beijing, Tianjin and Hebei. The authors are experts and scholars who are mainly form Capital University of Economics and Business, Development Research Centre of the State Council, Renmin University of China, Hebei University of Economics and Business and Tianjin Administrative Institute. The book is the stage result for following projects: "Capital Development Report—The New Trends and Progress of Collaborative Development Indicators Research (Project No. 16JDYJB040) as Project of the Social Science Foundation of Beijing and "Industrial Collaborative Development in Beijing-Tianjin-Hebei as Innovation Research Team Project of Beijing Municipal Education Commission. It is also funded by Beijing Economic and Social Development Policy Research Base and The Metropolitan Area Research Center affiliated with Academy of Metropolis Economic and Social Development of Capital University of Economics and Business.

目　录

Ⅰ　总报告

Ⅱ　分报告

Ⅲ 专题报告

CONTENTS

I General Report

II Sub-reports

Ⅲ Special Topic Reports

总 报 告

General Report

B.1

京津冀协同发展的新形势与新进展*

摘 要： 2017年2月23日，习近平总书记在北京考察并发表重要讲话，4月1日雄安新区正式设立，标志着京津冀协同发展和非首都功能疏解已经进入更高层次的发展阶段。京津冀协同发展在非首都功能疏解、交通一体化发展、生态环境保护、产业升级转移等方面取得了显著进展，具体表现为：规划蓝图已经绘就，协同发展迈入新阶段；非首都功能疏解有序推

* 本文为北京市哲学社会科学基金项目"首都发展研究报告（2017）——京津冀协同发展的新形势与新进展"（项目编号：16JDYJB040）、北京市教委创新团队项目"京津冀产业协同发展研究"、北京市科委软课题"基于大数据的京津冀企业创新发展能力分析"（项目编号：Z171100003217012）的阶段性成果；获北京市经济社会发展政策研究基地、首都经济贸易大学特大城市研究院都市圈中心资助。

[作者简介] 叶堂林，首都经济贸易大学城市经济与公共管理学院教授、经济学博士，北京市经济社会发展政策研究基地执行主任；祝合良，首都经济贸易大学科研处处长、教授、博士生导师；潘鹏，首都经济贸易大学城市经济与公共管理学院硕士生。

进，“大城市病”有所缓解；交通一体化建设成效显著，“1小时交通圈”正在形成；生态环境保护力度加大，联防联控机制日益完善；产业转移对接步伐加快，产业空间布局得到优化；创新平台建设稳步推进，创新协同效果显著；公共服务一体化成效显现，地区间差距逐步缩小；市场一体化进程全面提速，要素流动日益频繁。本书通过构建数理模型、运用指数对京津冀协同发展的现状水平进行定量测度，得出基本判断：在综合发展指数方面，北京总体最强，天津支撑力增长迅猛，河北辐射力快速上升；在协同发展指数方面，京津冀总体协同程度呈上升趋势，生态环境和社会保障是短板；在生态文明指数方面，北京总体最高，天津生态保护水平上升最快，河北资源利用水平最高；在人口发展指数方面，三地人口发展指数有所上升，京津石三足鼎立态势已确立；在企业发展指数方面，北京企业整体实力最强，天津研发转化优势明显，河北商贸物流优势显著。但京津冀协同发展也存在一些症结与障碍，如协调共享体制尚未完全形成，导致区域协同缺乏持续动力；配套政策不完善，导致功能疏解区疏解动力不足；生态保护机制薄弱，导致环境问题缺乏长效管控；产业梯度落差较大，导致产业协同缺乏必要基础；行政主导因素过强，导致优质要素分布不均。在此基础上本文提出了相应的对策建议，如建立协同发展的制度框架体系和区域协调机制；尽快完善功能及产业疏解的跨区域配套政策；尽快完善多元化的生态补偿机制；打造中国参与国际竞争的世界级产业集群；重点加强公共服务领域的社会政策对接。

关键词： 京津冀 协同发展 指标体系 指数

京津冀协同发展上升为国家战略已经三周年，2017 年 2 月 23 日，习近平总书记在北京考察并发表重要讲话，4 月 1 日雄安新区正式设立，标志着京津冀协同发展和非首都功能疏解已经进入更高层次的发展阶段。京津冀协同发展在非首都功能疏解、交通一体化发展、生态环境保护、产业升级转移等方面取得了显著进展，但也存在一些症结与障碍，如“一亩三分地”的思维定式尚未完全打破、协同发展的体制机制及非首都功能疏解的配套政策等仍需进一步改善。本文在全面梳理京津冀协同发展进展与成效的同时，通过构建数理模型、运用指数对京津冀协同发展的现状水平进行定量测度，试图找出协同发展过程中的短板，并提出相应的对策建议。

一　主要进展与基本成效

（一）规划蓝图已经绘就，协同发展迈入新阶段

2014 年习近平总书记发表“2・26”讲话，标志着京津冀协同发展上升为国家重大战略。三年来，关于京津冀协同发展目标与定位、战略重点与实施路径等方面的一系列规划相继出台，为区域协同绘就了一张目标明确的发展蓝图，京津冀协同发展的顶层设计已经基本完成。

1. 规划战略陆续出台，协同任务日益明确

2015 年 4 月 30 日，《京津冀协同发展规划纲要》（简称《规划纲要》）经中央政治局会议审议通过，标志着京津冀协同发展进入全面推进重点突破的关键阶段。《规划纲要》明确了京津冀协同发展的方向及发展重点，围绕交通、产业、生态三大重点领域出台了一系列的规划。

发展规划方面。2017 年 4 月 1 日，中共中央、国务院决定设立雄安新区，标志着京津冀区域已经进入更高水平的协同发展阶段，这对解决北京“大城市病”，集中疏解北京非首都功能，探索人口经济密集地区优化开发新模式，调整优化京津冀城市布局和空间结构，培育创新驱动发展新引擎，具有重大现实意义和深远历史意义。2016 年 2 月，《“十三五”时期京津冀

国民经济和社会发展规划》由国家发改委印发实施，其中进一步明确了京津冀未来五年的重点任务，包括创新发展、转型升级、互联互通、绿色发展、共享发展、文化传承创新、依法行政、开放发展、深化改革等，构建了一个目标一致、层次明确、互相衔接的协同发展规划体系。此外，《京津冀协同发展土地利用总体规划（2015～2020年）》《京津产业新城总体规划（2016～2030年）》（草案）等涉及区域发展总体规划的文件政策也已陆续出台。2017年3月28日，《北京城市总体规划（2016～2030年）》（草案）公布，落实首都城市战略定位、加快疏解非首都功能、科学配置资源要素等成为北京未来发展的重点。

重点领域方面。在交通发展方面，2015年《推进京津冀交通一体化率先突破的实施方案》正式下发，明确了交通一体化建设目标，京津冀交通发展互联互通新格局谋定起笔。在环境保护方面，2015年《京津冀协同发展生态环境保护规划》出台，从国家层面首次为京津冀地区划定了生态红线。在产业发展方面，陆续出台了《京津冀自助旅游发展总体规划》《京津冀地区快递服务发展"十三五"规划》《京津冀商贸物流协调发展规划》等具体规划，使产业协同在各领域稳步推进。

法制建设方面。2017年2月，《京津冀人大立法项目协同办法》基本确立，在交通、环保、产业等领域，为京津冀协同发展的推进提供了强有力的法律支撑和立法保障。三地协同立法实现了从松散到紧密、从单一到统筹、从口头到制度的转变，在顶层设计和制度安排上实现了全面突破。

2. 合作协议陆续落地，协同发展加速推进

围绕《京津冀协同发展规划纲要》，三年来三地签订的一系列战略合作协议已成为京津冀协同发展的重要推动力。以2014年为例，京津冀三地通过园区共建、加强科技协作等方式，从实体经济、创新驱动等方面，为推进京津冀协同发展有序进行提供动力。2014年7月，北京、河北以园区合作为载体，签署了《共同打造曹妃甸协同发展示范区框架协议》《共建北京新机场临空经济合作区协议》《共同推进中关村与河北科技园区合作协议》等，从实体经济发展层面，为推进京津冀协同发展奠定了基础；8月，北京、天津签署了《共建滨海—中关村科技园合作框架协议》《关于共同推进天津未来科技城京津合作示范区建设的合作框架协议》等；10 月，京津冀三地签署了《京津冀智能制造协作一体化发展大联盟》框架协议等。除此之外，2014 ~2017 年，京津冀三地继续在区域共建、产业协作、交通建设、生态保护、文化创新、市场合作、人才交流、社会保障等领域深化合作，三地联系更加紧密，互动态势日益高涨。各领域合作协议具体见表 1 -1。

表 1 -1　2014 ~2017 年各领域推进京津冀协同发展签署的有关协议

类型	协议名称
区域共建	《推进通武廊战略合作发展框架协议》《推进京津冀开发区协同发展战略合作框架协议》《共同打造曹妃甸协同发展示范区框架协议》《共建北京新机场临空经济合作区协议》《共建滨海—中关村科技园合作框架协议》《共同推进中关村与河北科技园区合作协议》《关于共同推进天津未来科技城京津合作示范区建设的合作框架协议》
产业协作	《京津冀三地渔业协同发展合作框架协议》《京津冀现代农业协同发展规划(2016 ~2020 年)》《京津冀休闲农业协同发展框架协议》《全面支持林业发展战略合作框架协议》《京津冀信息化协同发展合作协议》《京津冀协同制造工业云战略合作框架协议》《京津冀农业技术推广战略合作协议》《共同推进物流业协同发展合作协议》
交通建设	《京津冀口岸深化合作框架协议》《民航局关于推进京津冀民航协同发展的意见》《交通一体化合作备忘录》《共同成立京津冀城际铁路投资公司合作协议》《河北机场管理集团有限公司委托首都机场集团公司管理协议书》《京津冀船检机构协同发展合作备忘录》
生态保护	《共同推进京津冀协同发展生态率先突破的框架协议》《京津冀区域环境保护率先突破合作框架协议》《京津冀清洁生产协同发展战略合作协议》《散煤清洁化治理协议》《共同加快张承地区生态环境建设协议》《关于进一步加强环境保护合作的协议》
文化创新	《京津冀协同创新发展战略研究和基础研究合作框架协议》《京津冀新闻出版广播影视协同创新战略框架协议》《京津冀残疾人文化体育发展框架协议书》《京津冀三地文化领域协同发展战略框架协议》
市场合作	《商务领域京津冀协同发展对接协作机制》《"聚焦京津冀协同深化国地税合作"区域税收协同共建框架协议》《京津冀协同发展税收合作框架协议》《关于落实京津冀共同推进市场一体化进程合作框架协议商务行动方案》《共同加快推进市场一体化进程协议》《金融服务京津冀协同发展战略合作协议》《京津冀协同发展金融服务战略合作框架协议》

续表

类型		协议名称
人才交流		《京津冀高校毕业生就业创业协同创新框架协议》《推动人力资源和社会保障深化合作协议》《加强人才工作合作协议》《留学人员创业园共建协议》《外籍人才流动资质互认手续合作协议》《京津冀三地文化人才交流与合作框架协议》《京津冀侨联战略合作协议》《专业技术人员继续教育合作协议》
社会保障	民生事业	《京津冀民政事业协同发展合作框架协议》《京津冀养老工作协同发展合作协议(2016～2020年)》《京津冀救灾物资协同保障协议》《协同构建人道应急体系创新发展合作联盟框架协议》《京津冀社会工作发展合作战略合作框架协议》
	医疗卫生	《京津冀红十字系统应急工作总体规划》《京津冀卫生计生事业协同发展合作协议(2015～2017年)》《京津冀协同发展采供血工作合作框架协议》《卫生应急协议》《津冀医疗保险跨省异地就医直接结算经办合作协议》《京津冀中医肿瘤专科协作协议书》《医疗卫生全面协同发展的协议》《药品医用耗材的联合采购协议》《京津冀卫生计生事业协同发展合作协议》
	食品安全	《京津冀食品案件稽查联动工作协议》《深化京津冀食品药品安全区域联动协作机制建设协议》《京津冀药品生产监管工作合作协议》《京津冀食品领域全产业链追溯模式示范工作合作协议》《京津冀食品领域全产业链追溯模式示范工作合作协议》《关于建立京津冀区域安全生产应急联动工作机制的协议》《京津冀质量发展合作框架协议》
	法制建设	《司法行政工作服务京津冀协同发展框架协议》《京津冀监狱工作协同发展合作协议》《京津冀法治宣传教育工作区域合作协议》《京津冀公证工作协同发展合作协议》《京津冀加强律师代理重大敏感案(事)件协调指导工作合作协议》

（二）非首都功能疏解有序推进，“大城市病”有所缓解

作为京津冀协同发展的基本出发点，疏解非首都核心功能、解决北京“大城市病”一直都是京津冀协同发展过程中的关键环节和重中之重。根据《京津冀协同发展规划纲要》，北京非首都功能疏解主要涉及：一般性产业、区域性物流基地及区域性专业市场、部分教育医疗培训机构、部分行政性事业性服务机构和企业总部。

通过“控增量、调存量”加快产业疏解。2016年，工信部编发了《京津冀产业转移指南》，进一步明确了非首都功能疏解过程中的疏解重点，从“控增量、调存量”两个角度出发，加快区域产业协同布局和功能疏解步

伐。在控制增量方面，自2014年以来，北京受到禁限的行业占地区行业总量的55%，城六区受到禁限的行业比例高达79%，不予办理的工商登记业务累计达到1.64万件，从严调控制造业、农林牧渔业、批发和零售业新设市场，各主体数分别下降72.75%、26.42%、18.36%，未列入禁限的金融业、文化体育娱乐业、科技服务业的主体数同比分别增长12.77%、26.76%、22.53%。在调整存量方面，三年来北京累计清理退出高投入、高消耗、高污染、低水平、低效益的“三高两低”企业1341家；2015～2016年调整疏解350个商品交易市场，其中2016年共完成117个，调整疏解建筑面积达160万平方米，调整疏解商户2.8万家，搭建30个产业疏解合作平台，推进产业转移疏解项目53个。

通过新址搬迁加快教育医疗机构疏解。在高等教育疏解方面，北京建筑大学、北京城市学院、北京工商大学等疏解已经取得显著进展，其中北京建筑大学整体搬迁至大兴区，北京城市学院搬迁至顺义区，北京工商大学搬迁至房山良乡高教园区，北京化工大学、中国人民大学、中央民族大学等高校的疏解也在有序推进中。在职业教育资源整合方面，北京城六区压缩中等职业学校办校规模，严禁新增区属职业学校，职业教育正加快向远郊区和津冀地区转移；西城区北京实美职业学校、实验职业学校完成1.9万平方米校区腾退，东城区北京国际职业教育学校、朝阳区求实职业学校安贞校区等中职学校招生规模大幅压缩。在优质医疗资源疏解方面，同仁医院在亦庄办分院，朝阳医院在石景山办分院，地坛医院整体搬迁到朝阳北皋地区，天坛医院和北大口腔医院整体搬迁至丰台花乡，积水潭医院在回龙观办分院，北大医院在回龙观办国际分院，清华长庚医院在天通苑建院，北京辖区约50家医疗机构已与河北省60余家三级医院开展了多种形式的合作。

打造北京行政副中心实现北京四套班子及各委办局向通州疏解。2015年7月11日，北京市委通过了北京市关于贯彻《京津冀协同发展规划纲要》的意见，明确提出：要聚焦通州，加快“市行政副中心”的规划建设。完成了城市副中心总体设计、6处重点地区详细设计、通州区总体规划和17项专项规划的编制；统筹推进基础设施、公共服务、生态环境、智慧城市、产业结构五大领域 350 项重大工程；与中国农业银行共同出资设立了 1000 亿元规模的副中心建设发展基金；行政办公区一期工程全面施工。

设立雄安新区集中承载非首都功能。2017 年 4 月 1 日，中共中央、国务院决定在雄县、容城、安新三县设立雄安新区，这是继深圳经济特区和上海浦东新区之后又一具有全国意义的新区，是千年大计、国家大事，对于集中疏解北京非首都功能有着重大的现实意义和深远的历史意义，其目标是建设绿色生态宜居新城区、创新驱动引领区、协调发展示范区、开放发展先行区，打造贯彻落实新发展理念的创新发展示范区。

三年来围绕非首都功能疏解，通过全方位、高强度的调整控制，北京人口压力明显减小。截至 2016 年末，北京市常住人口为 2172.9 万人，增量同比减少 16.5 万人，其中城六区常住人口出现由升到降的拐点。

（三）交通一体化建设成效显著，“1小时交通圈”正在形成

作为区域协同发展“快变量”及率先突破的重点领域之一，京津冀协同发展中的交通一体化发展三年来取得了显著成效。2015 年《京津冀协同发展交通一体化规划》出台，明确了京津冀地区以现有通道格局为基础，着眼于打造区域城镇发展主轴，促进城市间互联互通，推进“单中心放射状”通道格局向“四纵四横一环”网格化格局转变。2016 年 11 月，国家发改委对外公布《京津冀地区城际铁路网规划修编方案》，计划京津冀地区到 2020 年前将实施北京至霸州铁路等 9 个项目，未来将在中部核心区主要城市形成 0.5 小时到 1 小时交通圈，中心城市之间形成 1 小时到 2 小时交通圈，中心城区与周边城镇形成 0.5 小时到 1 小时通勤圈。

在铁路建设方面，城际铁路成为发展重点。目前，京津地区的铁路建设以京津、京保石、京唐秦三条道路为主轴，铁路建设的网络化格局基本显现。2015 年京津城际铁路延长线、津保铁路、张唐铁路建成通车，同时多条重要铁路也正在加紧建设中；干线铁路层面，以京张城际、京沈客专、京霸铁路及星火站、丰台站等建设为重点，推进步伐加快；城际铁路层面，京唐、京滨、京石、固保等城际铁路的加紧建设，正在逐步加强北京、天津、

河北主要城市间轨道交通衔接。与此同时，城际铁路联络线（S6 线）也正在建设中，未来将形成连接首都国际机场、新机场及沿线各新城的交通骨干走廊，密切中心城与新城及北京周边主要城镇之间的快速交通联系。

在公路建设方面，“断头路”问题得到明显缓解。京津冀地区京台、京昆、京港澳、首都地区环线等 12 条高速“断头路”和干线公路的“瓶颈路”共计 1400 余公里已经打通或扩容。2016 年 12 月 6 日，密涿高速公路河北段建成通车，密涿高速的建成标志着长约 1000 公里的首都地区环线高速公路替代路线全线贯通，该线路环绕整个北京，将承德、廊坊等节点城市一一串联起来，推动京津冀地区高速公路形成了新的格局。

在港口建设方面，物流服务水平显著提升。通过资源优化整合，2016 年 12 月 29 日，津冀联合组建了港口投资公司，标志着天津、河北两地港口资源集约利用有了实质性进展，环渤海地区港口间将由“各自为战”转而“互相联手”，大大提升了京津冀地区的港口物流服务水平。天津港还将与沧州港开展多项合作，共同承接北京疏解的制造业，同时大力发展天津港、唐山港、黄骅港三点间的支线运输，构建津冀环渤海海运运输网络。

在机场建设方面，区域机场群初具规模。随着北京新机场建设的推进，未来京津冀机场群将形成以首都机场、北京新机场、天津滨海国际机场、石家庄正定机场四大机场为核心，合理定位、优势互补、协调发展的区域机场群，北京两大机场定位于国际航空枢纽，天津机场定位于国际航空物流中心，河北正定机场定位于廉价航空。北京新机场陆侧交通系统也正日益完善，由京霸铁路、廊涿城际、轨道交通新机场线、新机场高速、新机场北线高速、京台高速及京开高速拓宽工程组成的“五纵两横”综合快速联络通道，以首都新机场为核心的世界级航空枢纽雏形已现。

（四）生态环境保护力度加大，联防联控机制日益完善

环境保护力度不断加大。2015 年 12 月《京津冀协同发展生态环境保护规划》出台，对大气、水、土壤防治和主要污染物排放总量提出具体目标；2016 年 6 月，环境保护部联合三地政府印发《京津冀大气污染防治强化措

施（2016～2017年）》。北京、天津、唐山、保定、廊坊、沧州等率先统一重污染天气预警分级响应标准，并开始运行区域大气污染防治信息共享平台，加大了地区间治理污染尤其是大气污染治理的力度。京津风沙源治理和太行山绿化、三北防护林、沿海防护林等生态建设工程持续推进，京津风沙源治理二期工程完成林业建设19.7万亩，京冀生态水源保护林建设工程全面实施，122万亩张家口坝上地区退化林分改造试点项目全面完成。国家统计局发布的数据显示，2016年上半年京津冀三省市PM2.5平均浓度比上年同期分别下降了17.9%、12.5%和20.3%。

生态建设合作更加密切。近年来，三地相继签订了《北方地区大通关建设协作备忘录》《京津风沙源治理工程》等一系列区域合作协议，京津冀生态建设进入全面合作阶段。2016年4月，国务院办公厅发布了《关于健全生态保护补偿机制的意见》，其中明确提出要在京津冀水源涵养地实施生态补偿试点工作。在这一政策的推动下，京津冀生态环境保护资金补偿机制正在形成。

绿色低碳发展不断深化。目前，京津冀地区绿色低碳发展格局初步形成，三地通力合作推进淘汰落后产能、大力压减燃煤、发展清洁能源、控制工业和扬尘污染等。2016年北京淘汰高排放老旧机动车44万辆，推广纯电动汽车累计达到6.7万辆，第六阶段车用燃油标准制定实施。

生态扶贫工作不断推进。2016年10月，国家发改委等六部委联合印发《京津两市对口帮扶河北省张承环京津相关地区工作方案》，当下京津冀三地针对生态涵养地的“一对一”对口帮扶工作也顺利开展。2016年12月，京冀双方签署《全面深化京冀对口帮扶合作框架协议》，津冀双方签署《对口帮扶承德市贫困县框架协议》，北京市13个区对口帮扶张承保三市16个县（区），天津市5个区对口帮扶承德市5个县，“十三五”期间计划投入帮扶资金47.68亿元，2016年对张承生态功能区国家级贫困县（区）的帮扶资金达4亿元，比2015年增加33%。

（五）产业转移对接步伐加快，产业空间布局得到优化

产业协同是京津冀协同发展的重要载体和关键所在。在推进产业协同发

展过程中，加快产业转型升级、加速产业转移对接、加强产业互动合作是实现区域产业协同发展的重要举措。

一是从政策制定层面明确产业转移方向。2015 年 6 月，财政部印发了《京津冀协同发展产业转移对接企业税收收入分享办法》，明确了企业迁入地和迁出地三大税种税收收入五五分成，扫除了三地加快产业转移过程中因地区间税收利益博弈带来的障碍。2016 年 6 月，工信部和京津冀三地政府联合印发了《京津冀产业转移指南》，将京津冀划分为五条产业带，通过产业带的划分，以打造各类产业园区为载体，进一步明确了园区中优先承接发展的产业方向，有序推动京津冀地区产业转移承接。

二是从平台建设层面落实产业承接布局。以河北为例，通过建设曹妃甸区、渤海新区、正定新区等 11 个省级重大承接平台，河北重点打造了曹妃甸协同发展示范区、石家庄国际高端生物医药产业基地、张家口可再生能源示范区、北京沧州生物医药园等一批优势产业集群。一批重点迁移项目落户河北，2016 年 10 月北京现代汽车沧州工厂竣工投产，白沟大红门国际服装城开业，北京动物园批发市场商户陆续迁到沧州明珠商贸城、石家庄乐城国际贸易城、保定白沟等市场。

三是从项目投资层面加快产业合作步伐。2014 ~ 2016 年，河北省引进京津资金 1.1 万亿元，占全省同期引进省外资金的一半以上；天津市引进京冀项目 4856 个、引进资金 5227 亿元，分别占全市的 35.6% 和 44.0%。2015 年，北京企业在津冀投资额为 1642 亿元，与 2014 年相比增长了 2.5 倍；2016 年北京企业在天津、河北投资认缴额分别为 899 亿元、1140 亿元，同比分别增长 26% 和 100%。

四是从企业发展层面优化产业分工格局。在企业注册资本总额中，北京居前两位的行业是租赁和商务服务业（占比达 35.2%）、科学研究和技术服务业（占比达 12.0%）；天津居前两位的行业是金融业（占比达 24.8%）、租赁和商务服务业（占比达 17.4%）；河北居前两位的行业是制造业（占比达 24.0%）、批发和零售业（占比达 15.4%）。以上反映出：北京的研发、商务服务业具有明显优势，处于产业链的研发环节和销售环节；天津的金融及租赁商务等生产性服务业具有优势，处于产业链的资本环节和销售环节；河北的制造业及批发零售业具有优势，总体处于产业链的制造和流通环节。

（六）创新平台建设稳步推进，创新协同效果显著

北京作为我国人才技术最为密集的地区之一，拥有的研发机构数量占京津冀的70%以上，R&D人员、研发经费等占京津冀的60%以上，是区域乃至全国的科技创新中心。随着京津冀协同发展战略的推进落实，以北京为重点，京津冀地区科技创新协同在“力度”和“速度”等方面都取得了历史性的突破。

以构建创新体系为目标推进区域协同创新共同体建设。2014年《京津冀协同创新发展战略研究和基础研究合作框架协议》签署，成立了北京协同创新研究院。2016年7月，《京津冀系统推进全面创新改革试验方案》已经国务院批复，明确了依托中关村国家自主创新示范区、北京市服务业扩大开放综合试点、天津国家自主创新示范区、中国（天津）自由贸易试验区和石保廊地区国家级高新技术产业开发区及国家级经济技术开发区，促进三地创新链、产业链、资金链、政策链的深度融合，推动形成京津冀协同创新共同体。

以中关村国家自主创新示范区为载体推进区域创新平台建设。2014年，京津冀协同发展战略实施之初，仅中关村国家自主创新示范区流向天津、河北地区的技术合同就达到2500项，其中流向河北的技术合同为1483项，成交额达到40.4亿元，同比增长44.1%。2016年，北京输出津冀技术合同3103项，成交额154.7亿元，同比增长38.7%。除此以外，中关村国家自主创新示范区同天津、河北共建了京津冀大数据走廊、滨海中关村科技园、保定中关村创新中心、张北云计算产业基地等一批协同创新平台，中关村海淀园秦皇岛分园已引进108家中关村高新技术企业，保定中关村创新中心已签约入驻企业机构86家，截至2016年底，中关村企业已在津冀两地设立分公司1903家、子公司1426家，承德高新区落户中关村合作项目40项。

以企业联合创新为导向推进区域创新驱动模式建设。龙信企业大数据检测显示，2014 年以来京津冀三地专利联合申请量和联合授权量均有突飞猛进的增长，尤其是2014 年，这两项指标分别是2013 年的2.6 倍和2.4 倍。2016 年1～10 月，三地联合专利申请量和授权量分别达到3967 件和2695 件，相当于2013 年全年的2.2 倍和2.4 倍。当前，京津冀三地专利联合申请及联合授权集中分布在基础设施（电力、热力、燃气及水生产和供应业）、科学研究和技术服务业、采矿业、制造业四大行业，其专利联合申请量及联合授权量分别占总量的83.0% 和83.2%。

（七）公共服务一体化成效显现，地区间差距逐步缩小

作为地区社会民生的基本保障，实现公共服务均等化是京津冀协同发展过程中一个重大的经济社会问题。基本公共服务主要涵盖教育、医疗、文化、社保与就业等领域，它是社会公共服务体系中的基础与核心，应该予以优先保证。在推进协同发展过程中，京津冀地区从基本公共服务入手，在实现均等化方面取得了一定的成绩。

从科技教育领域来看，北京加快优质资源向津冀转移布局。目前北京与津冀各地方共签署教育合作协议21 个，实施合作项目30 余个。2014～2016 年，河北省58 所职业学校与京津225 家企业开展校企合作，互派交流项目超过500 个；组建了京津冀地区4 个高等教育联盟、2 个协同发展研究机构、3 个特色职教集团，景山学校曹妃甸分校2016 年9 月顺利开学，北京五中、八一学校、史家小学廊坊和保定分校建设有序推进。2016 年底，京津冀三地科协签订京津冀科普资源共享合作协议，未来北京的丰富科普资源将走进天津和河北的社区以及青少年科普机构，助力区域全民科学素质的提升。

从医疗卫生领域来看，三地医疗机构合作障碍逐步破除。北京市与河北省开展了北京—燕达、北京—曹妃甸、北京—张家口、北京—承德4 个重点医疗合作项目。通过技术帮扶、人才培养、科室托管等形式，北京向津冀累计派出医师1000 余人，接受津冀两地进修医师700 余人，接诊患者约7 万

人次，会诊8000余人次。2016年京津冀三省市医疗机构临床检验结果互认、医学影像检查资料共享试点启动实施，第一批总计确立27个项目和132家医疗机构，首批X射线摄影、CT、核磁共振等17项医学影像检查资料在三地102家医院实现互认。燕达医院率先实现与北京基本医疗保险互联互通，成为京津冀地区第一家试点异地就医直接结算的医院。

从政策对接领域来看，政策协同为京津冀公共服务一体化发展提供了基础保障。三年来，京津冀三地社会保障部门间的协同合作日益深化，签署了一系列战略合作协议，例如《京津冀民政事业协同发展合作框架协议》《京津冀养老工作协同发展合作协议（2016～2020年）》《协同构建人道应急体系创新发展合作联盟框架协议》《京津冀社会工作发展合作战略合作框架协议》等，为京津冀地区公共服务一体化建设打下了良好的政策协调基础。

（八）市场一体化进程全面提速，要素流动日益频繁

市场一体化是京津冀协同发展过程中的基础，市场一体化进程加快在一定程度上将引致地区产业集聚和专业化发展。近年来，京津冀三地大力推进市场一体化制度建设，在金融、技术、人才、产权等领域取得了显著的成果。

一是推进区域金融市场一体化建设。2016年由国家发改委产业协调司、财政部经济建设司、工业和信息化部规划司联合召集，京津冀三地多家单位参与发起设立京津冀产业协同发展投资基金。同时，京津冀开发银行也在酝酿之中，京津冀三地将统一抵押质押制度，推进支付清算、异地存储、信用担保等业务同城化，降低跨区划的金融交易成本。

二是推进区域技术市场一体化建设。2015年12月“京津冀技术转移协同创新联盟”成立，通过建设科技成果转化和交易服务共享平台，构建信息共享、标准统一的技术交易服务体系，促进京津冀技术要素资源的自由流动与优化配置。

三是推进区域人力资源市场一体化建设。2015年，京津冀三地人力资源和社会保障局（厅）分别签署了《推动人力资源和社会保障工作协同发

展合作协议》和《加强人才工作合作协议》；北京还出台了《关于京津冀三地人力资源市场从业人员资格证书互认有关问题的通知》，为建立统一、规范、灵活的人力资源市场提供了保障。

四是推进区域产权市场一体化建设。2014 年“京津冀产权市场发展联盟”正式成立，在此框架下，三地产权交易机构共投资设立了 25 个专业交易平台。

二　测度结果与综合分析

（一）发展指数：北京总体最强，天津支撑力增长迅猛，河北辐射力快速上升

在发展指数方面，本研究采用了五个一级指标——支撑力、驱动力、创新力、凝聚力和辐射力，二级指标共计 33 个。从总体发展水平来看，北京核心地位稳固，津冀差距呈缩小趋势，2015 年北京的综合指数得分处于 80 以上，天津处于 40 ~ 50 区间，河北处于 20 ~ 40 区间（见图 1 - 1）；从支撑力来看，北京实力最强，天津增长迅猛，2015 年北京支撑力指数得分为 97. 49，天津得分为 83. 38，河北得分仅为 32. 75；从驱动力来看，北京领先但增速下降，河北与京津差距较大，2015 年北京驱动力指数得分为 74. 03，天津得分 76. 38，河北得分 14. 00；从创新力来看，北京创新优势明显，津冀创新力有所提升；从凝聚力来看，北京呈下降态势，天津平稳上升，河北明显不足，2015 年北京凝聚力指数得分（86. 80）远高于津冀（56. 50 和 42. 98）；从辐射力来看，北京辐射力最强，河北快速上升，天津有待提升，2015 年北京辐射力指数得分为 77. 76，河北得分为 37. 87，天津得分为 15. 44。

（二）协同指数：总体协同程度呈上升趋势，生态环境和社会保障是短板

在协同指数方面，本研究采用了三个一级指标——协同能力、协同行动和协同绩效，二级指标共 10 个，对京津冀协同发展进行评价。从协同总指

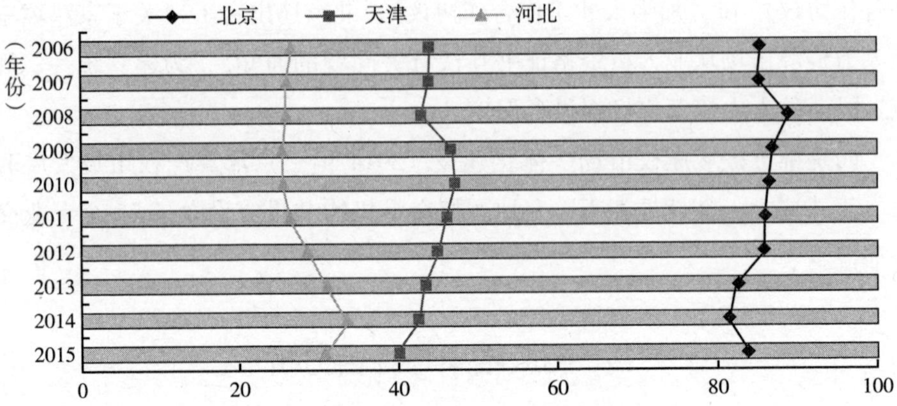

图1-1 京津冀发展指数综合得分（人均）

数看，2005~2015年，京津冀总体协同发展程度呈上升趋势，三地发展基础的差距在不断缩小（见图1-2）；从协同能力来看，指数平稳上升，区域协同的基础不断夯实，政府行为能力和区域创新能力对三地协同能力的作用最为突出；从协同行动来看，区域协同行动受政策性因素影响较大，企业发挥着举足轻重的作用；从协同绩效来看，效果并不理想，还有很大的提升空间，短板主要体现在京津冀生态环境建设滞后以及河北在社会保障上与京津差距过大等方面。

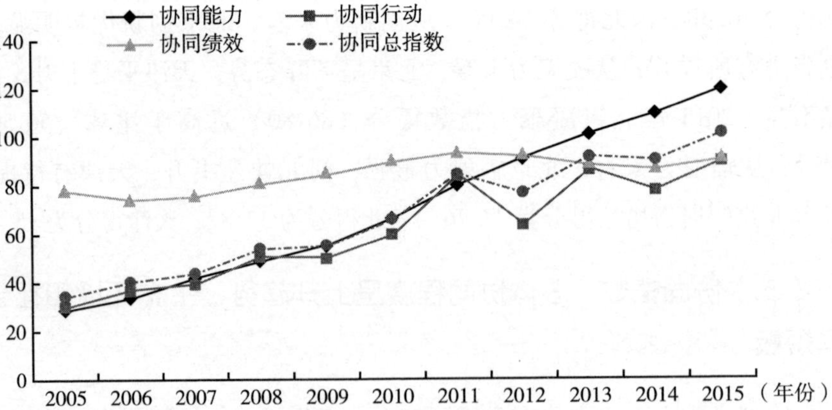

图1-2 京津冀协同发展指数（2005~2015年）

（三）生态指数：北京总体水平最高，天津生态保护上升最快，河北资源利用率最高

在生态指数方面，本研究具体分为5个二级指标——增长质量、生态保护、环境质量、资源利用和环境治理，共26个三级指标。从生态文明总体水平来看，北京最高，天津次之，河北差距大但上升快（见图1－3）。其中，北京生态文明水平最高。2011～2015年维持在0.59至0.74之间，天津次之，维持在0.48到0.56之间，河北最低，维持在0.27到0.37之间，但升幅较大。从增长质量水平来看，北京最好，天津次之，河北差距较大。从生态保护水平来看，北京最好，天津快速上升，河北有待提高。北京市2011～2015年，生态保护水平指数的平均上升率为7.15%，天津市平均上升率为8.36%，河北省出现先下滑、后上升、再下滑的情况，平均上升率为0.62%。从环境质量水平来看，环境质量不断改善，但总体水平偏低，河北的环境形势依然严峻，污染物排放量大。从资源利用水平来看，河北最高，北京小幅上升，天津有所下滑，三地的资源利用效率呈不稳定状态。从环境治理水平来看，总体呈交错状态，治理水平在不断提升，呈河北最高、北京次之、天津最低的局面。

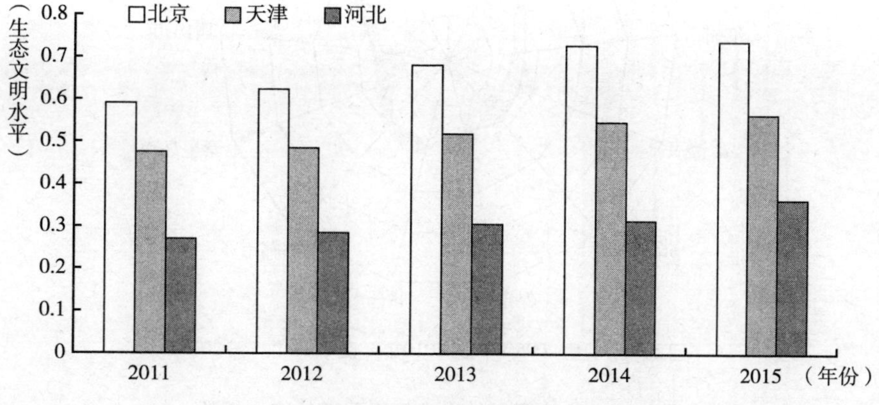

图1－3　京津冀权重整体计算的生态文明指数

（四）人口指数：三地人口发展指数有所上升，京津石三足鼎立态势已确立

在人口指数方面，本研究采用了 3 个二级指标——人口活力、人口结构和生命质量，共有 11 个三级指标，对京津冀人口发展进行评价。京津冀三地人口发展指数均有上升，各个城市位次基本稳定；人口发展京津石三足鼎立之势出现，但发展指数津石与北京差距仍然明显（见图 1 -4）。人口发展指数呈波动趋势；人口活力指数与人口结构指数排名起伏较大，生命质量指数较为稳定；人口发展能力差距拉大，城市之间不平衡性加剧。截至 2015 年底，北京市人口发展指数为 0. 851，位居榜首；天津和石家庄分别以 0. 568 和 0. 523 排在第二、第三位，邢台、承德、邯郸、廊坊、沧州、秦皇岛、唐山七市人口发展指数位于 0. 3 ~ 0. 5 之间，而保定、衡水、张家口则在 0. 3 以下，与其他年份相比排序变化不大。

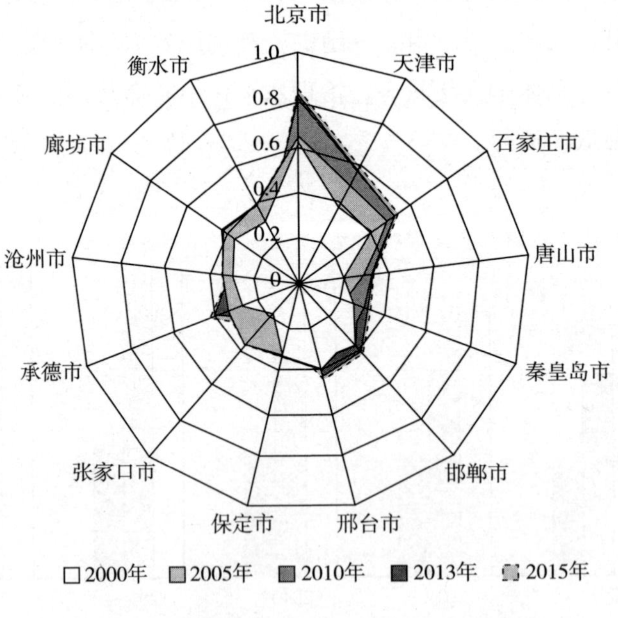

图 1 -4　京津冀各地市人口发展评价综合指数

资料来源：根据原始数据计算。

（五）企业指数：北京整体最强，天津研发转化优势明显，河北商贸物流优势显著

在企业指数方面，本研究采用了3个二级指标——企业实力、企业活力和企业创新力，共有12个三级指标，对京津冀企业发展进行评价。得出的基本结论是：京津冀企业整体实力大幅提升、行业结构趋于优化；北京企业整体实力最强，科技创新中心建设具有很好的支撑，北京在京津冀企业综合能力排名前10名中占8位，且包揽前4名，北京高新技术企业、新增专利数量均占京津冀总体的65%左右，是天津的2～3倍，河北的4～5倍；天津企业整体能力各区县差距较大，研发转化优势明显，天津滨海新区排位最高，在京津冀企业综合能力中排名第5，整体排名最后10位中天津占了7位，从高新技术企业数量占比和新增专利数量占比来看，天津制造业与科学研究和技术服务业优势明显；河北企业整体能力居中且逐步提升，具备打造商贸物流基地的基础，在京津冀企业综合能力排名中石家庄排在第6位，居于中间水平的第16～25位中河北占7位，在后10名中河北占1位，从存续企业数量占比来看，河北批发和零售业占比最高（见图1－5）。

三 主要问题与关键症结

（一）协调共享体制尚未完全形成，导致区域协同缺乏持续动力

当前，京津冀地区虽然成立了一些区域发展联盟、城市合作组织等，但这些组织的主要职责一般仅限于不定期召开联席会议，共享经验、相互交流、开展经贸洽谈、签订合作协议，在一定程度上起到了密切三地联系、加强交流合作的作用，然而由于这些组织并不具备相应的行政权力，难以形成政策约束力，在涉及产业分工、交通系统处理、生态环境治理和保护等重大问题上，不能有效地发挥协调管理作用。

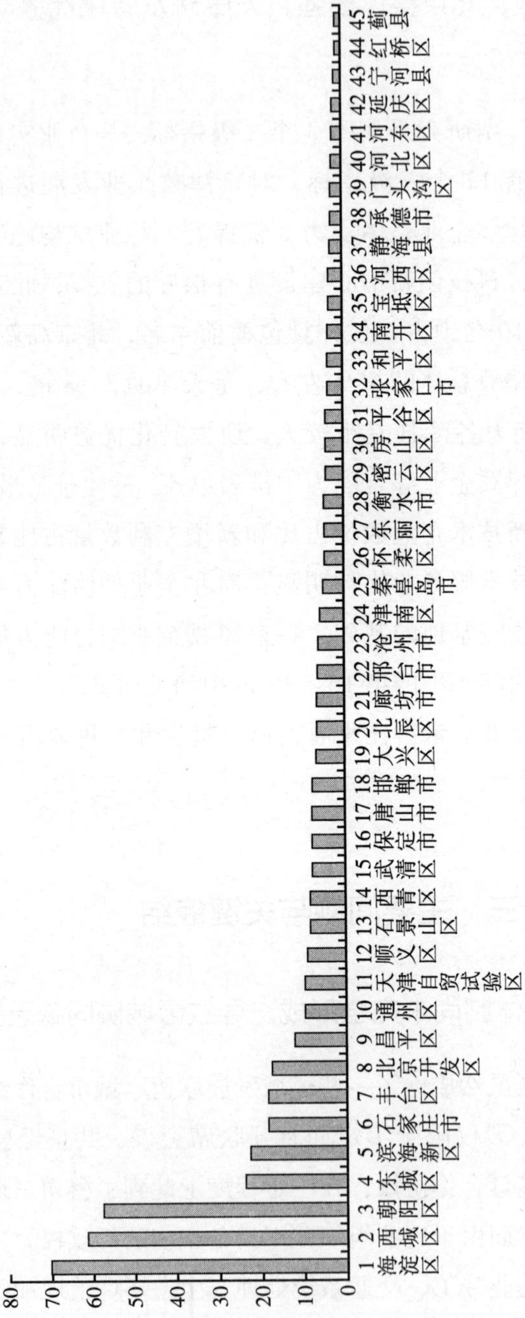

图1-5　京津冀企业发展指数综合测算排名情况

资料来源：根据龙信数据计算所得。

京津冀区域协同的重点在于建立利益共享联结机制，形成利益共同体，从而实现“1 +1 +1 >3”的效果。现行“分灶吃饭”的财政体制和单一的政绩考核制度，使得地方政府更多追求自身的经济增长和财政收入增加，很难打破“一亩三分地”的思维定式。当前，京津冀地区在重大利益共享方面的横向协商、纵向协调机制尚不完善，尚未形成协同发展的利益保障机制。

（二）配套政策不完善，导致功能疏解区疏解动力不足

功能疏解作为一项没有经验可循的复杂系统工程，反映出的问题突出表现在三个方面。第一，在功能疏解和转移承接上，津冀各地承接平台建设比较盲目，平台存在功能交叉重复、同质化竞争的倾向；当前围绕非首都功能疏解，天津市提出建设12个对接平台，河北省提出建设40个对接平台。第二，承接地市场发育不足，当地公共基础设施相对薄弱，且由于缺乏合理的规划，部分平台规划面积远远超过实际用地需求，土地资源配置效率不高。第三，功能疏解和产业政策体系没有建立，特别是疏解人员的户籍、社会保障、子女入学等问题难以协调，“业走人留”现象普遍。对于北京来说，产业及功能的转移疏解有利于缓解北京的“大城市病”，但同时必然会导致其自身的经济增速下滑、财政税收流失，这也是在非首都功能疏解过程中，北京与天津、河北在推进力度和积极性上存在差异的根本原因。

（三）生态补偿机制薄弱，导致环境问题缺乏长效管控

我国生态保护的区域合作机制尚不健全，从根本上影响了环境保护治理的效果。各地主要由县级以上地方人民政府对本行政区的环境质量负责，缺乏区域性生态环境规划。当前，京津冀在生态保护方面，需进一步完善大气污染联防联控和水资源保护、水环境治理、清洁能源使用等领域的合作机制，尤其是在生态补偿机制的建立方面存在诸多问题和空白。一是尚未形成多元化的生态补偿机制。生态服务受益地区与生态资源保护区之间缺乏有效的协商平台，尚未形成常态化的政府间横向补偿机制、企业化的市场补偿机

制和非营利性的社会组织参与机制。二是生态补偿模式及机制对生态服务直接提供者激励不足。自上而下的纵向补偿资金落实到生态价值实际提供者的比例过小；各级补偿客体的权责利不明确；缺乏随着时间变化和资源稀缺程度变化而适时调整的补偿机制。三是补偿标准过低且缺乏可持续性。目前多项重点生态项目的补偿标准远低于项目建设的运营成本，以项目为载体的相关补偿缺乏可持续性，区内不同地区补偿标准差距很大，且不能随着成本变化适时调整。四是补偿方式单一、市场化补偿不足。京津冀尚缺乏基于生态资源产权交易的市场手段，比如碳排放权交易、排污权交易、水权交易等。

（四）产业梯度落差较大，导致产业协同进展较慢

从现有产业协同过程中产业承接情况来看，河北所承接的北京产业多数还停留在低层次水平，如第一产业主要围绕北京城市居民的菜篮子、米袋子进行产业合作；第三产业多集中在物流、旅游等传统服务行业；第二产业多集中在技术含量低、附加值低、耗能高的产业，而高新技术产业转移受河北产业配套基础薄弱和缺乏相应的政策环境制约，因而承接得较少，产业集聚缓慢。

合理的产业梯度是产业转移的基础和必要条件，但是产业梯度差异很大、产业发展环境落差大，很有可能会影响或抑制产业的转移。当前，北京已进入后工业化时期，天津处于工业化后期，河北省处于工业化中期，产业落差大使河北省在承接产业转移方面处于不利地位。从企业层面来看，京津冀三地存续企业数量都集中在批发和零售业、租赁和商业服务业等行业，津冀的制造业优势明显，且都以重化工业为主，很难实现错位发展和基于本土资源优势特色的发展。

（五）行政主导因素过强，导致优质要素分布不均

京津冀地区可以说是中国行政区划中最有特点的一个区域，行政色彩过于浓厚、市场机制发育不足。原因在于：一是这个区域的发展主要依托国家

重大项目的实施。如举办2022年北京冬奥会、建设首都新机场、打造通州行政副中心等，这些项目的获得受行政权力制约较大，而非企业自发投资决定，这也在一定程度上影响了区域要素的自由流动。二是北京强大的“虹吸效应”，这使得周边大量的优质资源向北京集聚，优质资源在空间上的布局呈现显著的“中心—外围”特征，即以北京为中心向周边呈现由高到低的分布态势，导致区域内机会不均等，尤其是河北地区缺少足够的发展机会。三是市场化发育程度较低。与长三角、珠三角相比，京津冀城市群市场化程度偏低，地区绝大多数产业集聚的形成与发展更多的是在政府主导下依靠行政规划的方式完成的，使得市场这只“看不见的手”在这个区域内并不能充分发挥资源配置作用。

四　基本路径与对策建议

（一）建立协同发展的制度框架体系和区域协调机制

构建科学合理的制度框架，是高水平落实京津冀协同发展战略的基本前提。首先，建立以“规划—立法—政策”为基本模式的协同发展制度体系。通过制定合理的发展规划，引导京津冀协同发展有序推进；通过制定相关的法律法规，保障各项规划目标顺利落实；通过制定完备的政策条例，促进区域协同战略长期高效执行。其次，建立以“地方首长联席会议制”为主导的横向协商机制，通过平等协商，最大化满足各利益主体的诉求，促进区域协作与共赢发展。建立由中央牵头组建的“京津冀区域协同发展领导小组”或“区域发展委员会”的纵向协调机制，通过顶层设计，协调重大项目和重大矛盾，创造公平的发展环境。

按照合作项目的性质建立不同的区域利益协调机制，如税收分享机制、成本分摊机制和生态补偿机制等。分享机制以市场为主导，适用于营利性的私人产品，可以建立基于省际间产业转移、企业间产业合作的利益分享机制；分摊机制属于半政府、半市场机制，适用于半公共产品，可以建立基于外部性弹性系数的横向成本分摊机制；补偿机制以政府为主导，适用于公共产品，可以建立由生态受益方通过财政横向转移支付给生态提供方的补偿机制。

（二）尽快完善功能及产业疏解的跨区域配套政策

功能及产业疏解对北京来说，短期利益是受损的，具体体现为 GDP 及财政收入的下降和失业人口的增加，如果缺乏合理的税收分享机制就可能导致功能及产业输出地疏解动力不足。当前，北京正处于功能升级、产业转型的“阵痛期”，合理的税收分享政策可以提升北京疏解功能及产业的内在动力，也能实现功能及产业在承接地的更好发展。

在 GDP 及财政收入上，可以采取 GDP 分计、税收分享的办法来平衡输出地与承接地之间的利益关系，以保障功能及产业疏解的有序进行，如功能或产业疏解出去的第一年该功能或产业带来的 GDP 和税收的 80% 仍计入北京，之后计入比例逐年递减，直至某一年份北京不再分享该功能或产业的 GDP 和财政税收。这种做法一方面避免了北京因疏解功能或产业而带来的 GDP 和财政税收大幅下滑，提升北京向外疏解功能及产业的动力；另一方面由于北京在功能及产业疏解过程中仍然存在相应的利益，在主观上北京也希望疏解出去的功能和产业能够在承接地顺利存活，在客观上提高疏解出去的功能及产业的存活率。同时，北京也可以利用四～五年的时间培育新的经济增长点，实现“腾笼换鸟”。

在失业方面，北京功能及产业疏解必然伴随失业问题的产生，可以借鉴资源型城市的援助政策，对功能及产业输出地，如大红门地区，给予特殊政策支持。一是加强对疏解企业的政策扶持力度，对参与疏解的企业给予政策优惠，如土地政策、税收政策等。二是加大对疏解地接续产业的政策扶持力度，如通过财政专项拨款、财政参股、财政贴息等方式来实现。三是建立京津冀产业结构调整专项基金，用于产业升级、发展新兴产业、进行人员培训等。

（三）尽快完善多元化的生态补偿机制

生态补偿机制的建立是实现生态环境共建共享的有效保障。政府在生态补偿方面应该发挥主体和主导作用，应建立以中央政府补偿为主、地方间横向补偿为辅的生态补偿机制。在中央政府与地方政府之间进行明确分工。中央政府应重点解决生态涵养区可持续发展的问题（主要包括提升基础设施和教育医疗等公共服务水平），以保证对生态涵养区生态补偿的持续性和稳定性。因此，应提升中央对生态涵养区的一般性财政转移支付力度，适度压减专项转移支付的比重。地方政府应根据“谁受益、谁付费”原则，进行基于项目的横向补偿。要完善政府间横向财政转移支付制度，对环境保护政策实施所形成的增支减收给予合理补偿，可采取项目补偿、政策补偿、资金补偿（财政补贴、财政转移支付）、智力补偿、技术补偿、实物补偿、对口支援等多种方式。

在京津冀地区共建国家级生态合作试验区，统一补偿标准。将河北省的承德、张家口、保定山区，北京西部、北部，天津北部等生态涵养区，共同申请国家级生态合作试验区，通过生态补偿政策的先行先试，为全国生态涵养区发展探索新路子。通过建立合作试验区，加快生态补偿的市场化改革，推进生态资源价值化，建立和完善碳排放权交易、排污权交易等市场化运作机制。

（四）打造中国参与国际竞争的世界级产业集群

京津冀产业协同发展的目标是要打造参与国际竞争的世界级产业集群。产业集群发展能够实现产业在空间上的优化集聚、在链条上的扩展延伸。京津冀产业协同发展需在以下方面发力。一是形成产业协同发展的新格局。依托现有基础，坚持科学布局、相对集中、功能有别、错位发展，重点建设三个开发地区，包括中关村、天津滨海新区、曹妃甸工业区，打造“4 + N”产业功能承接平台。可以发挥中关村创新资源的整合能力，打造中关村资本运营的升级版。把中关村自主创新政策延伸到天津和河北，聚集海内外科技资源，释放天津、河北的创新潜能。二是实现产业在空间上的集聚优化。以园区为载体，由关键点引领线，由关键线带动面，由关键面交织成网络，进而在合理的网络结构之下推动产业分布在空间上的集聚优化。三是培育京津冀协同创新共同体，打造中国经济发展新的支撑带。按照“创新链、产业链、资金链、政策链”深度融合的发展思路，通过京津冀跨区域的联合研发、重大项目科技攻关、园区共建、产业联盟、项目合作等形式，将生产要素、创新知识、科学技术串联起来，实现政策链引导资金链、资金链培育创新链、创新链带动产业链、产业链提升价值链，从而将京津冀若干产业集群打造成国家参与国际竞争的世界级产业集群。

（五）重点加强公共服务领域的社会政策对接

优质的公共服务日益成为吸引人才、培育高端功能的关键所在。京津冀协同发展和非首都功能疏解实质上是实现产业和人员在区域内的优化配置，如果没有优质的公共服务资源在区域内的重新配置作为前提，功能及产业疏解将成为一句空话，就会出现“业走人留”现象，达不到疏解的效果和目的。为此，本研究认为应从以下方面加强公共服务领域的社会政策对接。一是健全基本公共服务的供给机制。积极引导私人企业、非营利组织、公共组织等参与公共服务的供给，提高公共服务供给的灵活性和多元化。二是提升政府供给公共服务的效率。创新公共服务供给模式，通过招投标、特许经营、合同承包、税收优惠等形式推进公共服务市场化改革，提高公共服务的效率与质量。三是注重公众对公共服务的新需求和新偏好。改变“政府本位”的公共服务供给观念，通过建立有效的沟通机制，让公众参与公共服务决策的制定和评价，使公共服务能够及时满足公众的新需求和新偏好。

参考文献

[1]《中共中央关于制定国民经济和社会发展第十三个五年规划的建议》，新华社，

2015 年 11 月 3 日。
[2] 叶堂林、潘鹏、冯军宁：《科学构建京津冀生态补偿机制》，《经济日报》（理论版）2017 年 1 月 20 日。
[3]《习近平关于“中共中央关于制定国民经济和社会发展第十三个五年规划的建议”的说明》，新华网，2015 年 11 月 3 日。
[4]《习近平总书记 2014 年 2 月 26 日在京津冀协同发展工作座谈会上做重要讲话》，新华网，2014 年 2 月 27 日。
[5]《中共中央、国务院决定设立河北雄安新区》，人民网，2017 年 4 月 1 日。
[6]《京津冀协同发展领导小组解读：京津冀协同发展规划纲要》，光明网，2015 年 12 月 30 日。

分 报 告

Sub - reports

B.2

京津冀综合发展指数研究*

摘 要：我们把京津冀作为一个有机整体，通过设定各种相互联系的指标来分析和测度京津冀协同发展各个方面相互依存和相互制约的关系，从而对京津冀的发展现状做出基本的判断，并提出相应的对策建议。本研究构建了以支撑力、驱动力、创造力、凝聚力和辐射力"五力"构成的综合发展指标体系，并分别通过规模指标与人均指标对京津冀经济社会发展总体水平及发展特征进行综合测度，得出以下几点结论：从总体发展水平看，北京核心地位稳固，津冀差距呈缩小趋势；从支撑力看，北京实力最强，天津增长迅猛；从驱动力来看，北京领先，但增速下降，河北与京津差距较大；从创新力看，北京创新优势明显，

* ［作者简介］戚晓旭，首都经济贸易大学城市经济与公共管理学院博士后；何晶彦，首都经济贸易大学城市经济与公共管理学院硕士生。

津冀创新力有所提升；从凝聚力看，北京呈下降态势，天津平稳上升，河北明显不足；从辐射力看，北京最强，河北快速上升，天津有待提升。本研究提出的对策建议：坚持创新驱动发展为主线，以非首都功能疏解带动三地转变经济发展方式；坚持绿色协调发展为保障，助力建设京津冀世界级城市群；坚持开放共享发展为目标，优化津冀综合发展环境。

关键词： 京津冀 综合发展 指标体系 测度

京津冀协同发展是国家的一个重大战略，摸清京津冀协同发展的现状、问题及其进展趋势，可以为落实规划、监控进程、实现目标等提供客观依据。在推进京津冀协同发展过程中，政府的政策引导和推动作用是市场不能替代的。在市场经济条件下，政府的作用主要体现在规划制订、政策调控、运行监测和法律保障等方面，而政府调控的依据和前提在于能准确地把握现状、了解进程。需要从数据整合、信息共享、协同监测入手，构建京津冀协同发展的监测指标体系，为监测京津冀协同发展进程和衡量发展目标提供科学依据。京津冀协同发展所面对的问题具有复杂多样性和相互联系性，因而需要采用指标体系来进行监测和研究。本研究将京津冀作为一个整体，对其综合发展水平进行测度与分析，得出一些初步判断和结论。

一 研究思路与分析框架

（一）研究思路

我们把京津冀作为一个有机整体，通过设定各种相互联系的指标来分析和测度京津冀协同发展各个方面相互依存和相互制约的关系，从而对京津冀的发展现状做出基本的判断。本研究在构建指标体系的基础上，尝试性地进行了指数研究。运用指数来测定社会经济现象的总动态，分析社会经济现象总变动中各因素变动的影响程度。在构建指标体系过程中，我们遵循了以下原则。

1. 坚持创新、协调、绿色、开放、共享五大发展理念

要用全新的发展理念以及相关标准和指标来监测京津冀协同发展的全过程。我们构建的指标体系是按照五大发展理念，选取能反映创新力、协同度、绿色生态、辐射力和凝聚力等的各项指标，对京津冀协同发展进程进行全面监测。按照创新发展理念，设置创新力这一综合指标加以衡量，具体指标包括新增专利数、新增商标注册数、三项专利数、高新技术企业数占企业总数比重等。按照协同发展理念，设置城乡协同、城际协同和城域协同三大范畴的指标加以衡量。按照绿色发展理念，设置凝聚力这一综合指标加以测度，具体指标包括建成区绿化覆盖率、人均道路面积、万人拥有公交车数量等。按照开放发展理念，设置辐射力这一综合指标加以衡量，具体指标包括技术市场成交额、进出口总额、货物周转量、对外投资额、利用外资额等。按照共享发展理念，设置凝聚力这一综合指标进行测度，具体指标包括每百人公共图书馆藏书、城镇人均可支配收入占人均 GDP 比重、参加基本养老保险占比、在岗职工平均工资水平、每万人拥有医院床位数、人口平均受教育年限、普通高等学校在校学生数比重等。

2. 坚持问题导向与目标导向相结合

京津冀协同发展战略的实施，既是问题导向，又是目标导向，即从解决突出问题入手（如“大城市病”、区域差距悬殊、资源生态环境超载等），通过探索新机制、新模式、新路径，最终实现京津冀协同发展的战略目标。因此，在构建监测指标体系时，首先要从监测问题入手，既要监测已有问题解决的进展及程度，又要通过运行监测，及时发现新问题和发展短板，为政府的政策调控和规划引导提供决策依据。同时，还要注重衡量京津冀区域的总体目标、京津冀三地定位目标以及一些重点领域目标的实现程度。需要设置一些目标性指标，如反映支撑力的 GDP 占全国的比重、反映发展水平的人均 GDP、反映科技创新力和辐射带动力的相关指标，以衡量京津冀建成世界级城市群、引领和支撑全国经济社会发展新引擎两大目标的实现程度。

3. 坚持统计数据分析与大数据分析相结合

统计指标具有规范性、代表性、稳定性和综合性，便于进行长期性、跟踪性、趋势性研究和跨区际的横向比较研究。而大数据拥有海量信息和客观性等特点，具有及时性、鲜活性、多样性等特征。运用大数据分析，可以发现一些用传统统计手段难以发现的重要现象和问题，是统计指标的重要补充，可避免因主观评价可能对评价结果产生的影响。由于京津冀协同发展是一个包括交通、产业、生态、城镇、公共服务等全方位、多层次、长期性的协同过程，所以，我们要构建的监测指标体系，既需要以规范性、稳定性、可比性、综合性的统计指标为基础，又需要以客观性、鲜活性、及时性的大数据为补充。在实际操作中，本研究的发展指数和生态文明指数多采用统计指标；而企业发展指数，多采用大数据来进行测度。

4. 坚持纵向分析和长期监测与结构分析和综合监测相结合

监测平台的一个重要职能就是监测运行、把握动向、揭示趋势。通过监测，发现一些相对稳定的、长期的影响因素，可以前瞻性地预测京津冀协同发展的基本趋势，为政府做出重大战略性决策提供客观依据。同时又要注重结构分析和综合监测，如在发展指数分析中，采用了支撑力、驱动力、创新力、凝聚力、辐射力五大结构性指标从不同方面进行测度，从而有利于发现短板，为政府采取有效措施提供依据。

（二）分析框架

本研究基于衡量定位目标、监测协同进程、测度承载状况的考虑，来构建京津冀协同发展指标体系，重点研究发展指数，包括支撑力、驱动力、创新力、凝聚力和辐射力五个方面。其中，支撑力，反映的是一个城市或地区的综合实力和发展水平，它决定一个城市或地区在国家经济格局中的地位。我们主要采用了人口总量、经济总量（增长量）、三次产业结构（及变化）、GDP 占全国的比重、人均 GDP 等方面的指标来反映和衡量区域的总体实力、发展水平以及在全国经济发展中的地位。驱动力，反映的是一个城市或区域发展的主要动力。我们主要采用了投资、消费、进出口等相关的指标。创新力，反映的是一个城市或区域的创造力和经济活力，我们主要采用了科技创新能力、政府效率、企业活力、社会活力等方面的指标。凝聚力，反映的是一个城市或地区集聚优质资源的综合环境和吸引程度。我们主要采用了生活富裕度、社会包容度、交通便捷度、公共服务度、环境优美度等方面的指标来进行衡量。辐射力，反映的是一个城市或地区对周边地区乃至全国的影响力和功能作用，我们主要采用了技术市场成交额、对外经济合同额、货物周转量、旅客周转量等指标来衡量。这“五力”相互关联、相互支持。驱动力和创新力对支撑力起着强化和支持作用，支撑力对辐射力起到影响和支持作用，而凝聚力又会促进创新力和驱动力的提升。这“五力”共同支持“发展”这个核心，最终服务于城市或区域居民福祉的提升（见图 2－1）。

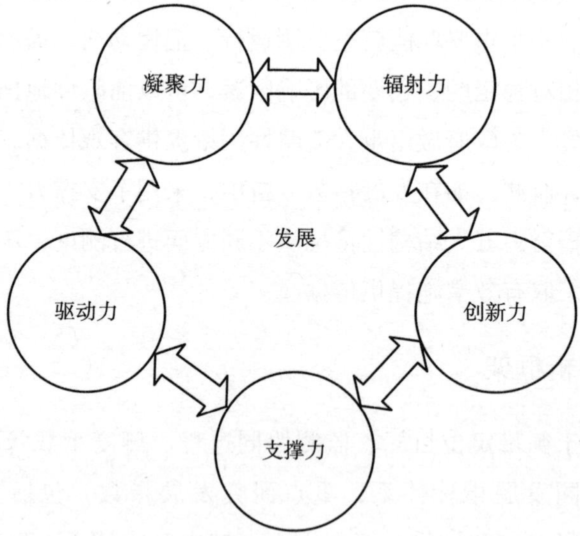

图 2－1　发展指数体系内在逻辑关系

二　测度结果与基本判断

（一）发展指数——测度与结论

1. 指标体系构建

本研究构建了由支撑力、驱动力、创新力、凝聚力和辐射力“五力”组成的综合发展指标体系。该指标体系根据测度范围的不同，又分为京津冀发展指标体系（省市级），其中一级指标分为支撑力、驱动力、创新力、凝聚力和辐射力五个维度，二级指标共计30个。其具体测度指标见表2－1。

表2－1　京津冀发展指标体系（省市级）

一级指标	二级指标	指标解释
支撑力	GDP总量(亿元)	指按市场价格计算的京津冀所有常驻单位在一定时期内生产活动的最终成果
	人均GDP(元)	指京津冀三地在核算期内(通常为一年)实现的生产总值与所属范围内的常住人口的比值
	地方一般预算财政收入(亿元)	包括:(1)税收收入;(2)社会保险基金收入;(3)非税收入;(4)贷款转回收本金收入;(5)转移性收入
	城镇化率(%)	指京津冀三地城镇人口占常住人口的比重
	地方生产总值占全国的比重(%)	指京津冀三地的地区生产总值占全国地区生产总值的比重
驱动力	全社会固定资产投资总额(亿元)	以货币表现的建造和购置固定资产活动的工作量,它是反映固定资产投资规模、速度、比例关系和使用方向的一项指标
	社会消费品零售总额(亿元)	指批发和零售业、住宿和餐饮业以及其他行业直接售给城乡居民和社会集团的消费品零售额
	外贸进出口总额(万美元)	指京津冀三地进出口数量,是衡量一国或一地区对外贸易状况的重要经济指标
	实际利用外资金额(万美元)	指批准的合同外资金额的实际执行数,外国投资者根据批准外商投资企业的合同(章程)的规定实际缴付的出资额和企业投资总额内外国投资者以自己的境外自有资金实际直接向企业提供的贷款
	知识密集型企业数量占比(%)	指京津冀三地金融、商务租赁、信息及软件、科学研发企业占三地企业数量的比重

续表

一级指标	二级指标	指标解释
创新力	每万人发明专利授权量(个)	指京津冀三地平均每万人常住人口拥有的发明专利数量
	当年新设立企业数(个)	指京津冀三地年末新增企业数量
	新增商标注册数量(个)	指京津冀三地年末新增商标注册数量
	R&D 经费支出占全省(市)GDP 比重(%)	指京津冀三地 R&D 经费支出占地区生产总值的比重
凝聚力	每百人公共图书馆藏书(册)	指常住人口中每百人拥有图书馆已编目的古籍、图书、期刊和报纸的合订本、小册子、手稿以及缩微制品、录像带、录音带、光盘等视听文献资料数量
	城镇人均可支配收入占人均 GDP 比重(%)	指反映居民家庭全部现金收入能用于安排家庭日常生活的那部分收入占人均地区生产总值的比重
	城镇职工参加基本养老保险占比(%)	指报告期末按照法律、法规和有关政策规定参加城镇基本养老保险并在社保经办机构已建立缴费记录档案的职工人数和离休、退休、退职人员的人数占常住人口的比重
	在岗职工平均工资水平(元)	指各单位在一定时期内直接支付给本单位在岗职工的劳动报酬总额。包括:计时工资、计件工资、奖金、津贴和补贴、加班加点工资和其他工资
	人均道路面积(平方米)	指京津冀三地经过铺筑的路面宽度在 3.5 米以上(含 3.5 米)的道路,包括高级、次高级道路和普通道路与三地常住人口的比值
	万人拥有公交车辆(辆)	指常住人口中每万人拥有城市公共交通企业可参加营运的全部车辆数
	每千人拥有执业医师数(人)	指常住人口中每千人拥有的医师数量
	每千人拥有医疗机构床位数(张)	指常住人口每千人拥有各级各类医院本年 10 月底的固定实有床位(非编制床位)
	教育经费占财政支出比重(%)	指政府教育事务支出占财政支出的比重
	建成区绿化覆盖率(%)	指城市建成区用于绿化的乔灌木和多年生草本植物的垂直投影面积

续表

一级指标	二级指标	指标解释
辐射力	技术市场成交额(亿元)	指登记合同成交总额中,明确规定属于技术交易的金额。即从合同成交总额中扣除所提供的设备、仪器、零部件、原材料等非技术性费用后实际技术交易额
	货物周转量(亿吨公里)	指一定时期内,运输部门实际运送的货物吨数和它的运输距离的乘积
	旅客周转量(亿人公里)	它是反映交通部门一定时期内旅客运输工作量的指标。指旅客人数与运送距离的乘积
	金融机构存款余额(亿元)	指居民个人和企业在银行的存款额
	金融机构贷款余额(亿元)	指居民个人和企业在银行的贷款额
	入境游客数(万人次)	指报告期内来中国(大陆)观光、度假、探亲访友、就医疗养、购物、参与会议或从事经济、文化、体育、宗教活动的外国人、港澳同胞等游客数(即入境旅游人数),统计时,入境游客按每入境一次统计1人次计算

注：数据从2004年至2013年，数据为北京、天津、河北总体。
资料来源：《中国城市统计年鉴》、《河北经济年鉴》、龙信数据有限公司。

2. 研究方法及测度结果

根据熵值法计算原理，分别测算出2006～2015年京津冀三地单项及综合得分，并将各项得分及综合得分进行排序，具体见表2－2、图2－2。

表2－2　京津冀发展指数单项及综合得分（规模）

年份	地区	支撑力	驱动力	凝聚力	辐射力	创新力	综合得分
2006	北京	87.4354	94.3505	98.3971	67.4003	100.0000	83.7579
	天津	55.2556	44.4121	51.1228	28.8957	32.9638	36.9510
	河北	66.5154	43.4052	25.2245	36.8766	20.8832	34.6443
2007	北京	87.0672	92.8516	97.3537	67.9205	100.0000	83.9302
	天津	52.8036	42.2871	51.4465	30.8289	32.0109	37.2257
	河北	67.2278	47.7935	26.8554	34.2470	19.8690	34.0470
2008	北京	86.1948	88.7336	97.2558	79.3325	100.0000	88.9715
	天津	56.7531	41.4766	52.1779	22.1686	33.5397	35.0056
	河北	66.5947	43.9584	27.7970	36.4875	20.7038	34.6687

续表

年份	地区	支撑力	驱动力	凝聚力	辐射力	创新力	综合得分
2009	北京	89. 5015	84. 9468	96. 9593	77. 1932	100. 0000	87. 6024
	天津	62. 0666	43. 7311	50. 2051	31. 9641	33. 0309	38. 9706
	河北	65. 0931	43. 6212	29. 3647	31. 6781	24. 0719	33. 6287
2010	北京	88. 6823	83. 0492	96. 7814	77. 9777	100. 0000	87. 3925
	天津	66. 6013	44. 9590	49. 2951	30. 1909	35. 9672	39. 2037
	河北	66. 8452	42. 0134	29. 9905	33. 1201	22. 0591	33. 6788
2011	北京	85. 7664	82. 6334	96. 3085	79. 1498	100. 0000	87. 2817
	天津	67. 7123	46. 2866	49. 0141	26. 8260	37. 2663	37. 9675
	河北	68. 6557	40. 0402	28. 6781	35. 5512	22. 1945	34. 2131
2012	北京	85. 6045	81. 8837	95. 9578	78. 2153	100. 0000	86. 8178
	天津	71. 6602	41. 3766	49. 6424	24. 0961	38. 2814	36. 7633
	河北	68. 6221	47. 7222	29. 5237	37. 8481	23. 2127	36. 5586
2013	北京	86. 8238	79. 7250	95. 0326	71. 3200	99. 9483	82. 8870
	天津	74. 6708	47. 4302	51. 7968	18. 3550	38. 7952	34. 8895
	河北	67. 1867	42. 2910	29. 8116	41. 9989	28. 5343	38. 5688
2014	北京	89. 1952	74. 3338	87. 3022	70. 7562	100. 0000	80. 6036
	天津	77. 7324	43. 5264	57. 5912	19. 3734	34. 8405	34. 9873
	河北	64. 4658	57. 1055	41. 7640	42. 8291	25. 7117	42. 4888
2015	北京	92. 8834	74. 6829	86. 7988	75. 8704	100. 0000	83. 4082
	天津	77. 8784	52. 9565	56. 4987	15. 9156	30. 9649	33. 3292
	河北	61. 6206	48. 2427	42. 9811	46. 0945	20. 5512	41. 0404

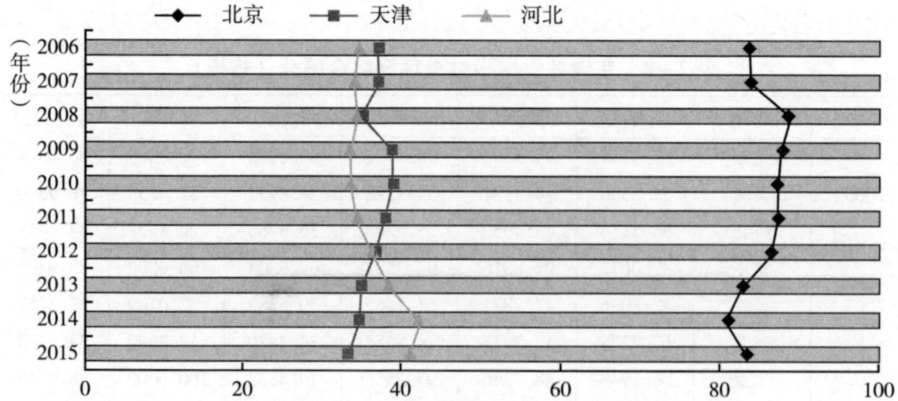

图 2－2　京津冀发展指数综合得分（规模）

所选指标中规模指标较多，河北省的规模与体量明显大于京津两地，因此我们对上述指标体系进行处理，除以三地常住人口数，由规模指标转化为人均指标。结果见表2－3、图2－3。

表2－3　京津冀发展指数单项及综合得分（人均）

年份	地区	支撑力	驱动力	凝聚力	辐射力	创新力	综合得分
2006	北京	94.7917	92.7511	98.3971	69.5791	100.0000	85.3212
	天津	61.7011	72.2433	51.1228	31.1753	32.9638	43.7459
	河北	34.9881	13.7009	25.2245	33.4411	20.8832	26.6680
2007	北京	94.5383	88.9522	97.3537	70.0946	100.0000	84.9493
	天津	59.8464	70.4010	51.4465	33.4615	32.0109	44.1050
	河北	35.4742	15.9956	26.8554	31.1694	19.8690	26.0584
2008	北京	94.2377	84.0593	97.2558	80.9772	100.0000	89.0525
	天津	63.1582	69.0084	52.1779	26.1890	33.5397	42.5709
	河北	35.2615	13.1191	27.7970	32.8116	20.7038	26.0416
2009	北京	95.8709	78.8155	96.9593	79.0170	100.0000	87.1238
	天津	68.5931	70.9993	50.2051	35.8365	33.0309	46.8337
	河北	34.3792	12.8166	29.3647	28.8238	24.0719	25.2368
2010	北京	95.6752	74.9788	96.7814	79.7167	100.0000	86.3280
	天津	74.1877	70.7108	49.2951	34.4371	35.9672	47.3198
	河北	36.0285	12.6067	29.9905	30.4136	22.0591	25.4948
2011	北京	94.2516	72.9181	96.3085	80.6356	100.0000	85.8548
	天津	76.1936	71.0919	49.0141	30.6143	37.2663	45.9773
	河北	36.9185	12.5946	28.6781	32.8666	22.1945	26.4072
2012	北京	94.1673	74.5430	95.9578	79.8296	100.0000	85.8857
	天津	80.3545	67.6586	49.6424	28.4066	38.2814	45.0650
	河北	37.5719	17.9312	29.5237	35.1429	23.2127	28.6638
2013	北京	94.7888	72.5887	95.0326	73.1840	99.9483	82.3247
	天津	83.3271	72.5404	51.7968	22.4137	38.7952	43.2479
	河北	36.6068	13.5233	29.8116	39.4311	28.5343	30.8657
2014	北京	95.9168	72.2234	87.3022	72.5245	100.0000	80.9447
	天津	85.8032	68.7510	57.5912	22.5660	34.8405	42.7746
	河北	34.8039	21.7865	41.7640	40.0421	25.7117	33.7976
2015	北京	97.4934	74.0340	86.7988	77.7648	100.0000	83.8742
	天津	83.3780	76.3798	56.4987	15.4442	30.9649	38.9732
	河北	32.7454	14.0034	42.9811	37.8719	20.5512	30.8097

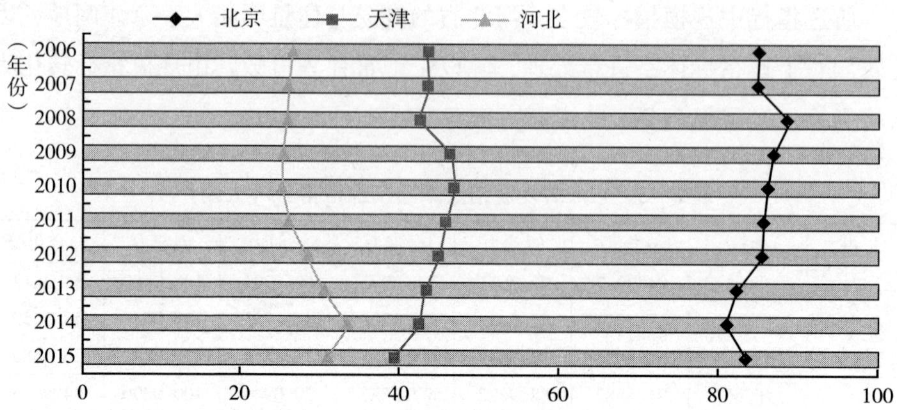

图 2-3 京津冀发展指数综合得分（人均）

3. 几点结论

(1) 从总体发展水平来看——北京核心地位稳固，津冀差距呈缩小趋势

从发展指数综合得分来看，无论是规模还是人均，北京都远高于津冀，北京的综合得分处于 80 以上，天津处于 30～40 区间，河北处于 30～45 区间，充分显示了北京作为京津冀地区核心城市的发展实力和总体水平与津冀处于不同的档次，核心地位十分突出。从规模视角来看，2015 年河北的发展指数综合得分（41.0404）高于天津（33.3292）（见表 2-2），但是从人均视角来看，2015 年天津和河北的发展指数综合得分分别为 38.9732 和 30.8097（见表 2-3），天津的得分远高于河北，自 2010 年以来河北呈递增趋势，与天津的差距在逐步缩小（见图 2-3）。

(2) 从支撑力来看——北京实力最强，天津增长迅猛

从支撑力指数得分来看，天津上升态势明显。从规模视角看，京津冀三地处于不同的档次，但差距不大，2015 年支撑力指数得分北京为 92.8834，天津为 77.8784，河北为 61.6206（见表 2-2）；但从人均视角看，天津远高于河北，2015 年北京为 97.4934，天津为 83.3780，河北仅为 32.7454（见表 2-3）。

从支撑力指数（人均）变化趋势看，天津呈快速上升态势，河北平稳波动。天津的支撑力指数近年来增长很快，从2006年的61.7011上升到2015年的83.3780，增幅达到35.13%，远高于京冀，反映了天津的经济体量及其在区域中的占比在2010年以后超过规模较大的河北，直逼北京。与京津两地的快速发展相比，河北的支撑力指数水平一直维持在30~40区间，呈现平稳波动的变化趋势，反映了支撑河北未来发展的基本动力还有待挖掘和提升（见图2-4）。

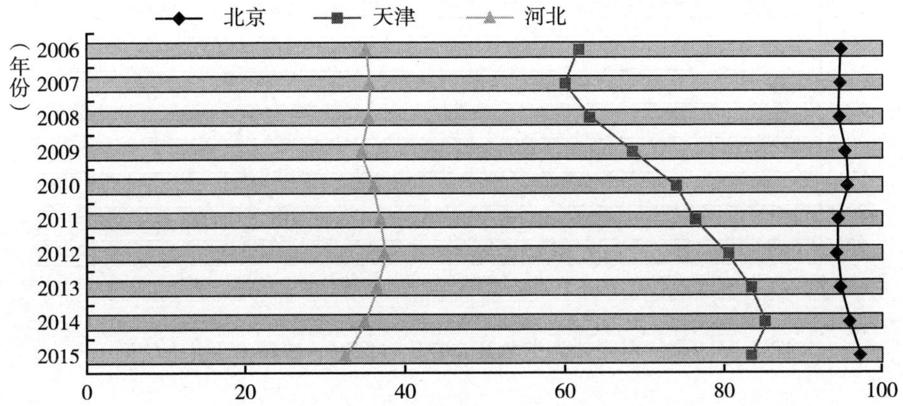

图2-4　京津冀支撑力指数及其变化（2006~2015年）（人均）

（3）从驱动力来看——北京领先但增速下降，河北与京津差距较大

从驱动力指数得分来看，北京远高于津冀。从规模视角看，2015年驱动力指数得分北京为74.6829，天津为52.9565，河北为48.2427（见表2-2）；从人均视角看，天津略高于北京，但河北与京津差距较大，2015年北京驱动力指数得分为74.0340，天津得分为76.3798，河北得分为14.0034（见表2-3）。

从驱动力（人均）指数变化趋势看，2006~2015年，北京驱动力指数呈现持续下降趋势，2013年京津两地驱动力得分几乎持平，至2015年天津得分已超过北京，河北驱动力得分保持在10~20指数水平区间，起步低、变化幅度小。随着北京非首都功能疏解进程的深入，北京的新旧动能转换，正面临着由投资驱动、消费驱动向创新驱动转换的重大机遇，因此驱动力指数进入短期下降的过渡期。津冀目前仍以投资和出口等传统驱动力为主，主要靠钢铁化工、汽车装备、航空航天等现代制造业的大项目投资来驱动，但也正在向创新驱动转变，三地均处于新旧驱动力更替的“换挡期”（见图2－5）。

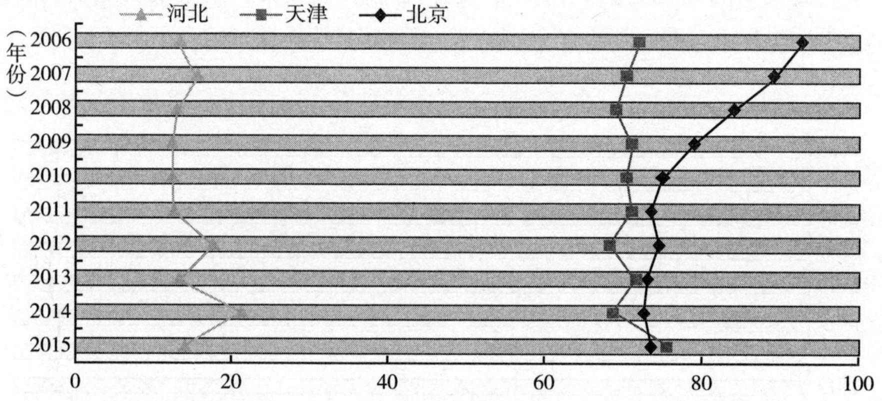

图2－5 京津冀驱动力指数及其变化（2006～2015年）（人均）

（4）从创新力来看——北京创新优势明显，津冀创新力有所提升

从创新力指数总体水平上看，2015年北京创新力得分为100.0000，遥遥领先于天津（30.9649）和河北（20.5512）（见图2－6）。天津和河北的创新力指数2013年之前一直呈稳定上升态势，天津的创新力指数从2006年的32.9638快速增长到2013年的38.7952；河北创新力起点低，增速快，从2006年的20.8832快速增长到2013年的28.5343，但津冀两地得分近两年有所下滑。目前北京作为创新中心的地位稳固，天津和河北的创新力较北京还有较大差距。

（5）从凝聚力来看——北京呈下降态势，天津平稳上升，河北明显不足

从人均视角来看，2015年北京凝聚力指数得分（86.7988）远高于津冀（56.4987和42.9811），但在2006～2015年，北京与天津的凝聚力呈现平稳发展态势，略有小幅波动，河北凝聚力有所提高，但与京津相比仍有较大差距（见图2－7）。

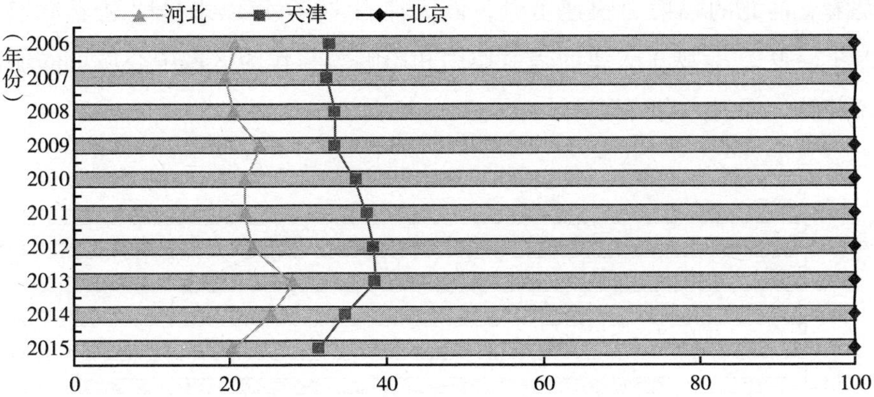

图 2-6　京津冀创新力指数及其变化（2006~2015 年）（规模）

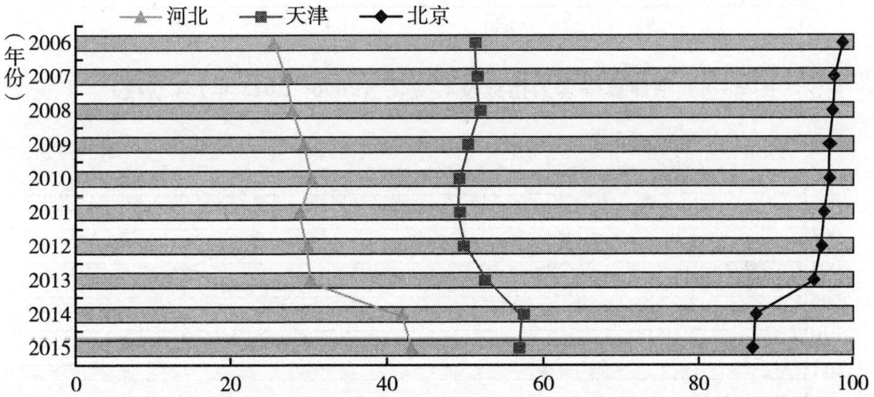

图 2-7　京津冀凝聚力指数及其变化（2006~2015 年）（人均）

（6）从辐射力来看——北京辐射力最强，河北快速上升，天津有待提升

从规模视角来看，河北高于天津，2015 年北京辐射力指数得分为 75.8704，天津为 15.9156，河北为 46.0945（见图 2-8）；从人均视角来看，2015 年北京辐射力指数得分为 77.7648，河北为 37.8719，天津为 15.4442。北京的辐射力不仅远高于津冀，而且是稳步上升，反映了北京作为区域“核心”其地位稳固，辐射作用突出。从辐射力（人均）指数变化

趋势看，河北的辐射力快速上升，而天津自2009年以来呈明显下降趋势（见图2－9），反映了天津的辐射作用和影响力与作为区域中心城市的地位还不相称，辐射力有待提升。

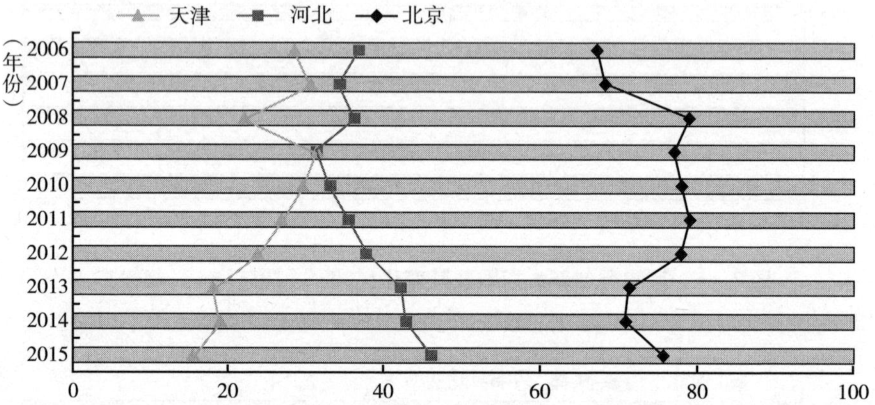

图2－8 京津冀辐射力指数及其变化（2006～2015年）（规模）

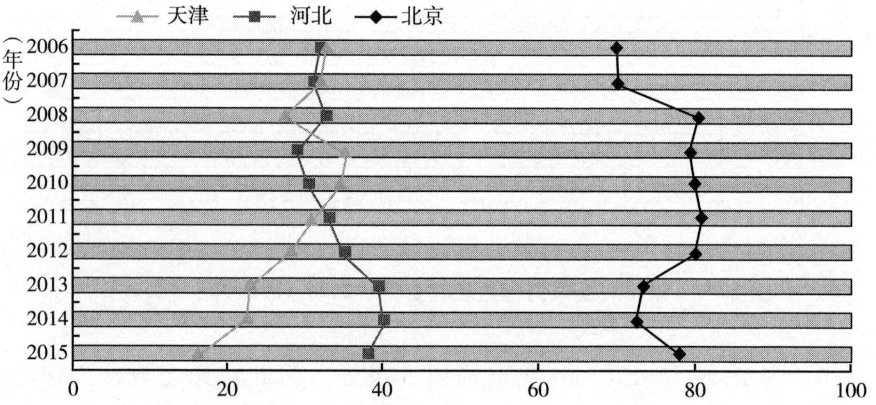

图2－9 京津冀辐射力指数及其变化（2006～2015年）（人均）

（二）趋势分析

2016年是加快推进京津冀协同发展的关键一年。随着党中央、国务院和京津冀三省市全面贯彻落实一批重大改革创新和试点示范工程，京津冀协同发展取得明显进展。一是有序推进北京非首都功能疏解。截至2016年底，共有350家北京低端交易市场迁至津冀，北京产业正在与津冀有序对接，一般公共服务业的疏解工作持续开展；二是交通、生态、产业三大重点领域率先突破取得积极进展，如“四纵四横一环”的交通骨架、张承地区生态保护与修复、重点企业与合作平台在河北落户等；三是重点领域改革创新加快推进，如投资京津冀城际铁路、突破医疗保险转移接续和异地就医服务障碍、北京自主创新相关试点改革向津冀有条件的园区溢出等；四是三地逐步打破行政区划壁垒，整体性增强，逐步形成北京以着力构建“高精尖”的产业结构和服务业为主体的经济结构，天津以创新引领转型发展并密切与京冀合作，河北以化解优势富余产能、推进结构调整、强化创新驱动来培育形成新的增长点。根据本研究指数（人均）的测度结果，自2013年以来，三地的各项指数得分呈现较为明显的变化态势。这说明京津冀协同发展进程明显加快，协同发展取得诸多成效，三地在协同发展中表现出了各自的优势和特点。

1. 北京：非首都功能疏解成效显著，成为三地创新发展的核心

自2013年以来，北京的各项指数变化明显，综合发展水平进一步提升。首先，发展指数综合得分（人均）从2013年的82.3247上升到2015年的83.8742，支撑力指数从2013年的94.7888上升到2015年的97.4934，经济实力连续得到提升。其次，非首都功能疏解进展尤为突出。凝聚力指数（人均）从2013年的95.0326骤降至2015年的86.7988，辐射力指数（人均）由2013年的73.1840上升到2015年的77.7648。大量非首都功能正在向周边区域疏解，北京的一般性制造业和批发市场的疏解工作已经完成目标的70%左右。最后，北京的全社会固定资产投资增速呈下降态势，现代服务业和战略新兴产业的产值占比不断上升。同时，近年来北京的创新力指数与津冀相比始终保持绝对优势，已经成为支撑三地创新发展的核心驱动力。

2. 天津：驱动方式正处于转型升级阶段，凝聚力明显提升

近年来，天津的GDP增速达到9%左右，经济维持较高的增速，优势在于驱动力与凝聚力。在驱动力方面，驱动力指数（人均）从2013年的

72.5404增长到了2015年的76.3798；在凝聚力方面，凝聚力指数（人均）从2013年的51.7968增长到了2015年的56.4987。目前来看，天津经济发展仍以大项目投资为主，驱动方式与创新驱动的要求还存在差距。随着京津冀协同发展与非首都功能疏解，北京以中关村园区为代表的高新技术园区在天津的布局，在一定程度上带动了天津发展方式的转型升级。另外，北京“控增量，调存量”的疏解策略使得部分人才尤其是应届毕业生出现外溢现象，加之天津的公共服务水平、基础设施建设和城镇居民收入的改善使得天津的凝聚力得到明显提升。

3. 河北：驱动力得到改善，创新力是短板

河北的驱动力指数（人均）从2013年的13.5233增长到2014年的21.7865，到了2015年有所下降，为14.0034；凝聚力指数（人均）从2013年的29.8116增长到了2014年的41.7640，2015年又增长到了42.9811。这说明京津冀协同发展战略提出以来，巨大的政策效应使得河北作为非首都功能主要承接地的驱动力和凝聚力得到很大提升，但非首都功能疏解目前尚缺乏完善的配套政策，导致河北在驱动力和凝聚力方面出现一定程度的反复。河北的创新力与京津相比严重不足，这可能与河北现有的以重化工业为主的资源密集型产业结构有关。

三　主要路径与对策建议

京津冀协同发展是当前我国区域发展的三大战略之一，而京津冀三地同属京畿重地，实现其创新发展、协调发展、绿色发展、开放发展和共享发展则更为重要。《京津冀协同发展规划纲要》中提出要将京津冀地区打造成为“世界级城市群、区域协同发展改革引领区、全国创新驱动经济增长新引擎和生态修复环境改善示范区”，这就要求我们以当前京津冀协同发展的巨大成效为基础，以更加合理、更加有序、更加高效的政策措施推进非首都功能疏解，探索出一条人口经济密集区优化开发新模式，助力京津冀协同发展。

（一）坚持创新驱动发展为主线，以非首都功能疏解带动三地转变经济发展方式

立足创新发展目标和三地比较优势，通过非首都功能疏解发挥北京的创新策源地知识溢出效应，以科技创新提高三地生产率，实现三地转型发展。具体来说：一是加快非首都功能疏解步伐，促进三地产业转型升级。北京的非首都功能疏解到津冀，一方面有助于北京腾退旧动能发展空间，拓展创新动能的发展空间。吸引国际创新要素、“高精尖”企业总部和高端现代服务业在京发展，构建“高精尖”经济体系。另一方面有助于北京加强与津冀地区科技合作与成果交流，形成知识外溢效应，助力打造全国科技创新中心。天津立足高新技术产业优势基础，吸引高端制造业和先进制造业在滨海新区集聚，扩大规模经济效应。有序淘汰落后产能、低端产业和低端功能，提升先进制造核心竞争力，尽快形成以战略性新兴产业和高端装备制造业为主导的技术领先、配套完备、链条完整的产业集群，积极打造全国先进制造研发基地。河北目前的创新能力较弱，应以非首都功能疏解为契机，在优化承接环境的基础上，主动对接京津产业转移，优化空间布局，提升产业聚集效应，以高梯度地区的先进技术武装河北的产业，引进京津的先进制造业在河北集聚发展，为河北的产业结构优化和产业转型注入活力。助力三地尽快形成创新驱动、内涵集约的发展模式。二是打造京津冀协同创新共同体。依托国家级经济技术开发区，借鉴中关村协同创新平台模式，由三地政府组织，汇集企业、高校、科研机构、金融、服务中介等搭建京津冀协同创新平台，促进重大产业资源整合、金融资源聚集、创新服务资源聚合。促进企业之间及企业与高校、科研院所、金融机构、中介机构、政府之间形成相对稳定的创新网络。营造京津冀协同发展的文化氛围、创新氛围；实现产业、科技、市场、人才、金融等管理模式的创新，根据产业发展变化和具体区域要求实行不同的创新政策引导和支持。三是建立多元化创新资金投入体系。科技创新资金投入是提高创新能力的动力来源。目前，部分国家级经济技术开发区在创新活力方面还存在较大差距，科技投入不足与来源渠道单一是限制

创新能力提升的重要原因。因此，有必要构建以政府引导、企业主导、金融机构支撑、社会支持的全方位多元化投融资体系。如提高 R&D 经费投入在政府财政支出中所占比例，引导民间资本投向技术创新领域，引入风险投资基金，拓展研发的融资渠道。设立区域产业创新引导基金。三地共同出资，联合设立产业创新引导基金，并成立创新基金管理委员会。创新基金主要投向高端制造、新材料新能源、航空航天、新一代信息技术等战略新兴产业领域，资助对象包括京津冀三地的大学、科研机构、科技型企业等。

（二）坚持绿色协调发展为保障，优化提升三地综合发展环境

坚持经济增长与综合环境绿色协调可持续发展已经成为共识。北京的“大城市病”已经成为三地乃至全国经济发展中备受关注的焦点。交通拥堵、生态破坏、城镇体系不合理等一系列问题已经对发展产生巨大威胁，成为亟待解决的难题。因此，三地应共同借鉴破解北京“大城市病”的具体经验和做法，优化三地综合环境。在交通基础设施建设方面，建立三地统筹规划的立体化交通运输网络。京津冀作为一个整体，快速交通线网规划工作应统一规划，三地统筹协调，建设能够辐射带动京津冀整体区域的百年工程。从建立区域互联互通公路网出发，打通省际间“断头路”，发展多种运输方式间的互联互通，包括城市交通、城际轨道、道路长途客运、航运、水上客运等，真正实现“公交一卡通”和“客运服务一票式”。疏解北京过境交通压力，拓展区域对外联系能力。在生态环境建设方面，推进三地共建共享。一是探索成立京津冀生态协同共建管委会。负责从京津冀区域整体上编制包含绿色生态空间、其他生态空间及农业空间在内的生态空间规划，统一划分生态用地，依法分类分级确定生态控制线，划分不同类型的生态保育空间，构建京津冀生态保育空间结构。二是建立三地生态补偿机制。在生态关系研究基础上，进行产权界定、补偿主体识别、补偿类型划分及补偿方式选择等，建立京津冀全覆盖的分区分类生态补偿体系。三是创新环保治理模式。通过对京津冀三地不同区域的生态质量进行分区，建立起大气污染联防联控、区域机动车监管、三省市联

合执法等机制。在城镇体系建设方面，构建城乡均衡发展的城镇体系。一是以北京为中心，天津为区域次级战略重心，打造世界级城市群“双引擎”。北京与天津，由于经济技术水平接近、产业结构错位，资源禀赋各异，完全能够错位发展和共赢发展，也只有京津联手、共举龙头，才能够把京津冀城市群建设成为无论是体量、质量还是水平，能够与长三角、珠三角并驾齐驱，成为具有国际影响力和控制力的世界级城市群。二是依托雄安新区，打造“一核两翼”的区域发展新格局。依托北京通州“行政副中心”和雄安新区“非首都功能集中承载地”，形成以城六区为核心，连通北京东部轴带和西南轴带城镇体系，通过非首都功能疏解带动轴带城镇的快速崛起，特别是要加快建成雄安新区央企总部经济集聚区，形成燕赵大地上新的增长极，通过辐射外溢效应拉动河北南部城市群的快速崛起。三是加强河北的区域中心城市及功能区建设。通过产业轴和城镇轴联动发展，打造区域性中心城市和节点城市。通过非首都功能的承接，采取产城融合、产业转移与公共服务均等化同步推进的路径，发展壮大河北中小城市，使其成为对内承接、对外集聚的“反磁力基地”和新增长点，优化城镇结构。

（三）坚持开放共享发展为目标，提高区域综合发展水平

改善公共服务环境，增强集聚优质资源的凝聚能力。一座真正具有魅力的现代化城市，必然是适宜创业、适宜发展、充满机遇的城市。同样，一个地区也是如此。京津冀协同发展，应交通先行，“以宜行聚人”；产业对接，“以宜业聚人”；生态建设，“以宜居聚人”；制度建设，“以环境聚人”。京津冀应该一道积极推进区域内基本公共服务等制度规则的对接，推进区域社会政策的一体化，创造有利于人才等要素自由流动的社会政策环境，增强能够不断集聚优质资源的凝聚力。按照城乡等级体系和均衡发展理念，推进公共服务的均等化。一是健全公共服务法律体系，为基本公共服务均等化提供法治保障。二是完善公共财政制度，实现基本公共服务政府事权和财权匹配。三是推进公共服务市场化改革，提升公共服务市场化效率与质量。四是

加强统筹规划，促进地区间公共服务制度对接与信息共享。五是通过综合试点改革，逐步缩小区域间基本公共服务的差距。

参考文献

[1] 文魁、祝尔娟等著《京津冀发展报告（2016）——协同发展指数研究》，社会科学文献出版社，2016。
[2] 戚晓旭、祝尔娟：《京津冀地区创新能力的大数据分析》，《光明日报》（理论版），2016 年 5 月 25 日。
[3] 叶堂林、戚晓旭、何晶彦：《京津冀发展中几个值得关注的趋势》，《北京日报》（理论周刊），2016 年 5 月 30 日。
[4] 李国平：《京津冀区域发展报告 2015》，科学出版社，2015。

B.3 京津冀协同发展指数研究*

摘　要：　本研究采用定基指数方法，综合运用直接数据、间接数据和全口径大数据，从协同能力、协同行为、协同绩效三个方面，对2005～2015年京津冀三地协同发展指数进行了分析，认为京津冀协同发展程度总体上呈上升趋势，三地协同发展的基础不断增强，企业对协同行动的贡献最大，但协同绩效需要进一步提升，并就此提出了相应的对策建议。

关键词：　京津冀协同发展　发展指数　定基指数

区域协同发展已成为当前区域经济研究的重点领域，特别是《京津冀协同发展规划纲要》出台以来，推动区域协同发展已经成为当前和今后一段时间我国区域发展的重要任务之一。目前，京津冀在经济发展、生态保护、交通建设等领域取得了积极进展，但同时仍面临区域经济一体化程度较低、城镇体系结构失衡、社会服务保障差距扩大等一系列突出问题。

由于京津冀三地所处的发展阶段各不相同，加之要素资源配置行政干预较多，协同发展的任务十分艰巨。为了实现协同目标，需要对京津冀协同发展基础与能力、动力机制与制约因素进行科学分析和评价，并构建科学合理的指标体系给予监测和评价。从目前已有的研究成果看，学者们采用不同的

* ［作者简介］刘云中，国务院发展研究中心研究员；林琳，首都经济贸易大学城市经济与公共管理学院博士生。

指标体系对区域协同发展状况进行了比较评价，取得了一些成果。本文在《京津冀蓝皮书》（2015 年、2016 年）的基础上，按照简洁直观的原则，综合运用直接数据、间接数据和全口径大数据，通过编制定基指数的办法来阐述京津冀协同发展的进展。

一 理论基础与概念界定

20 世纪 70 年代，德国物理学家哈肯提出“协同理论”（synergetics）。2000 年前后，“协同”的发展理念开始在欧美一些发达国家的区域发展中应用。如：德国在 1999 年区域规划政策调整中强调要加强基于城市分工网络的区域合作，创造发展的协同效应。美国在 2000 年针对欠发达地区和萧条地区发展政策中存在的问题，也改变了传统的政策思路，强调要以整体性、系统性方法促进上述地区的发展，建立与知识经济时代相适应的、通过产业协同和组织协同促进区域发展的政策体系。

区域协同发展强调区域内各个主体突破行政区划限制进行有机整合，实现要素和资源在区域内自由流动与优化配置，使区域形成协同一体的整体。相比于区域协调发展，区域协同发展更多的是强调地区之间共同行动，强调各地要形成目标一致的行动方案，实现对区域公共事务的联合治理①。因此，区域协同发展可被认为是区域协调发展的较高阶段。从这个意义出发，要实现区域协同发展，至少应该实现市场一体化达到较高水平、空间格局协调有序并持续优化、区域治理与制度安排协调一体等。综合有关协同学理论和各国区域协同发展的实践经验，可以从三个维度理解区域协同的内涵。

首先，“协同”是区域各子系统间相互关联的一种状态。从区域经济社会发展整体系统来看，它具有多维性，包括功能协同（经济、社会、环境

① 侯永志、孙志燕：《区域协同发展与新型城镇化战略》，中国发展高层论坛会议论文，2015。

协同)、空间协同(区域内部与区域、区域间、区域与国家)、产业协同(生产、分配、消费)等。在经济社会发展的初级阶段,各子系统之间更多的是信息、资源的简单交换,随着经济复杂程度的提高,子系统之间的关系由合作、联动逐渐向协同、一体化等高级形态演变。

其次,“协同”是区域经济社会发展的高阶目标。从系统进化理论来看,每个系统都处在由简单向复杂、由无序向有序、由封闭向开放、由简单组合向聚合进化的过程。[①] “协同”是区域系统向更“稳定”、更“健康”状态演化进程中的目标状态。处于协同状态的区域系统具有整体性、平衡性、开放性、关联性等基本特征。整体性表示区域系统是由各区域(子系统)基于一定的规范关系形成的有机组合,不可能通过单一区域实现整个系统的目标。平衡性是指各区域差距过大、功能无差异等都是结构失衡的表现,会影响系统整体运行的效率。开放性强调的是协同的区域经济系统是一个开放的系统,相对于低水平封闭的系统而言,开放性的系统可以通过与外界系统的资源与能量交换实现可持续的有序发展。关联性强调各区域之间是彼此影响、相互促进的。

最后,“协同”不仅是区域发展的一种状态,而且是实现更加包容、更加均衡、更加协调的区域发展的新思路或新路径。即通过对不同子系统(地区)功能结构的优化,以及子系统之间更加精细化、差异化的分工协作,形成“1+1>2”的协同效应。区域协同发展强调以下三个方面:一是地区发展路径的多元化和差异化。各地区由于基础条件不同、功能定位各异,发展路径不具有普遍适用性。每个地区都需要根据自身的条件选择差异化的发展路径。二是地区发展要具有动态平衡性。区域系统是一个多层级多维度的系统,整个系统既需要实现系统性目标,不同子系统之间也需要达到良好的组织调节,否则,失衡的结构将影响整个系统的运行效率,产生诸如“大城市病”、环境问题、大都市区周边贫困带等问题。三是地区之间要加

① 王慧炯:《社会系统工程方法论:基本理论、规划、政策、智库建设等的应用》,中国发展出版社,2015。

强深度合作。区域系统是由相互依赖的区域子系统构成的，任何区域的功能和内在的结构都与其他区域存在着直接或间接的联系。因此，在协同中需要加强地区间的深度合作，确保整个系统的运行不出现偏离目标的过大波动，实现更高层级的有序化发展。

需要明确的是，区域协同发展是以一种更加系统性、整体性的思维，更强调整体协同效应的新思路来实现区域协调发展，实质上是对区域自身发展路径的优化，以及区域和区域之间关系的重塑，是基于区域协调发展总体战略目标之下的一种发展路径创新。

二　协同形势与主要进展

京津冀协同发展，是我国应对经济发展新常态、资源环境压力持续增大、区域发展不平衡等挑战，实现发展方式转变、构建区域协调发展体制机制和探索改革路径的国家需要。但我们也应该看到，京津冀三地所处的发展阶段各不相同，协同发展还面临区域一体化程度较低、城镇体系结构失衡、生态环境问题日趋严重、要素资源配置行政干预较多等一系列问题。

（一）三地经济社会发展差距明显

根据国家统计局北京调查总队发布的统计数据：2015 年，京津冀三地 GDP 总量近 7 万亿元，占全国的 10.2%。地方公共财政预算收入为 10039 亿元，占全国的 12.1%，但三地经济社会发展差距明显。不平衡性是京津冀地区空间发展的重要特征。具体表现在：一是三地所处发展阶段落差较大。从人均 GDP 看，河北仅 6400 余美元，不到北京和天津的一半。过大的发展差距通过“虹吸效应”进一步强化了发达地区的优势地位。从产业结构和城镇化率的发展规律判断，北京已进入后工业化阶段，天津处于工业化阶段后期，而河北尚处于工业化阶段中期。二是自然资源承载分布严重不均衡。北京、天津作为京津冀经济发展的核心地区，土地面积仅有 21.6 万平方公里，占全国的比重分别为 0.2% 和 0.1%。从人口聚集度看，京津冀地区常住人口1.11亿人，占全国的8.1%。其中，北京、天津人口高度聚集，人口密度均为河北省的3倍以上，是全国平均水平的9倍以上。此外，京津冀地区还是水资源匮乏且污染严重的区域之一。水资源总量不足全国的1%。区域内国控省界断面中劣Ⅴ类断面接近44%。三是要素资源空间配置效率不高。受所处发展阶段和体制机制等方面因素的影响，北京、天津的职能过于集中，对周边地区的辐射带动有限，造成中心城市与外围城市发展差距较大，过于悬殊的二元结构直接导致了生产要素向发达地区或中心城市流动，而落后和边缘地区却没有享受产业扩散带来的红利，影响了合理的经济梯度形成。区域内各城市发展目标相似，产业同构现象严重，导致三地产业横向纵向联系不紧密、专业化程度不够，严重制约了资源利用效率和区域整体竞争力的提升。

（二）跨区域协同机制作用仍不明显

京津冀区域协同机制最早始于1986年设立的环渤海地区经济联合市长联席会。2004年2月，京津冀三省市政府达成“廊坊共识”，标志着京津冀地区合作由务虚转为务实。2006年，国家发改委提出“京津冀都市圈（2+8）”方案，包括北京市、天津市、石家庄市、保定市、廊坊市、沧州市、唐山市、秦皇岛市、张家口市、承德市等10个城市。2013年3月，北京、天津、河北分别签署合作框架协议，标志着三地政府间合作进入实质性阶段。总体来看，受制于现有行政体制的束缚，加之三省市的现实需求不在同一层级，使得在政策资源分配上弱势地区很难享有平等机会，而在公共服务均等化、构建统一要素市场等方面的实质性合作也举步维艰，已有的区域合作框架主要停留在规划层面，区域合作的顶层设计没有真正确立。

（三）《规划纲要》公布后，京津冀协同发展提速明显

习近平总书记“2·29”重要讲话和《规划纲要》正式印发，标志着京津冀协同发展顶层设计基本完成。当前，三地围绕“一张图”规划、“一盘棋”建设、“一体化”发展，在交通、生态环保、产业三大领域积极推进。

京津冀一体化交通初步形成网络。一是成立京津冀城际铁路投资有限公司，构建“四纵四横一环”的城际铁路网络。二是组建津冀渤海港口公司，集聚津冀港口资源，带动京津冀三地临港产业、现代物流业、服务业等产业发展。三是出台《关于推进京津冀民航协同发展的意见》，启动北京新机场建设，京津冀区域机场统一纳入首都机场集团公司管理。四是京新高速、京开高速拓宽工程、京秦高速、首都地区环线高速开工建设，2017 年有望打通京津冀国家高速公路的所有“断头路”。此外，京津冀交通“一卡通”、高速公路 ETC 联网收费实现全覆盖。

生态环保领域联防联控。一是完善生态环保领域顶层设计。公布《京津冀协同发展生态环境保护规划》后，京津冀三地环保厅局签署了《京津冀区域环境保护率先突破合作框架协议》，提出以大气、水、土壤污染防治为重点，以联合立法、统一规划、统一标准等十个方面为突破口，建立预警会商和应急联动工作机制。二是完善生态环境保护协作机制。加快建设京津冀大气污染防治工程、重点地区秸秆综合利用项目和城镇污水垃圾处理设施。完成张承生态功能区建设实施方案，持续实施京津风沙源治理和防护林体系建设工程。三是三地共同开展压减产能、节能环保等专项工作，重点开展燃煤锅炉节能环保提升、余热余压利用、脱硫脱硝除尘等工程项目。此外，还结合各地实际开展了重点流域水污染防治、地下水超采综合治理、白洋淀综合治理、百万亩连片植树造林等重大项目。

加快疏解非首都功能，促进产业协同发展。一是签署区域合作协议及备忘录，加强产业领域对接协作。设立京津冀产业协同发展投资基金，出台产业转移收入分享办法。二是构建“4 + N”产业合作平台，推进曹妃甸协同发展示范区先行启动区建设，以对口帮扶为重点支持张承生态功能区建设，推动天津滨海—中关村科技园建设、北京新机场临空经济区规划落地、沧州渤海新区生物医药产业园、亦庄永清高新技术产业开发区等一批合作园区建设。三是寻求重大合作项目取得突破，带动相关产业对接协作。北汽集团黄骅整车项目建成投产，北京现代汽车第四工厂 25 万辆整车项目、北京 22 家生物制造企业项目在沧州开工建设，唐山国丰钢铁启动重组搬迁。

科技、金融与公共服务加快协同创新步伐。一是建设协同创新共同体。2015年8月，国家发改委、科技部印发《京津冀创新驱动发展指导意见》，设立京津冀科技成果转化创业投资基金。中关村试点政策优先在京津冀落地，探索共建共管共享科技产业园区模式。京津冀被确定为全国8个全面创新改革试验区之一。二是加大金融改革创新力度。鼓励三地互设金融机构，推动各机构参与京津冀协同发展重点项目。成立京津冀产权市场发展联盟。建立区域金融风险协同处置机制，建立相应的信息沟通、信访协作、直接对接等合作机制。三是继续深化教育医疗卫生合作。成立京津冀卫生职业教育协同发展联盟、京津冀三省市工业大学和建筑类高校协同创新联盟；加紧组建跨区域职教集团、京津冀教育协同发展研究中心；研究制定首都高校外迁总体规划。完成专项规划—合作协议—支撑系统—试点项目的全面布局。

三　指标构建与评价方法

（一）协同指数指标体系

为了实现协同发展目标，应该对区域协同发展的基础与能力、动力机制与制约因素进行分析和评价，并构建科学合理的评价指标体系。从目前已有的研究成果看，学者们根据各自的理论框架，采用不同指标体系对区域协同发展状况进行比较评价。

（1）陈雯等（2013）通过搭建区域一体化空间格局测度指标体系，从密度、距离、功能分工和分割四个维度对决定区域协同的影响因素进行了分析。其提出的“分割”指标是当前政府管制背景下的区域经济协同发展的重要特征之一，具有现实意义。

（2）李琳等（2014）运用哈肯模型，建立了包含三大领域、六个间接指标的经济协同发展评价体系，对我国29个省份间经济协同发展水平进行了评价。该体系在测算中主要采用简洁指标，相较于传统的宏观统计数据更为准确、深入，对京津冀协同指数体系研究具有较高的参考价值。

（3）祝尔娟等（2016）运用大数据手段建立了京津冀协同发展监测指标体系。该指标体系包括三个基本指数和两个重点指数。该指标体系指标数量众多、内容全面，对大数据的运用以及人口与企业发展指数是其特色和亮点。

（4）曾刚、王丰龙（2016）借鉴国内外城市协同发展指标体系，从科技创新、经济发展、交流服务、生态保护四大领域对城市协同发展能力进行了计算和分析，并对长江经济带内110个地级及以上城市进行了全面梳理。

此外，魏丽华、陈红霞、李国平、席强敏、江曼琦、谢姗等还对京津冀市场一体化水平和劳动力市场一体化水平进行了测算，认为京津冀市场一体化程度不断提高，但内部结构不均衡，协同发展的基础需进一步夯实。

纵观这些评价方法，其理论性强、监测内容全面等优势明显。但缺点是得出的结果不够直观且缺乏连续性。本文尝试通过编制定基指数的方式，通过较少的指标、统一的方法，持续度量京津冀区域协同发展程度。

（二）评价方法

1. 原则

本文借鉴发展指数的编制思想，从协同能力、协同行为、协同绩效三个方面，分析评价区域协同发展状况。在指标选择中，坚持以协同理论、复合生态理论为依据，优先选取科学依据充足、经过实践检验的重要指标，以保证计算结果的可靠性。同时，指标选择实现了统计数据、间接数据与全口径大数据的结合，不求面面俱到，而是坚持突出重点。既尊重科学规律，也充分考虑数据的可获得性、可靠性与独立性。

2. 指标选择

为考察协同能力，选取区域在经济、财政、科技、基础设施（道路）等方面的总量指标来表征该区域参与协同发展的能力。为考察协同行动，选择政府、企业和公民在环保投资、企业互投和收入水平等方面的指标并进行测算。为考察协同绩效，选择在经济、公共服务、环境方面的差距作为测算指标。在评价方法上，采用定基综合指数来进行比较分析，即以2015年的数据为基数，即2015年为100，以后逐年以指标的变化来计算经济协同发展的指标。

3. 具体指标

区域协同发展指数可分为协同能力指数、协同行动指数和协同绩效指数三个方面（见表3-1）。

表3-1 京津冀区域协同发展指数分析框架

一级指标	二级指标	三级指标
协同能力指数	总体经济能力	GDP合计(亿元)
	政府行为能力	一般公共预算收入合计(亿元)
	区域创新能力	R&D经费支出合计(亿元)
	区域连通能力	高速公路合计数(公里)
协同行动指数	政府协同行动	政府开放程度(实际利用外资合计/GDP)
		环境污染治理投资总额合计(百万元)
	企业协同行动	企业跨区域投资总额(亿元)(龙信大数据)
		技术市场成交总额(亿元)
	居民协同行动	城镇单位在岗职工平均工资(元)标准差
		京津冀从业人员全国占比(%)
协同绩效指数	经济绩效	人均地区生产总值标准差
	社会绩效	卫生机构人均床位数标准差
	环境绩效	可吸入颗粒物 PM_{10} 平均值①

注：①鉴于数据的连续性，本文持续选用 PM_{10} 指标作为环境绩效的指标。

（1）协同能力指数

总体经济能力。地区生产总值（GDP）是以价值形式表示经济活动的总量指标，反映了一个地区的经济总量规模。地区生产总值是国民经济核算体系中一个重要的综合性指标，被公认为衡量地区经济发展情况的最佳指标，在诸多经济指标中居于核心地位。地区生产总值越高，表明区域内经济体量越大，对周边地区的经济辐射影响力与引领作用也越大。

政府行为能力。该项指标通过一般公共预算收入来表示。财政收入是衡量经济发展水平、社会经济效益水平和分配体制的重要指标，也是政府为履行其职能、实施公共政策和提供公共物品与服务的基础，财政收入比例越高，对区域经济社会发展的保障作用也越强。

区域创新能力。创新驱动是我国重大国家发展战略，全社会 R&D 支出说明了经济主体对创新的重视程度和投入力度，反映了科技能力、自主创新能力、创新驱动经济增长潜力，是衡量城市科技活动规模、科技投入水平、科技创新能力高低、创新城市建设水平的通用指标。

区域连通能力。连通能力主要反映区域内要素流通和信息交流强度，是促进区域整合、强化区域分工的重要保障，也是形成城市体系网络、实现区域协同发展的物质条件和必要前提。鉴于京津冀的区域特征，本文仅选取高速公路合计数（公里）这一总量指标。

（2）协同行动指数

政府协同行动，选取了两个指标。一是政府开放程度。开放是协同发展的基础之意，区域系统是通过与外界系统的资源与能量交换来实现自身的可持续发展和协同层级提升。二是环境污染治理投资总额。在京津冀协同发展中，环保污染治理投资是除交通一体化之外，直观量化体现政府协同行为的较好指标。

企业协同行动，选取了两个指标。一是选取全样本数据，通过三地企业相互投资的总量数据，反映三地市场主体参与协同的实际活动。二是选取技术市场成交总额，通过考察企业科研成果转化率来反映京津冀三地企业科技创新活动繁荣程度。

居民协同行动，通过两个指标来反映。一是京津冀从业人员全国占比数据。京津冀协同发展促进产业、人口不断聚集，城镇体系持续优化。该指标可以较好地反映居民对京津冀协同的认可程度。二是选取了负指标，通过三地城镇职工平均工资的标准差来表示协同程度，标准差越小表示协同程度越高。

（3）协同绩效指数

二级指标包括经济绩效、社会绩效、环境绩效。分别通过人均地区生产总值标准差、卫生机构人均床位数标准差、可吸入颗粒物 PM_{10} 平均值来反映。这三个指标都是负指标，数值越小表示协同绩效越高。

4. 测算方法

（1）数据标准化处理

数据采用通行的标准化方法，将指标的绝对值转化为相对值，对于“正指标”与“负指标”，先将所有负指标取倒数后再进行归一化处理求熵值。

$$\text{正向指标}\ X'_{ij} = \frac{X_{ij} - \min\{X_j\}}{\max\{X_j\} - \min\{X_j\}}$$

$$\text{负向指标}\ X'_{ij} = \frac{\max\{X_j\} - X_{ij}}{\max\{X_j\} - \min\{X_j\}}$$

（2）计算第 i 年份第 j 项指标值的比重

$$Y_{ij} = \frac{X'_{ij}}{\sum_{i=1}^{m} X'_{ij}}$$

（3）计算指标信息熵

$$e_j = -k\sum_{i=1}^{m}(Y_{ij} \times \ln Y_{ij})$$

（4）计算信息熵冗余度

$$d_j = 1 - e_j$$

（5）计算指标权重

$$W_i = d_j / \sum_{j=1}^{n} d_j$$

（6）计算单指标评价得分

$$S_{ij} = W_i \times X'_{ij}$$

四　测度结果与综合分析

定基指数即以某一固定时期为基期，说明现象在较长时期内的发展变化情况。本文计算的京津冀协同发展指数采用定基指数方法，即以 2015 年为基期，测度 2005～2015 年京津冀协同发展程度。以后将逐年计算这一指数，以期持续跟踪测度京津冀在协同能力、协同行动、协同绩效方面的协同发展情况。

（一）协同总指数

一是从协同总指数看，2005～2015 年，京津冀协同发展总体呈上升趋势，证明三地协同程度不断提高。二是从三个分指数的贡献看，协同行动的权重最高，协同能力、协同绩效次之，分别为 0.533、0.358 和 0.107，也说明三地发展基础的差距在不断缩小，而在重点领域方面的突破对协同发展的作用越发重要。三是从时间周期看，2005～2011 年协同发展总指数一直呈上升趋势，但在 2012 年协同发展总指数有一个较大幅度的回撤，主要是由于 2011～2012 年协同行动指数存在较大波动。详见图 3－1、图 3－2、图 3－3。

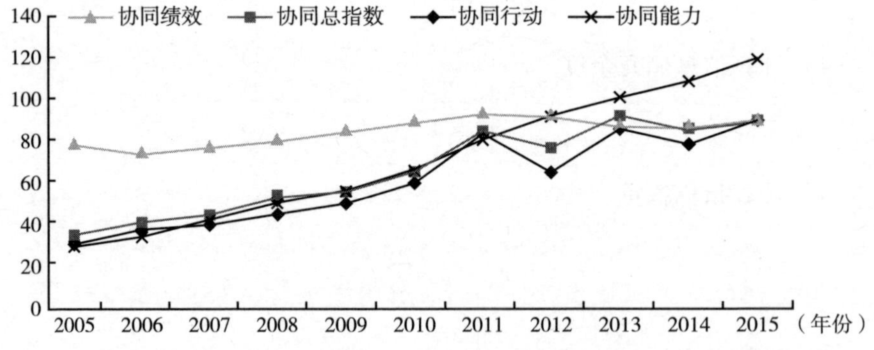

图 3－1　京津冀协同发展指数（2005～2015 年）

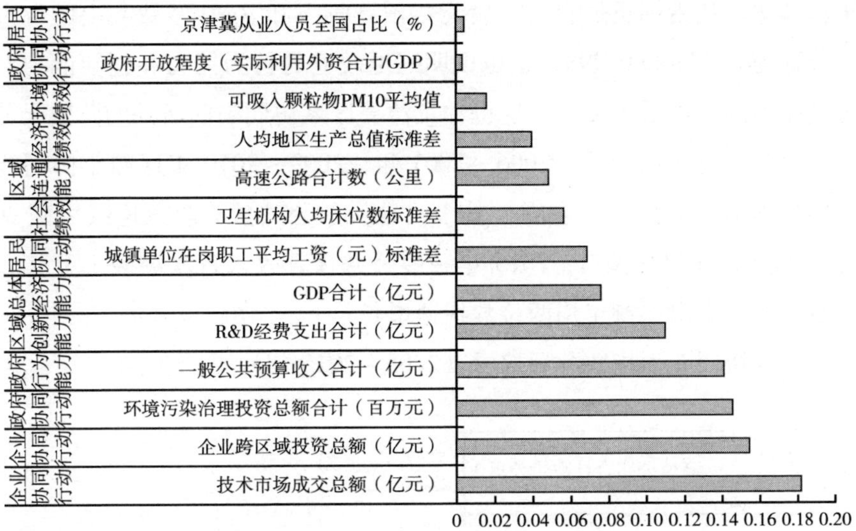

图 3－2　京津冀协同发展指数分项权重

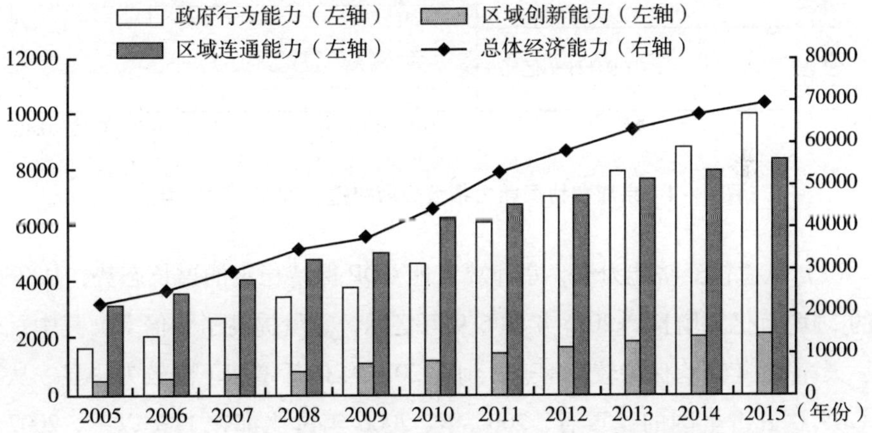

图 3－3　京津冀协同发展能力指标（2005～2015 年）

（二）协同能力指数

协同能力是协同发展的基础。首先，从总体发展趋势看，协同能力指数十年间平稳上升，体现了三地区域发展能力不断增强，区域协同的基础不断夯实。其次，从指标贡献看，一般公共预算收入和 R&D 经费支出的权重最高，分别为 0. 375 和 0. 293，这也说明三地政府的行为能力和创新能力对三地协同能力的作用最为突出，这也和京津冀区域协同当前所处的阶段十分吻合。最后，从时间周期看，2006 ~ 2007 年、2009 ~ 2010 年这四年协同能力指数的年均增幅都在 20% 左右，其中三地一般公共预算收入连续突破 2000 亿元、3000 亿元整数关口，2015 年一般公共预算收入首次突破 1 万亿元大关，研发经费支出保持年均两位数快速增长。

京津冀协同能力指数分项权重（2005 ~ 2015 年）见图 3 – 4。

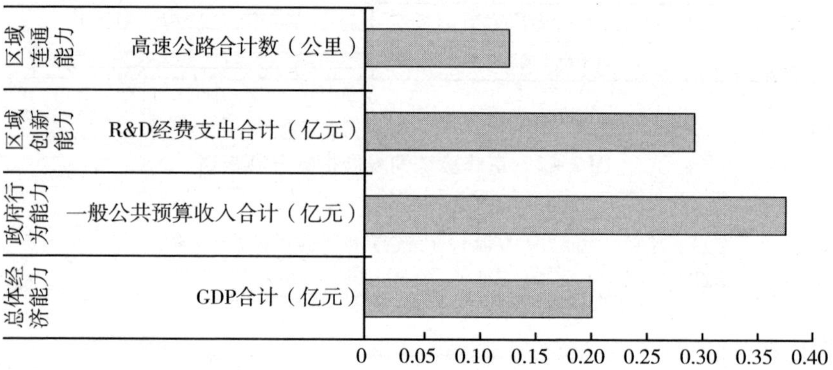

图 3 – 4　京津冀协同能力指数分项权重（2005 ~ 2015 年）

（1）从总体经济能力看，京津冀三地 GDP 保持稳定的增长态势，从 2005 年的 2. 08 万亿元增长到 2015 年的 6. 9 万亿元，总量提高了 2 倍多。其中，北京、天津 10 年来均保持较高增速，河北 2013 年以后增速下降较为明显。从三地 GDP 总量占全国的比重看，2005 年、2006 年占比都在 11% 以上，2007 ~ 2013 年均保持在 10. 7% 左右的水平上，2014 年后比重进一步下降，2015 年京津冀三地 GDP 占比为 10. 2%，达到近 10 年的最低水平（见图 3 – 5）。

（2）从政府行为能力看，京津冀三地 10 年间公共预算收入持续增强，从 2005 年的不到 2000 亿元，到 2015 年超过 1 万亿元大关。其中，得益于首都的特殊地位，北京的公共预算收入远超其他两个省市，且增速持续稳定。而随着天津经济实力的不断增强，其与河北的公共预算收入差距持续缩

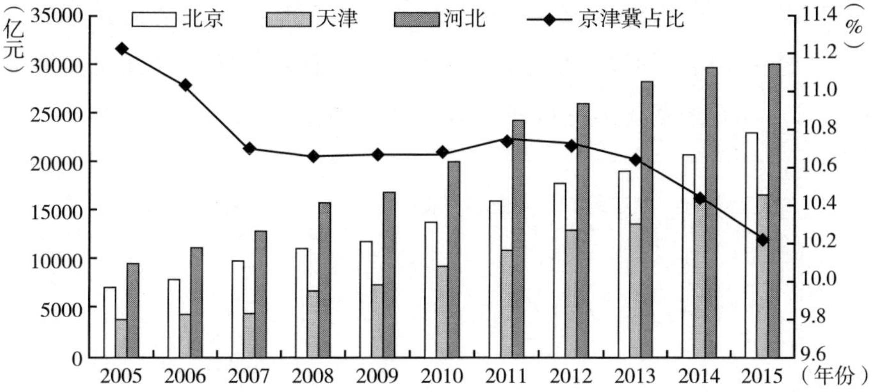

图 3-5　京津冀地区生产总值及占全国的比重（2005～2015 年）

小，2015 年首次实现反超，达到 2667 亿元，而河北则低于全国平均增速，表现出政府行为能力的相对不足。从京津冀三地公共预算收入占全国的比重可以发现，2007～2009 年占比较高，是京津冀三地政府行为加速扩张期，而随着京津冀协同规划纲要的出台，2014 年以后京津冀又迎来政府行为新的扩张周期（见图 3-6）。

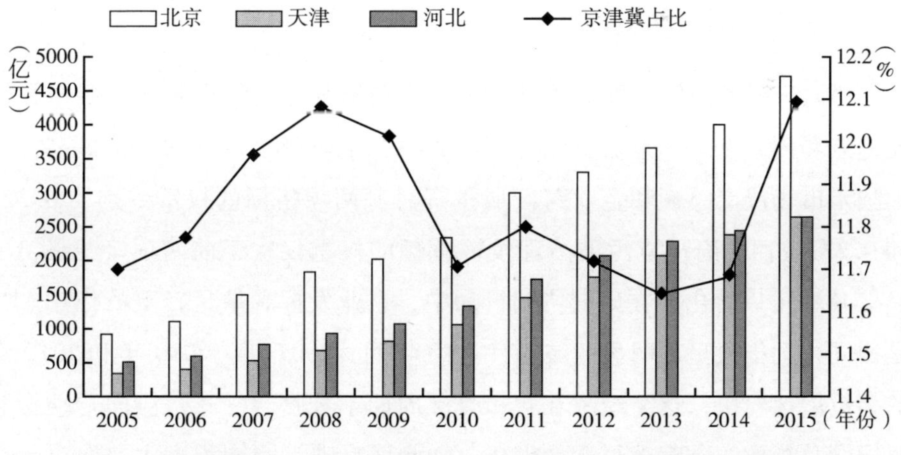

图 3-6　京津冀地区一般公共预算收入及占全国的比重（2005～2015 年）

（3）从区域创新能力看，北京在三地 R&D 经费支出方面一支独大，2015 年与 2005 年相比增加了 1000 亿元，且 R&D 经费支出占 GDP 的比重一直超过 5%。天津 R&D 经费支出增长迅猛，10 年间年平均增幅近 20%。河北 R&D 经费支出方面增长相对较少，但 2015 年与 2005 年相比也增加了近 300 亿元，R&D 经费支出占 GDP 的比重从 0.59% 上升到 1.14%。

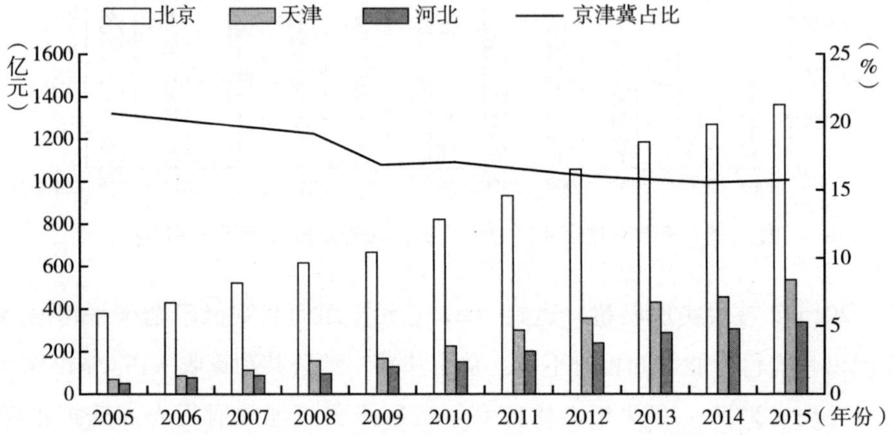

图 3－7 京津冀地区 R&D 经费支出及占全国的比重（2005～2015 年）

（三）协同行动指数

协同行动是协同发展的关键，协同行动指数也是整个协同发展指数的关键点和创新点。一是在协同行动指数中，企业行动指标的权重最高，其中技术市场成交总额和企业跨区域投资总额两项指标的权重分别为 0.325 和 0.277，而政府环境污染治理投资总额的权重仅次于前两项（见图 3－8）。从中可以看出，在区域协同行动中，企业发挥着举足轻重的作用。二是协同行动指数呈现明显的波动性。10 年间，2007 年、2010 年和 2012 年的指数增速较快，这与经济发展和政策周期十分吻合。三是协同行动指数对协同总指数的贡献度很高，也从一个侧面反映了协同程度主要取决于协同行动。

（1）从政府协同行动看，京津冀三地环境污染治理投资总额持续增加，从 2005 年的不足 30 亿元，增加到 2015 年的超过 140 亿元，其中北京增幅

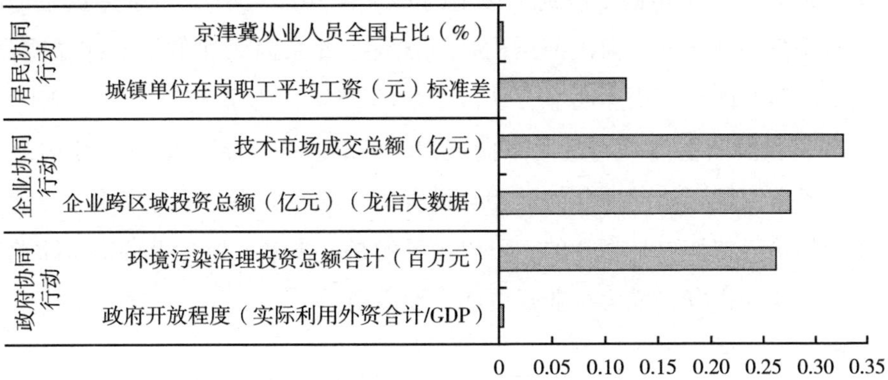

图 3－8　京津冀协同行动指数分项权重

最大。而三地治理投资总额占全国的比重 2014 年也超过 14%，可见京津冀区域环境污染问题比较严重，亟待优化（见图 3－9）。

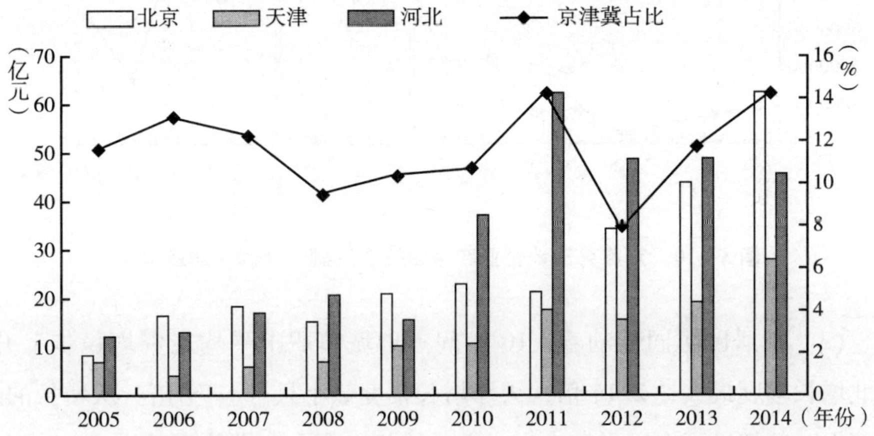

图 3－9　京津冀地区环境污染治理投资总额及占全国的比重（2005～2014 年）

（2）从企业协同行动看，通过龙信公司提供的大数据分析，京津冀三地企业跨区域投资持续活跃，助推三地协同程度不断提升。2000～2011 年，京津冀三地企业跨区域相互投资持续增加，从 90 亿元大幅增长到 814 亿元，增长了 8 倍。从方向上看，这一阶段主要以北京向天津投资为主，比例达到

40% ~80%，2004 年甚至占到了总量的 82%。2012 ~2015 年京津冀三地相互投资总量不断下降，但内部结构持续优化，北京向天津的投资缩减明显，而北京向河北的投资增速明显，从占总量的 35% 达到了 87%。纵观 2000 ~2015 年，投资的主力一直是北京向天津、河北投资。而河北、天津向北京的反向投资以及天津与河北间的相互投资均未成为主流，这与京津冀三地协同发展的阶段特征也是吻合的。可以预见的是，未来三地互投特别是津冀反向投资和相互投资将成为企业投资的主要方向。

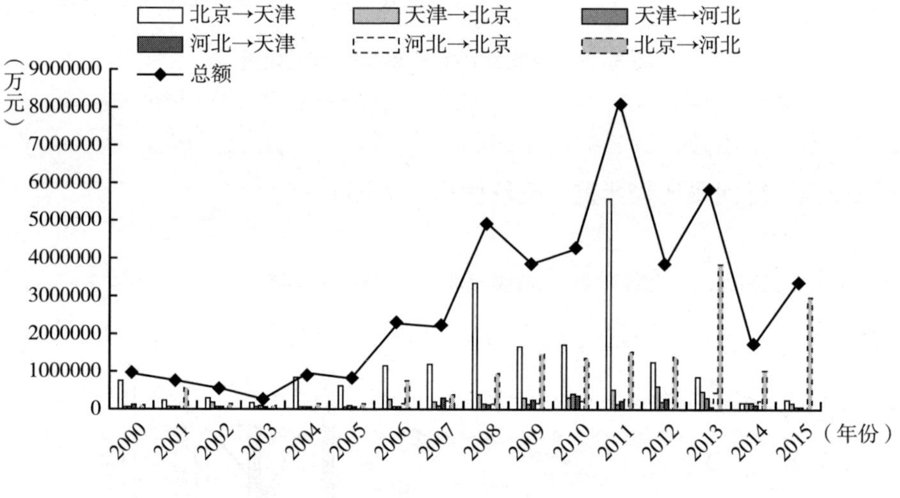

图 3 -10　京津冀三地企业跨区域投资总额（2000 ~2015 年）

（3）从居民协同行动看，10 年间三地城镇职工平均工资均稳步上升，河北增长幅度最大达 2.14 倍，天津增长幅度最小只有 1.79 倍。从增长的绝对值上，都超过了全国平均水平，但是从相对值上，增长速度并没有跑赢全国平均水平。居民协同行动指标选取的是京津冀三地城镇职工平均工资的标准差，从选取这一指标的初衷看，三地平均工资水平差距不断增大，除 2009 年标准差维持不变外，余下年度工资标准差均呈上升趋势，表明三地劳动者的流动意愿不强，更偏爱前往工资待遇更高的地方，这对未来协同发展会造成较大冲击（见图 3 -11）。

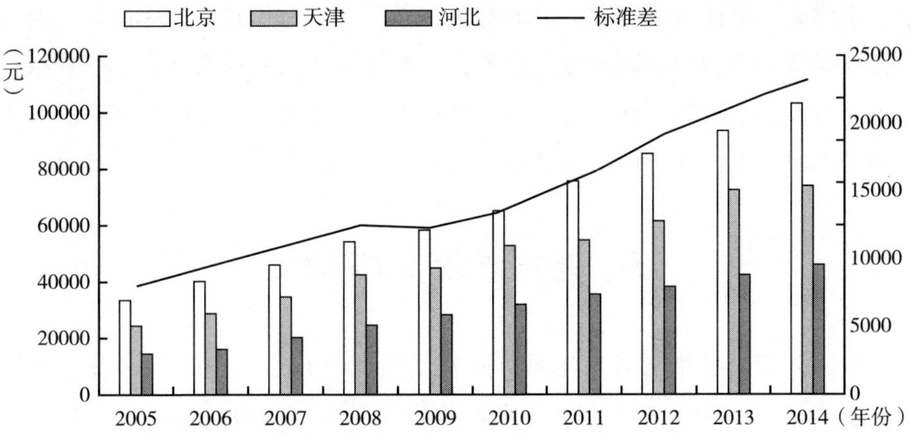

图 3－11　京津冀三地城镇职工平均工资及标准差（2005～2014 年）

（四）协同绩效指数

协同绩效是协同发展的目标及价值所在。但我们从协同绩效指数可以看出，京津冀协同发展的效果并不十分理想。从 2005 年开始，协同绩效指数一直缓慢上升，从 2005 年的 77.6 增长到 2010 年的 88.8，2011 年达到近十年来的最高值 92.3 后又有所下降，表明京津冀距离区域协同目标还存在不小的差距，进一步提升的空间还很大。在协同绩效指数中社会绩效的权重最高（见图 3－12），显

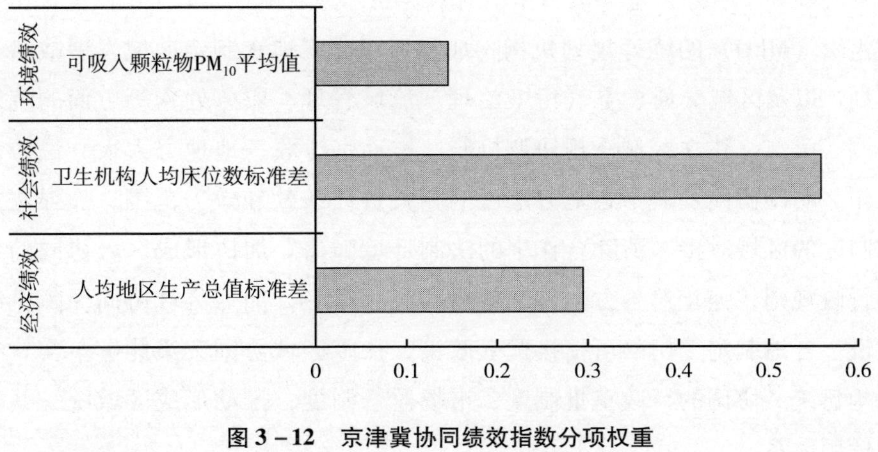

图 3－12　京津冀协同绩效指数分项权重

示出京津冀三地社会服务与保障的差距不断增大。而相对于京津两地，河北在社会保障方面的短板更明显。此外，虽然环境绩效的权重不高，但从指标的绝对值看，京津冀三地生态环境水平还不高，环境治理的任务还很重，应该加大协同力度，促进区域的共同发展。

五　基本结论和对策建议

本文采用定基指数对京津冀协同发展情况进行了测度，同时建立了协同发展的指标监测体系，为京津冀蓝皮书“京津冀协同发展指数”提供数据支撑，并对三地协同发展进程进行持续的跟踪。从目前的结论看，京津冀三地的协同程度不断提升。在内部结构方面，协同能力指数 2012 年就超过了 100，显示出三地协同的基础条件较好。协同行动指数次之，而协同绩效指数与总协同指数的偏离最大。本文认为，应按照京津冀协同发展的战略目标，加强政府、企业和居民的协同行动，促进协同绩效的提升，为此提出以下建议。

（一）建立有效、多样的政府协同发展体制机制

第一，建立完善全方位、多层次的区域协作机制。在继续发挥京津冀协同发展领导小组办公室等机制作用的基础上，探索建立类似于美国大都市规划组织（MPO）的统筹规划机构，加强京津冀三地在制定区域发展战略与规划，以及区域交通、空气污染治理、流域管理、应急处置等方面的统筹协调。第二，建立区域法规协调机制。推动京津冀三地地方人大立法协调工作，明确协同发展中各地方法规的相关责任条款和效力范围，加强法规和制度的区域对接，清除合作中的法制环境障碍。加快形成区域协同的各项行政规则，强化对各方主体的行为约束。第三，加强区域协同保障机制建设。各地制定专门的可衔接配套政策，保障区域协同政策能够落实。加快构建统一协调的行政审批制度、市场监管制度，推动形成区域统一共享的信用体系。

（二）进一步破除障碍完善规则推进要素市场一体化

第一，进一步完善一体化的市场规则体系。加快制定京津冀区域统一的市场准入标准、技术规范和资格认证政策，完善统一的商标保护制度。加快非首都功能疏解，建设区域共享的信用网络平台，推进区域统一的信用体系建设。建立统一的市场和企业信息平台，建立京津冀区域信息交流和共享机制。第二，进一步破除区域劳动力流动的制度性障碍。加快跟进教育、医疗、保障房等方面公共服务的配套措施。建立京津冀地区人才自由流动机制，推动技术职务任职资格区域共享，鼓励区域间通过项目合作等形式推进高层次人才智力共享和各领域人才的互派交流。第三，加快建立区域统一的产权交易制度。建立统一的产权交易机构，为跨地区产权重组、并购、产权交易等创造条件。抓住京津冀区域排污权交易试点的机遇，制定统一的完善的区域排污权制度。推动碳排放交易制度创新，建立区域产业转移与利益分享机制。

（三）通过供给侧改革加强区域产业协同

第一，改变传统以 GDP 为主的考核体系，以协同目标引导区域政府、企业行为，加快产业结构调整和产业协同，尽可能减少重复建设与同质竞争。加快建设跨省市的产业园区和投融资、科技创新、招商等各类合作平台，并明确区域平等的准入机制。第二，加快去产能步伐，尤其是加快区域同质的过剩产业转型进程，进退结合推动区域产业有序升级，重点发挥北京在科技创新方面的引领作用，通过中关村、天津自贸区与其他城市的科技合作，推动区域创新体系建设。第三，调整区域产业政策，变特惠性政策为主为普惠性政策为主，营造公平的区域竞争环境。在现有区域发展促进基金基础上，建立推动京津冀协同发展的产业投资基金，支持区域协同的重大工程项目。第四，加强区域招商引资协调，探索建立京津冀协同的招商协调机构，以资源优化配置为目标，统一协调配置区域项目与资源。加快引入市场化协同机制。充分发挥企业和社会组织在区域协同发展中的作用，鼓励非官方的跨区域合作交流，支持区域合作和交易平台建设。

（四）加快推动区域环境协同治理

第一，建立区域一体化联防联控、共保共治的长效化环境协同治理机制。在利益共享制度的基础上，建立完善区域责任共担和生态补偿机制，探索设立京津冀生态环境基金，研究建立跨区域水环境治理、节能减排、雾霾治理等方面的收益分配和成本共担机制，推动形成长效化的区域环境协同治理。第二，采取一体化治理行动。共同制订环境保护治理规划和合作行动计划，并在监测、治理、处罚、补偿等各个环节协同推进，建立邻近区域环境应急和环境执法联动机制，逐步形成各个城市同步响应的协同治理体系。第三，完善区域环境治理信息共享机制。建立京津冀区域环境治理交流和信息通报制度，构建区域一体化联动的环境监测预警机制，建设区域统一的环境监测和信息共享平台，探索制定一体化的环境标准。

（五）推进区域社会服务的共建共享

第一，推进京津冀公共服务资源区域拓展与共建。引导社会公共服务机构跨地区开展服务，鼓励京津冀区域高等教育机构跨省市合作，探索建立区域技工院校协作机制；合理配置区域医疗资源，提高区域公共服务的公平性，鼓励组建跨省市的医疗服务集团。第二，逐步协调理顺各地的公共服务政策，实现政策对接、保障共享。加快统一社保制度步伐，逐步实现政策规则一致、服务相当；进一步完善各项社会保障关系转移接续的政策措施，逐步实现京津冀地区社会保障的规范化和一体化。第三，探索建立公共服务协同信息平台，以信息化手段加快社会服务协同步伐。逐步开展京津冀地区就业社会保障异地业务网上办理；逐步建立标准统一、资源共享的用工需求信息库和劳动力资源信息库；探索研究区域内医疗、工伤网上公开定点资源互认共享，逐步实现异地就医医疗费用联网结算。

参考文献

[1] 陈红霞、李国平：《1985～2007年京津冀区域市场一体化水平测度与过程分析》，《地理研究》2009年第6期。

[2] 陈雯、王珏：《长江三角洲空间一体化发展格局的初步测度》，《地理科学》2013年第33（8）期。

[3] 魏丽华：《京津冀地区市场协同发展研究》，《上海经济研究》2014年第4期。

[4] 李琳、刘莹：《中国区域经济协同发展的驱动因素——基于哈肯模型的分阶段实证研究》，《地理研究》2014年第33（9）期。

[5] 江曼琦、谢姗：《京津冀地区市场分割与整合的时空演化》，《南开学报》（哲学社会科学版）2015年第1期。

[6] 曾刚、王丰龙：《长江经济带城市协同发展能力测评研究》，《人民论坛·学术前沿》2016年第2期。

[7] 陈红霞、席强敏：《京津冀城市劳动力市场一体化的水平测度与影响因素分析》，《中国软科学》2016年第2期。

[8] 祝尔娟、何皛彦：《京津冀协同发展指数研究》，《河北大学学报》（哲学社会科学版）2016年第41（3）期。

附表　2005～2015年京津冀协同发展指标原始数据

一级指标	二级指标	三级指标	2005年	2006年	2007年	2008年	2009年	2010年	2011年	2012年	2013年	2014年	2015年
协同能力	总体经济能力	X1	20887.27	24048.12	28706.89	33845.98	36910.33	43732.32	52074.94	57348.29	62685.76	66478.93	69312.90
	政府行为能力	X2	1766.76	2154.73	2822.16	3460.53	3915.92	4754.59	6199.18	7159.23	8035.78	8864.15	10039.34
	区域创新能力	X3	511.78	605.41	732.52	885.08	981.95	1206.87	1435.74	1669.62	1903.14	2047.69	2245.10
	区域连通能力	X4	3276.07	3636.00	4162.70	4846.00	5071.30	6191.29	6770.72	7094.50	7644.50	7982.90	8444.92
协同行动	政府协同行动	X5	0.0042	0.0044	0.0044	0.0050	0.0051	0.0048	0.0048	0.0050	0.0051	0.0052	0.0058
		X6	277.70	338.50	415.30	429.30	470.20	712.00	1011.90	643.60	1114.80	1358.80	1386.26
	企业协同行动	X7	77.97	222.77	218.08	491.17	382.53	424.71	814.38	386.19	582.24	164.59	337.51
		X8	495.43	772.07	971.65	1131.33	1359.61	1718.59	2088.58	2747.54	3183.48	3584.01	4031.75
	居民协同行动	X9	7963.74	9606.11	10888.32	12344.54	12175.60	13753.93	16195.30	19044.72	21106.72	23340.46	25389.37
		X10	6.68	6.79	6.93	7.09	7.21	7.39	7.58	7.82	8.02	8.07	8.11
协同绩效	经济绩效	X11	13267.89	14786.47	16942.03	18345.64	19022.84	21101.59	23363.85	25439.86	27651.58	29600.88	31528.83
	社会绩效	X12	11.37	10.60	8.91	7.37	6.41	5.42	4.84	4.71	4.28	4.51	4.19
	环境绩效	X13	0.126	0.139	0.123	0.109	0.109	0.105	0.102	0.104	0.188	0.145	0.1378

资料来源：根据北京市统计局《2005～2015年京津冀主要指标数据》、龙信大数据整理。

B.4

京津冀生态文明指数研究*

摘　要： 生态环境保护是京津冀协同发展中率先突破的三大重点之一。本文通过构建生态文明指数评价指标体系，分析了2011～2015年5年来京津冀三地生态文明建设的进展、特点和不足。研究表明：京津冀三地的生态文明水平都在不断提高，而且呈现北京最高、天津次之、河北相对较低的总体格局。同时河北省生态文明水平与京津两市之间的差距较大，但近年来生态文明的进步速度较快。对于北京市而言，生态文明水平总体上升明显，但环境治理和环境质量是北京生态文明水平的相对不足和难点。对于天津市来说，其与北京基本保持同趋势上升，但资源利用水平不够稳定。就河北省来分析，其环境治理力度不断加大，但在经济增长质量和环境质量等方面与京津的差距较大，需要通过生态补偿等方式加大生态环境建设力度。

关键词： 京津冀　生态文明指数　绿色发展　协同治理

---

* 本章由张贵祥、陈润羊、胡曾曾、冯军宁等执笔完成，得到北京市社科基金研究基地项目（项目编号：14JDZHB007）、首都经济贸易大学特大城市经济社会发展研究协同创新中心项目（项目编号：TDJD201401）资助。

[作者简介] 张贵祥，首都经济贸易大学城市与公共管理学院教授、博士生导师，主要从事生态城市规划、城市与区域可持续发展及首都圈发展理论与实践研究；陈润羊，首都经济贸易大学区域经济学专业博士生，兰州财经大学丝绸之路经济研究院副教授；胡曾曾，首都经济贸易大学区域经济学专业博士生；冯军宁，首都经济贸易大学区域经济学专业硕士生。

生态环境问题突出是实施京津冀协同发展战略面临的重大挑战，“全国生态修复和环境改善的示范区”是国家关于京津冀区域协同发展的四大目标之一，因此，生态环境保护是京津冀协同发展中率先突破的三大重点之一。本文主要开展京津冀区域生态文明指数的研究，考察京津冀区域的生态文明进展情况，识别其主要影响因素，发现不足，进而提出京津冀生态文明建设的重点取向。

一　协同形势与主要进展

2014 年 2 月 26 日，习近平总书记主持召开座谈会，就推进京津冀协同发展提出 7 点要求，其中就有：着力扩大环境容量生态空间，加强生态环境保护合作。2015 年 4 月底，中央政治局正式通过《京津冀协同发展规划纲要》。其后的 2015 年 7 月，京津冀三地相继通过了贯彻意见、实施方案和实施意见，标志着《京津冀协同发展规划纲要》进入一个全面贯彻落实的新阶段。2016 年 2 月，《“十三五”时期京津冀国民经济和社会发展规划》印发实施，明确了京津冀地区未来五年的发展目标，提出了“京津冀地区生态环境质量明显改善，生产方式和生活方式绿色，低碳水平上升”等总体目标；也部署了“绿色发展，建设生态修复环境改善示范区”的重点发展任务。

为改善京津冀区域的生态环境质量，京津冀三地生态环境的协同治理经历了一个由点到面、由小范围到大区域、由试点示范到全面展开、由具体项目到战略规划不断深化和不断拓展的进程。早在 2008 年北京奥运会期间，环境保护部和京津冀等 6 省（区、市）成立了奥运空气质量保障工作协调小组，共同制定了奥运会空气质量保障措施①。其后，京津冀区域的生态环境协作治理的重要进展有：制定了落实大气污染防治行动计划的实施细则；建立了京津冀及周边地区大气污染防治协作小组；建立了京津冀水污染突发

① 李惠茹、杨丽慧：《京津冀生态环境协同保护：进展、效果与对策》，《河北大学学报》（哲学社会科学版）2016 年第 41（1）期，第 66～71 页。

事件联防联控机制；出台了《京津冀协同发展生态环境保护规划》；出台和实施了大气污染防治行动方案；签署了《京津冀区域环境保护率先突破合作框架协议》。2014 年 12 月，北京市南水北调工程正式通水。此项工程年均为北京送水 12.4 亿立方米，供水范围达 6000 平方千米，成为北京的主力水源，城市供水保证率由 75% 提高到 95%。南水北调工程通水后，北京逐步关闭大部分自备井，通过天然和人工回补，有效遏制了地下水水位的大幅下降。同时，部分来水可向首都的河湖补充清水，增强水体的自净能力，改善河湖水质。南水北调工程通水后，减少了密云水库的出水量，还将富余来水调入密云水库存蓄，大大加强了北京水资源的战略储备。京津冀三地在生态治理方面也取得了新的进展。

北京市以生态文明建设为统领，把环境保护作为治理“大城市病”和推动京津冀协同发展的重要内容，通过实施清洁空气行动计划、实施水污染防治、严格环境监管和推进京津冀区域协作等多种举措，努力改善环境质量。一是深入推进大气污染治理，空气质量有所改善。着力在“减排、管理、应急、联防”上精准发力，全面和深入落实年度清洁空气行动计划，2015 年与 2014 年相比，SO_2、NO_2、PM_{10} 和 PM2.5 等主要污染物浓度平均下降 17.1%，其中 PM2.5 浓度同比下降 6.2%。实现核心区“无煤化”、城六区“无燃煤锅炉”。完善了结对合作治污、执法联动、重污染监测预警和应急响应等机制。二是认真落实水污染防治行动计划，加大水污染防治力度。编制了水污染防治工作方案，进行饮用水水源环境状况评估。实施水环境区域补偿，确定 83 个跨区县界水质断面并制定补偿金核算等配套制度。全年各区共需缴纳补偿金总额 9.7 亿元，其中上游补偿下游 5.5 亿元，市级统筹 4.2 亿元[①]。加快建设污水处理和再生水利用设施。主要污染物排放进一步削减，2015 年，化学需氧量和氨氮排放量比上年分别下降 4.33% 和 12.98%[②]。三是不断加

① 北京市环境保护局：《北京市环境保护局 2015 年工作总结和 2016 年工作安排》［EB/OL］，（2016－02－22），http：//www.bjepb.gov.cn/bjepb/413526/425693/413626/4391690/index.html。

② 北京市环保局：《2015 北京市环境状况公报》［EB/OL］，（2016－04－13），http：//www.bjepb.gov.cn/bjepb/resource/cms/2016/04/2016041514503583104.pdf。

强土壤污染防治。摸清土壤环境状况，加强土壤污染预防，实施农用地分类管理，严格污染地块风险管控。

天津市围绕扩大生态空间，着力加强生态环境联防联治。一是积极探索三地联防联控治理污染的新机制。通过签署区域环保合作协议、强化环境执法和应急处置联动、加强环境标准合作，形成强大合力。二是落实大气污染防治行动计划。深化京津冀及周边地区大气污染防治协作，与京冀共建大气污染防治经验交流、信息共享制度和治理技术共同推广的协作机制，联合开展环境执法监督检查、协同查处跨界环境违法行为。2015 年，PM2.5 浓度比 2013 年下降 27.2%，退出了全国城市空气质量排名后 10 位的行列。三是加强流域水环境协同治理。与河北省就引滦入津上下游横向生态补偿事宜共同制定方案，达成补偿协议，提出水质监测方法，明确潘大水库库区水源保护的总体思路、水质监测、补偿资金安排等方案；中央财政给予奖励资金，拨付给上游省份用于污染治理。四是实施于桥水库周边污染源治理，推进库区水体生态恢复、污水处理、库区周边鱼池清除、黎河治理示范、水质监测设施完善、垃圾处理场、黎河支流治理等建设工程，明显改善了于桥水库周边水生态环境，水库水质得到保护①。

河北省进一步加大生态环境保护与建设力度。一是与京津共同加强大气污染联防联控。三地建立大气污染防治协作机制，采取强化措施，大力推进燃煤电厂超低排放改造、钢铁水泥平板玻璃等行业达标治理、煤改电煤改气等重点治污工程建设，加强监管执法，严厉打击环境违法行为，促进区域空气质量改善。北京和承德探索开展跨区域碳排放交易试点建设。京津保生态过渡带完成造林绿化 50.2 万亩。二是加大水污染治理与环境保护力度。河北省与天津市就引滦入津上下游横向生态补偿问题积极探讨合作意向。潘大水库网箱养鱼清理工作方案印发实施。与北京市合作在密云水库上游开展生态清洁小流域建设，编制《河北省密云水库上游生态清洁型小流域建设规

① 国家发改委：《天津市以创新开放为引领不断增强内生发展动力》[EB/OL]，（2016－12－05），http：//www.sdpc.gov.cn/xwzx/xwfb/201612/t20161205_829289.html。

划》，在滦平、丰宁、赤城、兴隆、沽源等5县开展生态清洁小流域试点建设。白洋淀生态恢复环境治理工程深入实施，89%的网箱网栏得到清理。衡水湖生态恢复环境治理工程完善修改了可研报告。印发实施了《北戴河地区近岸海域环境综合整治及功能提升规划（2016～2018年）》①。

2016年，京津冀区域13个地级及以上城市空气质量平均达标天数比例为56.8%，比2015年上升4.4个百分点（2015年比2014年上升9.6个百分点），比全国平均比例低22个百分点；重度及以上污染天数比例为9.2%，比全国平均比例高6.6个百分点②。区域PM2.5年均浓度为71微克/立方米，同比下降7.8%（2015年同比下降17.2%）；PM_{10}年均浓度为119微克/立方米，同比下降9.8%（2015年比2014年下降16.5%）。然而，74个城市中空气质量最差的10个城市，京津冀地区就占据6个，分别为衡水、石家庄、保定、邢台、邯郸、唐山。京津冀区域内PM2.5、PM_{10}、SO_2、NO_2、CO和O_3等6项指标的浓度均高于全国平均水平。2015年，京津冀区域PM2.5有12个城市超标；PM_{10}平均浓度为132微克/立方米（超过国家二级标准0.89倍），13个城市均超标③。京津冀区域PM2.5、PM_{10}、SO_2和NO_2浓度虽然同比明显下降，CO同比上升，O_3同比持平，但是超标天数中以PM2.5为首要污染物的天数最多，占超标天数的68.4%；其次是O_3和PM_{10}，分别占17.2%和14.0%④。由此可见，尽管京津冀地区的生态环保工作在不断加强，生态环境质量也在不断改善，然而，目前生态环境尤其是空气状况仍然面临巨大挑战。

总之，京津冀区域生态环境协同治理的制度体系已经搭建，形成了以

① 国家发改委：《河北省以转型升级为重点　着力培育发展新动能》[EB/OL]，(2016-12-06)，http://www.ndrc.gov.cn/gzdt/201612/t20161206_829330.html。

② 环境保护部：《2016年全国空气质量状况》[EB/OL]，(2017-01-23)，http://www.mep.gov.cn/xxgk/hjyw/201701/t20170123_395142.shtml。

③ 环境保护部：《2015中国环境状况公报》[EB/OL]，(2016-06-02)，http://www.zhb.gov.cn/gkml/hbb/qt/201606/t20160602_353078.htm。

④ 环境保护部：《环境保护部发布2015年全国城市空气质量状况》[EB/OL]，(2016-02-04)，http://www.mep.gov.cn/gkml/hbb/qt/201602/t20160204_329886.htm。

《京津冀协同发展规划纲要》和《“十三五”时期京津冀国民经济和社会发展规划》为总体布局，以《京津冀协同发展生态环境保护规划》为专项顶层设计，以大气污染和水污染综合防治为主要领域，通过建立协作小组、召开跨区域和跨部门会议等方式，努力构建京津冀联防联控的有效机制。

二　指标体系与评价方法

（一）总体评价思路

生态文明是在农业文明和工业文明继承和超越基础上的一种新型文明形态，是人类在改造自然过程中为实现人与自然的和谐所取得的全部成果，它表征着人与自然关系的进步状态。改革开放以来，我国不断增强对生态环境的重视程度，党的十六大以来，生态文明理念不断深入我国社会经济发展的各个方面，党的十八大确立了生态文明建设为我国现代化“五位一体”的重要构成，标志着生态文明建设已经上升为国家意志①。2015 年中共中央和国务院印发了《关于加快推进生态文明建设的意见》，京津冀协同发展纲要中明确提出了要率先在交通、生态和产业领域实现突破的重点任务。建设生态文明囊括多个维度，跨越多个层次，涉及多个主体，涵盖多个环节，包含多种要素。② 随着京津冀协同发展国家战略的提出，生态文明建设思想逐步体现在区域发展上。

从广义上讲，生态文明是生态环境、生态经济、生态意识和行为、生态制度等的综合体。因此，考察和分析生态文明的状况，就需要构建多指标的体系。然而，生态文明的建设是一个动态的递进过程，在评价生态文明进展情况时，只能有所侧重，同时还须考虑可操作性等能否实现的问

① 陈润羊、张贡生：《清洁生产与循环经济——基于生态文明建设的理论建构》，山西经济出版社，2014。

② 中国科学院可持续发展战略研究组：《2013 中国可持续发展战略报告——未来 10 年的生态文明之路》，科学出版社，2013。

题。基于此，从生态文明建设的实践角度出发，以京津冀三个省域为基本单元，采取2011～2015年京津冀三地的面板数据，进行生态文明水平的综合评价，对比分析京津冀三地在生态文明建设过程中的格局特点、存在的不足，揭示京津冀三地生态文明的主要影响因素，进而确定后续努力的重点方向。

（二）构建指标体系

基于结果可测量、数据可获得、不同指标和不同地区能对比等原则，进行生态文明指标体系的构建。在综合参考《国民经济和社会发展第十三个五年规划纲要》确定的资源环境约束性目标，国家发展和改革委员会等部门制定的《生态文明建设考核目标体系》和《绿色发展指标体系》，以及国内外已有研究成果的基础上，进行京津冀生态文明指数指标体系的构建。

按照生态文明的内涵和指标体系的设计原则，构建了一套3级叠加、逐层递归的综合评价指标体系。将整个指标体系分为3个层次，一级指标为总体层，也是总目标；二级指标为系统层，是总目标的分解，根据生态文明的内涵，具体分为5个系统，即增长质量、生态保护、环境质量、资源利用和环境治理；三级指标为变量层（指标层），由26项指标构成。在总的指标体系中，其中绝对量指标和相对量指标各13个；19个为正指标，7个为负指标。指标体系结构见表4－1。

表4－1　京津冀生态文明指数指标体系

一级指标	二级指标	三级指标	单位	指标性质
生态文明指数	增长质量	人均GDP	元/人	正
		城镇居民人均可支配收入	元	正
		农村居民人均可支配收入	元	正
		第三产业增加值占GDP比重	%	正
		R&D经费支出占GDP比例	%	正
		城镇化率	%	正

续表

一级指标	二级指标	三级指标	单位	指标性质
生态文明指数	生态保护	森林覆盖率	%	正
		人均林木蓄积量	m^3/人	正
		自然保护区占辖区面积比重	%	正
		湿地面积占辖区面积比重	%	正
		建成区绿化覆盖率	%	正
		人均城市绿地面积	m^2/人	正
		单位耕地化肥施用量	kg/hm^2	负
	环境质量	化学需氧量排放量	万吨	负
		氨氮排放量	万吨	负
		二氧化硫排放量	万吨	负
		氮氧化物排放量	万吨	负
		烟(粉)尘排放量	万吨	负
	资源利用	人均水资源	m^3/人	正
		人均用水量	m^3/人	负
		一般工业固体废物综合利用率	%	正
		危险废物综合利用率	%	正
	环境治理	环境污染治理投资占 GDP 比重	%	正
		生态保护建设投资占林业投资的比例	%	正
		工业污染治理投资占工业增加值的比例	‰	正
		城市生活垃圾无害化处理率	%	正

（三）数据来源和评价方法

生态文明指数评价数据，来源于《中国统计年鉴》（2012～2016 年）、《中国环境统计年鉴》（2012～2016 年）、《北京市统计年鉴》（2012～2016 年）、《天津市统计年鉴》（2012～2016 年）、《河北省统计年鉴》（2012～2016 年）等。

生态文明指数评价的具体过程如下。

1. 构建原始指标数据矩阵

假设有 m 项评价指标，n 个年份，形成原始指标数据矩阵：

$$X_{ij} = (x_{ij})_{m \times n}(0 \leqslant i \leqslant m, 0 \leqslant j \leqslant n) \tag{1}$$

其中 x_{ij} 是第 i 个指标、第 j 年的指标值。

2. 数据标准化处理方法

进行生态文明体系各指标的测算，首先需要对指标进行标准化处理。生态文明评价指标属性不同，度量单位也不一致，为了便于用统一的方法进行计算，需要对数据进行无量纲标准化处理。根据评价指标的性质，评价指标分为正指标和负指标两大类。正指标是值越大越好的指标，负指标正好相反。

标准化处理方法为：

$$\text{正指标：} Z_{ij} = \frac{(y_{ij} - y_{j\,\min})}{(y_{j\,\max} - y_{j\,\min})}(i = 1,2,\cdots,n;j = 1,2,\cdots,m) \tag{2}$$

$$\text{负指标：} z_{ij} = \frac{(y_{j\max} - y_{ij})}{(y_{j\max} - y_{j\min})}(i = 1,2,\cdots,n;j = 1,2,\cdots,m) \tag{3}$$

（2）（3）式中：$y_{j\max}$、$y_{j\min}$分别为 X_j 指标的最大值和最小值，此标准化处理后的决策矩阵为 $Z = (Z_{ij})_{n\times m}$，这样就可以对决策矩阵的数据进行处理。显然，Z_{ij}的取值范围为：$0\leqslant Z_{ij}\leqslant 1$。

3. 评价指标权重的确定

总体把赋权方法分为主观赋权法和客观赋权法。综合考虑生态文明的特点以及研究的需要和实际，在此采用客观赋权法中的变异系数法确定各指标的权重，方法为：

$$W_i = \frac{V_i}{\sum_{i=1}^{m} V_i} \qquad V_i = \frac{\sigma_i}{Z_i} \tag{4}$$

其中 σ_i 是第 i 项指标的标准差，$\overline{Z_i}$ 是第 i 项指标的平均数，V_i是第 i 项指标的变异系数。

4. 生态文明指数的计算

$$R_j(w) = \sum_{i=1}^{m} Z_{ij} W_i \tag{5}$$

其中 R_j 表示生态文明指数。由式（5）可以计算出京津冀三地各年度的

生态文明指数 R_j。显然，R_j 分值越大，表明生态文明水平越高，反之则越低。

在权重的计算中，将京津冀区域作为一个整体单元计算权重，这样便于进行比较。将京津冀作为一个整体来赋权重，这样计算出来的所有指标就只有一个权重（见表4－2），再据此得到京津冀整体的生态文明综合评价结果（见表4－3），这样便于比较京津冀三地之间的差异。

表4－2　京津冀生态文明指数的指标权重

二级指标	权重	三级指标	权重
增长质量	0.2394	人均 GDP	0.153910
		城镇居民人均可支配收入	0.160155
		农村居民人均可支配收入	0.140601
		第三产业增加值占 GDP 比重	0.203890
		R&D 经费支出占 GDP 比例	0.192523
		城镇化率	0.148921
生态保护	0.3055	森林覆盖率	0.134748
		人均林木蓄积量	0.152668
		自然保护区占辖区面积比重	0.112491
		湿地面积占辖区面积比重	0.200607
		建成区绿化覆盖率	0.134937
		人均城市绿地面积	0.172639
		单位耕地化肥施用量	0.09191
环境质量	0.1653	化学需氧量排放量	0.213857
		氨氮排放量	0.209424
		二氧化硫排放量	0.201177
		氮氧化物排放量	0.200655
		烟(粉)尘排放量	0.174887
资源利用	0.1508	人均水资源	0.293957
		人均用水量	0.232707
		一般工业固体废物综合利用率	0.235934
		危险废物综合利用率	0.237401
环境治理	0.1389	环境污染治理投资占 GDP 比重	0.303059
		生态保护建设投资占林业投资的比例	0.257168
		工业污染治理投资占工业增加值的比例	0.259609
		城市生活垃圾无害化处理率	0.180164

表 4-3 京津冀区域的生态文明指数

地区	年份	增长质量	生态保护	环境质量	资源利用	环境治理	生态文明指数
北京	2011	0.1837	0.1537	0.1608	0.0679	0.0473	0.6134
	2012	0.1971	0.1556	0.1616	0.0821	0.0624	0.6588
	2013	0.2105	0.1834	0.1626	0.0827	0.0819	0.7212
	2014	0.2221	0.1974	0.1636	0.0890	0.0937	0.7659
	2015	0.2386	0.2172	0.1653	0.0873	0.0963	0.7747
天津	2011	0.1060	0.0955	0.1509	0.0755	0.0819	0.5098
	2012	0.1205	0.0950	0.1519	0.1051	0.0567	0.5292
	2013	0.1309	0.1257	0.1530	0.0853	0.0709	0.5658
	2014	0.1418	0.1318	0.1532	0.0829	0.0858	0.5956
	2015	0.1541	0.1427	0.1555	0.0679	0.0867	0.6069
河北	2011	0.0000	0.1133	0.0079	0.0626	0.0393	0.2231
	2012	0.0089	0.1128	0.0143	0.0727	0.0331	0.2418
	2013	0.0176	0.1248	0.0190	0.0668	0.0421	0.2703
	2014	0.0255	0.1254	0.0188	0.0404	0.0698	0.2799
	2015	0.0359	0.1168	0.0314	0.0691	0.0797	0.3330

（四）评价结果分析

1. 生态文明总体水平——北京最高，天津次之，河北差距大但上升快

京津冀生态文明评价结果显示，2011～2015 年，京津冀三地的生态文明水平都在增长，趋势向好方向发展的特征突出，说明近五年，特别是京津冀协同发展战略实施以来的这三年，生态文明的进步态势还是比较明显的。从横向的整体生态文明的水平看，北京最高、天津次之，而河北最低，且河北与京津两市的差距较大。依据整体权重的生态文明年均增长率，京、津、冀三地分别为：4.78%、3.55%和 8.34%，说明河北尽管发展水平最低，但上升速度明显更快。照此态势发展下去，经过数年，有望缩小其与京津两市之间的差距，并达到较高的水平。

从京津冀区域整体赋权的视角分析（见图 4-1），2011～2015 年，京津冀三地都是呈现“北京第一、天津第二、河北第三”的格局，北京的生态文明水平最高，2011～2015 年，维持在 0.61 到 0.77 的较高位上，且升幅最大。天津的生态文明水平次之，2011～2015年，维持在0.51到0.61的中间水平层次上，且升幅最小。河北的生态文明水平最低，2011～2015年，维持在0.22到0.33的低水平层次上，但升幅较快。

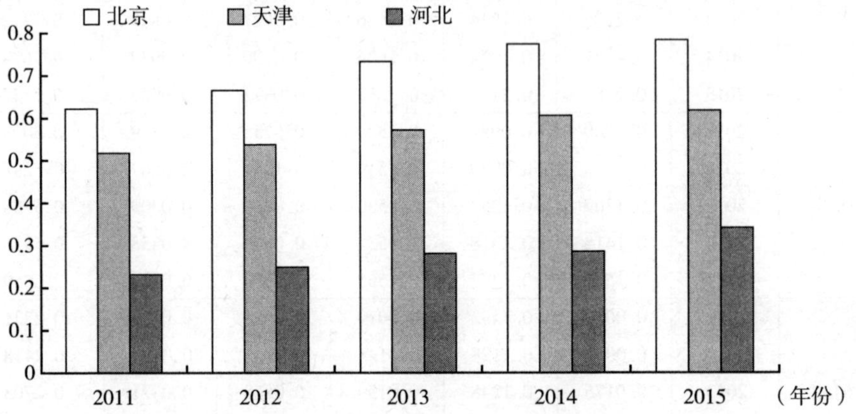

图4－1　京津冀的生态文明指数

2. 北京：总体上升明显，各项指标基本位居前列

在增长质量方面，2011～2015年，京津冀三地不但均呈上升趋势，而且总体水平也都呈现北京最高、天津第二、河北第三的格局，这种格局显然与生态文明总体水平的格局一致，由此说明生态文明水平与增长质量密切相关（见图4－2）；在生态保护方面，北京的生态保护水平2012年与2011年相比基本持平，2013～2015年不断上升（见图4－3）；在环境质量方面，京津冀三地的环境质量水平都偏低但都在不断提高，北京相对最高，但提高幅度相对来说较小（见图4－4）；在资源利用方面，北京5年来资源利用水平都呈现小幅上升的态势（见图4－5）；在环境治理方面，北京2011～2015年环境治理水平一直在上升，环境质量同比进步程度值得肯定（见图4－6）。总体来说，北京在增长质量、生态保护、环境质量、资源利用和环境治理等方面都是领先津冀的，但是这种领先也仅仅是五年来京津冀区域的比较，从全国范围来讲，北京的生态文明建设仍然面临诸多挑战，尤其是人民群众的生态环境质量获得感并不是很强，对此问题仍然需要长期的重视和努力。

3. 天津：与北京基本保持同趋势上升，资源利用水平还需不断提高

从图4－1至图4－6可知，天津与北京基本保持同趋势增长率，从生态文明水平看，京津分别为4.78%、3.55%，2011～2015年，天津维持在0.51到0.61的中间水平层次上，且升幅最小；从增长质量总体水平来看，天津总涨幅最快，稍高于北京；京津冀三地在生态保护水平方面呈现北京最高、天津和河北相互交错的局面，2011～2015年天津在生态保护水平上呈现平稳上升的特点；在环境质量方面，天津略低于北京且与北京保持同趋势的小幅改善状态；从资源利用水平上看，天津自2011年开始上升，2012年达到高峰后，就一直在下滑，2015年，低于北京且与河北的水平相当；从环境治理水平上看，天津2011～2012年先下滑，其后一直在不断攀升，2014年达到峰值，2015年与2014年基本持平。总体来说，天津与北京差距较小，在生态保护水平上提升较快，但是其资源利用形势比较严峻，需要采取综合措施，向高综合利用效率方向转型。

4. 河北：环境治理投入加大，但经济增长和环境质量等方面与京津的差距不容忽视

从图4－1至图4－6可知，河北的生态文明总体水平尽管最低，但上升速度明显，依据整体赋权的生态文明年均增长率，京、津、冀三地分别为：4.78%、3.55%和8.34%，但从增长质量来看，河北与京津两市之间的差距巨大且有不断扩大的趋势；在生态保护水平上，河北出现先下滑、后上升、再下滑的情况；从环境质量水平来看，尽管水平较低但好在改善比较明显；从资源利用水平上看，近5年来，河北呈现先上升、后下滑、又抬升的格局，资源利用水平不够稳定；从环境治理上来看，尽管河北与京津两市环境治理的基础差距大，但经过近5年的努力，差距已大幅缩小。总体来说，河北在京津冀协同发展中生态文明建设仍然面临巨大挑战，反映经济增长等各项指标的基础与北京、天津的差距明显，但环境治理等部分指标改善幅度值得肯定，这就需要河北自身在不断加强生态建设的同时，京津两市通过生态补偿等方式加大支持力度。

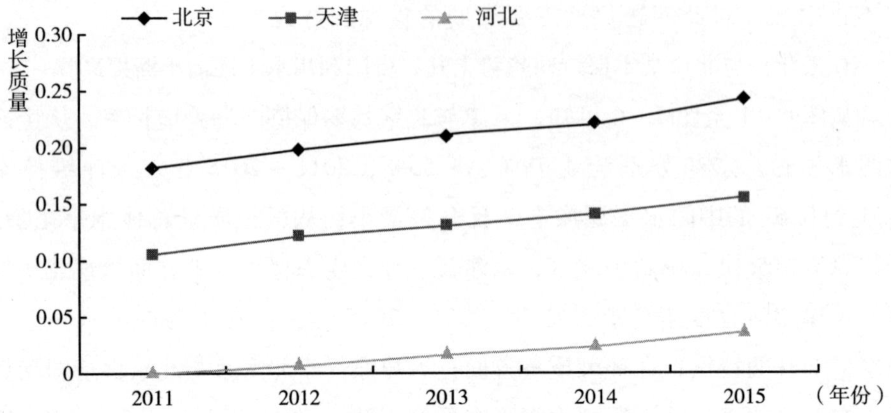

图 4-2　京津冀三地的增长质量指数

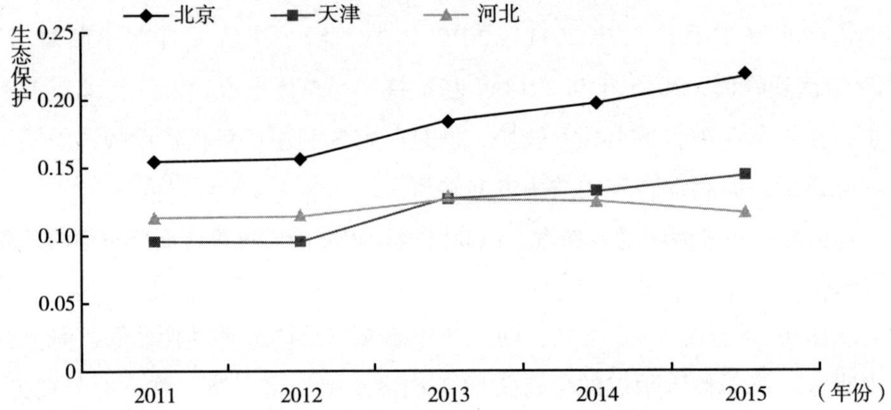

图 4-3　京津冀三地的生态保护指数

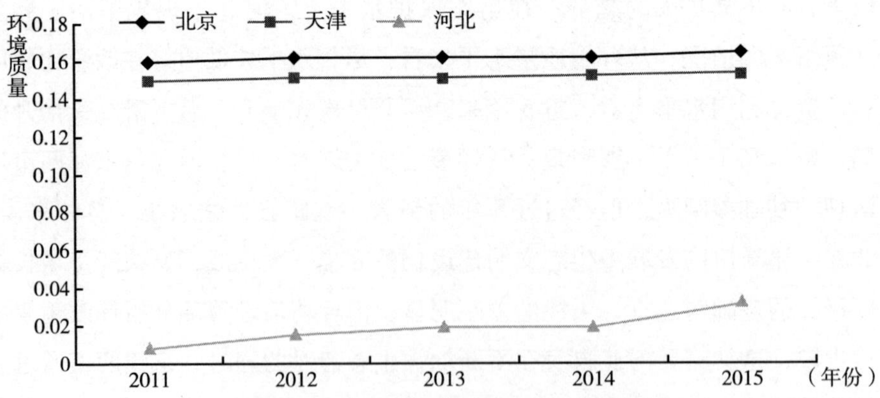

图 4-4　京津冀三地的环境质量指数

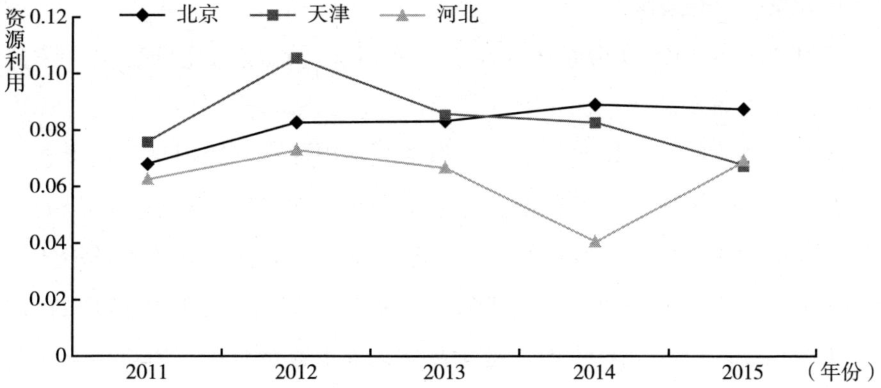

图 4-5　京津冀三地的资源利用指数

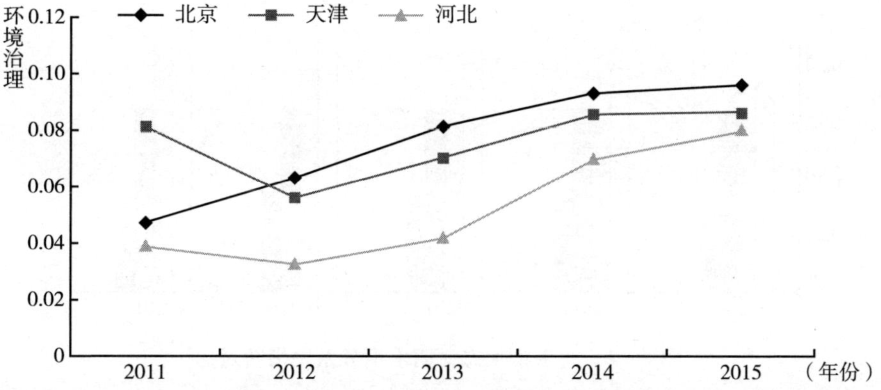

图 4-6　京津冀三地的环境治理指数

（五）影响因素分析

为了更直观地显示和分析各系统层指数水平，根据表 4-3 中京津冀三地 2011～2015 年二级指标指数的得分，做出京津冀三地生态文明分系统指数水平对比图和生态文明分系统指数水平各年占比变化图，进而分析京津冀三地生态文明的主要影响因素、限制因子，从而为生态文明建设寻求努力的重点方向。

1. 北京的影响因素

通过 2011 ~2015 年分系统对生态文明目标层影响的比例变化，综合判断得出：增长质量和生态保护对北京生态文明的影响作用越来越大，环境质量对北京生态文明的作用基本稳定，但资源利用和环境治理是北京生态文明水平的主要制约因素。由此说明，北京市在生态文明发展水平上已经处于较高层次水平的阶段，在继续保持增长质量、加大生态保护和改善环境质量的同时，还须高度重视资源综合利用效率的提高，努力弥补环境治理的短板。北京市生态文明水平分系统指数对比及分系统指数对北京市历年生态文明水平影响的占比如图 4 -7 和图 4 -8 所示。

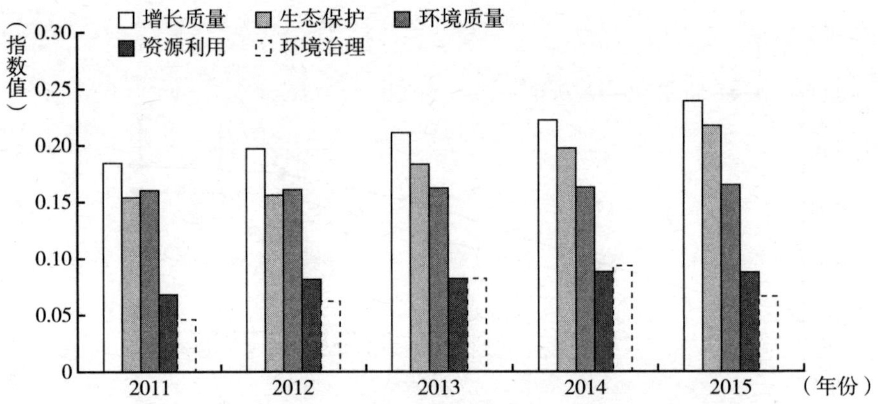

图 4 -7　北京市生态文明水平分系统指数对比

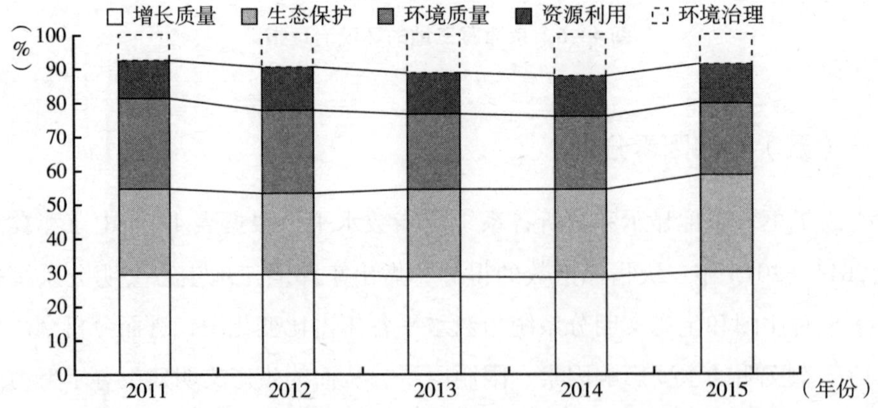

图 4 -8　分系统指数对北京市历年生态文明水平影响的占比

2. 天津的影响因素

通过2011～2015年分系统对生态文明目标层影响的比例变化，综合判断得出：环境质量、增长质量和生态保护对天津生态文明的影响明显，环境质量对天津生态文明的作用稳定持久，而资源利用和环境治理是天津生态文明水平的相对制约因素。由此说明，对于天津市而言，在继续改善环境质量、优化增长质量和强化生态保护的同时，更要通过多种途径，努力提高资源的综合利用效率，不断加大环境治理的力度。其生态文明水平分系统指数对比及分系统指数对其历年生态文明水平的影响占比如图4－9和图4－10所示。

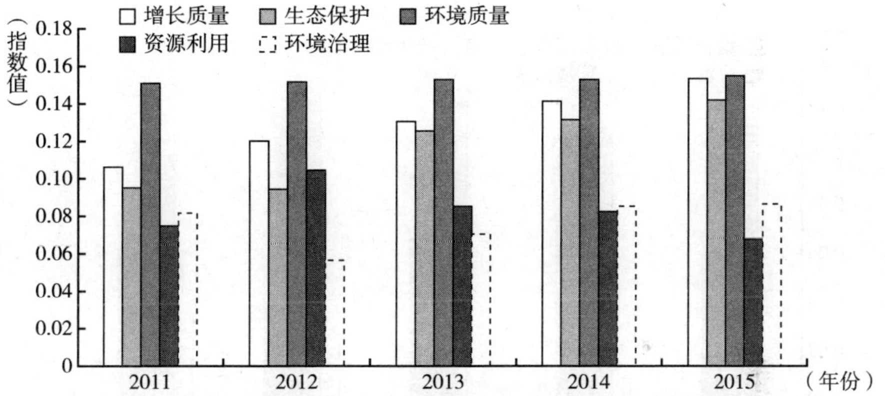

图4－9　天津市生态文明水平分系统指数对比

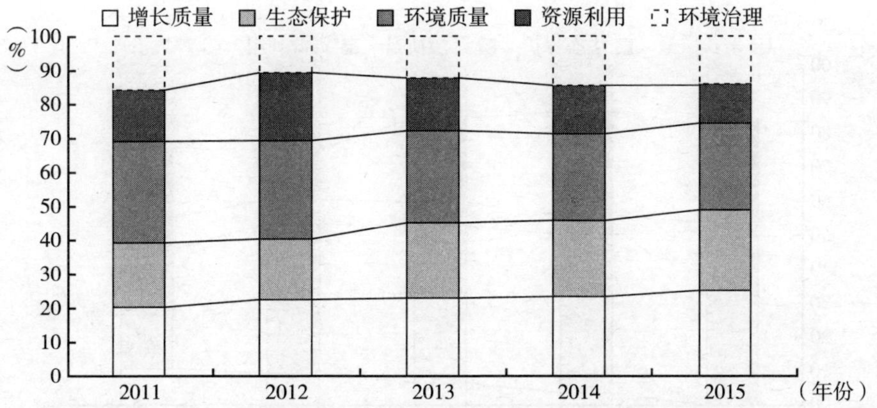

图4－10　分系统指数对天津市历年生态文明水平影响的占比

3. 河北的影响因素

通过 2011 ~2015 年分系统对生态文明目标层影响的比例变化，综合判断得出：生态保护对河北生态文明的作用影响最大，环境治理对河北生态文明的影响越来越大，但增长质量和环境质量是河北生态文明水平的主要制约因素。由此说明，对于河北省而言，在继续发挥生态保护优势的同时，要更加突出环境治理的投入，挖掘经济增长的潜力，努力缩小与京津两市在经济发展水平上的差距，通过制度创新、技术创新等途径，实现绿色增长，以不断改进增长质量和环境质量。其生态文明水平分系统指数对比及分系统指数对其历年生态文明水平的影响占比如图 4 －11 和图 4 －12 所示。

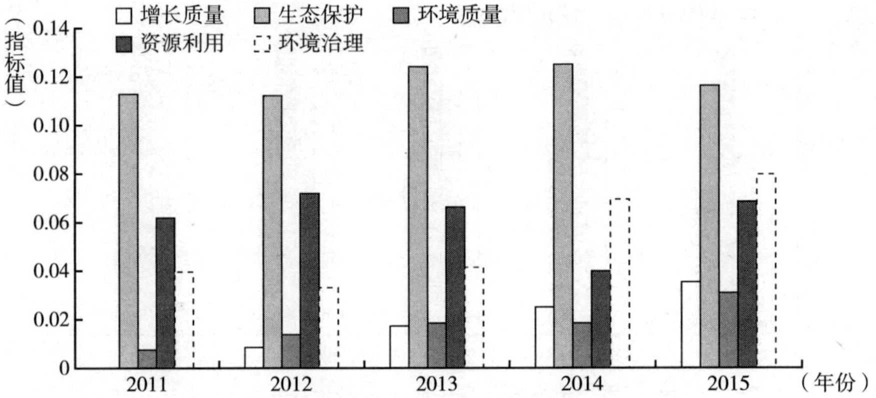

图 4 －11　河北省生态文明水平分系统指数对比

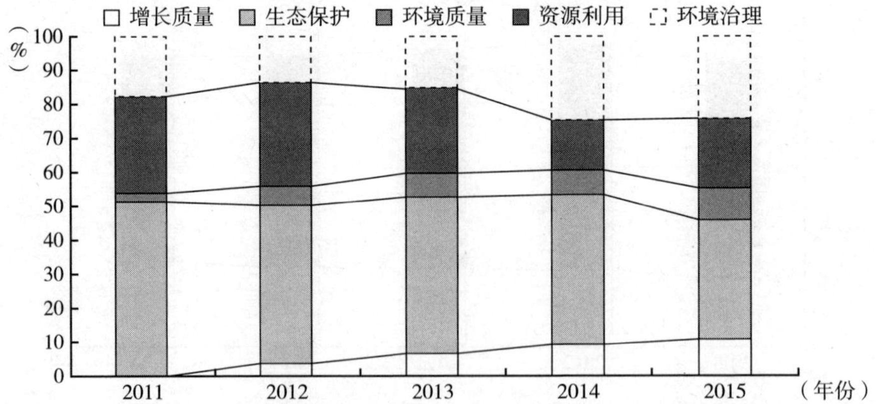

图 4 －12　分系统指数对河北省历年生态文明水平影响的占比

三 基本结论与对策建议

（一）主要结论

通过以上对京津冀生态文明建设水平的测算分析，由此可以得出如下几点结论。

（1）2011～2015 年，京津冀三地的生态文明水平都在提高，趋势向好方向发展的特征突出。从纵向时间演化的纬度看，京津冀三地的生态文明水平都在不断进步，但从横向纬度的分析得知，京津冀三地的生态文明水平呈现北京最高、天津次之、河北垫底的总体格局，同时河北生态文明水平与京津两市之间的差距较大，但近年来生态文明的进步速度较快。

（2）对于北京市而言，生态文明水平总体上升明显，各项指标位居京津冀区域的前列。增长质量和生态保护对北京生态文明的影响作用越来越大，环境质量对北京生态文明的作用基本稳定，但资源利用和环境治理是北京生态文明水平的制约因素。

（3）对于天津市来说，其与北京基本保持同趋势上升，但资源利用水平不够稳定。环境质量、增长质量和生态保护对天津生态文明的影响明显，环境质量对天津生态文明的作用稳定持久，而资源利用和环境治理是天津生态文明水平的主要制约因素。

（4）就河北省来分析，其环境治理投入不断加大，但在增长质量和环境质量等方面与京津的差距不容忽视。生态保护对河北生态文明的作用影响最大，环境治理对河北生态文明的影响作用越来越大，但增长质量和环境质量是河北生态文明水平的相对短板。

（二）对策建议

京津冀协同发展纲要明确了京津冀全国生态修复和环境改善的示范区的功能定位，面向生态环境共享共建的目标，把握世界和我国绿色发展的基本趋势，针对目前京津冀地区生态文明方面存在的挑战，从可实施的角度出发，当前的京津冀生态文明建设的重点为：努力构建京津冀区域生态环境协同治理的机制和体系，为此，提出以下对策建议。

1. 在生态环境协作方式上，更加注重长效性机制的建设

面向京津冀区域环境污染的问题和生态功能弱化的挑战，应努力构建京津冀区域生态环境系统共建共享的长效机制，生态环境系统使各构成要素之间相互联系，并发挥各自的协同功能。在生态环境系统共建共享机制的功能上，包含激励机制、制约机制和保障机制，并使这几种类型能相互联系和相互渗透。当然，京津冀区域生态环境系统共建共享机制的建立，一要靠体制，二要靠制度。这里所谓的“体制”，主要指的是京津冀生态环境职能和责权的调整与配置；所谓“制度”，广义上讲包括国家和地方层面的法律、法规以及任何组织内部的规章制度。也可以说，通过与之相应的体制和制度的建立和变革，使京津冀生态环境系统共建共享机制在实践中得以体现。

2. 在生态环境协同层面上，构建各主体共同参与的全方位体系

京津冀区域生态环境系统共建共享可以在两大层面展开：一是省级层面，以京津冀三地的省级层面政府为主，相关国家部门参与，共享共建的重点在重大的机制构建、战略规划、政策保障上；二是市县层面，主要是地理位置相邻的市县，共享共建的重点在生态环保的一体化规划、一体化建设和一体化管理上，如毗邻市县在环境公共设施如污水处理厂、垃圾填埋厂的共建共享等。长期而言，需要构建京津冀区域生态环境系统共建共享的主体作用机制，也就是政府、企业、社会组织和公众的共同参与机制，区分各个主体的职能，建立京津冀生态环境共建共享的主体协同作用机制。具体为“政府主导、企业主体、社会组织配合、公众广泛参与”的有效机制。

3. 在生态环境协同领域上，构建面向生态环境质量的格局

未来，京津冀生态环境在协作领域上，要抓住构成生态系统的水、大气、土壤等主要介质环境质量改善这一核心，强调环境与生态系统的同步改善，整体上恢复和提升区域生态功能。这就需要：统筹规划京津冀三省市的生态环保行动，进一步扩大京津冀生态环境协作对象的覆盖面，克服目前针对单一要素或单一问题的弊端，努力构建涵盖各个要素，针对系统问题，从根本上解决京津冀区域生态环境，改善生态环境功能的宽领域、全过程、一体化的生态环境协同发展格局。

4. 在生态环境协同模式上，更加突出市场机制的功能

界定京津冀生态环境协作模式上政府和市场的作用边界，当前即要发挥政府的主导作用，长远而言，从根本上建立相应的市场机制。按照“谁受益、谁购买，谁污染、谁付费”的原则，科学评估生态环保项目的生态价值，明确受益主体及其利益配比。通过公平、公正的环保项目拍卖机制构建京津冀区域内大气环境容量交易机制、水环境容量交易机制，特别是加快在京津两市与河北张承地区之间建立横向生态容量交易机制，加快民营资本进入京津冀生态修复领域[①]。京津冀地区作为一个特殊的地域单元，需要统筹考虑区域生态补偿，推动区域内建立横向补偿制度，加快实现生态一体化。而促进生态一体化进程的关键是创新生态补偿机制，健全完善多元、公平的生态补偿制度。开展排污权交易试点，整合建立京津冀地区统一的排污权交易平台，开展跨区域二氧化硫等主要污染物的排污权交易，建立水资源使用权转让制度，实现三省市整体减排。在城镇污水垃圾处理和工业园区污染集中治理等领域开展环境污染第三方治理试点[②]。

总之，生态环境问题已成为京津冀协同发展的最大短板，而生态文明是生态经济、生态环境、生态意识和行为、生态制度等的综合体，生态文明建设具有动态开放的特点，生态文明水平也是一个长期努力且随社会经济技术进步而不断提高的过程，基于现实性的考虑，生态文明的评价具有主观性，评价结果具有相对性，但生态文明的建设和努力却是永无止境的不断演进的过程。通过京津冀区域生态文明建设领域的大胆探索，进而建设全国生态修

---

① 王树强、宫晴晴、田梦倩等：《京津冀生态环境共建共享的思路与重点》，《河北省经济发展报告（2015）》，社会科学文献出版社，2015。

② 潘家华、李萌、张莹等：《京津冀生态补偿促协同发展》，载《2016年中国经济前景分析》，社会科学文献出版社，2016。

复和环境改善的示范区，最终为全国其他区域的生态文明建设和绿色发展理念的实施提供经验借鉴。

参考文献

[1] 中国科学院可持续发展战略研究组：《2013 中国可持续发展战略报告——未来 10 年的生态文明之路》，科学出版社，2013。

[2] 陈润羊、张贡生：《清洁生产与循环经济——基于生态文明建设的理论建构》，山西经济出版社，2014。

[3] 李惠茹、杨丽慧：《京津冀生态环境协同保护：进展、效果与对策》，《河北大学学报》（哲学社会科学版）2016 年第 41（1）期。

[4] 胡鞍钢、沈若萌、刘珉：《建设生态共同体，京津冀协同发展》，《林业经济》2015 年第 8 期。

[5] 张予、刘某承、白艳莹等：《京津冀生态合作的现状、问题与机制建设》，《资源科学》2015 年第 37（8）期。

[6] 王树强、宫晴晴、田梦倩等：《京津冀生态环境共建共享的思路与重点》，载《河北省经济发展报告（2015）》，社会科学文献出版社，2015。

[7] 潘家华、李萌、张莹等：《京津冀生态补偿促协同发展》，载《2016 年中国经济前景分析》，社会科学文献出版社，2016。

[8] 文魁、祝尔娟、张贵祥等：《京津冀发展报告（2016）——协同发展指数研究》，社会科学文献出版社，2016。

[9] 吴志功：《京津冀雾霾治理一体化研究》，科学出版社，2016。

B.5
京津冀人口发展指数研究*

摘 要: 在经济全球化和区域一体化发展的大背景下，在中国综合国力、国际影响力与日俱增的新形势下，京津冀地区是新时期引领我国经济增长、参与全球合作与竞争的战略平台，在中国转型升级发展进程中具有无可替代的战略地位和十分突出的引领作用。京津冀地区人口均衡发展对于推进京津冀系统发展，缓解当前首都面临的人口、资源与环境的压力起着重要的支撑与保障作用。本研究从人口活力、人口结构、生命质量三个层面构建人口发展能力评价指标体系。本研究利用11个具体指标，运用层次分析法确定各个指标的权重，对京津冀13个城市的人口发展指数进行测算。本研究分别计算了2000年、2005年、2010年、2013年和2015年的京津冀各个区域的人口活力指数、人口结构指数、人口生命质量指数及人口综合发展能力指数。测算结果表明，21世纪以来北京、天津、石家庄"三驾马车"齐头并进，人口发展能力处于领先地位，但京津冀人口发展内部不平衡趋势更加凸显；同时，人口活力与人口结构波动较大，生命质量格局较为稳定。人口年龄结构不断老

* [基金项目] 国家自然科学基金资助项目："主体功能区规划背景下人口有序流动及合理分布研究"（项目编号：71373275）；国家自然基金资助项目："贫困地区人口的动态变化对扶贫开发的影响与应对研究"（项目编号：71541032）；教育部人文社会科学研究规划基金项目："城市群人口空间分布机制及优化研究——以京津冀城市群为例"（项目编号：12YJA790202）。

[作者简介] 张耀军，河南平顶山人，中国人民大学首都发展与战略研究院研究员，中国人民大学人口与发展研究中心教授，博士生导师，主要从事人口资源环境经济学、空间科学等领域的研究；刘万晟，中国人民大学人口与发展研究中心硕士研究生。

化，同时，区内北京市、天津市和河北省在人口增长、受教育水平、居民健康水平等诸多方面存在明显的差别。最后，从“内卷化”的人口流动模式、促进人口均衡发展、发挥区域中心城市的辐射作用、提升生态环境质量等视角，提出了未来京津冀区域提升人口发展能力的对策建议。

关键词: 京津冀 人口发展能力 人口活力 人口结构 生命质量

2015 年 4 月 30 日《京津冀协同发展规划纲要》经中央政治局会议审议通过。京津冀三地按照这一纲领性文件提出的目标及措施力促一体化协同发展。经过一年多的努力，取得了显著成效。众所周知，京津冀协同发展受多种因素影响，其中，人口作为影响三地协同发展的关键因素，依然是国民经济重大战略规划的基础，直接或间接影响着国家和区域的资源配置、区域发展、产业布局、城乡规划与生态建设。因此，对京津冀地区人口发展能力的研究显得尤为重要。本研究在 2016 年研究的基础上，保持研究指标的稳定性，考虑京津冀协同进程，将数据更新到 2015 年底，力求对京津冀人口发展指数的动态变化进行更全面、更长期的分析监测，为推动京津冀协同发展提供科学的决策依据。

一 内涵界定与指标体系

（一）人口发展内涵

对人口发展的认识是一个从无到有、由浅入深的过程。目前，越来越多的研究者及政策制定者认为，“人口发展”是一个内涵丰富的概念，既包括人口自身，也包括人口与外界的关系状态，还包括从低级向高级演进的动态过程。因此，可以将之定义为人口数量、人口素质、人口结构和人口分布的变化及其相互关系的发展变化，以及人口与经济、社会、资源、环境之间的互动关系变化。

京津冀协同发展，要实现三个转变，即：一是从过去单纯控制人口规模向统筹解决人口数量、素质、结构、分布问题转变；二是从人口自身问题的解决向与外部环境合理互动转变；三是从只关注人口当前状态向人口现实与未来并重的转变。

（二）指标体系构建

根据科学性、完整性、代表性和前瞻性原则，结合数据可得性及比较的连续性，京津冀人口发展能力指标体系与2016年①的研究保持一致，即共有11个指标，划分到三个子系统中，分别为人口活力子系统4个指标、人口结构子系统3个指标、生命质量子系统4个指标，构成了京津冀人口发展评价操作指标体系（见表5－1）。

表5－1　京津冀人口发展评价操作指标体系

一级指标	二级指标	三级指标
人口发展指数	人口活力(B_1)	人口经济弹性(C_1)
		城镇登记失业率(C_2)
		人口自然增长率(C_3)
		净迁移率(C_4)
	人口结构(B_2)	第三产业就业人员比重(C_5)
		城镇化水平(C_6)
		人口老龄化程度(C_7)
	生命质量(B_3)	每万人拥有医院床位数(C_8)
		每万人拥有卫生技术人员数(C_9)
		高等学校专任教师数(C_{10})
		普通高等学校在校学生数(C_{11})

注：表中括号中的大写字母为指标代号。

① 张耀军、李绍兴：《京津冀人口发展指数研究》，载于《京津冀发展报告（2016）》，社会科学文献出版社，2016，第111～144页。

第一层：京津冀人口发展评价指标体系（见图5－1）；

第二层：人口活力子系统、人口结构子系统、生命质量子系统；

第三层：包括11个指标，用C_1—C_{11}表示，具体内容及指标性质（见表5－2）。

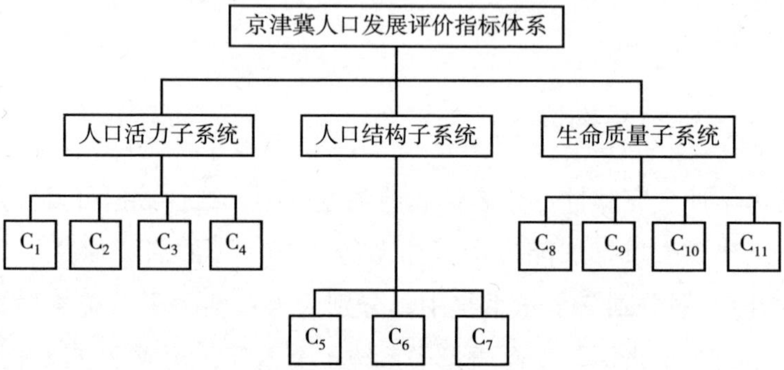

图5－1　京津冀人口发展评价操作指标体系

在完成指标体系的构建后，需要对各个指标进行指数化处理，并依据其自身性质，分为正向指标、中间适度指标和逆向指标，具体的转换方法见层次分析法中指数分数的确定部分（见表5－2）。通过指数化和层次分析法加权，得出京津冀地区在人口活力、人口结构、生命质量三个子系统中各自指标的得分，将其加权平均得到三个子系统的得分。各个子系统的得分反映出京津冀各城市人口活力大小、人口结构合理程度和生命质量高低，得分越高表示该城市人口活力越充足、人口结构越合理、生命质量越高，反之则说明更需要加强促进人口发展的政策和措施。计算2000年、2005年、2010年、2013年、2015年的子系统得分，可以判断京津冀各城市21世纪以来人口发展过程中的系统差异和发展短板，分析人口发展能力的变动趋势。最后，运用层次分析法将三个子系统的得分加权得到京津冀人口发展评价总指数，得分越高说明人口发展水平越高。计算2000年、2005年、2010年、2013年、2015年五个关键年份的京津冀人口发展指数，有利于动态监测京津冀各城市21世纪以来人口发展过程中的总体状况和发展趋势，为未来制定针对性政策和发展路径的决策提供参考。

表5－2　京津冀人口发展评价指数

指标代号	指标名称	隶属子系统	指标性质
C_1	人口经济弹性	人口活力	正向
C_2	城镇登记失业率	人口活力	负向
C_3	人口自然增长率	人口活力	中间适度
C_4	净迁移率	人口活力	正向
C_5	第三产业就业人员比重	人口结构	正向
C_6	城镇化水平	人口结构	正向
C_7	人口老龄化程度	人口结构	负向
C_8	每万人拥有医院床位数	生命质量	正向
C_9	每万人拥有卫生技术人员数	生命质量	正向
C_{10}	高等学校专任教师数	生命质量	正向
C_{11}	普通高等学校在校学生数	生命质量	正向

二　评估方法与数据处理

（一）评估方法——层次分析法

运用层次分析法（AHP）确定各指标的权重。京津冀人口发展评价各子系统指标的权重见表5－3、表5－4、表5－5。

表5－3　人口活力子系统指标权重

指标代号	C_1	C_2	C_3	C_4	W
C_1	1	3	3	1	0.377473473
C_2	1/3	1	1/2	1/3	0.105805364
C_3	1/3	2	1	1/3	0.139247689
C_4	1	3	3	1	0.377473473

注：$\lambda_{max}=4.064342$，CI＝0.020145，RI＝1.12，CR＝0.022634＜0.1。

表 5-4　人口结构子系统指标权重

指标代号	C_5	C_6	C_7	W
C_5	1	1/2	1/3	0. 1634241
C_6	2	1	1/2	0. 2969613
C_7	3	2	1	0. 5396146

注：$\lambda_{max}=3.009203$，CI = 0. 004601，RI = 0. 52，CR = 0. 008849 < 0. 1。

表 5-5　生命质量子系统指标权重

指标代号	C_8	C_9	C_{10}	C_{11}	W
C_8	1	2	1/3	1/3	0. 153996
C_9	1/2	1	1/2	1/2	0. 133365
C_{10}	3	2	1	1/2	0. 295185
C_{11}	3	2	2	1	0. 417454

注：$\lambda_{max}=4.241144$，CI = 0. 01446，RI = 0. 89，CR = 0. 090316 < 0. 1。

根据人口发展的概念和内涵，结合京津冀地区人口发展特点，对京津冀人口发展的各个子系统进行比较打分，并根据打分情况得出各个子系统的权重（见表 5-6）。

表 5-6　京津冀人口发展各子系统权重

子系统代号	B_1	B_2	B_3	W
B_1	1	1/2	1/2	0. 195800
B_2	2	1	2	0. 493386
B_3	2	1/2	1	0. 310814

注：$\lambda_{max}=3.053622$，CI = 0. 026811，RI = 0. 52，CR = 0. 051559 < 0. 1。

将京津冀人口发展的三大子系统及其指标与人口发展评价总目标结合，最终计算出人口发展各指标的总权重（见表 5-7）。

表 5－7　京津冀人口发展各指标的总权重

指标	人口活力	人口结构	生命质量	总权重
	0. 195800351	0. 493385967	0. 310813683	
C_1	0. 373594			0. 073909
C_2	0. 104718			0. 020717
C_3	0. 148094			0. 027265
C_4	0. 373594			0. 073909
C_5		0. 163424119		0. 080631
C_6		0. 296961331		0. 146517
C_7		0. 53961455		0. 266238
C_8			0. 153996342	0. 047864
C_9			0. 133364745	0. 041452
C_{10}			0. 295184703	0. 091747
C_{11}			0. 41745421	0. 129750

（二）数据处理及人口发展指数计算

1. 人口发展指标的确定

对于越大越好的指标，取各年份京津冀 13 地市中数值最大者为 1 分，最小者为 0 分。

指标分数 ＝（当前值 － 最小值）/（最大值 － 最小值）　①

对于越小越好的指标，取各年份京津冀 13 地市中数值最小者为 1 分，最大者为 0 分。

指标分数 ＝（当前值 － 最大值）/（最小值 － 最大值）　②

值得注意的是，虽然人口自然增长率为中间适度指标，但考虑到京津冀人口增长迅速的现实，将该指标的分数按照第二种方法计算。

2015 年北京市人口发展各指标分数计算见表 5－8（带＊号者为越小越好的指标）。2013 年和 2015 年各指标得分比较见图 5－2。

表 5-8 北京市 2015 年人口发展各指标分数计算

指标代号	指标	最大值	最小值	当前值	权重	得分
C_1	人口经济弹性	28.57	2.67	4.30	0.074	0.15
* C_2	城镇登记失业率	4.08	1.40	1.40	0.021	1
* C_3	人口自然增长率	7.73	2.44	4.96	0.027	0.88
C_4	净迁移率	4.43	-10.42	1.82	0.074	0.90
C_5	第三产业就业人员比重	79.62	45.11	79.62	0.081	1
C_6	城镇化水平	86.51	44.56	86.51	0.147	1
* C_7	人口老龄化程度	12.03	8.13	9.31	0.266	0.69
C_8	每万人拥有医院床位数	56.03	34.09	56.03	0.048	1
C_9	每万人拥有卫生技术人员数	42.33	16.01	42.33	0.041	1
C_{10}	高等学校专任教师数	67021	903	67021	0.092	1
C_{11}	普通高等学校在校学生数	605632	15865	605632	0.130	1

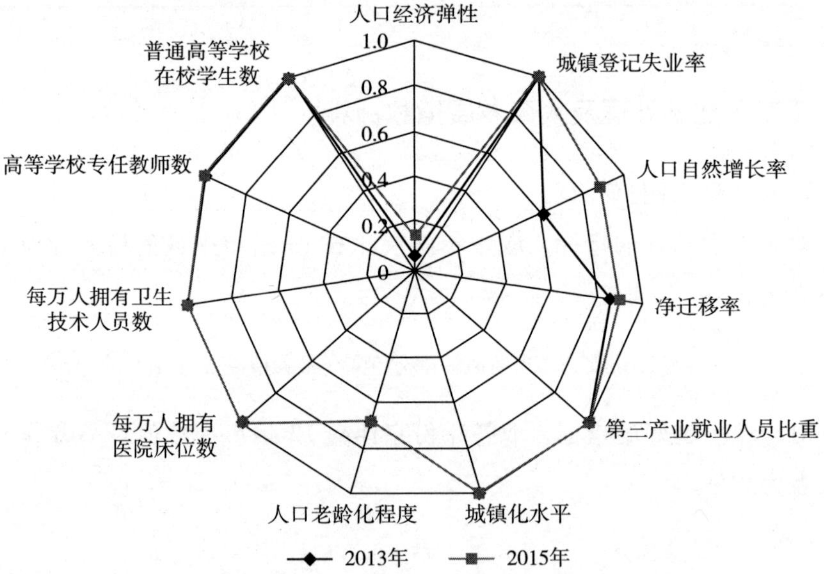

图 5-2 2013 年、2015 年北京市人口发展各指标分数

2. 京津冀人口发展指数计算

人口活力、人口结构和生命质量子系统转型指数的计算方法就是其系统内的各指标分数与其权重乘积之和，总指数为子系统得分之和。人口发展指

数数值越大，代表人口发展质量越高。为了节约篇幅，这里以 2015 年为例计算各指标的详细得分（见表 5－9，带＊号者为越小越好的指标）。

表 5－9　2015 年京津冀各地市人口发展各指标详细得分

指标	北京	天津	石家庄	唐山	秦皇岛	邯郸	邢台	保定	张家口	承德	沧州	廊坊	衡水
C_1	0.009	0.003	0.024	0.042	0.026	0	0.043	0.003	0.047	0.082	0.008	0.033	0.04
＊C_2	0.021	0.003	0.01	0.005	0	0.005	0	0.015	0.002	0.005	0.004	0.003	0.004
＊C_3	0.030	0.028	0.009	0.012	0.016	0.02	0.024	0.011	0.008	0.005	0.007	0	0
C_4	0.069	0.076	0.056	0.054	0.057	0.063	0.056	0	0.057	0.056	0.072	0.053	0.063
人口活力	0.129	0.11	0.099	0.113	0.099	0.088	0.123	0.029	0.114	0.148	0.091	0.089	0.107
C_5	0.081	0	0.05	0.003	0.041	0.013	0.029	0.003	0.062	0.043	0.039	0.019	0.05
C_6	0.147	0.13	0.042	0.042	0.027	0.019	0.006	0	0.034	0.003	0.008	0.029	0
＊C_7	0.183	0.171	0.183	0.092	0.075	0.265	0.248	0.166	0	0.178	0.153	0.212	0.115
人口结构	0.411	0.301	0.275	0.137	0.143	0.297	0.283	0.169	0.096	0.224	0.2	0.26	0.165
C_8	0.048	0.006	0.028	0.038	0.028	0.004	0.01	0.002	0.035	0.032	0.003	0.002	0
C_9	0.041	0.012	0.018	0.012	0.015	0	0.008	0.009	0.003	0.014	0.009	0.007	0.007
C_{10}	0.092	0.078	0.061	0.016	0.025	0.013	0.01	0.042	0	0.006	0.006	0.011	0
C_{11}	0.13	0.061	0.042	0.01	0.014	0.006	0.003	0.022	0.003	0.006	0.004	0.009	0
生命质量	0.311	0.157	0.149	0.076	0.082	0.023	0.031	0.075	0.041	0.058	0.022	0.029	0.007
总指数	0.851	0.568	0.523	0.326	0.324	0.408	0.437	0.273	0.251	0.43	0.313	0.378	0.279

注：1. 总人口为常住人口，数据截至 2015 年底。

资料来源：人口老龄化程度由 2010 年人口普查数据通过队列法预测得出，其他数据来源于《中国城市统计年鉴（2015）》、《河北经济年鉴（2015）》、2015 年各市统计公报。

根据以上方法分别计算 2000 年、2005 年、2010 年、2013 年和 2015 年京津冀各地市人口发展指数，计算结果见表 5－10、表 5－11、表 5－12、表 5－13、表 5－14。

表 5－10　2000 年京津冀各地市人口发展评价综合指数及分类指数

地　区	人口活力	人口结构	生命质量	总指数
北 京 市	0.117	0.185	0.311	0.613
天 津 市	0.072	0.151	0.135	0.358
石家庄市	0.054	0.264	0.064	0.383
唐 山 市	0.079	0.057	0.041	0.178

续表

地　　区	人口活力	人口结构	生命质量	总指数
秦皇岛市	0.058	0.145	0.040	0.244
邯 郸 市	0.041	0.293	0.025	0.361
邢 台 市	0.050	0.272	0.011	0.333
保 定 市	0.101	0.205	0.024	0.331
张家口市	0.03	0.121	0.026	0.176
承 德 市	0.042	0.203	0.031	0.276
沧 州 市	0.064	0.23	0.007	0.302
廊 坊 市	0.067	0.273	0.016	0.355
衡 水 市	0.110	0.196	0.001	0.308

资料来源：2000 年中国第五次人口普查分县数据、《中国城市统计年鉴（2001）》、《河北经济年鉴（2011）》、2000 年各市统计公报。

表 5－11　2005 年京津冀各地市人口发展评价综合指数及分类指数

地　　区	人口活力	人口结构	生命质量	总指数
北 京 市	0.120	0.211	0.311	0.642
天 津 市	0.079	0.19	0.182	0.453
石家庄市	0.050	0.315	0.102	0.465
唐 山 市	0.040	0.191	0.044	0.273
秦皇岛市	0.051	0.123	0.033	0.206
邯 郸 市	0.046	0.139	0.022	0.207
邢 台 市	0.046	0.159	0.010	0.216
保 定 市	0.043	0.249	0.04	0.332
张家口市	0.075	0.27	0.018	0.364
承 德 市	0.045	0.281	0.013	0.339
沧 州 市	0.056	0.283	0.004	0.343
廊 坊 市	0.047	0.336	0.021	0.404
衡 水 市	0.040	0.342	0.004	0.386

资料来源：2005 年全国 1% 抽样调查数据、《中国城市统计年鉴（2006）》、《河北经济年鉴（2006）》、2005 年各市统计公报。

表 5-12　2010 年京津冀各地市人口发展评价综合指数及分类指数

地　区	人口活力	人口结构	生命质量	总指数
北京市	0.122	0.359	0.311	0.792
天津市	0.083	0.292	0.166	0.541
石家庄市	0.090	0.262	0.146	0.499
唐山市	0.099	0.132	0.076	0.306
秦皇岛市	0.108	0.119	0.064	0.291
邯郸市	0.063	0.143	0.025	0.315
邢台市	0.068	0.311	0.015	0.394
保定市	0.074	0.216	0.043	0.333
张家口市	0.115	0.068	0.027	0.208
承德市	0.094	0.198	0.05	0.342
沧州市	0.043	0.226	0.023	0.336
廊坊市	0.108	0.273	0.047	0.428
衡水市	0.089	0.219	0.005	0.313

资料来源：2010 年中国第六次人口普查分县数据、《中国城市统计年鉴（2011）》、《河北经济年鉴（2011）》、2010 年各市统计公报。

表 5-13　2013 年京津冀各地市人口发展评价综合指数及分类指数

地　区	人口活力	人口结构	生命质量	总指数
北京市	0.105	0.407	0.311	0.821
天津市	0.106	0.286	0.152	0.543
石家庄市	0.09	0.272	0.148	0.51
唐山市	0.111	0.136	0.074	0.322
秦皇岛市	0.095	0.143	0.08	0.317
邯郸市	0.084	0.295	0.019	0.398
邢台市	0.117	0.278	0.023	0.418
保定市	0.029	0.168	0.066	0.264
张家口市	0.105	0.072	0.025	0.203
承德市	0.129	0.226	0.044	0.399
沧州市	0.091	0.2	0.022	0.313
廊坊市	0.089	0.26	0.029	0.378
衡水市	0.082	0.158	0.006	0.246

注：人口发展指数是对人口发展水平的相对评价，重在比较不同年份指数的变化以及同年份不同地区的指数位次，与衡量任务或目标完成情况的目标评价指数不同，100% 并非水平评价指数的理想目标。

资料来源：《中国城市统计年鉴（2014）》、《河北经济年鉴（2014）》、2013 年各市统计公报。

表 5－14　2015 年京津冀各地市人口发展评价综合指数及分类指数

地　区	人口活力	人口结构	生命质量	总指数
北 京 市	0. 129	0. 411	0. 311	0. 851
天 津 市	0. 11	0. 301	0. 157	0. 568
石家庄市	0. 099	0. 275	0. 149	0. 523
唐 山 市	0. 113	0. 137	0. 076	0. 326
秦皇岛市	0. 099	0. 143	0. 082	0. 324
邯 郸 市	0. 088	0. 297	0. 023	0. 408
邢 台 市	0. 123	0. 283	0. 031	0. 437
保 定 市	0. 029	0. 169	0. 075	0. 273
张家口市	0. 114	0. 096	0. 041	0. 251
承 德 市	0. 148	0. 224	0. 058	0. 43
沧 州 市	0. 091	0. 200	0. 022	0. 313
廊 坊 市	0. 089	0. 260	0. 029	0. 378
衡 水 市	0. 107	0. 165	0. 007	0. 279

注：人口发展指数是对人口发展水平的相对评价，重在比较不同年份指数的变化以及同年份不同地区的指数位次，与衡量任务或目标完成情况的目标评价指数不同，100% 并非水平评价指数的理想目标。

资料来源：《中国城市统计年鉴（2016）》、《河北经济年鉴（2016）》、2015 年各市统计公报。

三　综合分析与基本结论

（一）人口发展指数均有上升，各个城市位次基本稳定

依据评价体系中每个指标的评分及其权重，可以加权测算出各年份京津冀 13 个地市的人口发展评价综合指数，但由于指标计算方式决定了该指数主要适用于同一年份不同城市间的人口发展水平比较，不能直接进行跨年份比较，因此，本研究的分析主要聚焦于京津冀在不同年份的人口发展水平相对差异及其排名变化（见图 5－3）。截至 2015 年底，北京市人口发展指数为 0. 851，依然位居榜首；天津市和石家庄市分别以 0. 568 和 0. 523 排在第二、第三位，邢台、承德、邯郸、廊坊、沧州、秦皇岛、唐山等七市人口发展指数位于 0. 3 ~ 0. 5，而保定、衡水、张家口则在 0. 3 以下，其中承德市

在人口活力指数上跃居第一位，北京仍然占据人口结构与生命质量指数的榜首。与2013年人口数据相同，天津和石家庄继续排名第二、第三位，各市位次排名基本没变，但人口活力指数都有明显提升，说明京津冀13个城市中人口发展能力都有不同程度的上升。

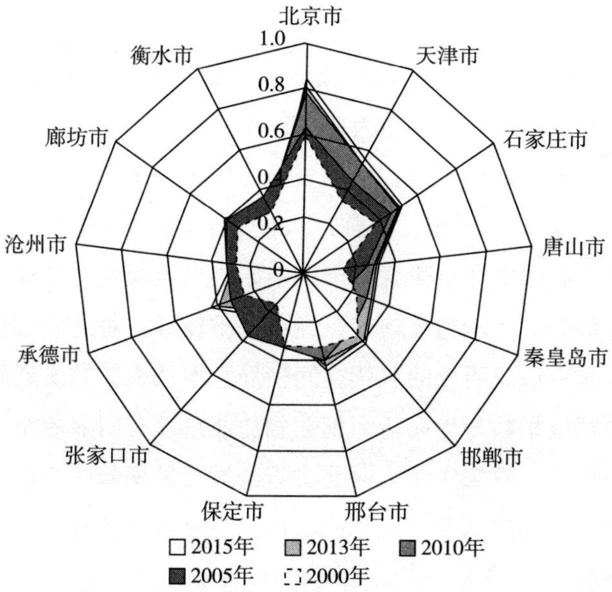

图5-3 京津冀各地市人口发展评价综合指数

资料来源：根据原始数据计算。

结合五个主要年份的人口发展综合指数和分项指数，不难发现21世纪以来京津冀13个地市人口发展水平的规律。自2000年到2015年，北京、天津、石家庄的人口综合发展水平一直保持前列，其中在人口生命质量维度的优势最为突出，体现了京津冀区域中三个城市的核心地位。在这三个核心城市中，北京综合发展指数一直遥遥领先。邯郸、唐山、廊坊、秦皇岛、邢台五个城市的人口发展能力处于中间水平，且差异较大；此外，秦皇岛、邢台和邯郸的生命质量较低，保定的人口活力水平也较低，需要引起足够重视。总体上看，张家口、衡水、沧州和保定这四个城市的人口发展水平综合评价较为落后，但是张家口、衡水在人口活力上占有一定的优势，因此，为了促进人口的全面发展各个城市应当扬长补短，有针对性地提高自身人口发展水平。

（二）人口发展京津石三足鼎立之势出现，但发展指数津石与北京差距仍然明显

21 世纪以来，北京市的核心地位不可动摇，在京津冀 13 个城市中人口发展能力连续稳居第一。北京作为首都，无论是政治地位、科技水平还是交通条件，长期以来都聚集了众多优质资源，尤其是利用了全国的人口红利。虽然北京“大城市病”严重，面临巨大的社会和自然资源及环境压力，但北京市的人口发展水平在京津冀城市群中始终遥遥领先，特别是生命质量指数占有极大优势。天津作为直辖市，经济基础较好、对外开放较早，是北方经济中心，与北京形成明显的双核空间格局。但从人口的发展能力来看，尤其是综合人口发展指数与生命活力指数相比北京还有明显差距，这制约着城市的核心竞争能力。石家庄作为河北省省会城市发挥着中心城市作用且不断增强，但竞争能力仍然落后于京津两城市，与京津双核相比，石家庄人口发展能力仍然较弱。

（三）人口发展指数呈波动趋势，波动原因各有不同

根据 21 世纪以来五个主要年份人口发展总指数的城市排名变化情况（见表 5－15），将京津冀 13 个地市分为四类。第一类为排名上升显著的城市，包括秦皇岛、唐山和承德；第二类为排名明显下降的城市，包括廊坊、沧州、保定和衡水；第三类为排名较为稳定的城市，包括北京、天津、石家庄、张家口；第四类为排名起伏较大的城市，包括邯郸和邢台。人口活力、人口结构和生命质量等的变动导致人口发展能力的变动。提高人口经济弹性、降低城镇登记失业率、控制人口自然增长率、增加流动人口吸引度则会增强人口活力；提高第三产业吸纳就业的能力、大力推动城镇化建设则会改善人口结构；增加医疗和教育资源则会提高生命质量。首先来看第一类城市，

表 5－15　不同年份各地市人口发展评价综合指数排名

地区＼年份	2000 年		2005 年		2010 年		2013 年		2015 年	
	排名	与最高分差距	排名	与最高分差距	排名	与最高分差距	排名	与最高分差距	排名	与最高分差距
北京市	1	0	1	0	1	0	1	0	1	0
天津市	4	－0.255	3	－0.189	2	－0.251	2	－0.278	2	－0.283
石家庄市	2	－0.23	2	－0.177	3	－0.293	3	－0.311	3	－0.328
唐山市	12	－0.435	10	－0.369	11	－0.485	8	－0.499	8	－0.506
秦皇岛市	11	－0.369	13	－0.436	12	－0.501	9	－0.504	9	－0.527
邯郸市	3	－0.252	12	－0.435	9	－0.476	6	－0.423	6	－0.443
邢台市	6	－0.28	11	－0.426	5	－0.398	4	－0.403	4	－0.414
保定市	7	－0.282	9	－0.31	8	－0.459	11	－0.557	12	－0.578
张家口市	13	－0.437	6	－0.278	13	－0.584	13	－0.618	13	－0.590
承德市	10	－0.337	8	－0.303	6	－0.450	5	－0.422	5	－0.421
沧州市	9	－0.311	7	－0.299	7	－0.456	10	－0.508	10	－0.538
廊坊市	5	－0.258	4	－0.238	4	－0.364	7	－0.443	7	－0.473
衡水市	8	－0.305	5	－0.256	10	－0.479	12	－0.575	11	－0.572

资料来源：根据原始数据计算而来。

秦皇岛市人口发展能力的提升主要得益于人口结构的改善，特别是城镇化水平的大幅度提升；承德市的快速崛起主要是由于其人口活力的增强，自2000 年至 2015 年底，其人口活力指数从倒数第二名变为了第一名，反映了承德市人口就业政策的完善、人口吸引力的增加和人口经济效率的提升；唐山虽然排名一直靠后，但其人口发展能力正在逐步提升。其次为第二类城市，人口活力的大幅减弱导致衡水市人口发展水平呈下降趋势，特别是人口流出的负面影响；保定人口发展指数排名的降低受到人口活力下降和人口结构去优化的双重影响，但其生命质量有所改善；廊坊一直处于中上游水平，随着东方大学城的建设，人口发展能力呈上升趋势，但同其他省市相比增速不足，反映在人口发展指数上显示为排名的下降；沧州主要是由于人口结构问题而逐步落后于河北其他地区，特别是表现在城镇化速度上。再次是第三类城市，北京以显著优势占据榜首；天津人口发展能力的提升主要得益于人口结构的改善，特别是城镇化水平的大幅度提升；石家庄人口区域集聚能力突出，反映在人口指数中的人口活力、人口结构、人口质量齐头并进快速增长上；虽然张家口的人口发展水平相对落后，但其生态优势与滨海资源优势决定了其拥有巨大的人口增长潜力。最后是第四类城市，邯郸人口发展指数的波动主要是受人口结构指数的影响，而邢台人口发展指数的起伏则是人口活力指数变动造成的。

（四）人口活力指数与人口结构指数排名起伏较大，生命质量指数较为稳定

从人口活力指数排名来看，2015 年承德与唐山的人口活力排名大幅提升，沧州、廊坊与 2013 年相比不断下降，北京的人口活力则保持稳定，其他城市波动较大（见表 5－16）。受政策倾斜影响，唐山的人口迁移活力提升较快，从人口主要流出地转变为人口主要流入地。承德主要得益于人口经济活力增长，GDP 增速大大跑赢了人口增速。保定虽然正在逐步承接北京的非首都功能，但人口经济与迁移活力均在下降。廊坊对于流动人口的吸引度较高，但人口自然增长率高，对其人口活力指数产生了负面影响，对生育政策的实施应当引起注意。从人口结构指数来看，北京与天津的人口结构大大改善，沧州、保定、廊坊则不尽如人意，其他城市排名起伏较大，相对来说，唐山、张家口与秦皇岛的人口结构最不合理。原因主要是，通过分析人口结构三项分指数的得分排名情况，2000 年、2013 年和 2005 年唐山、张家口、秦皇岛三市的第三产业就业比重指数排名均靠后，此时人口老龄化程度并不突出；而 2010 年和 2015 年则占据了人口老龄化指数的前三甲，其他两项人口结构分指数均处于中游水平。由此可以发现，唐山、张家口、秦皇岛三市的人口结构不合理最初是由第三产业就业比重较低造成的，而后期则归因于较高的人口老龄化程度。对于北京来说，由于大量青壮年劳动力流入，一定程度上缓解了北京市人口老龄化和本地居民劳动力短缺的压力，人口结构指数显著提高；对于天津来说，城镇化的快速发展以及由此带动的第三产业发展大大改善了天津市的人口分布与就业结构，人口结构由劣势转变为优势。

表 5 - 16　不同年份京津冀各地市人口活力、人口结构与生命质量指数排名

地　区	人口活力指数排名					人口结构指数排名					生命质量指数排名				
	2000 年	2005 年	2010 年	2013 年	2015 年	2000 年	2005 年	2010 年	2013 年	2015 年	2000 年	2005 年	2010 年	2013 年	2015 年
北京市	1	1	1	5	2	9	8	1	1	1	1	1	1	1	1
天津市	5	2	9	4	6	10	10	3	3	2	2	2	2	2	2
石家庄市	9	6	7	9	8	4	3	5	5	5	3	3	3	3	3
唐山市	4	13	5	3	5	13	9	11	12	12	4	4	4	5	5
秦皇岛市	8	5	4	7	8	11	13	12	11	11	5	6	5	4	4
邯郸市	12	8	12	11	12	1	12	10	2	3	8	7	10	12	11
邢台市	10	8	11	2	2	3	11	2	4	4	11	11	12	10	9
保定市	3	11	10	13	13	6	7	8	9	9	9	5	8	6	6
张家口市	13	3	2	6	4	12	6	13	13	13	7	9	9	9	8
承德市	11	10	6	1	1	7	5	9	7	7	6	10	6	7	7
沧州市	7	4	13	8	10	5	4	6	8	8	12	12	11	11	12
廊坊市	6	7	3	10	11	2	2	4	6	6	10	8	7	8	10
衡水市	2	12	8	12	7	8	1	7	10	10	13	12	13	13	13

资料来源：根据原始数据计算而来。

从生命质量指数来看，京津冀各城市在不同年份的排名基本稳定，这也反映了目前已经形成的医疗资源与教育资源格局很难改变。北京、天津、石家庄由于历史原因与先发优势，高等教育发展较为成熟，医疗公共服务较为完善，牢牢占据着前三名的位置。唐山、秦皇岛、保定的生命质量也较高，邯郸、沧州、衡水则较为落后。值得注意的是，廊坊市紧邻京津两地，大学城吸引多所北京高校入驻，生命质量排名呈上升趋势。

（五）人口发展能力差距拉大，城市之间不平衡加剧

比较2000年、2005年、2010年、2013年和2015年京津冀各城市人口发展评价综合指数的方差和极差，可以发现二者均呈扩大趋势，方差从2000年的0.109增长到2015年的0.165，极差从2000年的0.437上升到2015年的0.600（见表5－17）。据此可说明京津冀各城市人口发展指数差距拉大，导致城市之间更加不平衡。为了能更直观地表示京津冀13个城市的人口发展内部不平衡现象，这里将用京津冀各地市人口发展评价综合指数地图表示（见图5－4）。作为京津冀中心的北京，其人口发展优势正在进一步提升，其他所有城市与北京人口发展能力的差距均在拉大，"洼地效应"的存在预示着人口资源涌入的势能强劲。天津和石家庄抓住机遇迅速提升人口发展能力，与2013年一样，仍然成功地站在第一梯队。而张家口、保定、沧州等城市由于人口发展能力后劲不足，与第一梯队的差距渐行渐远；事实上，保定和沧州的经济实力并不弱，但人口发展能力与经济实力没有并驾齐驱。

表5－17　京津冀各地市不同年份人口发展评价综合指数

地　区	2000年	2005年	2010年	2013年	2015年
北京市	0.613	0.642	0.792	0.821	0.851
天津市	0.358	0.453	0.564	0.543	0.568
石家庄市	0.383	0.465	0.474	0.51	0.523
唐山市	0.178	0.273	0.324	0.322	0.326
秦皇岛市	0.244	0.206	0.291	0.317	0.324
邯郸市	0.361	0.207	0.375	0.398	0.408
邢台市	0.333	0.216	0.344	0.418	0.437
保定市	0.331	0.332	0.308	0.264	0.273

续表

地　区	2000 年	2005 年	2010 年	2013 年	2015 年
张家口市	0. 176	0. 364	0. 185	0. 203	0. 251
承 德 市	0. 276	0. 339	0. 305	0. 399	0. 43
沧 州 市	0. 302	0. 343	0. 249	0. 313	0. 313
廊 坊 市	0. 355	0. 404	0. 415	0. 378	0. 378
衡 水 市	0. 308	0. 386	0. 237	0. 246	0. 279
方　　差	0. 109	0. 122	0. 161	0. 162	0. 165
极　　差	0. 437	0. 435	0. 607	0. 618	0. 600

资料来源：根据原始数据计算而来。

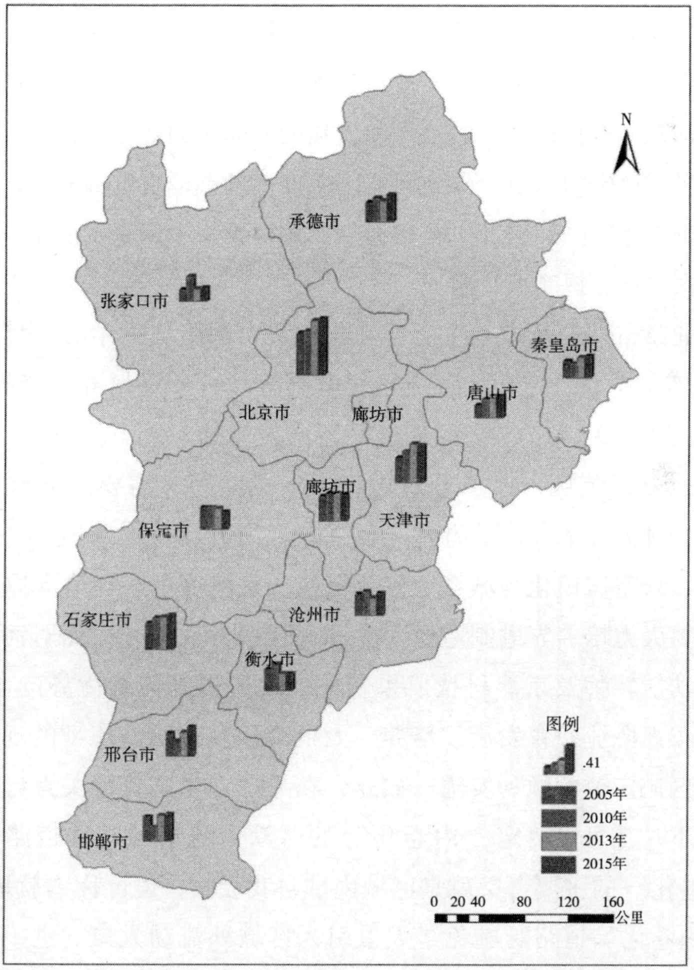

图 5－4　京津冀各地市不同年份人口发展评价综合指数分布

四　主要路径与对策建议

（一）提升劳动力素质，奠定“内卷化”人口城镇化基础

长期以来，京津地区是全国人口大量流入的重要区域，其主要原因是京津两城市就业机会多，教育、医疗等资源优越，所以大量的人口流入京津两城市。由于地缘的接近性，河北省是京津两城市人口流入的最大客源地。多年来，北京市流入人口中河北人口占到1/4。众所周知，流出人口对流出地来讲相对都是受教育程度高、工作能力强的群体，因此，这样的结果是，大规模的优质人口资源流出，导致河北区域发展的最珍贵资源缺失，产业转型和提升缺乏人才基础。因此，要根据京津冀两市一省未来发展定位，有的放矢提升教育质量，提高人口素质。

根据北京市“全国政治中心、文化中心、国际交往中心、科技创新中心”的“四个中心”定位，要通过提升高等教育质量培养现代管理人才、科技创新人才；天津市“全国先进制造研发基地、北方国际航运核心区、金融创新运营示范区、改革开放先行区”的定位，需要培养制造研发人才、金融管理人才等；河北省“全国现代商贸物流重要基地、产业转型升级试验区、新型城镇化与城乡统筹示范区、京津冀生态环境支撑区”的发展定位需要大力培养先进制造业人才和现代服务业人才。面对河北省承接首都产业功能转移及京津科技成果转化，改造提升传统优势产业的任务，尤其需要狠抓职业教育发展，培养一大批现代高素质熟练型的现代产业工人，支持区域定位的顺利实施。如此，在人口和生态资源关系已经高度紧张的背景下，就可以奠定“内卷化”的劳动力流动与转移道路的实践基础。“内卷化”的主要含义就是区域内部自我吸收，也可称“就地城市化”道路。“内卷化”道路既避免了大量引入区域外流动人口、进一步加剧本已十分紧张的人口资源环境关系，又吸纳了区域内剩余劳动力，可谓多赢。

（二）优化区域产业功能布局，助推京津冀人口均衡发展

人口与经济发展的均衡是实现人口与经济、社会、资源、环境等系统均衡发展的关键。在未来一段时期内，实现京津冀地区人口均衡发展，需要切实做好优化产业合理布局，助推人口均衡发展。鉴于北京科技资源丰富，天津研发转化能力突出，河北转型势头良好的各自优势，要实施创新驱动战略，优化区域功能配置，完善空间布局形态，建立区域产业定位清晰、布局与分工合理、关联度高的产业网络，提高城乡一体化和区域均衡发展水平，推进京津冀各地区人口之间、城乡人口之间收入差距的缩小；优化中心城市产业功能，加快推进落后地区功能完善和产业发展，加快区域产业空间格局由功能过度集中在北京和天津向多功能区域共同支撑转变，塑造产业均衡协调的战略发展格局，从而引导人口空间布局的合理化，实现人口规模合理和人口结构优化。

（三）适时掌握京津冀人口发展动态，促进区域之间产业与人口的充分交流

建立京津冀人口服务管理定期会诊会商机制，适时组织开展人口问题会诊、会商，分析判断三地人口发展的现状及存在的问题，并建立京津冀人口服务管理定期评估研讨机制。另外，还要搭建京津冀人口管理信息共享机制，将京津冀三地人口管理信息系统进行对接，定期进行数据交换。对三地人口发展及时进行预警分析，为京津冀人口发展和首都人口规模调控提供准确的信息数据。一是要打破限制人口流动的各种制度性障碍，实现区域内劳动力要素的自由流动。二是积极推动农民成为市民，促进社会融合。具体来说，政府应该充分利用优质教育资源加强区域内农民工的职业技能与综合素质培训工作，提升其在京津冀地区的竞争力；政府应当继续推进基本公共服务均等化，保障流动人口及其子女的教育、住房、就业等权益，为农民变成市民搭桥；政府还应当积极推动本地区产业升级，通过地方产业升级调整顺利带动本地区劳动力产业转移。

（四）扎实推进精准扶贫，整体提升人口发展水平

京津冀协同发展不能漏掉一个地区，否则协同目标就难以实现。目前，河北燕山—太行山集中连片的属于河北省的有20多个贫困县，人口发展水平无疑远远低于京津冀的发达地区，并且，这些贫困县的人均GDP和农村人均收入与全国相比有扩大的趋势。由于“木桶效应”的存在，这一事实严重制约着京津冀整体人口发展水平的提高。因此，需要以京津冀协同发展为契机，扎实推进精准扶贫，通过扶贫攻坚，促进贫困地区人口发展能力的提升，进而促进京津冀地区全局人口发展能力的提高。通过创新扶贫开发工作机制，发挥市场在资源配置中的决定性作用和政府的引导作用，更加广泛、更为有效地动员社会力量，构建政府、市场、社会三方面协同推进的大扶贫开发格局，最大限度整合、配置扶贫开发资源，形成扶贫开发合力，为有效脱贫创造有利的硬件条件。同时，要综合考虑贫困人口知识、技能、信息缺乏和价值观念落后等软件贫困因素，提升贫困人口的文化素质和发展信心，激发贫困县的发展活力和可持续发展能力，以使全域人口发展能力整体得到提升。

参考文献

[1] 薄文广、陈飞：《京津冀协同发展：挑战与困境》，《南开学报》（哲学社会科学版）2015年第1期。

[2] 程前昌、毛蒋兴：《中国人口文化素质指数及其空间分异》，《人文地理》2009年第3期。

[3] 董燕、黄健元：《江苏人口发展水平评价研究——基于综合指数评价法》，《南京人口管理干部学院学报》2011年第1期。

[4] 何芬、赵燕霞：《京津冀协同背景下环京津贫困带减贫途径研究》，《北京市经济管理干部学院学报》2015年第30（3）期。

[5]《京津冀协同发展3省市功能定位公布》，新华网，2015年8月23日。

[6] 李国平、陈秀欣：《京津冀都市圈人口增长特征及其解释》，《地理研究》2009

年第 1 期。
[7] 王军平：《中国人口发展指数研究》，《人口学刊》2010 年第 2 期。
[8] 王维志：《试论衡量人口发展水平和趋势的综合指数法》，《中国人口科学》1993 年第 2 期。
[9] 续亚萍、俞会新：《基于熵值法的河北省新型城镇化质量评价》，《商业经济研究》2015 年第 16 期。
[10] 张耀军、李绍兴：《京津冀人口发展指数研究》，载《京津冀发展报告（2016）》，社会科学文献出版社，2016。

B.6
京津冀企业发展指数研究*

摘　要：本研究采用企业大数据对京津冀三地的企业发展实力、活力和创新力进行测度，并进行行业和重点区域分析。得出基本结论：从企业综合实力来看，北京最强、天津其次、河北较差；从行业来看，京津冀地区发展基础较好的行业为批发和零售业、科学研究和技术服务业、租赁和商业服务业、制造业等；从地区创新水平来看，北京的科学研究和技术服务业创新能力最强，天津在科学研究和技术服务业、制造业等行业创新能力较强，河北在批发和零售业、制造业、租赁和商业服务业等行业创新能力较强。在此基础上本文提出了三方面对策建议：一是北京应依托优势产业、优势技术和重大战略价值的前沿领域，打造科技创新中心和创新策源地；二是天津应面向国际、借势北京、立足自身，打造全国先进制造业研发转化基地；三是河北应落实国家重大战略、承接非首都功能、发挥现有产业优势，实现跨越式发展。

关键词：京津冀　企业指数　行业分析　创新能力

---

* 本文为北京市哲学社会科学基金项目“首都发展研究报告（2017）——京津冀协同发展的新形势与新进展”（项目编号：16JDYJB040）、北京市教委创新团队项目“京津冀产业协同发展研究”、北京市科委软课题“基于大数据的京津冀企业创新发展能力分析”（项目编号：Z171100003217012）、首都经济贸易大学研究生科技创新项目“我国三大城市群竞争力比较研究”的阶段性成果；获北京市经济社会发展政策研究基地、首都经济贸易大学特大城市研究院都市圈中心资助。

[作者简介] 叶堂林，首都经济贸易大学城市经济与公共管理学院教授、经济学博士，北京市经济社会发展政策研究基地执行主任；潘鹏，首都经济贸易大学城市经济与公共管理学院硕士生。

企业作为国民经济的基本“细胞”，其健康与否关系整个区域能否健康发展。对京津冀企业发展指数进行测度，有利于弄清区域内企业总体的发展态势，找到制约区域协同发展的关键因素，从而出台更具针对性的政策，在企业层面实现京津冀协同发展。

一 指标体系与构建原则

（一）构建意义

1. 现实意义

国内外经验表明，一个区域能否得到快速发展取决于其当前主导产业是否具有竞争力，一个产业是否有竞争力取决于其龙头企业在市场上的影响力和竞争力的大小，因此企业作为国民经济的基本“细胞”，其发展必然影响到整个区域的未来。对京津冀进行企业发展指数的测度，相当于对该区域进行“基因级”的“体检”，不仅准确，而且非常有效。当前，京津冀面临的问题，大多数是企业层面的问题，如雾霾严重，其中一个很重要的原因就是河北钢铁、水泥等重化工企业发展过多、发展方式过于粗放；再如北京人口超载，其中一个很重要的原因就是河北企业发展不足，本土无法带来足够的就业机会。因此，京津冀企业发展指数的测度与分析对于京津冀协同发展具有非常重要的现实意义。

2. 理论意义

《京津冀协同发展规划纲要》明确指出，应在交通一体化、生态环境保护和产业升级转移三个重点领域集中力量先行启动、率先突破，而企业是构成产业的微观基础。由此可见，企业搬迁升级、转移重组、布局优化、相互投资、组织结构改善等都是京津冀协同发展的战略重点和先行领域。目前还没有相关文献利用大数据对京津冀企业发展指数进行研究，因此进行京津冀企业发展指标体系的构建和指数测度，具有较强的理论意义。

（二）构建原则

本研究评价指标体系的构建遵循了以下原则。

第一，客观性。所选指标能客观反映企业发展水平，对企业发展指数测度不带有任何主观色彩与倾向，以期得到客观公正的结论。

第二，系统性。所选指标能构成一个完整的体系，能反映企业综合发展水平，且体系内各指标间紧密相连，相互影响或支撑，有严谨的逻辑结构。

第三，代表性。所选指标必须紧扣企业实力、活力和创新力，能反映企业发展中最关键、最重要的因素，且要求精炼、简洁，剔除冗余。

第四，可得性。所选指标必须能够获得完整的大数据或统计数据，能准确反映京津冀企业发展现实。

（三）构建思路

本研究根据波特国家竞争优势理论对京津冀企业的发展进行全方位的测度。国家竞争优势理论，又称“国家竞争优势钻石理论”“钻石理论”。波特认为一个国家或区域其竞争优势来源于其产业尤其是支柱产业的竞争力，产业竞争力则来源于企业的竞争力。企业竞争力主要来源如下。

1. 企业竞争力在要素层面取决于生产要素优质程度及其匹配程度

企业所能获取的生产要素优质程度及其与企业自身发展阶段的匹配程度，具体包括初级要素和高级要素两类，如所在区域的人力资源、自然资源、知识资源、资本资源和基础设施等。

2. 企业竞争力在消费层面取决于能否顺应外部需求环境的变化

企业发展所面临的外部需求环境，包括企业产品的消费者需求量大小决定能否形成规模经济、企业产品的消费者需求层次高低决定能否取得国际竞争优势、区域消费者需求的超前性决定该企业能否走在其他区域企业的前面。

3. 企业竞争力在外部环境方面取决于能否拥有良好的外部配套环境

企业发展所面临的外部配套环境即与企业有关联的产业和供应商，企业经营需要通过合作、适时生产和信息交流与众多的相关企业和行业保持联系，并从中获得和保持竞争力。

4. 企业竞争力在自身条件方面取决于自身竞争战略和组织结构是否正确

企业作为国民经济的“细胞”，有其不同的规模、组织形式、产权结构、竞争目标、管理模式等特征，这些特征的形成和企业国际竞争力的提高在很大程度上取决于企业所面临的各种外部环境，高度竞争会迫使企业改进技术和进行创新，从而有利于竞争优势的形成。

综上所述，区域企业竞争力取决于一个区域的企业总体实力（主要指企业自身规模，如产值、商标数量等）、企业活力（指企业适应外部环境的能力，主要指要素环境和配套环境）和企业创新力（主要指把握未来的能力，如战略的前瞻性、要素的重新组合能力等）。区域企业实力的大小决定了某区域在更大区域中所处的地位和威望，可以衡量的指标有注册资本总额、总产值、存续企业数量、存续商标数量等。区域企业活力的大小决定了某区域企业适应环境的能力和从不断变化的环境中获取资源的能力，如在经济发展的要素导向阶段能否获取优质廉价的要素、在投资导向发展阶段是否有能力对引进的技术进行消化吸收和升级并转化成现实生产力，可以衡量的指标有新增企业数量、对外投资金额、现代服务企业数占企业总数比重、民营企业数占企业总数比重、外资企业数占企业总数比重等。区域企业创新力的大小取决于企业独立的技术开发能力和资本运营能力，如在经济发展处于创新导向阶段，技术创新成为提升区域竞争力的主要因素，在企业生产技术、营销能力等方面居领先的区域将获得较强的竞争力。再如在富裕导向阶段，金融创新和资本运营日益成为关键因素，部分企业试图通过影响和操纵国家政策来维持原有的地位，出现大量的企业兼并和收购现象，通过资本运营、相互持股来减少内部竞争以增强稳定性，可以衡量的指标有新增专利数、新增商标注册数、三项专利数、高新技术企业数占企业总数比重等。我国经济发展阶段总体上处于创新导向阶段，创新驱动已经成为这个时代的主旋律。因此，本文认为，企业发展在京津冀协同发展中起到至关重要的作用，作为国民经济细胞的企业，其实力、活力、创新力直接影响京津冀协同发展的基础、现在和未来。

二　指数评价与测度结果

（一）指数测度

本文选取了三个二级指标，包括企业实力、企业活力、企业创新，以及12个三级指标，包括：存续企业数量、存续商标数量、注册资本总额、新增企业数量、对外投资金额、现代服务企业数占企业总数比重、民营企业数占企业总数比重、外资企业数占企业总数比重、新增专利数、新增商标注册数、三项专利数、高新技术企业数占企业总数比重，并采用熵值法确定各指标的权重，具体权重分布见表6－1。

表6－1　2015年企业发展指标权重分布

二级指标	三级指标	权重
企业实力 （0.2483）	存续企业数量（个）	0.2005
	存续商标数量（个）	0.3901
	注册资本总额（亿元）	0.4095
企业活力 （0.3648）	新增企业数量（个）	0.1354
	对外投资金额（亿元）	0.7106
	现代服务企业数占企业总数比重	0.0002
	民营企业数占企业总数比重	0.1465
	外资企业数占企业总数比重	0.0073
企业创新力 （0.3869）	新增专利数（项）	0.2545
	新增商标注册数（项）	0.3152
	三项专利数（项）	0.2730
	高新技术企业数占企业总数比重	0.1573

资料来源：根据龙信数据计算所得。

根据熵值法，对北京17个区（其中开发区为北京亦庄开发区，在国家工商局标准中单独列出，以下简称“北京开发区”）、天津17个区（天津自由贸易试验区，在国家工商局标准中单独列出，以下简称“天津自贸试验区”)、河北11个市进行了分项及综合测评，以总测评得分降序排列，测评结果如表6－2所示。将各项得分排名及总测评得分分别排序，排序结果见图6－1、图6－2、图6－3、图6－4。测评排名见表6－3。

表6－2　2015年京津冀各市、区企业发展水平测评

序号	市、区	企业实力	企业活力	企业创新力	总测评得分
1	海淀区	91.27	32.39	93.81	70.77
2	西城区	56.47	76.57	51.10	61.72
3	朝阳区	84.08	39.87	58.64	58.11
4	东城区	43.12	17.06	19.12	24.33
5	滨海新区	24.88	15.06	30.03	23.29
6	石家庄市	31.49	16.23	13.49	18.96
7	丰台区	29.44	13.80	16.92	18.89
8	北京开发区	8.67	14.61	26.76	17.83
9	昌平区	14.16	5.90	17.11	12.29
10	通州区	14.87	6.05	10.92	10.13
11	天津自贸试验区	6.94	19.18	3.61	10.12
12	顺义区	10.21	7.89	10.86	9.62
13	石景山区	9.37	4.42	12.25	8.68
14	西青区	4.78	9.48	10.31	8.64
15	武清区	6.80	6.95	10.50	8.28
16	保定市	13.41	7.28	5.88	8.26
17	唐山市	13.06	7.85	5.52	8.24
18	邯郸市	12.19	8.59	4.98	8.09
19	大兴区	10.85	3.31	8.05	7.01
20	北辰区	4.55	6.17	8.98	6.85
21	廊坊市	9.84	6.73	4.70	6.72
22	邢台市	10.59	6.45	3.88	6.48
23	沧州市	10.45	6.33	3.89	6.41
24	津南区	3.58	6.51	7.23	6.06
25	秦皇岛市	6.80	4.60	4.72	5.19
26	怀柔区	6.56	4.16	4.70	4.96
27	东丽区	4.45	5.03	4.95	4.85
28	衡水市	7.92	4.72	3.00	4.85
29	密云区	6.07	4.61	3.57	4.57
30	房山区	7.01	2.85	4.29	4.44

续表

序号	市、区	企业实力	企业活力	企业创新力	总测评得分
31	平谷区	6.61	4.45	2.93	4.40
32	张家口市	6.07	4.65	1.63	3.83
33	和平区	4.00	6.50	1.18	3.82
34	南开区	4.03	3.79	3.49	3.73
35	宝坻区	2.28	3.74	4.56	3.70
36	河西区	3.55	5.09	2.45	3.69
37	静海区	3.26	3.82	2.35	3.11
38	承德市	5.01	3.39	1.41	3.03
39	门头沟区	4.28	1.75	3.04	2.88
40	河北区	2.02	2.66	2.93	2.61
41	河东区	2.70	2.78	1.89	2.42
42	延庆区	2.33	2.50	2.02	2.27
43	宁河区	1.35	2.48	1.42	1.79
44	红桥区	1.23	1.82	1.87	1.69
45	蓟州区	1.34	1.98	1.42	1.61

资料来源：根据龙信数据计算所得。

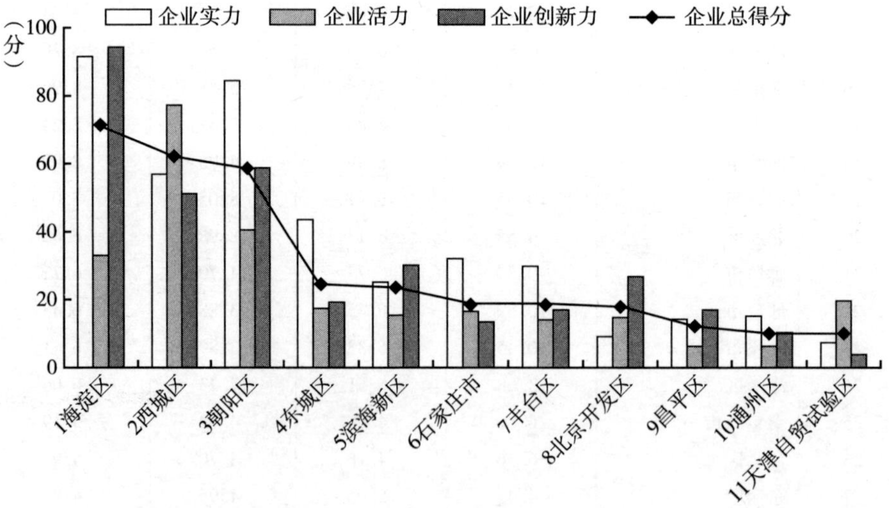

图6-1 2015年京津冀各市、区企业发展测评得分排名（第1~11名）

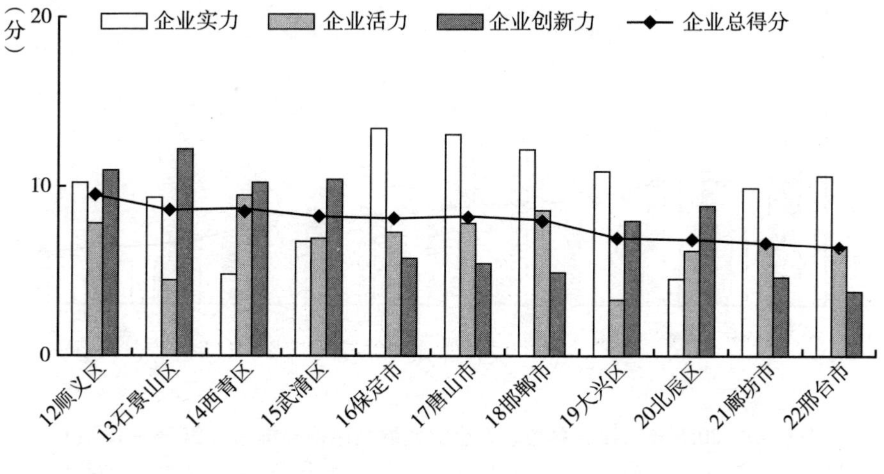

图 6－2　2015 年京津冀各市、区企业发展测评得分排名（第 12～22 名）

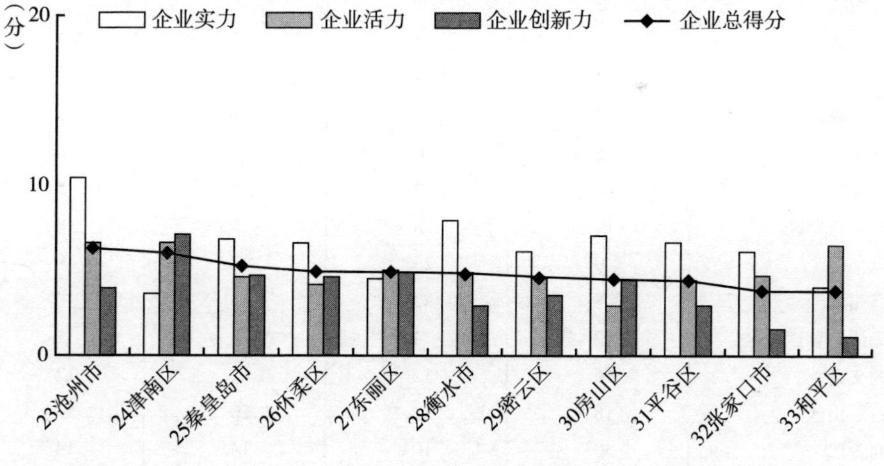

图 6－3　2015 年京津冀各市、区企业发展测评得分排名（第 23～33 名）

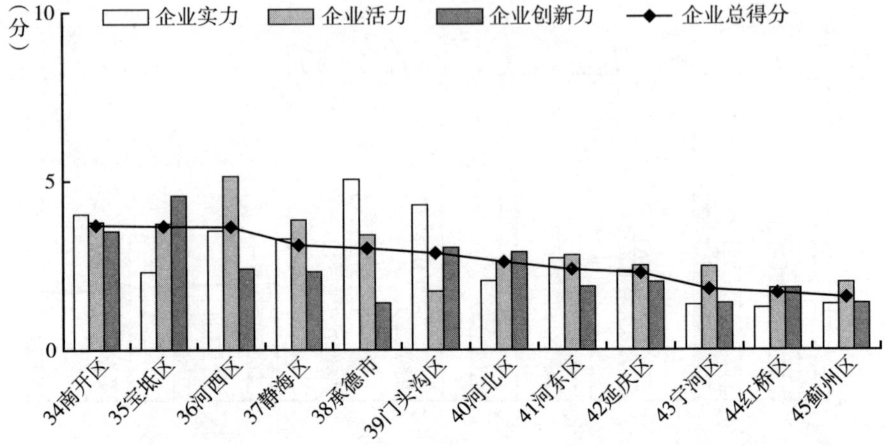

图 6-4　2015 年京津冀各市、区企业发展测评得分排名（第 34~45 名）

表 6-3　2015 年京津冀各市、区企业发展水平排名

市、区	企业实力排名	企业活力排名	企业创新力排名	总测评排名
海淀区	1	3	1	1
西城区	3	1	3	2
朝阳区	2	2	2	3
东城区	4	5	6	4
滨海新区	7	7	4	5
石家庄市	5	6	9	6
丰台区	6	9	8	7
北京开发区	19	8	5	8
昌平区	9	23	7	9
通州区	8	22	11	10
天津自贸试验区	22	4	29	11
顺义区	16	12	12	12
石景山区	18	31	10	13
西青区	30	10	14	14
武清区	24	15	13	15
保定市	10	14	18	16
唐山市	11	13	19	17
邯郸市	12	11	20	18
大兴区	13	37	16	19
北辰区	31	21	15	20

续表

市、区	企业实力排名	企业活力排名	企业创新力排名	总测评排名
廊坊市	17	16	23	21
邢台市	14	19	28	22
沧州市	15	20	27	23
津南区	36	17	17	24
秦皇岛市	23	29	22	25
怀柔区	26	32	24	26
东丽区	32	25	21	27
衡水市	20	26	33	28
密云区	27	28	30	29
房山区	21	38	26	30
平谷区	25	30	34	31
张家口市	28	27	41	32
和平区	35	18	45	33
南开区	34	34	31	34
宝坻区	41	35	25	35
河西区	37	24	36	36
静海区	38	33	37	37
承德市	29	36	44	38
门头沟区	33	45	32	39
河北区	42	40	35	40
河东区	39	39	39	41
延庆区	40	41	38	42
宁河区	43	42	43	43
红桥区	45	44	40	44
蓟州区	44	43	42	45

对综合排名降序排列为海淀区、西城区、朝阳区、东城区、滨海新区、石家庄市、丰台区、北京开发区、昌平区、通州区、天津自贸试验区、顺义区、石景山区、西青区、武清区、保定市、唐山市、邯郸市、大兴区、北辰区、廊坊市、邢台市、沧州市、津南区、秦皇岛市、怀柔区、东丽区、衡水市、密云区、房山区、平谷区、张家口市、和平区、南开区、宝坻区、河西区、静海区、承德市、门头沟区、河北区、河东区、延庆区、宁河区、红桥

区、蓟州区。

1. 从综合排名来看——北京整体实力最强、天津各区县悬殊较大、河北位居中等且企业综合实力逐步提升

从整体来看，排名前3位的海淀区、西城区和朝阳区与其他地区得分差距较大，优势明显，第4位至45位间基本呈平缓递减趋势。在前10名中，北京占8位，前4强都属于北京，分别是海淀区（第1名）、西城区（第2名）、朝阳区（第3名）、东城区（第4名）、丰台区（第7名）、北京开发区（第8名）、昌平区（第9名）、通州区（第10名）；天津占1位，滨海新区（第5名）；河北占1位，石家庄排在第6位。居于中间水平的第16位至25位中：河北占7位，分别是保定市（第16名）、唐山市（第17名）、邯郸市（第18名）、廊坊市（第21名）、邢台市（第22名）、沧州市（第23名）、秦皇岛市（第25名）；天津占2位，分别是北辰区（第20位）、津南区（第24位）；北京占1位，是大兴区（第19位）。在后10位中：天津占7位，分别是蓟州区（倒数第1名）、红桥区（倒数第2名）、宁河区（倒数第3名）、河东区（倒数第5名）、河北区（倒数第6名）、静海区（倒数第9名）、河西区（倒数第10名）；河北占1位，是承德市（倒数第8名）；北京占2位，分别是延庆区（倒数第4名）、门头沟区（倒数第7名）。

2. 从企业实力来看——海淀区最强、红桥区最弱

海淀区企业实力最高，其企业实力指数为91.27，第二名朝阳区为84.08，最后一名是红桥区，仅为1.23。在前10名中：北京占7位，且占据前4名，分别是海淀区（第1名）、朝阳区（第2名）、西城区（第3名）、东城区（第4名）、丰台区（第6名）、通州区（第8名）、昌平区（第9名）；天津仅滨海新区进入前10位，排在第7名；河北占2位，分别是石家庄市（第5名）和保定市（第10名）。在后10名中：天津占9位，分别是红桥区（倒数第1名）、蓟州区（倒数第2名）、宁河区（倒数第3名）、河北区（倒数第4名）、宝坻区（倒数第5名）、河东区（倒数第7名）、静海区（倒数第8名）、河西区（倒数第9名）、津南区（倒数第10名）；北京占1位，是延庆区（倒数第6名）；河北省各个地级市没有落在后10位的。

3. 从企业活力来看——西城区最强、门头沟区最弱

西城区企业活力最高，其活力指数为76.57，第二名为朝阳区（39.87），最后一名是门头沟区，仅为1.75。在前10名中：北京占6位，且占据前3名，分别是西城区（第1名）、朝阳区（第2名）、海淀区（第3名）、东城区（第5名）、北京开发区（第8名）、丰台区（第9名）；天津占3位，分别是天津自贸试验区（第4名）、滨海新区（第7名）、西青区（第10名）；河北仅石家庄市（第6名）进入前10位。在后10名中：天津占5位，分别是红桥区（倒数第2名）、蓟县（倒数第3名）、宁河区（倒数第4名）、河北区（倒数第6名）、河东区（倒数第7名）；北京占4位，分别是门头沟区（倒数第1名）、延庆区（倒数第5名）、房山区（倒数第8名）和大兴区（倒数第9名）；河北省仅承德市（倒数第10名）落在后10名。

4. 从企业创新力来看——海淀区最高，和平区最低

海淀区企业创新力最高，其创新指数为93.81，远远高于第二名的朝阳区（58.64），而最后一名的和平区，其创新指数仅为1.18。在前10名中：北京占8位，且占据前3名，分别是海淀区（第1名）、朝阳区（第2名）、西城区（第3名）、北京开发区（第5名）、东城区（第6名）、昌平区（第7名）、丰台区（第8名）、石景山区（第10名）；天津占1位，滨海新区（第4名）；河北占1位，是石家庄市（第9名）。在后10名中：天津占7位，分别是和平区（倒数第1名）、宁河区（倒数第3名）、蓟州区（倒数第4名）、红桥区（倒数第6名）、河东区（倒数第7名）、静海区（倒数第9名）、河西区（倒数第10名）；河北占2位，分别是承德市（倒数第2名）、张家口市（倒数第5名）；北京占1位，是延庆区（倒数第8名）。

（二）趋势分析

本研究结合构建的评价指标体系，在“企业实力”“企业活力”“企业创新力”三个维度下，各选取两个指标，依照时间序列（2000～2015年）对京津冀地区企业发展的总体情况进行分析和梳理。

1. 从企业实力来看——北京优势明显，其存续企业数量占京津冀地区总量的一半，且企业注册资本总额占地区总量的六成以上

从存续企业数量来看，2000～2015年京津冀三地基本保持快速上升态势，增长水平差异不大，增长率保持在10%～20%，天津相较于北京和河北增长速率稍显缓慢。从地区占比水平和数量变化来看，北京2000年存续企业数量占京津冀地区总量的35.49%，2015年其存续企业数量为1206763家，占京津冀存续企业总量的49.84%，占比上升较大；河北则逐年变化不大，基本维持在30%～35%的占比水平，2015年河北存续企业总量为867353家，占比35.82%；天津相对于北京和河北，虽然存续企业数量保持增长，但占比水平有所下降，2000年天津存续企业数量为115666家，占京津冀地区总量的32.03%，2015年数量增加为347257家，地区占比下降至14.34%。具体见图6－5、图6－6。

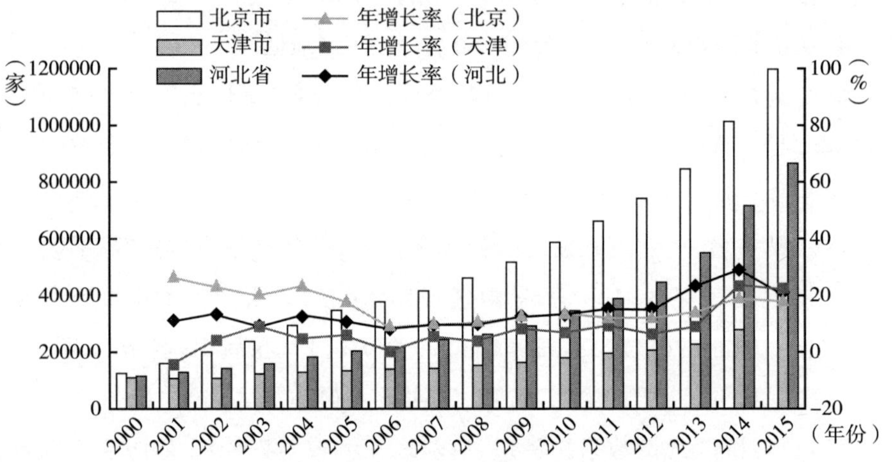

图6－5　2000～2015年京津冀三地存续企业数量变化情况

从企业注册资本总额来看，2000～2015年京津冀三地基本保持稳定的上升态势，增长率维持在10%～15%，2015年北京企业注册资本总额有较大幅度的提升。从地区占比水平和数量变化来看，北京在京津冀地区企业注册资本总额中优势相对突出，2000年其企业注册资本总额为52808.08亿元，占地区总量的66.43%，随后的15年间，虽然北京整体企业注册资本

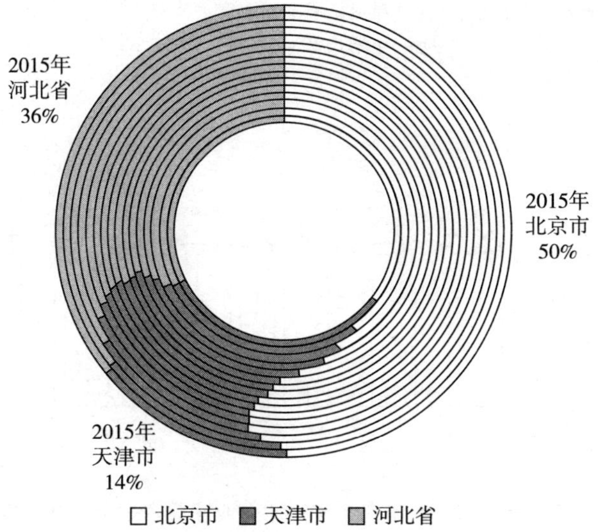

图 6－6　2000～2015 年京津冀三地存续企业数量占比情况
（由内至外为：2000～2015 年）

占比有所波动，但基本水平多维持在 65%～75%，2015 年北京企业注册资本总额为 245146.11 亿元，占比为 70.72%；天津与河北的企业注册资本总额在京津冀地区内的占比大体相当，2000 年天津与河北企业注册资本总额分别为 8833.12 亿元和 17848.24 亿元，占比分别为 11.11% 和 22.45%，2015 年二者分别为 51038.13 亿元和 50465.89 亿元，占比水平变化至 14.72% 和 14.56%。具体见图 6－7、图 6－8。

2. 从企业活力来看——京津冀地区北京企业对外投资额占比达七成以上，现代服务企业数量超过地区总量的一半

从企业对外投资金额来看，2000～2015 年京津冀三地增长水平总体波动较大。从地区占比水平和数量变化来看，北京虽然波动明显，但总体占比水平最高，天津居于第二位，河北相对靠后。2000 年京津冀三地企业对外投资金额分别为 1925.41 亿元、306.96 亿元、59.52 亿元，分别占比 84.01%、13.39%、2.60%，2015 年三地企业对外投资金额分别上升至 21035.00 亿元、453.27 亿元和 1043.24 亿元，占比水平调整至 93.36%、

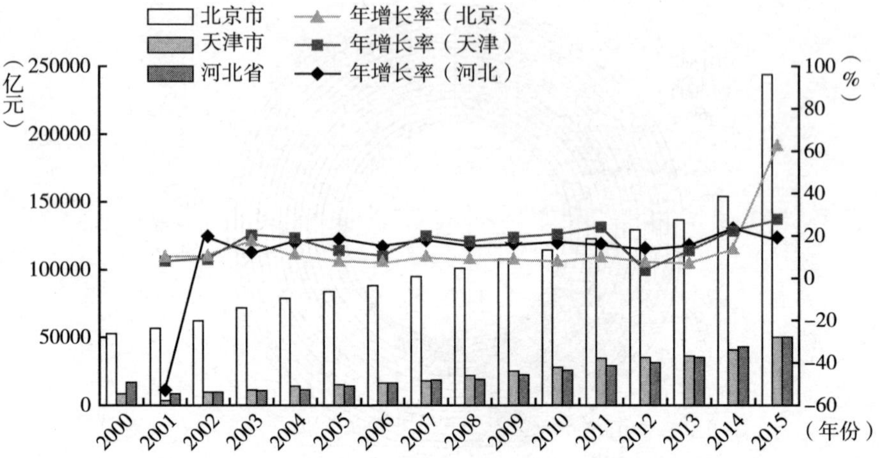

图 6－7　2000～2015 年京津冀三地企业注册资本金额变化情况

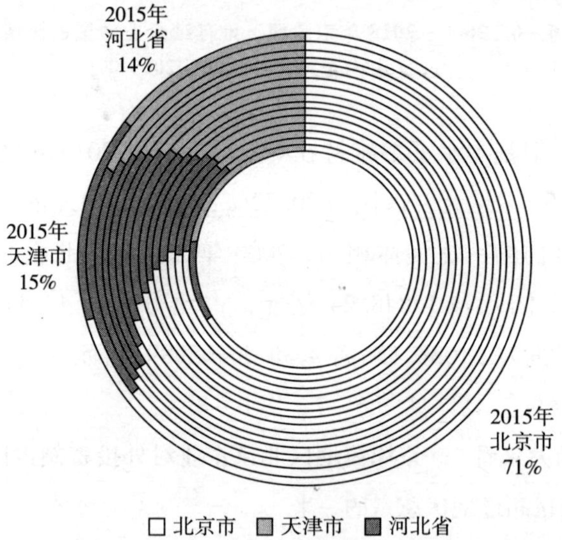

图 6－8　2000～2015 年京津冀三地企业注册资本金额占比情况
（由内至外为：2000～2015 年）

2.01%和 4.63%。2015 年北京企业对外投资金额较 2014 年的 10955.15 亿元有了大幅度的增长，天津则下降幅度较大，2014 年天津和河北的企业对外投资金额分别为 1428.38 亿元和 1032.34 亿元，京津冀三地 2014 年的占比水平分别为 81.66%、10.65%、7.69%。整体来看，2000～2015 年，京津冀三地在企业对外投资方面平均占比分别约为 79%、14%、7%。北京资本的外溢效应显著。具体见图 6－9、图 6－10。

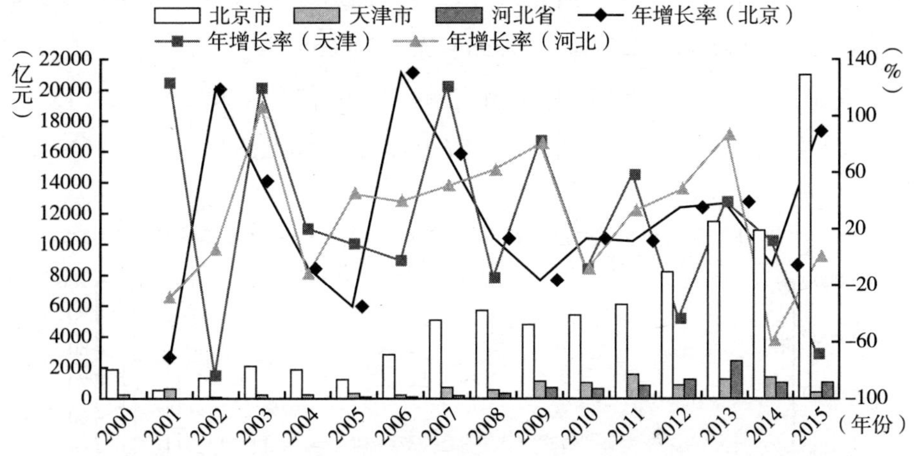

图 6－9　2000～2015 年京津冀三地企业对外投资金额变化情况

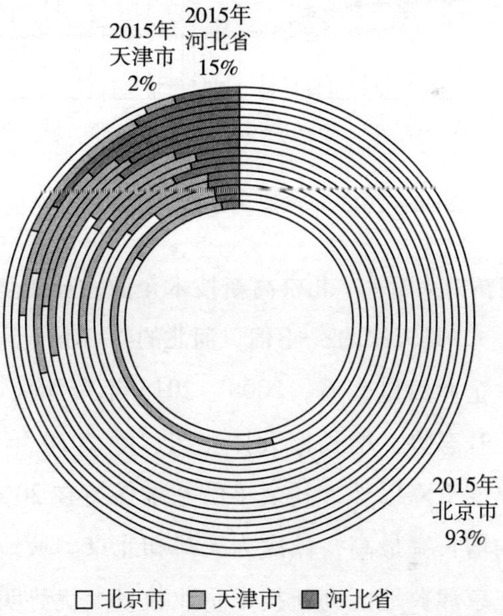

图 6－10　2000～2015 年京津冀三地企业对外投资金额占比情况（由内至外为：2000～2015 年）

从现代服务业企业数量来看，2000～2015年京津冀三地基本保持稳定的上升态势，各年份增长率的平均值均在20%左右。从地区占比水平和数量变化来看，北京拥有的现代服务业企业数量基本占京津冀地区总量的60%左右，天津约为15%，河北约占25%。2015年京津冀三地现代服务业企业数量分别为1112823家、263944家、534058家，分别是其2000年（59535家、16076家、25271家）水平的18.69倍、16.42倍和21.13倍，占比水平分别为58.34%、13.81%、27.95%。具体见图6－11、图6－12。

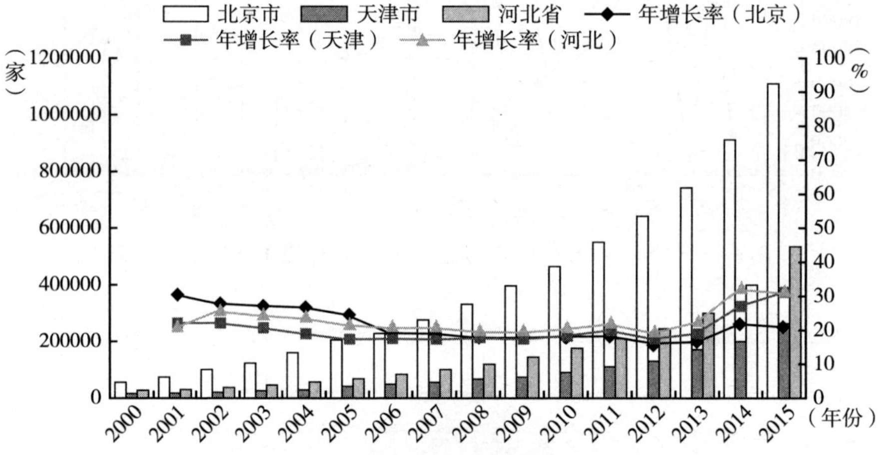

图6－11　2000～2015年京津冀三地现代服务业企业数量变化情况

3. 从企业创新力来看——北京高新技术企业占比优势突出，新增专利数量方面北京排名第一，是天津的2～3倍，河北的4～5倍

从高新技术企业数量来看，2008～2015年京津冀三地的变化趋势基本一致，均保持上升态势，增长率大体相当，除2010年三地高新技术企业增长率都有较大幅度下降以外，其余年份基本保持在20%～30%的增长水平，且河北地区平均增长率最高，其次为天津和北京。从地区占比水平和数量变化来看，北京在京津冀地区高新技术企业数量上优势明显，占比水平基本稳定在80%左右，2015年北京高新技术企业数量为13531家，是2008年2152家的6.3倍，地区占比为77.13%，天津2015年拥有2460家高新技术企业，

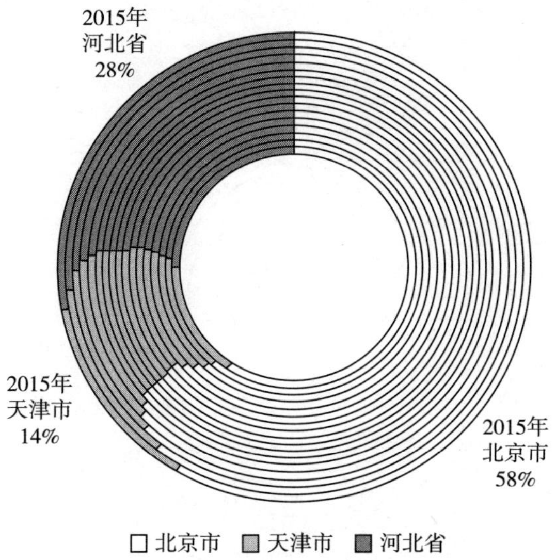

图 6-12　2000~2015 年京津冀三地现代服务业企业数量占比情况（由内至外为：2000~2015 年）

是 2008 年 394 家的 6.2 倍，地区占比为 14.02%，河北 2015 年高新技术企业数量为 1551 家，是 2008 年 152 家的 10.2 倍，地区占比为 8.84%。具体见图 6-13、图 6-14。

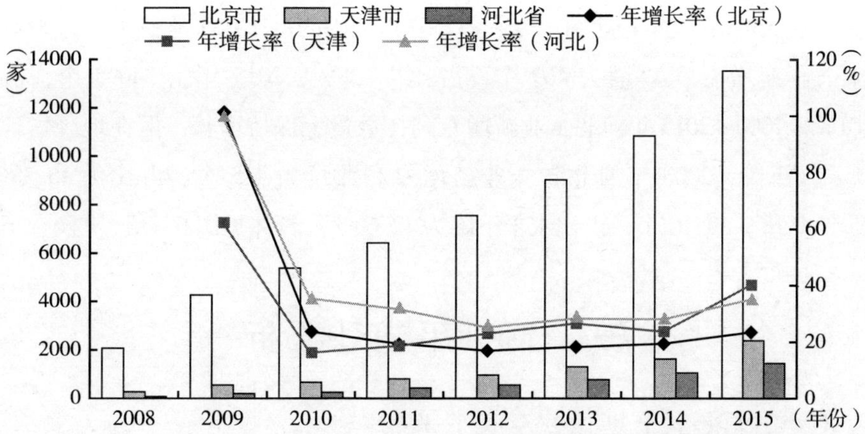

图 6-13　2008~2015 年京津冀三地高新技术企业数量变化情况

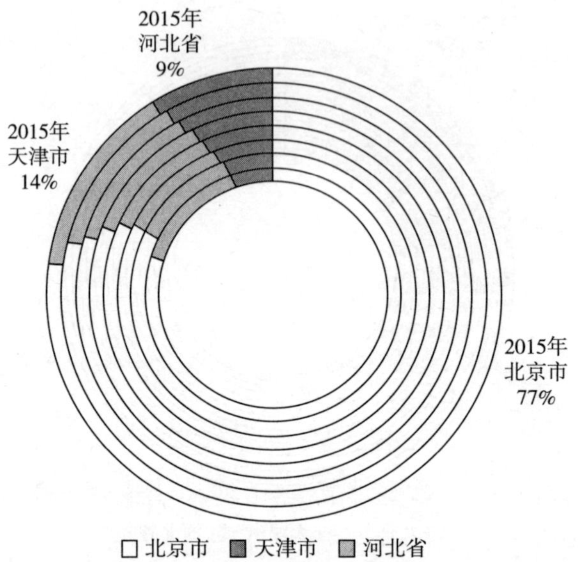

图 6－14　2008～2015 年京津冀三地高新技术企业数量占比情况（由内至外为：2008～2015 年）

从企业新增专利数量来看，2000～2015 年京津冀三地年增长率总体波动较大，但大体上保持上升趋势。从地区占比水平和数量变化来看，北京企业新增专利数量在京津冀地区占比最高，基本在 65% 左右，2000 年北京企业新增专利数量为 1814 个，占比为 67.23%，2015 年增加至 101302 个，占比水平为 65.39%。天津 2015 年企业新增专利数量在地区内的占比水平略有上升，2000 年天津企业新增专利数量为 469 个，占比 17.38%，2015 年为 34093 个，占比 22.01%。2000～2015 年河北企业新增专利在数量上保持增长，但在地区占比水平上有所下降，2000 年河北省企业新增专利数量为 415 个，占比为 15.38%，2015 年上升至 19516 个，占比水平下降为 12.60%。具体见图 6－15、图 6－16。

三　行业水平与区域分析

（一）京津冀三地行业发展水平

当前京津冀协同发展已经进入重点突破、抓好落实的关键阶段。以非首

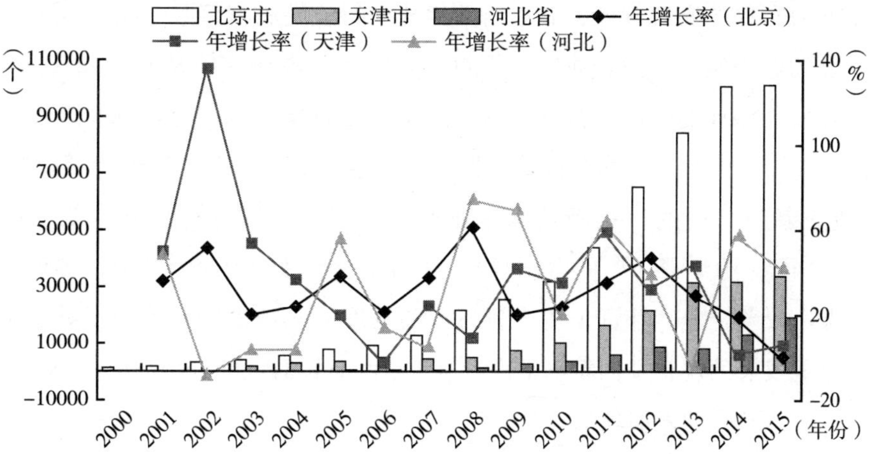

图 6－15　2000～2015 年京津冀三地企业新增专利数量变化情况

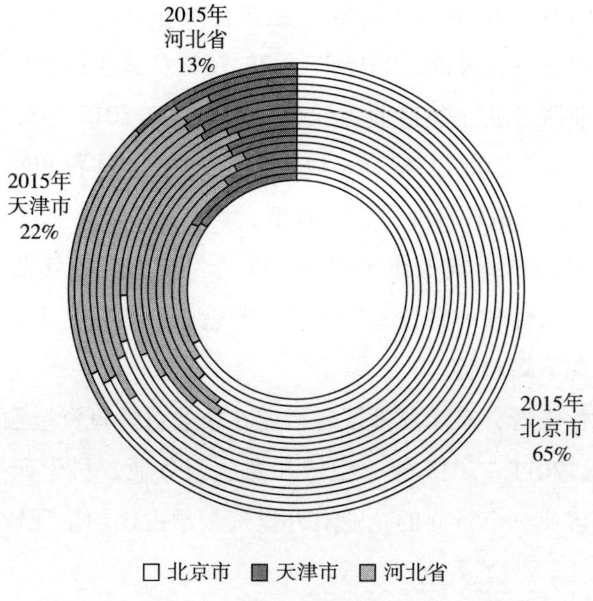

图 6－16　2000～2015 年京津冀三地企业新增专利数量占比情况

（由内至外为：2000～2015 年）

都核心功能疏解为核心，通过产业转移升级、结构优化，京津冀地区将打造出若干个世界级的产业集群。从区域经济主体的角度出发，产业发展将着眼于生产力布局的宏观领域，其由行业组成；行业发展将着眼于企业或组织生产产品的微观领域，由企业或组织组成。因此，本研究将从行业角度出发，在企业发展测评的框架体系下，综合指标权重及指标含义等多方面因素选取“企业实力”中的“存续企业数量”、“企业活力”中的“对外投资金额”、“企业创新力”中的“高新技术企业数量”和“新增专利数量”四个指标中18个行业（A—R）① 的占比情况，并结合企业发展环境，将京津冀地区国有企业、民营企业、外资企业中各行业的发展情况纳入研究范围，对京津冀地区企业发展的现状及创新水平进行有重点和有针对性的分析与梳理。

1. 京津冀行业发展现状

（1）从存续企业数量占比来看——批发和零售业、科学研究和技术服务业、租赁和商业服务业、制造业四大行业排名靠前

2011～2015年，京津冀地区各行业在存续企业总量中占比变化不大，其中批发和零售业占比最高，2015年为28.75%；其次科学研究和技术服务业、租赁和商业服务业、制造业占比也相对较高，2015年分别为17.51%、13.67%、10.17%。除此以外，农林牧渔业，文化、体育和娱乐业，建筑业占比在5%左右，其他各行业则占比较低，均不足3%（见图6－17）。

（2）从对外投资金额占比来看——电力、热力、燃气及水生产和供应业，信息传输、软件和信息技术服务业，制造业三个行业上升明显，租赁和商业服务业呈现下降趋势

从整体变化来看，京津冀地区各行业在企业对外投资金额中的占比近年来有一定波动。2011～2015年，租赁和商业服务业、科学研究和技术服务业、批发和零售业三个行业的企业对外投资金额占比均呈现较为明显的下降

① 行业分类依照国家统计局颁布的《国民经济行业分类（GB/T 4754－2011）》，具体分类为A：农、林、牧、渔业；B：采矿业；C：制造业；D：电力、热力、燃气及水生产和供应业；E：建筑业；F：批发和零售业；G：交通运输、仓储和邮政业；H：住宿和餐饮业；I：信息传输、软件和信息技术服务业；J：金融业；K：房地产业；L：租赁和商业服务业；M：科学研究和技术服务业；N：水利、环境和公共设施管理业；O：居民服务、修理和其他服务业；P：教育；Q：卫生和社会工作；R：文化、体育和娱乐业；S：公共管理、社会保障和社会组织；T：国际组织（由于S和T行业相对特殊且涉及企业数量较少，因此在分析过程中将其舍弃）。

趋势，分别由 2011 年的 37.39%、14.61%、11.01% 下降至 2015 年的 19.73%、2.51%、2.42%。同时，2015 年电力、热力、燃气及水生产和供应业，信息、传输软件和信息技术服务业，制造业三个行业企业对外投资金额增长较快、占比较高，分别为 24.66%、23.28%、18.68%。其余各行业则占比不高，2015 年均不超过 5%，且绝大多数低于 1%（见图 6－17）。

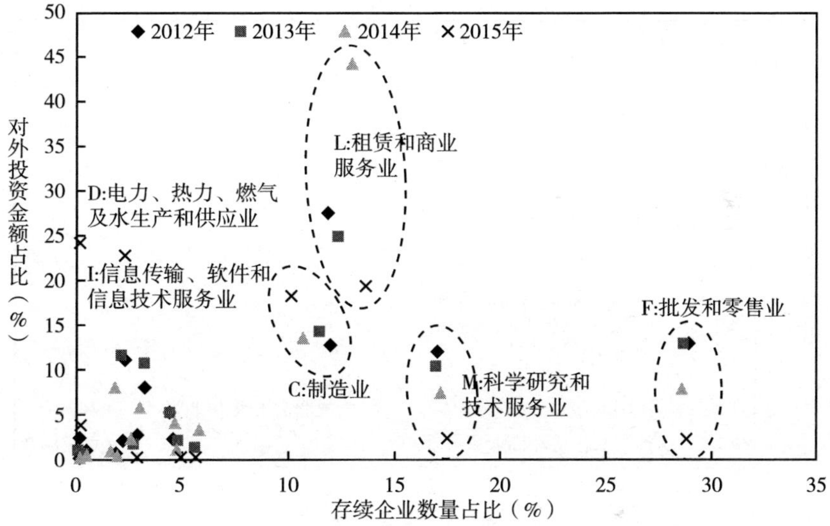

图 6－17　2012～2015 年京津冀地区各行业总体对外投资及存续企业占比情况

（3）从国有企业发展来看——金融业、批发和零售业两个行业占比最高，制造业，电力、热力、燃气及水生产和供应业，科学研究和技术服务业三个行业新增专利占比排名靠前

从变化趋势来看，2011～2015 年整体来看，京津冀地区国有企业中各行业发展格局基本稳定，随时间波动不大。从企业数量占比来看，京津冀地区国有企业中金融业、批发和零售业两个行业占比排在前两位，2015 年分别为 28.20%、22.37%，其次为租赁和商业服务业、科学研究和技术服务业、制造业，2015 年占比分别为 8.42%、7.59%、6.12%，同时，建筑业，信息传输、软件和信息技术服务业，交通运输、仓储和邮政业三个行业在京津冀国有企业总量占比中基本处于 5% 左右，其余各行业占比则在 3% 以下。

从企业新增专利数量来看，京津冀地区国有企业中，制造业，电力、热力、燃气及水生产和供应业，科学研究和技术服务业三个行业占比排在前三位，2015 年占比分别为 35.77%、29.60%、14.79%，除此以外，国有企业中租赁和商业服务业新增专利占比也达到 6% 左右，其余各行业则接近 3%，且大多数不足 1%（见图 6－18）。

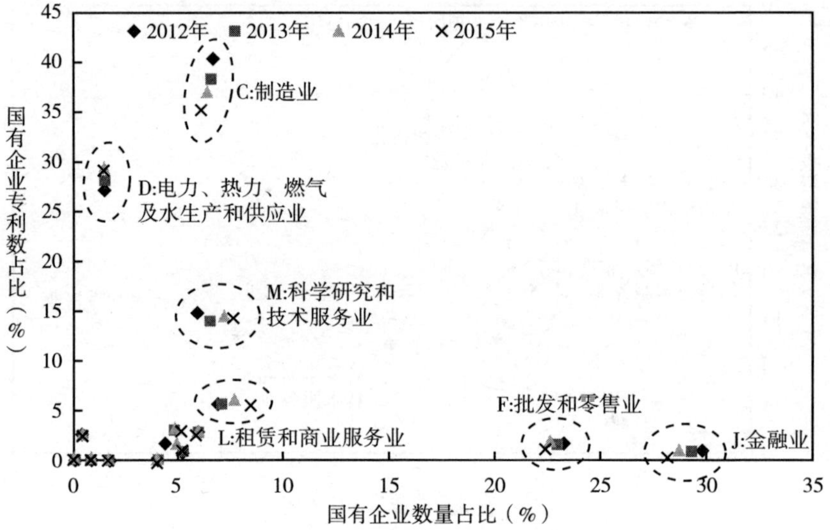

图 6－18　2012～2015 年京津冀地区国有企业中各行业企业数量和新增专利占比情况

（4）从民营企业发展来看——批发和零售业、科学研究和技术服务业、租赁和商业服务业、制造业四个行业在企业数量占比中排名靠前，科学研究和技术服务业，制造业，电力、热力、燃气及水生产和供应业三个行业在企业新增专利方面居于前三位

从变化趋势来看，2011～2015 年，京津冀地区民营企业中除电力、热力、燃气及水生产和供应业新增专利数量上升趋势明显以外，其余各行业在企业数量和新增专利上的波动都不十分显著。从企业数量占比来看，京津冀地区民营企业中批发和零售业、科学研究和技术服务业、租赁和商业服务业、制造业四个行业排名靠前，且租赁和商业服务业占比逐年有所提升，而制造业占比

则有所下降，2015 年这四个行业占地区民营企业总量的比例分别为 29.07%、17.61%、13.54%、10.05%，除此以外，农林牧渔业，文化、体育和娱乐业，建筑业三个行业占比水平相当，均在 5% 左右，其余各行业在民营企业中的占比则不足 3%。从企业新增专利数量来看，京津冀地区科学研究和技术服务业，制造业，电力、热力、燃气及水生产和供应业三个行业排名前三位，其中电力、热力、燃气及水生产和供应业的新增专利数量占比逐年上升，而科学研究和技术服务业、制造业则略有下降，2015 年三个行业新增专利占比分别为 39.66%、29.68%、12.98%，其余各行业除批发和零售业，信息传输、软件和信息技术服务业，建筑业三个行业占比在 4% 左右以外，均低于 2%（见图 6－19）。

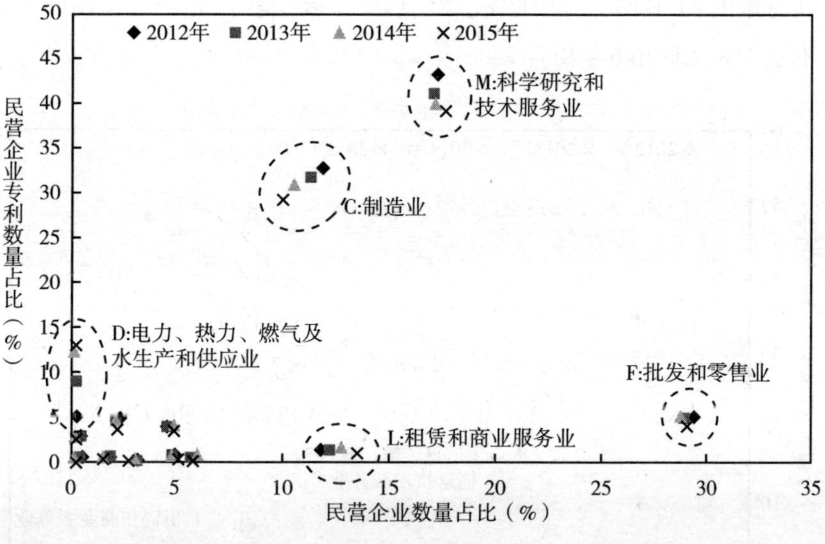

图 6－19　2012～2015 年京津冀地区民营企业中各行业企业数量和新增专利占比情况

（5）从外资企业发展来看——租赁和商业服务业、制造业、科学研究和技术服务业在企业数量占比中排名前三位，制造业，科学研究和技术服务业，信息传输、软件和信息技术服务业三个行业在企业新增专利方面占比较高

从变化趋势来看，2011～2015 年京津冀地区外资企业中，制造业在企业数量占比和新增专利占比方面都呈现下降趋势，科学研究和技术服务业在企业数量占比上有所提升，信息传输、软件和信息技术服务业在新增专利占

比方面有一定增长，其他行业则波动不大。从企业数量占比来看，京津冀地区外资企业主要分布在租赁和商业服务业，制造业，科学研究和技术服务业，批发和零售业，信息传输、软件和信息技术服务业五大行业，其2015年占比分别为：25.40%、20.49%、18.41%、13.37%、8.44%，其余各行业则占比水平较低，部分行业占比接近2%，多数处于1%以下水平。从企业新增专利数量来看，京津冀地区外资企业中制造业，科学研究和技术服务业，信息传输、软件和信息技术服务业三个行业的新增专利占比居前三位，其中制造业、科学研究和技术服务业占比有所下降，而信息传输、软件和信息技术服务业则占比逐年上升，2015年这三个行业分别占地区外资企业新增专利总量的41.07%、29.00%、25.14%，其余各行业则占比均低于2%，多数不足1%（见图6-20）。

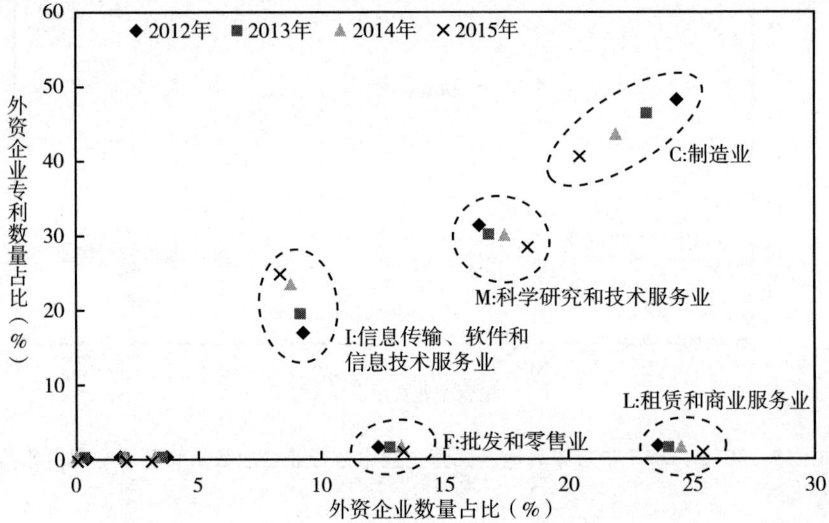

图6-20　2012~2015年京津冀地区外资企业中各行业企业数量和新增专利占比情况

2. 北京行业发展现状

（1）从存续企业数量占比来看——科学研究和技术服务业、批发和零售业、租赁和商业服务业、文化体育和娱乐业四大行业排名靠前

2011～2015年，北京地区科学研究和技术服务业、批发和零售业两个行业的存续企业数量占比分别居前两位，且不同年份变化不大，水平相当，各约占25%。租赁和商业服务业位居第三，呈逐年递增趋势，占比在15%～19%。文化、体育和娱乐业处在第四位，各年份占比均在8%左右。其他行业在北京的占比都相对较低，基本都不足3%（见图6－21）。

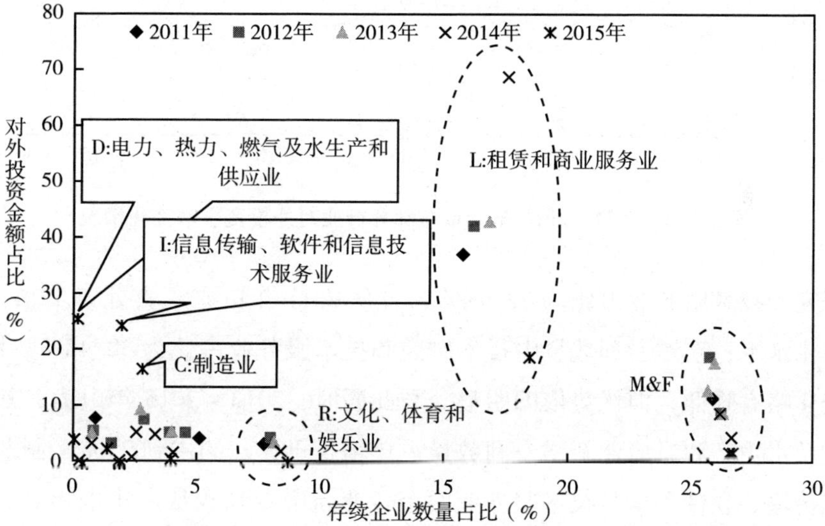

图6－21　2011～2015年北京市各行业对外投资及存续企业占比情况

（2）从对外投资金额占比来看——租赁和商业服务业表现突出

2011～2014年租赁和商业服务业成为北京地区对外投资金额占比最高的行业，且占比逐年递增，2014年达到68.54%。从图6－21中可以看出，2015年电力、热力、燃气及水生产和供应业，信息传输、软件和信息技术服务业，制造业3个行业的对外投资金额增幅较大，占比分别达26.34%、24.89%、17.21%，租赁和商业服务业占比下降至19.76%。

（3）从高新技术企业数量占比和新增专利数量占比来看——科学研究和技术服务业优势明显

从整体来看，北京科学研究和技术服务业在高新技术企业数量和新增专利数量两项上的占比均最高，优势突出。2015年，北京高新技术企业中科

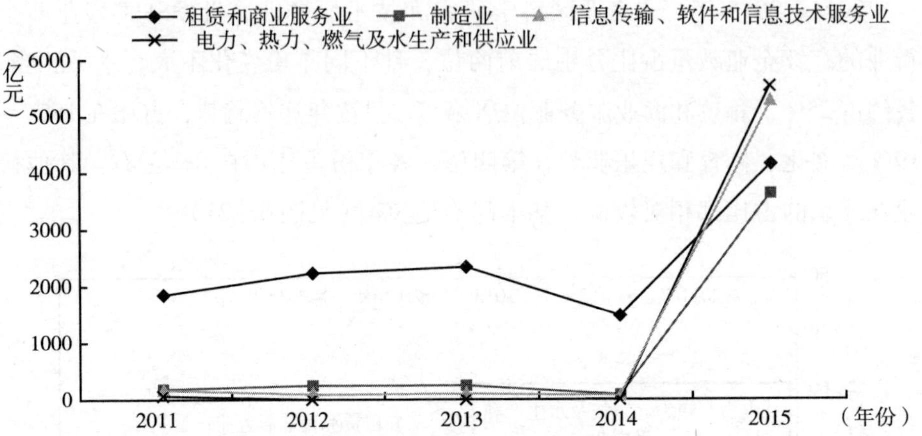

图 6-22　2011~2015 年北京市部分行业对外投资金额变化情况

学研究和技术服务业占比为 72.41%，且从 2011 年以来一直处于 72% 左右的占比水平；新增专利数量中科学研究和技术服务业占比为 38.48%，随年份变化略有降低，但优势依旧明显。与此同时，2013~2015 年电力、热力、燃气及水生产和供应业新增专利数量占比增长迅速，约占到 25%，制造业，信息传输、软件和信息技术服务业两个行业新增专利数量占比也相对较高，2011~2015 年二者分别平均约占 18% 和 10%，但制造业近年来呈现逐步递减的趋势（见图 6-23）。

（4）从国有、民营、外资企业占比来看——国有企业中金融业占比最高，民营企业中批发和零售业与科学研究和技术服务业占比靠前，外资企业中租赁和商业服务业占比最高，企业总量中民营企业占比提升而国有企业占比下降

2011~2015 年，北京国有、民营、外资企业中各行业的占比整体趋势变化不大。国有企业中，金融业占比最为突出，2015 年达 36.30%，其次为批发和零售业、租赁和商业服务业，分别占 14.88% 和 13.74%，其余各行业占比都不足 6%。民营企业中，批发和零售业、科学研究和技术服务业二者旗鼓相当，均在 26% 左右，租赁和商业服务业占比也相对较高，2015 年占比达到 18.15%，其余除文化体育和娱乐业占比约达到 9% 以外，

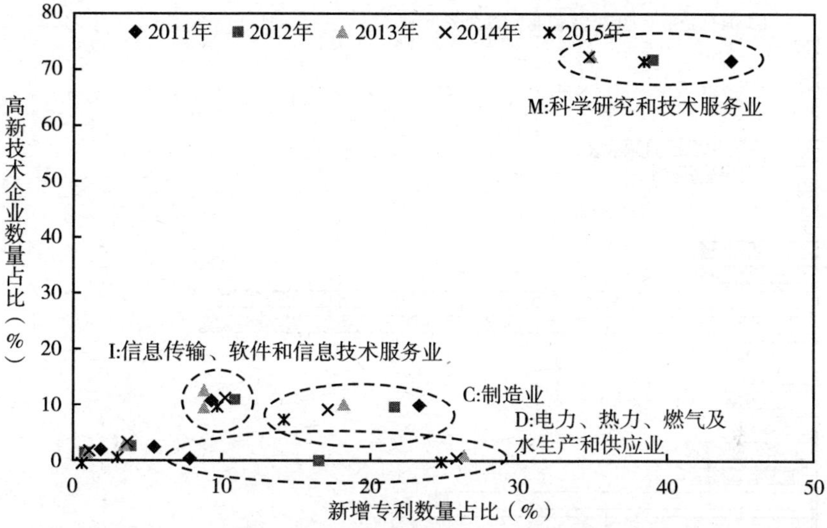

图 6－23　2011～2015 年北京市各行业高新技术企业数量及新增专利数量占比情况

各行业占比均低于4%。外资企业中，租赁和商业服务业、科学研究和技术服务业、批发和零售业、制造业与信息传输、软件和信息技术服务业 5 个行业占据前五位，2015 年 5 个行业的占比分别为 33.36%、24.51%、13.40%、8.75%、7.37%，其余各行业占比都在 3%以下。地区企业总量中，北京民营企业占比最高，国有企业逐年下降趋势明显。2000～2015 年，北京市民营企业占比由 2000 年的 67.65%逐年上升至 2015 年的 97.89%，国有企业占比则从 2000 年的 28.90%下降至 2015 年的 0.2%，而外资企业占比虽有一些下降，但波动不大，占比在 2%～4%（见图 6－24、图 6－25）。

（5）小结——科学研究和技术服务业实力雄厚，服务业整体发展水平较高

上述分析中所选取的指标分别来自“企业实力”、“企业活力”和“企业创新力”三个维度，因此综合来看北京的科学研究和技术服务业实力雄

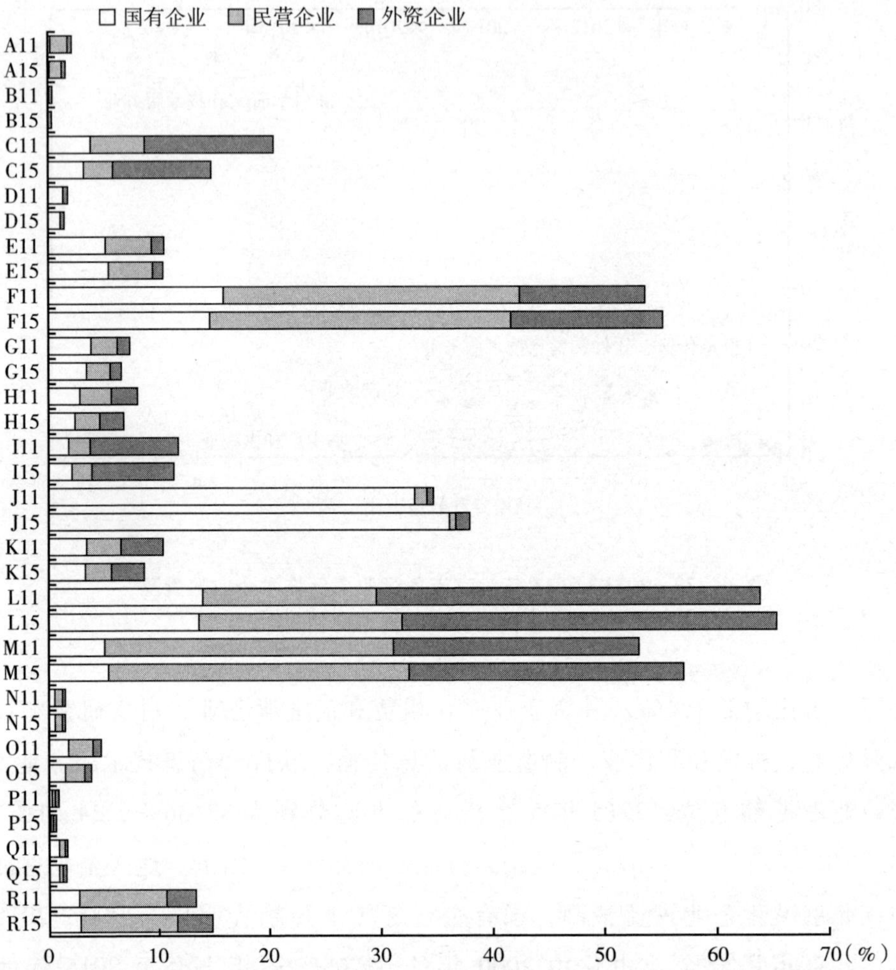

图 6-24　2011 年、2015 年北京市各行业国有、民营及外资企业占比情况*

注：A：农、林、牧、渔业；B：采矿业；C：制造业；D：电力、热力、燃气及水生产和供应业；E：建筑业；F：批发和零售业；G：交通运输、仓储和邮政业；H：住宿和餐饮业；I：信息传输、软件和信息技术服务业；J：金融业；K：房地产业；L：租赁和商业服务业；M：科学研究和技术服务业；N：水利、环境和公共设施管理业；O：居民服务、修理和其他服务业；P：教育；Q：卫生和社会工作；R：文化、体育和娱乐业。

图中 A-R 分别代表行业，详见注释，标注“11”和“15”分别代表 2011 年和 2015 年，例如：A11 表示农、林、牧、渔业 2011 年的数据。

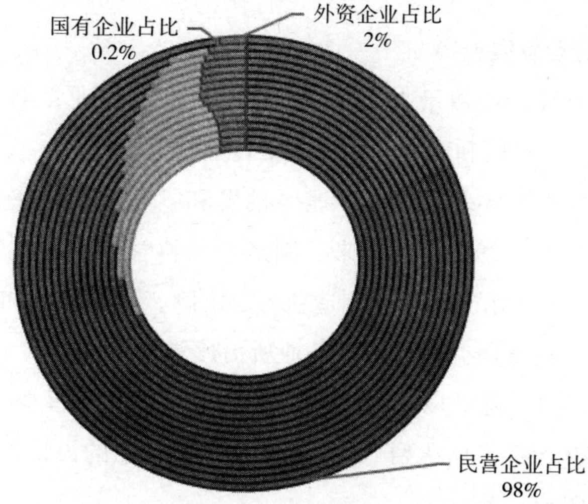

图6-25　2000~2015年北京市国有、民营、外资企业占比情况
(由内至外为:2000~2015年)

厚,除企业活力相对弱于租赁和商业服务业以外,在实力与创新力方面优势明显。租赁和商业服务业在企业实力与活力两方面相对突出,而创新力不足,整体发展较好。除此以外,电力、热力、燃气及水生产和供应业,制造业,信息传输、软件和信息技术服务业,近年来创新能力和对外投资金额占比均增长较快,发展势头较好。在存续企业数量中,文化、体育和娱乐业占比不小,未来具有较大的发展潜力。

在存续企业方面,北京科学研究和技术服务业占比最高,对北京打造全国科技创新中心提供了很好的支撑;批发和零售业占比较高,非首都功能疏解任务仍然艰巨;租赁和商业服务业、文化体育和娱乐业两大行业实力雄厚,为北京未来现代服务业发展打下了良好的基础。在企业对外投资方面,电力、热力、燃气及水生产和供应业增长较快,体现了京津冀协同发展基础设施先行;制造业对外投资增加,说明北京对外疏解力度加大;信息传输、软件和信息技术服务业总体进入成熟期,对外输出加快。在企业创新方面,北京科学研究和技术服务业优势显著,在基础设施建设领域近年来创新能力提升较快。

3. 天津行业发展现状

（1）从存续企业数量占比来看——批发和零售业、制造业、科学研究和技术服务业、租赁和商业服务业4个行业排名靠前

从存续企业数量来看，天津地区批发和零售业占比最高，2011～2015年变化不大，约为29%。近年来，制造业与科学研究和技术服务业二者变化趋势相反，占比水平相当，制造业占比下降，科学研究和技术服务业占比上升，2015年科学研究和技术服务业所占比重（17.26%）超过制造业所占比重（14.86%）。除此以外，租赁和商业服务业占比呈逐年递增趋势，排在第4位，2015年占比达到10.80%。其余各行业的占比均在6%以下，相对较低（见图6－26）。

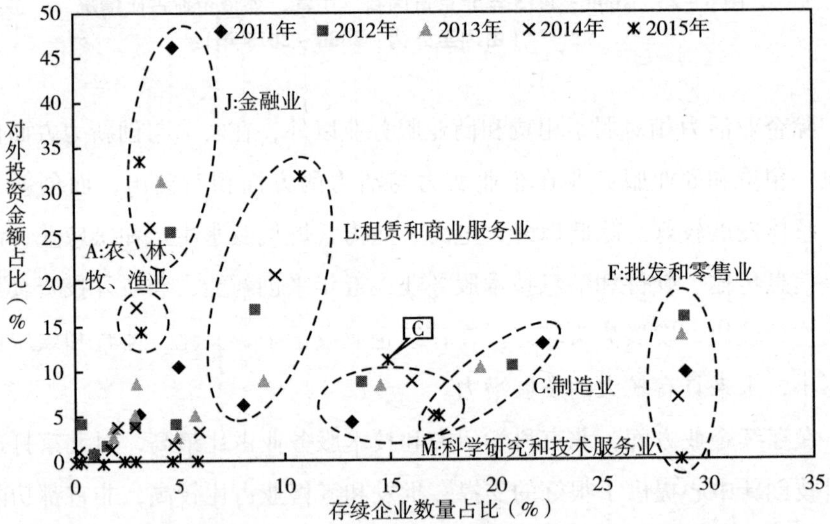

图6－26　2011～2015年天津市各行业对外投资金额及存续企业数量占比情况

（2）从对外投资金额占比来看——金融业与租赁和商业服务业表现突出，农、林、牧、渔业有所上升，制造业与批发和零售业近年下降较快

从水平来看，天津地区金融业对外投资金额占比最高，2015年占比为33.91%，与排在第2位的租赁和商业服务业（32.14%）相差不大，租赁

和商业服务业近年来对外投资力度一直呈加大趋势，与金融业的差距正在逐步缩小。从2014年开始，农林牧渔业对外投资金额扩大，跃升至第3位，2015年占比达14.74%。制造业、批发和零售业则均呈现递减趋势，分别从2011年的12.96%和9.63%降至2015年的11.34%和0.43%，批发和零售业降幅巨大。其他行业整体变化不大，且占比水平较低（见图6-26）。

（3）从高新技术企业数量占比和新增专利数量占比来看——制造业与科学研究和技术服务业优势明显

与北京不同，天津在高新技术企业数量占比和新增专利数量占比两项上除科学研究和技术服务业表现突出以外，制造业优势更为明显，但从纵向变化趋势来看，科学研究和技术服务业在新增专利数量上呈现递增趋势，而制造业则逐年递减。且除上述两个行业以外，其他行业的创新能力都相对不高。突出反映出天津制造业实力雄厚，科学研究和技术服务业创新水平也相对突出，为天津打造全国先进制造研发基地，并向创新驱动发展模式转变打下了良好的基础（见图6-27）。

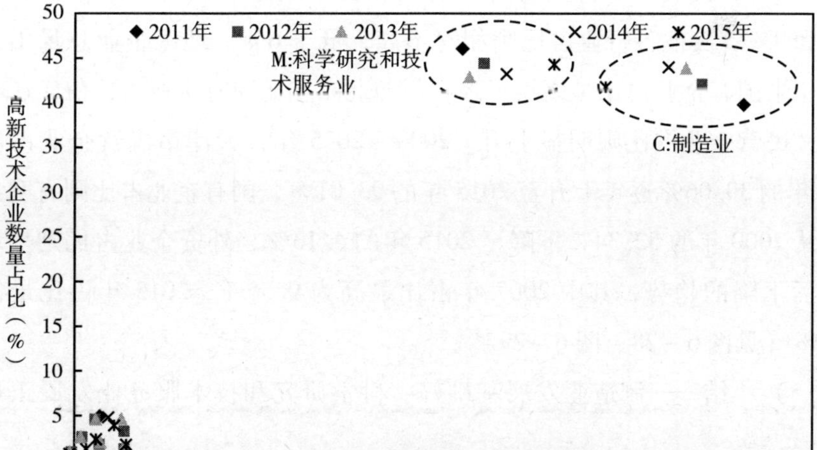

图6-27　2011~2015年天津市各行业高新技术企业数量及新增专利数量占比情况

（4）从国有、民营、外资企业占比来看——国有企业和民营企业中批发和零售业均占比最高，外资企业中制造业占比最高，企业总量中国有企业占比下降，民营企业占比上升，达到近九成

2011～2015 年天津国有、民营、外资企业中各行业，除制造业、金融业与科学研究和技术服务业波动较为明显以外，其他行业变化不大。国有企业中，2015 年批发和零售业占比最高，达 23.67%，金融业与科学研究和技术服务业位列第 2 和第 3，占比分别为 18.44% 和 11.83%，租赁和商业服务业（9.23%）、制造业（8.42%）、建筑业（7.85%）水平相当，略高于其他行业。民营企业中，批发和零售业同样占比最高，2015 年达到 29.42%，制造业与科学研究和技术服务业处于第二梯队，从纵向变化趋势来看，民营企业中制造业 2015 年占比水平（14.44%）明显低于 2011 年（21.82%），科学研究和技术服务业则由 2011 年占比 13.68% 上升至 2015 年的 17.68%，其余各行业除租赁和商业服务业占比在 8%～10% 以外，占比均不足 6%。外资企业中，制造业占比最高，但其 2015 年 37.64% 的占比水平明显低于 2011 年的 50.33%，租赁和商业服务业则从 2011 年的 5.91% 上升至 2015 年的 16.09%，批发和零售业与科学研究和技术服务业较为稳定，分别约占 16% 和 9%，其他各行业占比则相对不高，低于 6%。地区企业总量中，天津近年来国有企业占比虽逐年下降，但与北京相比国有企业占比份额还相对较高，民营企业占比则明显上升。2000～2015 年，天津市民营企业占比由 2000 年的 39.06% 逐年上升至 2015 年的 93.01%，国有企业占比则有明显下降，从 2000 年的 52.34% 下降至 2015 年的 4.13%，外资企业占比则呈现先上升后下降的趋势，其中 2007 年占比最高为 9.55%，2015 年占比最低为 2.86%（见图 6－28、图 6－29）。

（5）小结——制造业发展基础好，科学研究和技术服务业发展正逐步提升

2011～2015 年，天津部分行业的波动较为明显，尤其是制造业，其在选取的“存续企业数量”“对外投资金额”“新增专利数量”等指标上排名都较为靠前，但均呈现递减趋势，科学研究和技术服务业则在“存续企业数量”

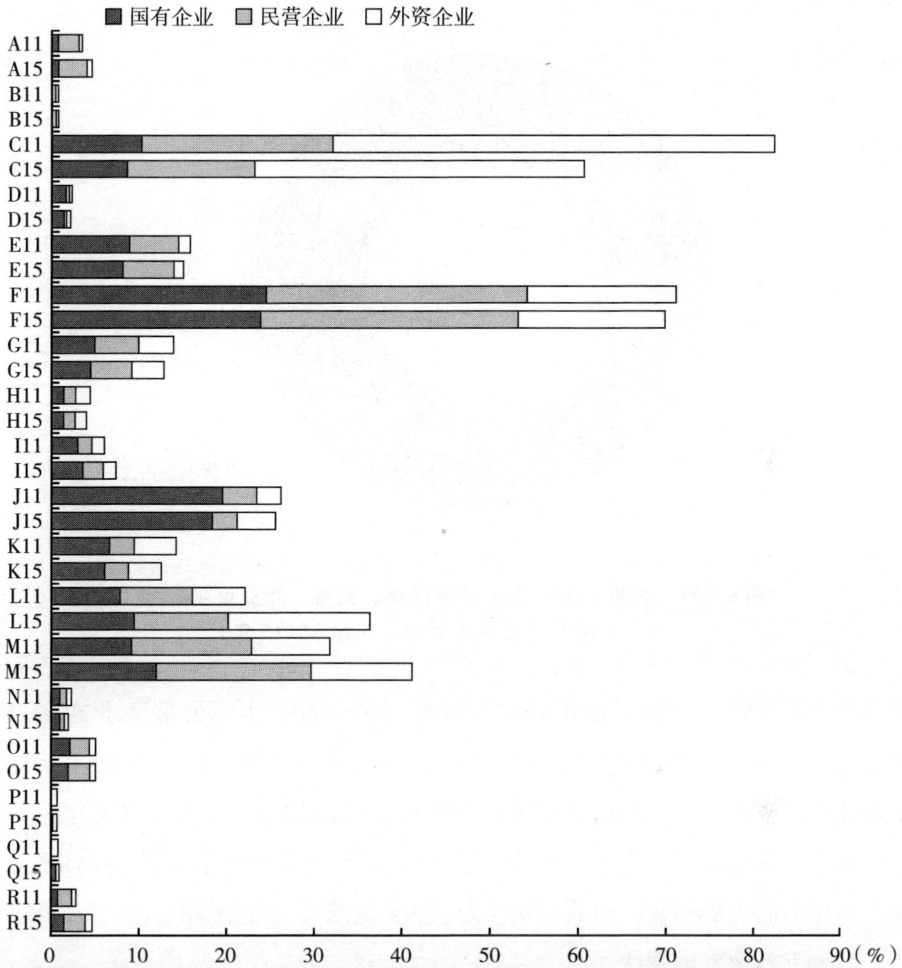

图 6－28　2011 年及 2015 年天津市各行业国有、民营及外资企业占比情况*

注：A：农、林、牧、渔业；B：采矿业；C：制造业；D：电力、热力、燃气及水生产和供应业；E：建筑业；F：批发和零售业；G：交通运输、仓储和邮政业；H：住宿和餐饮业；I：信息传输、软件和信息技术服务业；J：金融业；K：房地产业；L：租赁和商业服务业；M：科学研究和技术服务业；N：水利、环境和公共设施管理业；O：居民服务、修理和其他服务业；P：教育；Q：卫生和社会工作；R：文化、体育和娱乐业。

图中 A－R 分别代表行业，详见注释，标注“11”和“15”分别代表 2011 年和 2015 年，例如：A11 表示农、林、牧、渔业 2011 年的数据。

和“新增专利数量”部分指标上逐年递增。同时金融业、租赁和商业服务业、批发和零售业在天津地区也具有一定的实力和发展潜力，且各年份波动较为

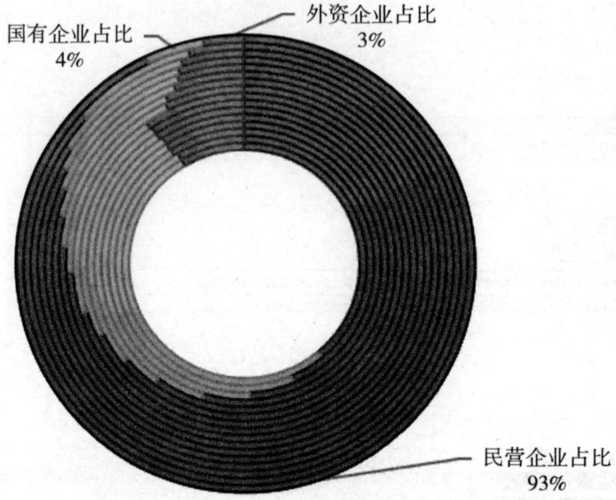

图 6-29　2000～2015 年天津市国有、民营、外资企业占比情况（由内至外为：2000～2015 年）

明显。由此反映出天津目前正处在工业化后期阶段，生产性服务业在提升，其正逐步向创新驱动模式转变，产业转型升级成为天津地区发展的主旋律。在地区存续企业方面，制造业与批发和零售业比较优势在丧失，和北京一样，同样面临着疏解外迁。在企业创新能力方面，与北京相比，天津在制造、研发、转化方面优势明显，而北京则主要应发挥创新中心的职能。

4. 河北行业发展现状

（1）从存续企业数量占比来看——批发和零售业、制造业、农林牧渔业、租赁和商业服务业 4 个行业排名靠前

2011～2015 年，河北省存续企业中批发和零售业占比最高，约为 32%。制造业占比排名第 2，在占比上呈下降态势，从 2011 年的 22.51% 降至 2015 年的 18.59%。农林牧渔业、租赁和商业服务业两大行业则呈现上升态势，2015 年占比分别达到 13.02% 和 8.20%。其余各行业则占比较低，除建筑业（2015 年为 5.64%）、科学研究和技术服务业（2015 年为 4.66%）以外，均不足 3%（见图 6-30）。

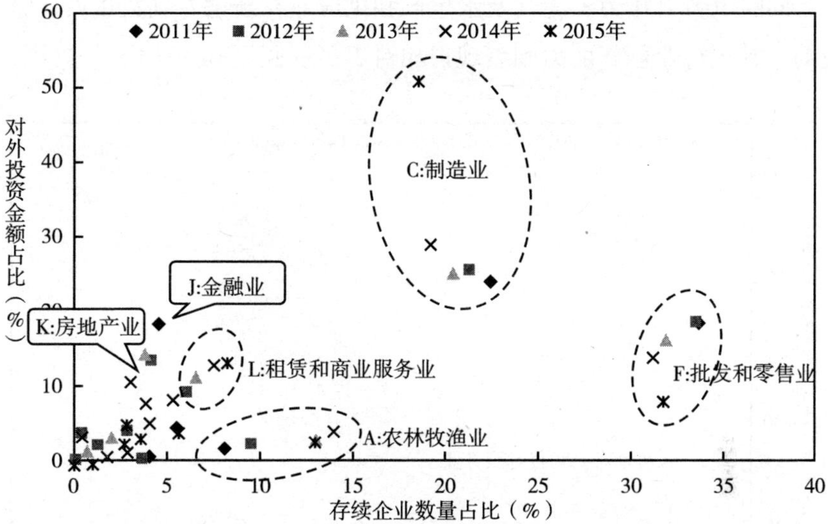

图 6-30　2011～2015 年河北省各行业对外投资金额及存续企业数量占比情况

（2）从对外投资金额占比来看——制造业表现突出，租赁和商业服务业呈现上升趋势，批发和零售业、金融业与房地产业近年下降较快

从整体来看，河北省制造业对外投资金额增长速度最快，且占比最高，在 2015 年占比超过一半，达到 51.41%。租赁和商业服务业占比同样随年份递增，由 2011 年的 4.43% 上升至 2015 年的 13.74%。批发和零售业、金融业与房地产下降趋势明显，分别从 2011 年的 18.36%、18.25% 和 14.25% 降至 2015 年的 8.45%、5.17% 和 3.48%。其余各行业则占比较低，除建筑业各年份占比在 6% 左右以外，均低于 5%（见图 6-30）。

（3）从高新技术企业数量占比和新增专利数量占比来看——制造业优势明显，科学研究和技术服务业水平不高，但在逐步提升

在涉及地区创新能力的高新技术企业数量占比和新增专利数量占比方面，河北与北京、天津差距较大，其制造业表现尤为突出，而科学研究和技术服务业则落后较大。2011～2015 年，制造业在高新技术企业数量占比和新增专利数量占比方面虽有所下降，但是优势仍十分明显，基本占到 55%～80%。科学研究和技术服务业的占比近年来提升较快，在 2015 年接近

20%。同时电力、热力、燃气及水生产和供应业在新增专利数量占比方面略有波动，其他行业创新能力则表现得相对不足（见图6-31）。

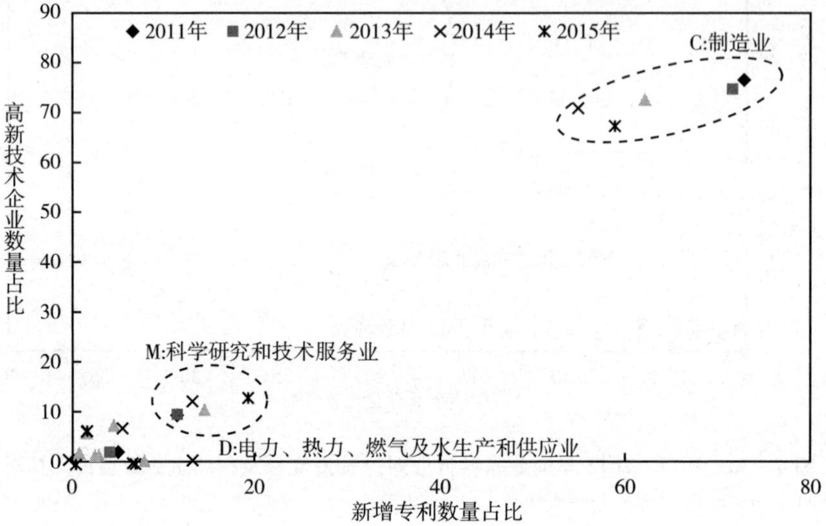

图6-31　2011~2015年河北省各行业高新技术企业数量及新增专利数量占比情况

（4）从国有、民营、外资企业占比来看——国有企业中金融业占比最高，民营企业中批发和零售业占比最高，外资企业中制造业占比最高，企业总量中民营企业占比最高，增长迅速

2011~2015年，河北省国有企业、民营企业与外资企业中部分行业占比呈现较大变动。国有企业中，金融业、批发和零售业占比最高，但2015年占比均较2011年有所下降，金融业由2011年的44.48%下降至2015年的41.51%，批发和零售业由23.79%下降至22.33%；其次信息传输、软件和信息技术服务业占比近年来有所提升，2015年占比排在第3位达8.50%，其他行业占比均在6%以下。民营企业中，批发和零售业占比最高，2011年至2015年略有下降，平均约占总体的1/3；其次制造业占比虽有一定程度的下降，但也相对较高，2015年达到18.63%；农林牧渔业与租赁和商业服务业则近年来有所提升，分别从2011年的8.40%和3.35%上升到2015年的13.21%和5.69%，其他行业则占比不高也变化不大。外资企业中，2015年制

造业、信息传输软件和信息技术服务业占比虽均较2011年有所下降，但仍居前两位，分别达到43.01%和29.38%；批发和零售业与租赁和商业服务业则有所上升，2015年占比分别为5.95%和4.83%，其他行业占比均相对较低。地区企业总量中，河北省国有企业占比下降趋势明显，民营企业占比大幅提升。2011年河北省国有企业占比为62.32%，民营企业占比为36.15%，外资企业占比为1.53%，2015年河北省民营企业占比为98.45%，国有企业占比为1.04%，外资企业占比为0.51%（见图6－32、图6－33）。

（5）小结——制造业较为强势，批发和零售业与农林牧渔业具有一定实力，科学研究和技术服务业创新能力有待提升

从整体来看，制造业是目前河北企业发展相对强势的行业，不论是在实力、活力，还是创新能力方面在省内都较为突出。同时批发和零售业与农林牧渔业近年来存续企业数量占比较高，尤其是批发和零售业，在河北省内实力较强，具有一定的发展基础。而科学研究和技术服务业在河北省内处于弱势，且水平不高，离创新驱动发展要求还有较大距离。在地区存续企业方面，河北的优势集中于劳动密集型和资源密集型产业；农林牧渔业占比上升，农业正逐步走向规模化和现代化经营；制造业和批发零售业具有一定优势，京津应向河北进行疏解。从企业创新能力来看，河北整体科学研究和技术服务业创新水平不高，处于工业化中后期，从行业看制造业优势突出。

（二）京津冀部分地区各个行业创新力分析

创新是区域或企业竞争的较高阶段，随着新一轮产业革命和科技革命的兴起，新技术、新产业、新业态、新经济层出不穷，科技与经济社会融合发展的趋势逐步加深。科技创新已成为促进区域经济发展和加快经济转型升级的主要驱动力，是形成区域核心竞争力和财富积累的重要源泉，也是摆脱经济复苏乏力和拓展发展新边界的必然选择，这些都正在逐渐改变世界发展格局。企业是区域及国家创新的主力军，企业科技创新已成为引领国际经济社会及科技进步的核心力量。对于京津冀地区而言，迫切需要加快创新、增加技术供给、释放新动力和激发新活力，推进经济提质增效和转型升级。基于

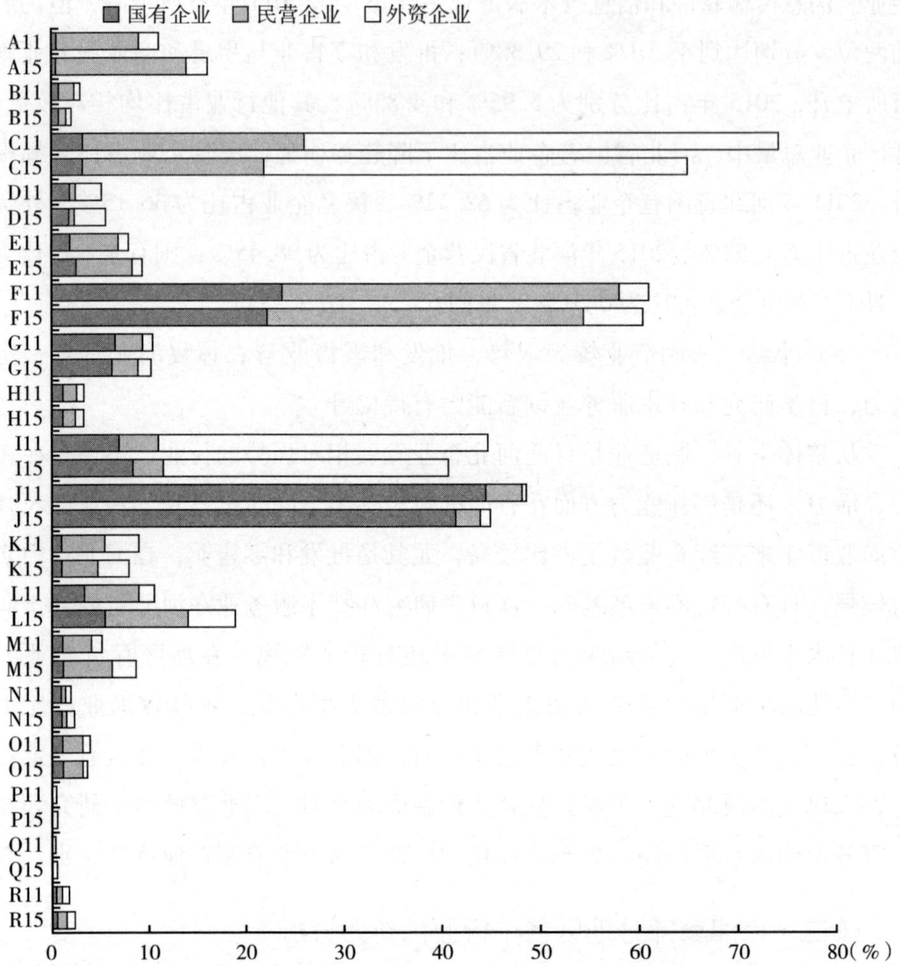

图 6－32　2011 年及 2015 年河北省各行业国有、民营及外资企业占比情况*

注：A：农、林、牧、渔业；B：采矿业；C：制造业；D：电力、热力、燃气及水生产和供应业；E：建筑业；F：批发和零售业；G：交通运输、仓储和邮政业；H：住宿和餐饮业；I：信息传输、软件和信息技术服务业；J：金融业；K：房地产业；L：租赁和商业服务业；M：科学研究和技术服务业；N：水利、环境和公共设施管理业；O：居民服务、修理和其他服务业；P：教育；Q：卫生和社会工作；R：文化、体育和娱乐业。

图中 A－R 分别代表行业，详见注释，标注“11”和“15”分别代表 2011 年和 2015 年，例如：A11 表示农、林、牧、渔业 2011 年的数据。

此，本研究从行业分析的角度出发，结合《京津冀发展报告（2016）——协同发展指数研究》以及本研究的相关研究成果，选取京津冀地区企业创新

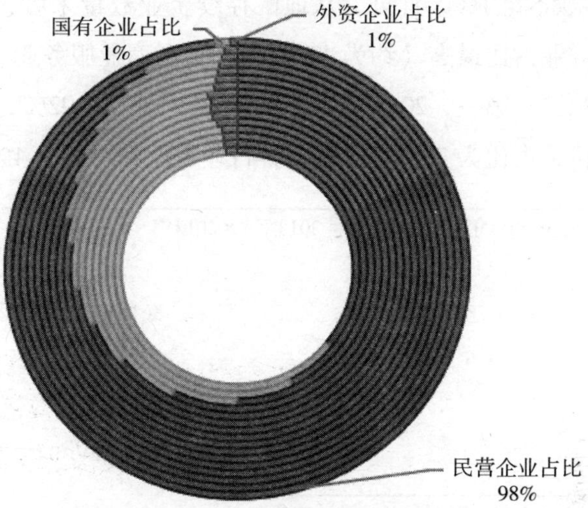

图 6－33　2000～2015 年河北省国有、民营、外资企业占比情况（由内至外为：2000～2015 年）

能力较高的 9 个地区（海淀区、朝阳区、西城区、丰台区、东城区、北京开发区、昌平区、滨海新区和石家庄市），以高新技术企业数量为重点，结合存续企业数量、新增专利数量，对其企业发展水平及创新能力进行评价。

1. 重点地区各行业创新水平

（1）海淀区——科学研究和技术服务业在高新技术企业数量、新增专利数量、存续企业数量三方面中均排在首位，信息传输、软件和信息技术服务业在新增专利数量方面有优势，租赁和商业服务业、批发和零售业、文化体育和娱乐业在地区存续企业中占较大比例

从高新技术企业占比情况来看，2011～2015 年，海淀区科学研究和技术服务业优势明显，约占地区全部高新技术企业数量的 80%；其次为信息传输、软件和信息技术服务业，占比在 13%～14%，其余各行业占比相对较低，基本都不足 2%。同时，海淀区高新技术企业中占比较高的科学研究和技术服务业与信息传输、软件和信息技术服务业，在新增专利数量方面也排名前两位，2015 年分别约为 63.80% 和 23.57%，其他各行业占比均低于

5%，且大多数不足1%。此外，从地区存续企业数量来看，海淀区内科学研究和技术服务业占比最高（约为42%），租赁和商业服务业、批发和零售业两大行业分列第二、第三，2015 年分别为18.57%和17.92%，文化体育和娱乐业排在第四位，占比为7.66%，其余各行业占比则均低于4%（见图6－34）。

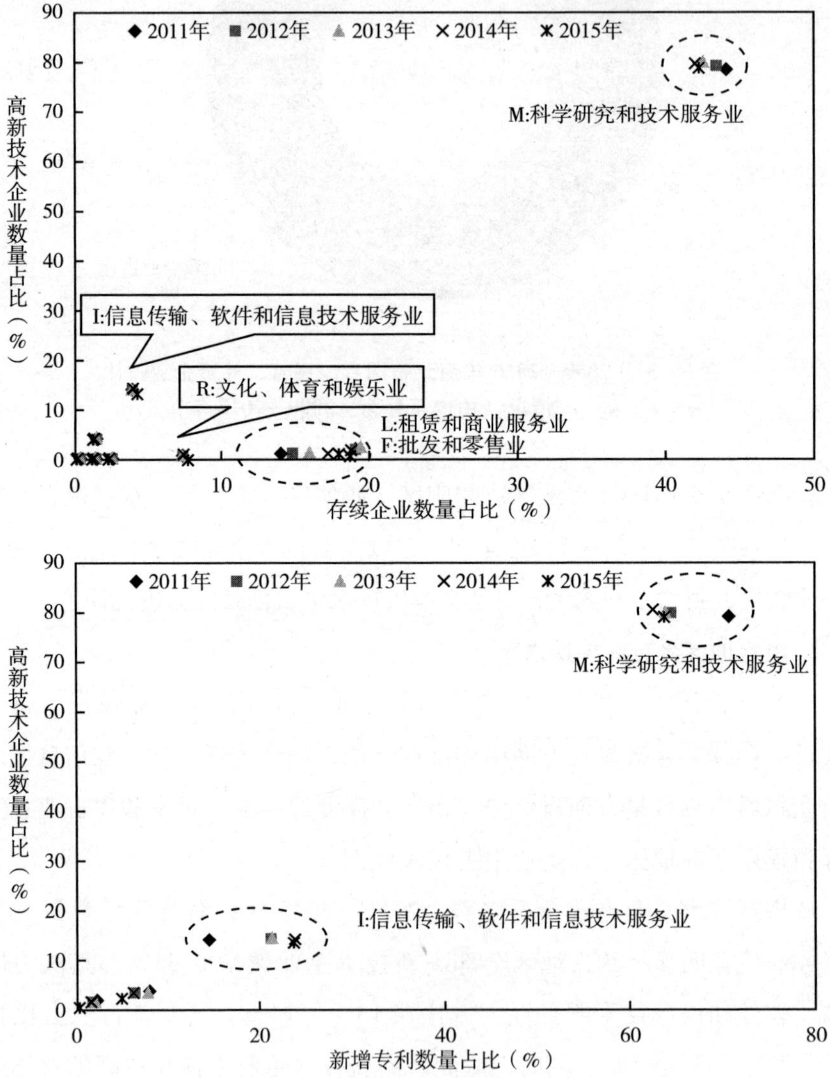

图6－34　海淀区各行业创新水平

（2）朝阳区——科学研究和技术服务业在高新技术企业中占比最高，制造业在新增专利数量中占比最大，批发和零售业、租赁和商业服务业、科学研究和技术服务业、文化体育和娱乐业在地区存续企业中排名前四位

从高新技术企业占比情况来看，朝阳区科学研究和技术服务业，信息传输、软件和信息技术服务业占比排在前两位，2011～2015 年分别在63%～66%和 13%～15%，其余各行业占比相对较低，与海淀区的情况基本类似。但从新增专利数量来看，朝阳区则在制造业方面具有较大的优势，2011～2014 年，制造业在新增专利数量方面占该地区的 55%左右，2015 年则有较为明显的下降，占比达 43.73%，仍旧排名第一；其次为科学研究和技术服务业，信息传输、软件和信息技术服务业，2015 年占比分别为 28.86%和 11.77%；除建筑业与批发和零售业占比在 5%左右以外，其余各行业在该地区的新增专利数量中占比均不足 2%。从地区存续企业数量来看，批发和零售业、租赁和商业服务业、科学研究和技术服务业与文化体育和娱乐业四大产业居于前四位，2015 年的占比分别为：26.42%、24.08%、22.25%、11.87%，其余各行业占比均在 2%以下（见图 6－35）。

（3）西城区——科学研究和技术服务业在高新技术企业中占比最高，

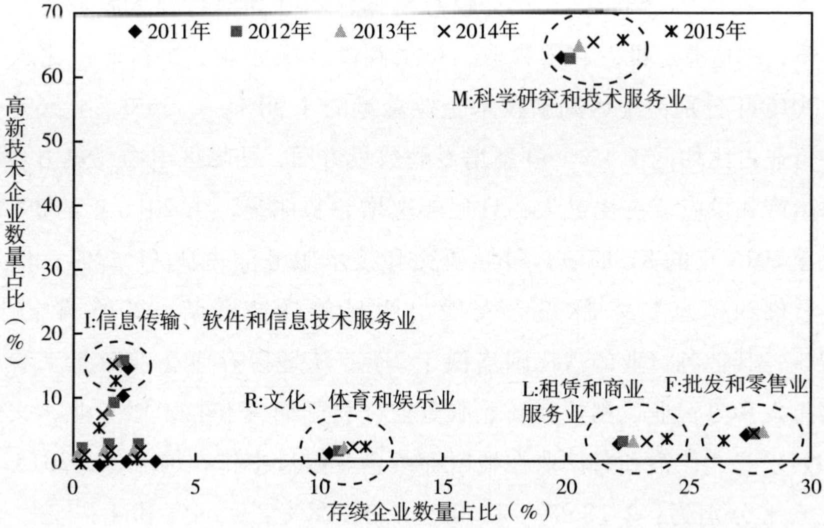

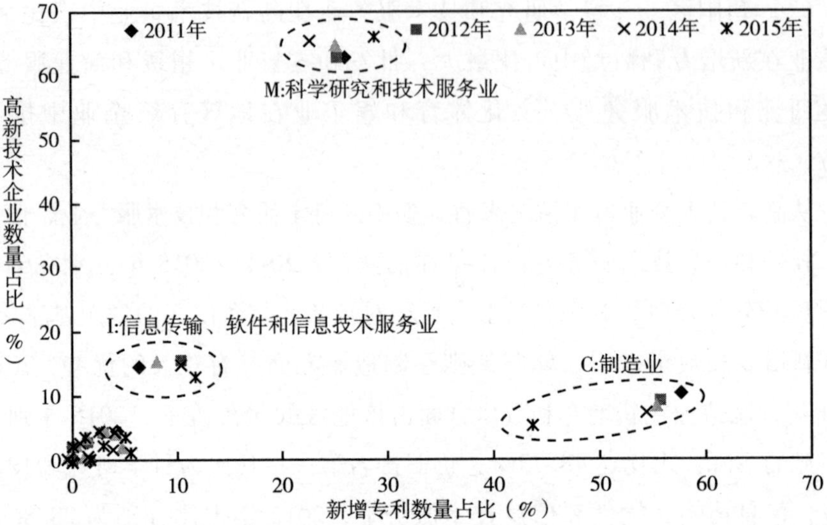

图 6－35　朝阳区各行业创新水平

电力、热力、燃气及水生产和供应业在新增专利数量中占比最大，批发和零售业、租赁和商业服务业、科学研究和技术服务业在地区存续企业中排名靠前

从高新技术企业占比来看，西城区科学研究和技术服务业优势明显，2015 年占比达 71.58%；其次为信息传输、软件和信息技术服务业，约占 7.68%；制造业、批发和零售业、租赁和商业服务业三个行业占比水平接近，2015 年分别占地区高新技术企业总量的 4.98%、4.36%、4.36%；其余各行业占比均低于 3%。在新增专利数量方面，西城区电力、热力、燃气及水生产和供应业占比最大，且逐年递增趋势明显，由 2011 年的 39.24% 上升至 2015 年的 81.87%；科学研究和技术服务业占比 11.29%；信息传输、软件和信息技术服务业表现出明显的递减趋势，2015 年占比为 2.27%；其他各行业的占比则均低于 2%。从地区存续企业数量来看，西城区批发和零售业、租赁和商业服务业、科学研究和技术服务业、文化体育和娱乐业、住宿和餐饮业在地区存续企业数量中排在前五位，2015 年的占比水平分别为：27.86%、22.05%、21.28%、9.84% 和 4.77%，其他

各行业占比则在3%以下。值得注意的是，西城区聚集了大量的金融机构总部，但是其整体金融业的创新能力表现不佳，2011～2015年在高新技术企业总量中占比均不足1%，在0.5%～0.8%之间，而新增专利数量也基本在1%左右（见图6－36）。

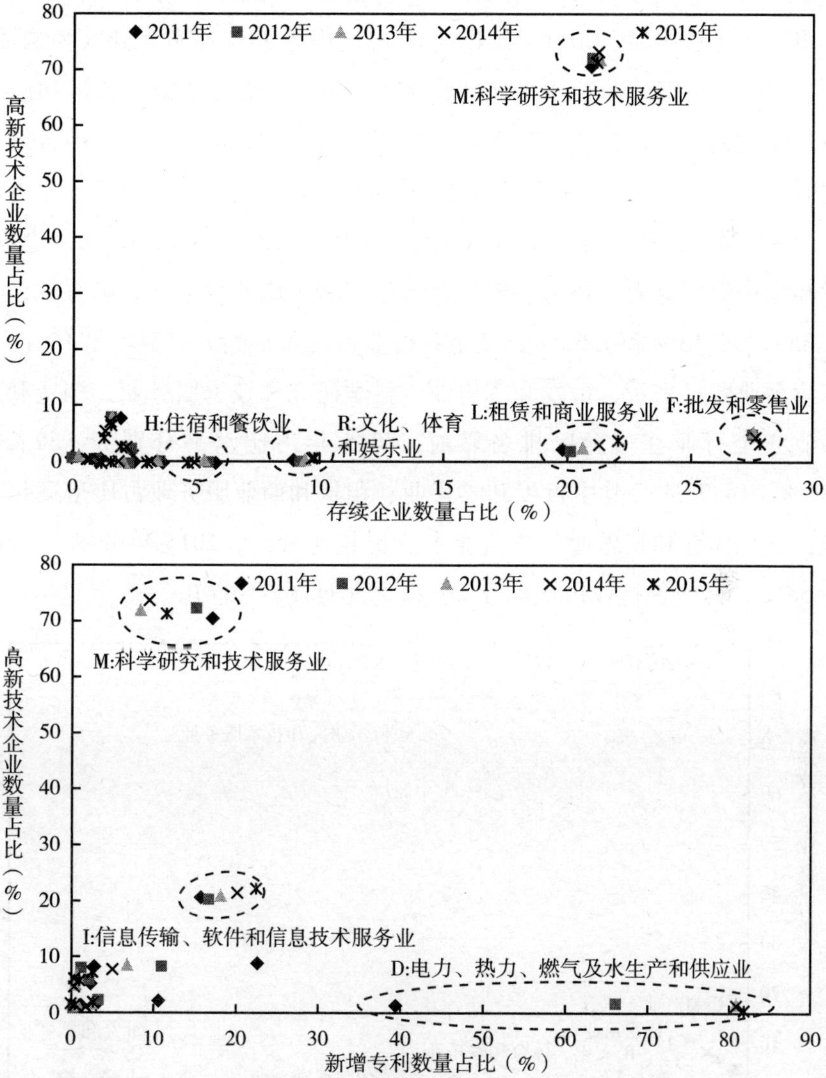

图6－36　西城区各行业创新水平

（4）丰台区——科学研究和技术服务业在高新技术企业和新增专利数量中均占比最高，制造业的新增专利数量占比优势明显，批发和零售业、科学研究和技术服务业、租赁和商业服务业在地区存续企业中排名前三位

从高新技术企业数量和新增专利数量整体来看，丰台区科学研究和技术服务业与制造业均分别居于前两位。从高新技术企业数量来看，科学研究和技术服务业优势明显，2011～2015年，占比均在78%左右；其次为制造业，呈现逐年略微下降趋势，水平保持在7%～10%；信息传输、软件和信息技术服务业，批发和零售业，建筑业三个行业占比在2%～5%；其他各行业占比均低于2%。从新增专利数量来看，2015年科学研究和技术服务业占地区总量的54.74%，排名第一；制造业占比为25.18%，排名第二；建筑业，批发和零售业，电力、热力、燃气及水生产和供应业列第三到第五位，分别占9.35%、4.13%和3.63%；其余各行业占比水平绝大多数不足1%。从地区存续企业数量来看，批发和零售业、科学研究和技术服务业、租赁和商业服务业三个行业在丰台区排名靠前，2015年占比水平分别为：37.24%、23.82%、14.73%，其中批发和零售业、租赁和商业服务业占比呈逐年递增趋势；文化体育和娱乐业与建筑业占比也相对较高，2015年分别达7.61%和4.38%；其他各行业占比均在2%以下（见图6－37）。

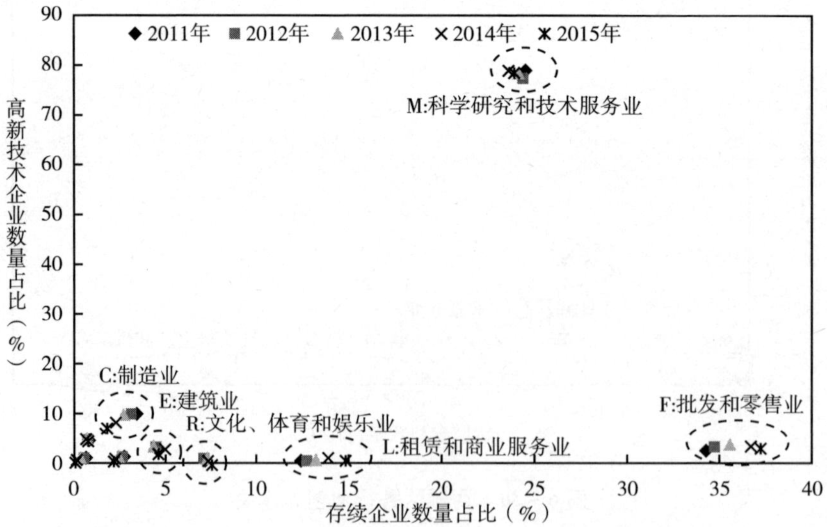

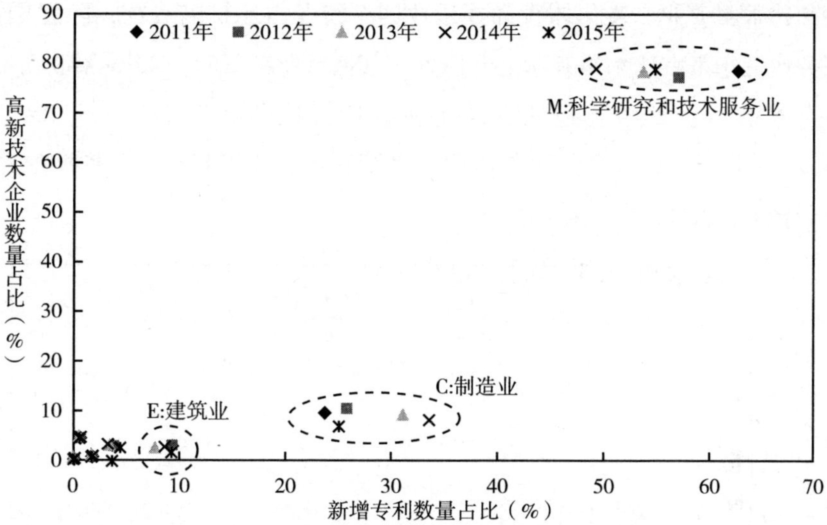

图 6-37　丰台区各行业创新水平

（5）东城区——科学研究和技术服务业在高新技术企业中占比最高，电力、热力、燃气及水生产和供应业新增专利数量占比最高，批发和零售业、租赁和商业服务业、科学研究和技术服务业、文化体育和娱乐业在地区存续企业数量占比中排名靠前

从高新技术企业占比情况来看，2011～2015 年，东城区科学研究和技术服务业与信息传输、软件和信息技术服务业占比排在前两位，基本波动不大，分别保持在 58%～63% 和 12%～14% 的水平；文化体育和娱乐业、租赁和商业服务业、批发和零售业三个行业在 2015 年占比水平相当，均在 5% 左右；其余各行业则占比较低，均不足 4%，多数处于 1% 水平以下。从新增专利数量来看，东城区电力、热力、燃气及水生产和供应业，采矿业，科学研究和技术服务业三个行业占比排名前三位，2015 年分别为 35.21%、27.52%、18.24%，且科学研究和技术服务业占比近年来增长较快，而电力、热力、燃气及水生产和供应业占比则有明显下降；租赁和商业服务业、制造业在该地区新增专利数量方面的占比水平接近，2015 年均在 6% 左右；其他各行业占比则不足 2%。从存续企业数量来看，批发和零售业、租赁和商业服务业、科学

研究和技术服务业、文化体育和娱乐业四个行业占比排名靠前，除租赁和商业服务业近年来占比水平有所上升以外，其他行业在2011～2015年波动不大，2015年东城区前四位行业的存续企业数量占比分别为27.84%、25.12%、18.51%、11.84%，其余各行业占比水平则较低，均不足5%，多数在1%以下（见图6－38）。

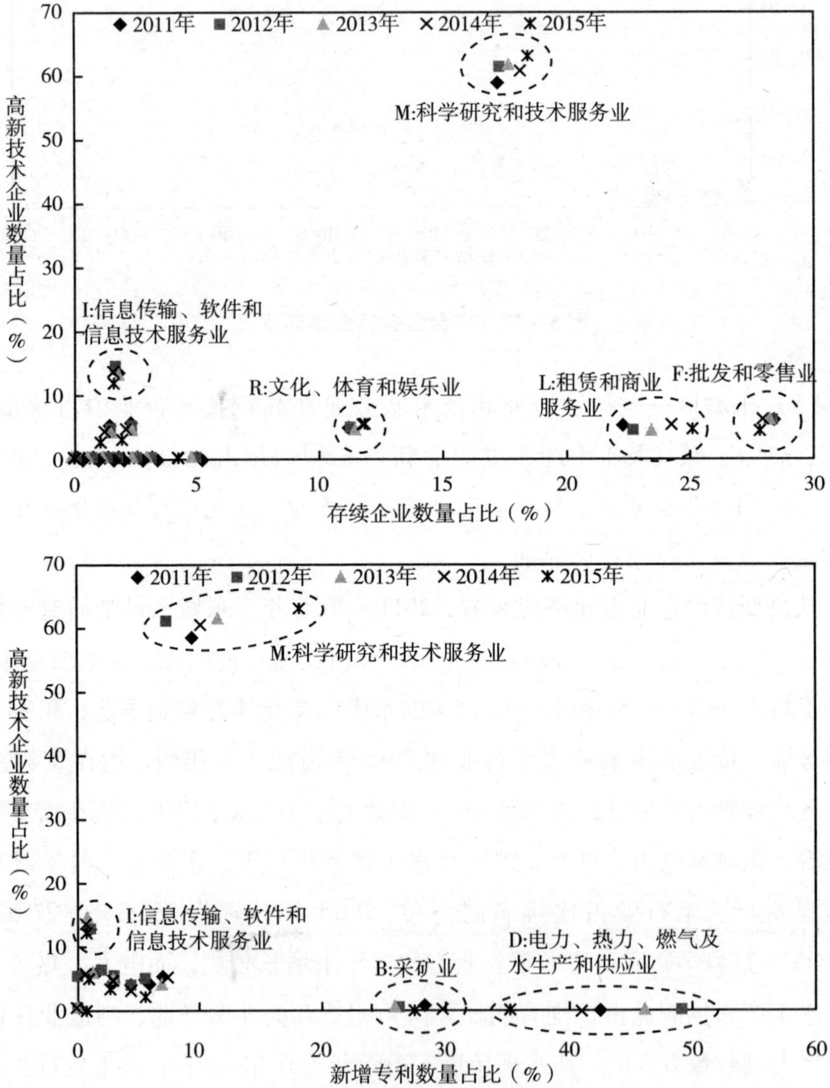

图6－38　东城区各行业创新水平

（6）北京开发区——科学研究和技术服务业、制造业在高新技术企业和新增专利数量两方面均排在前两位，科学研究和技术服务业，批发和零售业，信息传输、软件和信息技术服务业在地区存续企业数量占比中排前三位

从反映地区创新水平的高新技术企业数量、新增专利数量两项指标综合来看，北京开发区的科学研究和技术服务业、制造业两个行业优势明显。从高新技术企业数量来看，北京开发区科学研究和技术服务业占比最高，2015年达66.88%；其次为制造业，2015年占比为18.02%；信息传输、软件和信息技术服务业占比在6%左右；其余各行业占比均相对较低，不足3%，且多数位于1%以下。从新增专利数量来看，2015年北京开发区科学研究和技术服务业、制造业占比为61.74%和17.71%，居前两位；批发和零售业波动较大，2015年占比达13.79%，2011~2014年仅占地区总量的3%~4%；其余各行业占比水平则均较低，绝大多数不足1%。从地区存续企业数量来看，科学研究和技术服务业，批发和零售业，信息传输、软件和信息技术服务业在北京开发区占比排名前三位，2015年这三个行业的占比分别为37.71%、20.41%和18.23%；制造业则呈现下降趋势，存续企业占比水平由2011年的8.48%下降至2015年的4.22%；其余各行业占比水平则相对较低，除文化体育和娱乐业2015年占比为5.24%以外，均低于3%（见图6-39）。

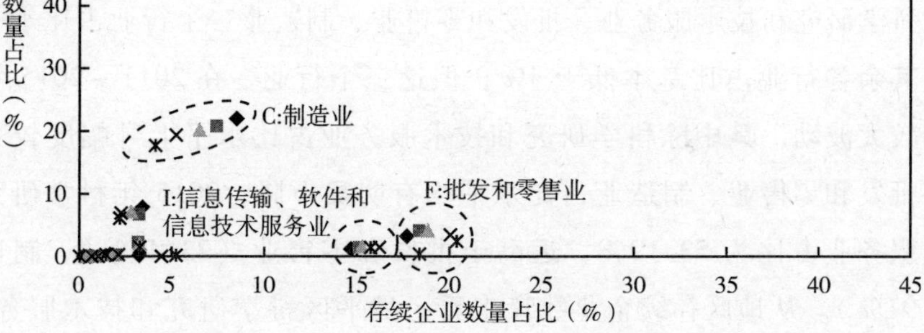

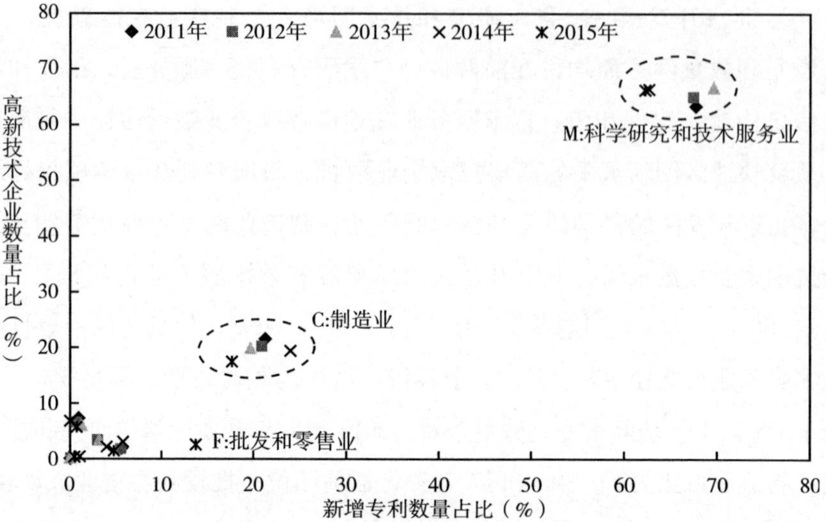

图6－39　北京开发区各行业创新水平

（7）昌平区——科学研究和技术服务业在高新技术企业中占比最高，科学研究和技术服务业、批发和零售业、制造业在新增专利数量方面排名靠前但占比波动较大，科学研究和技术服务业、批发和零售业在地区存续企业数量占比方面旗鼓相当，排在前两位

从高新技术企业数量来看，昌平区科学研究和技术服务业占比最高，2015年达71.38%；制造业排在第二位，但其近年来占比呈现下降的趋势，2015年占比为13.53%；信息传输、软件和信息技术服务业与批发和零售业占比分别约为6%和4%，排在第三、第四位；其余各行业占比均相对较低，不足2%，且多数位于1%以下。从新增专利数量来看，昌平区仅科学研究和技术服务业、批发和零售业、制造业三个行业占比水平较高，其余各行业占比基本低于3%，但这三个行业，在2011～2015年间均有较大波动，其中除科学研究和技术服务业占比水平上升幅度较大以外，批发和零售业、制造业占比水平均有明显下降；2015年科学研究和技术服务业占比为53.19%，远高于批发和零售业（23.40%）、制造业（15.91%）。从地区存续企业数量来看，昌平区科学研究和技术服务业、

批发和零售业两个行业在地区内的占比水平接近，且居前两位，二者2015年占比分别为28.55%和28.60%；租赁和商业服务业占比13.16%，排名第三；文化体育和娱乐业排名第四，2015年占比达6.26%；其余各行业占比水平均在3%以下（见图6－40）。

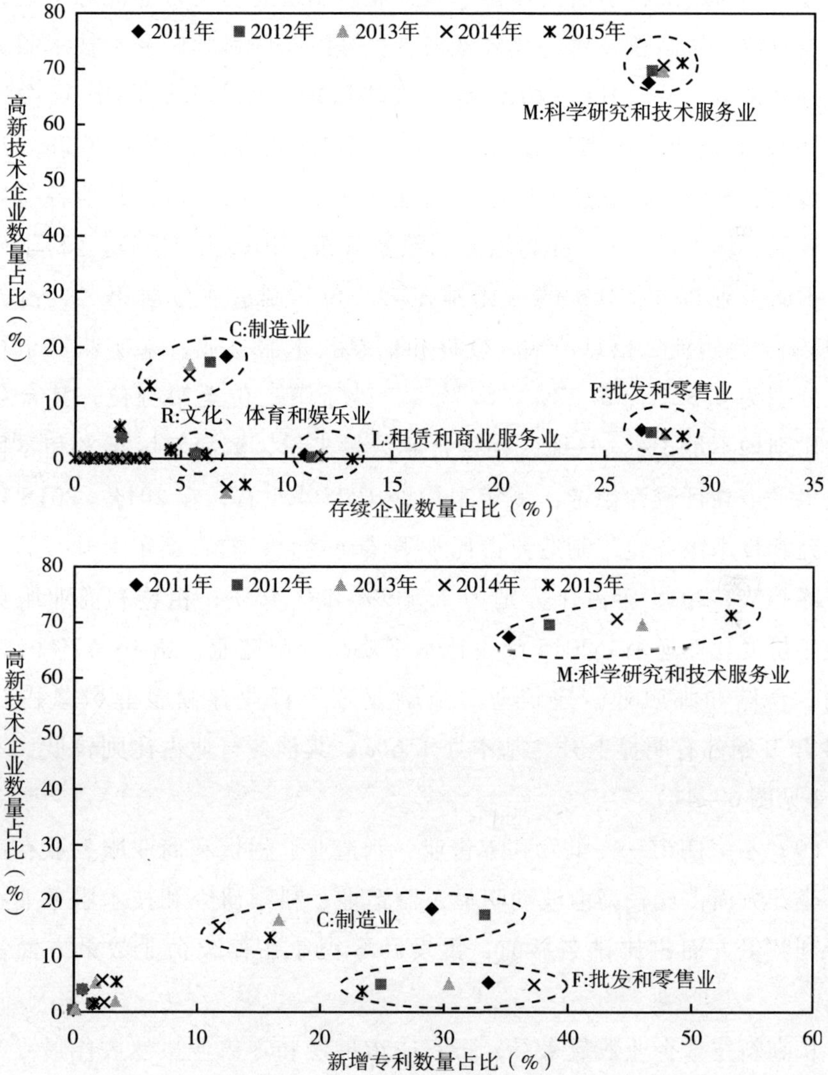

图6－40　昌平区各行业创新水平

(8) 滨海新区——科学研究和技术服务业、制造业在高新技术企业和新增专利数量两方面均排在前两位，批发和零售业在存续企业数量方面占比最高

从反映地区创新水平的高新技术企业数量、新增专利数量两项指标综合来看，滨海新区科学研究和技术服务业、制造业两个行业优势明显，均排名前两位。从高新技术企业数量来看，滨海新区科学研究和技术服务业占比排名最高，在 2011～2015 年呈现略微增长的趋势，2015 年占比达 54.98%；制造业占比排名第二，占比呈现递减趋势，2015 年为 29.77%；信息传输、软件和信息技术服务业占比 5%，排在第三位，其他各行业则占比较低，均不足 3%。在新增专利数量方面，2015 年滨海新区科学研究和技术服务业以 47.71% 的占比排在第一位，制造业位居第二，占比达 25.92%，建筑业，信息传输、软件和信息技术服务业，采矿业三个行业占比分别为 6.32%、5.97%、5.79%，处于第三位至第五位，其余各行业占比则均不足 3%。从地区存续企业数量来看，滨海新区批发和零售业占比水平最高且较为稳定，多年来均处于 27% 左右，在 2011～2015 年科学研究和技术服务业与制造业占比水平波动较大，前者逐年上升，后者则呈下降趋势，2015 年占比分别为 21.39% 和 9.46%；租赁和商业服务业也随年份变化而递增，2015 年占比水平略高于制造业，达 10.57%；交通运输、仓储和邮政业，建筑业，金融业三个行业存续企业数量占比自 2014 年开始都有明显上升，基本处于 6%；其他各行业占比则较低，不足 3%（见图 6－41）。

(9) 石家庄市——批发和零售业、制造业、租赁和商业服务业在高新技术企业方面占比较高但波动明显，制造业、科学研究和技术服务业在新增专利数量方面占比排名靠前，批发和零售业在存续企业数量方面占比最高

从高新技术企业数量来看，石家庄市批发和零售业虽然占比最高，但呈下滑态势，从 2012 年的 45.95% 下降至 2015 年的 29.58%，制造业也同样呈现递减态势，其 2012 年为 27.03%，2015 年为 21.54%；租赁和商业

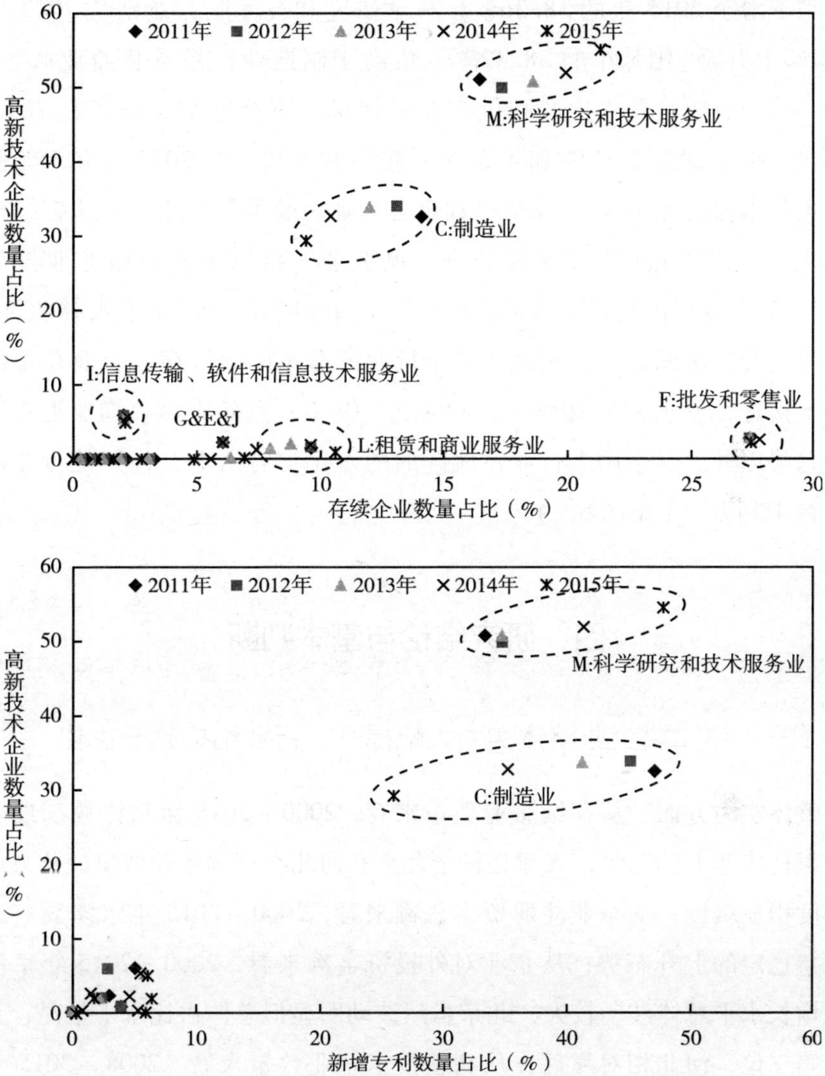

图 6－41　滨海新区各行业创新水平

服务业则波动相对较小，保持在18%左右；信息传输、软件和信息技术服务业，科学研究和技术服务业2015年占比为9%左右；其余均在3%以下。从新增专利数量来看，在2012～2015年，石家庄各行业逐年变化较大，尤其是制造业与科学研究和技术服务业，制造业由2012年的56.63%的占比水平下滑至2015年的38.36%，科学研究和技术服务业则从2012年的18.11%上升至2015年的38.42%，略高于制造业；租赁和商业服务业，电力、热力、燃气及水生产和供应业同样呈现下降态势，二者在2015年的占比水平分别为2.37%和4.56%；批发和零售业在2012～2015年间变化不大基本保持在10%～12%；其余各行业占比则不足3%。从存续企业数量来看，石家庄市批发和零售业、制造业、租赁和商业服务业排名靠前，2015年分别占比35.18%、13.13%、10.85%；2015年农林牧渔业、科学研究和技术服务业、建筑业三个行业占石家庄地区存续企业总量的比重基本接近，分别为7.99%、7.82%、7.08%，且除农林牧渔业近年来呈下降趋势以外，其余两个行业在地区内的占比均有所上升；其他行业占比基本在4%以下（见图6－42）。

四　研究结论与基本判断

（一）京津冀企业整体实力大幅提升、行业结构趋于优化

整体实力方面：从存续企业数量来看，2000～2015年京津冀三地企业基本保持快速上升态势，天津相较于北京和河北在存续企业数量变化方面增长速度稍显缓慢；从企业注册资本总额来看，2000～2015年京津冀三地基本保持稳定的上升态势；从企业对外投资金额来看，2000～2015年京津冀三地增长水平总体波动较大，北京虽然波动明显但总体占比水平最高，天津居于第二位，河北相对靠后；从高新技术企业数量来看，2008～2015年京津冀三地的变化趋势基本一致，均保持上升态势，增长率大体相当。

行业结构方面：从存续企业数量占比来看，京津冀排名靠前的四大行业分别为批发和零售业、科学研究和技术服务业、租赁和商业服务业、制造业；从对外投资金额占比来看，电力、热力、燃气及水生产和供应业，信息传输、软件和信息技术服务业两个行业上升明显，而租赁和商业服务业呈下降趋势；从国有企业行业占比来看，京津冀地区国有企业中各行业发展格局基本稳定，金

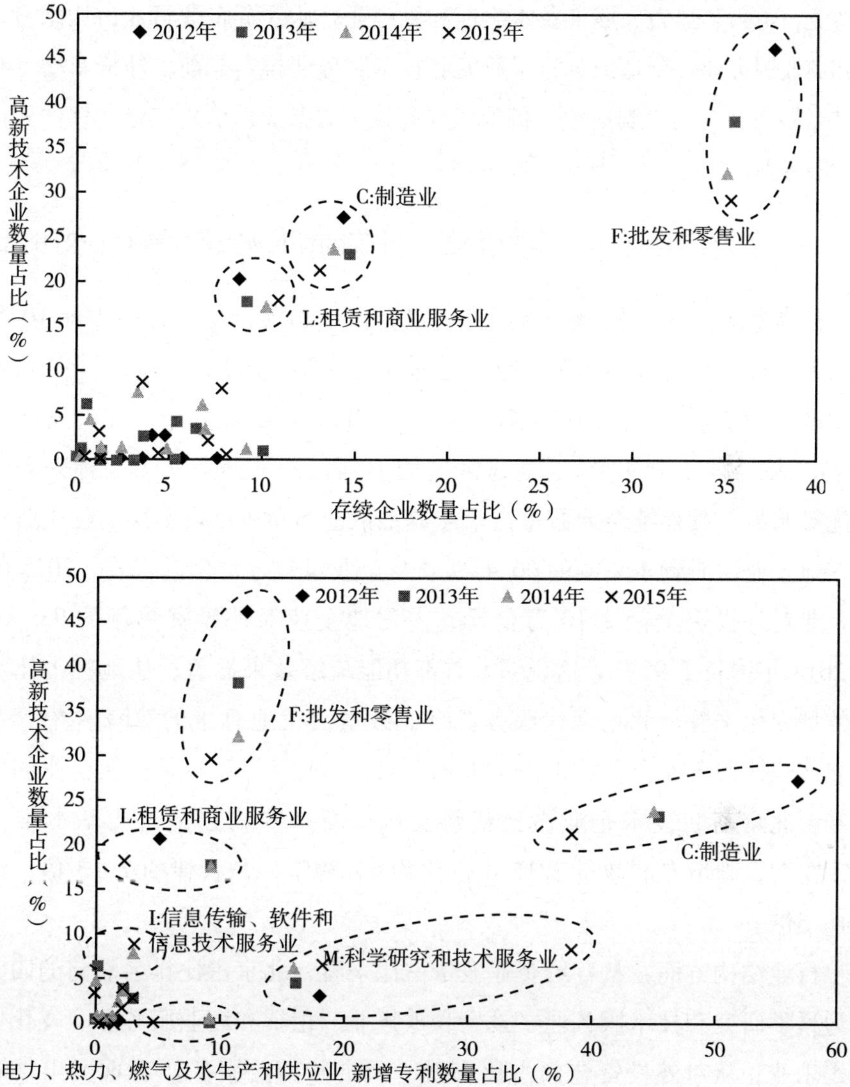

图 6-42　石家庄市各行业创新水平

融业、批发和零售业占比最高，国企新增专利占比排名靠前的行业为制造业，电力、热力、燃气及水生产和供应业，科学研究和技术服务业；从民营企业行业占比来看，批发和零售业、科学研究和技术服务业、租赁和商业服务业、制造业排名靠前，民企新增专利占比排名靠前的行业为科学研究和技术服务业，制造业，电力、热力、燃气及水生产和供应业；从外资企业行业占比来看，租赁和商业服务业、制造业、科学研究和技术服务业排名靠前，外资新增专利占比排名靠前的行业为制造业，科学研究和技术服务业，信息传输、软件和信息技术服务业。

（二）北京企业整体实力最强，科技创新中心建设具有很好的支撑

整体实力方面：从综合指数排名来看，京津冀企业综合能力前 10 名中北京占 8 位，且包揽前 4 名，分别是海淀区（第 1 名）、西城区（第 2 名）、朝阳区（第 3 名）、东城区（第 4 名）、丰台区（第 7 名）、北京开发区（第 8 名）、昌平区（第 9 名）、通州区（第 10 名）；从企业实力指标来看，北京优势明显，其存续企业数量占京津冀地区总量的 49.84%，企业注册资本占三地企业注册资本总额的 66.43%；从企业对外投资金额来看，2015 年北京企业对外投资金额 2.10 万亿元，占三地企业对外投资总额的 93.36%，较 2014 年增长了 92%，这说明非首都功能疏解效果显著；从地区占比水平和数量变化来看，北京现代服务业企业数量占三地总量的 60% 左右，2015 年北京现代服务业企业数量为 1112823 家，占比为 58.34%；从企业创新力来看，北京高新技术企业占比优势突出，新增专利数量占比基本维持在 65% 左右，新增专利数量 2015 年占比为 65.39%，是天津的 2～3 倍，河北的4～5倍。

行业结构方面：从存续企业数量占比来看，北京占比排名靠前的四大行业为科学研究和技术服务业、批发和零售业、租赁和商业服务业、文化体育和娱乐业；从对外投资金额占比来看，租赁和商业服务业表现突出（2014 年占比达 68.54%），电力、热力、燃气及水生产和供应业，信息传输、软件和信息技术服务业，制造业三个行业对外投资金额占比上升较快；从高新技术企业数量占比和新增专利数量占比来看，科学研究和技术服务业优势明显，制造业，信息传输、软件和信息技术服务业两个行业紧随其后，电力、热力、燃气及水生产和供应业新增专利数量占比增长迅速，2015 年北京高新技术企业中科学研究和技术服务业占比为 72.41%，新增专利数量中科学

研究和技术服务业占比为38.48%；从国有、民营、外资企业占比来看，国有企业中金融业占比最高，民营企业中批发和零售业与科学研究和技术服务业占比靠前，外资企业中租赁和商业服务业占比最高，企业总量中民营企业占比提升而国有企业占比下降。

综合比较来看：北京科学研究和技术服务业实力雄厚，除在企业活力上弱于租赁和商业服务业以外，在实力与创新力方面优势都很明显；服务业整体发展水平较高；租赁和商业服务业在企业实力与活力两方面相对突出，而创新力不足，整体发展较好；电力、热力、燃气及水生产和供应业，制造业，信息传输、软件和信息技术服务业近年来创新能力和对外投资金额占比均相对突出，发展势头较好；文化体育和娱乐业在存续企业数量中占比不小，具有较大的发展潜力；批发和零售业在存续企业方面占比较高，电力、热力、燃气及水生产和供应业企业对外投资方面表现优异。

综上所述，我们可以得出，租赁和商业服务业、文化娱乐业两大高端服务业实力雄厚，为北京未来的发展奠定了很好的基础，科学研究和技术服务业是北京打造科技创新中心的重要依托，批发和零售业是非首都功能的疏解重点，电力、热力、燃气及水生产和供应业对外投资金额占比快速上升体现了京津冀协同发展基础设施已经先行，信息传输、软件和信息技术服务业总体进入成熟期，北京对外输出加快；在不同所有制方面，国有企业依靠成本与规模优势发展，民营企业高端走技术、以创新取胜，低端走“流量”、以量和规模经济取胜。

（三）天津企业整体能力各区县悬殊较大，研发转发优势明显

整体实力方面：从综合指数排名来看，京津冀企业综合能力前10名中天津占1位，滨海新区排名第5，在后10名中天津占7位，分别是蓟州区（倒数第1名）、红桥区（倒数第2名）、宁河区（倒数第3名）、河东区（倒数第5名）、河北区（倒数第6名）、静海区（倒数第9名）、河西区（倒数第10名）；从存续企业数量占比来看，天津相对于北京和河北，虽然存续企业数量保持增长，但占比水平有所下降，从2000年的32.03%下降至2015

年的 14.34%；从企业注册资本总额来看，其在京津冀三地中的占比有所上升，从2000 年的11.11%上升为2015 年的14.72%；从企业对外投资金额占比来看，天津下降幅度较大，从2000 年的13.39%下降为2015 年的2.01%；从高新技术企业数量来看，2015 年天津拥有高新技术企业2460 家，是2008 年394 家的6.2 倍，地区占比为14.02%；从企业新增专利数量来看，天津在区域内占比水平略有上升，从2000 年的17.38%上升为2015 年的22.01%。

行业结构方面：从存续企业数量占比来看，批发和零售业、制造业、科学研究和技术服务业、租赁和商业服务业4 个行业排名靠前；从对外投资金额占比来看，金融业与租赁和商业服务业表现突出，农林牧渔业有所上升，制造业与批发和零售业近年下降较快；从高新技术企业数量占比和新增专利数量占比来看，制造业与科学研究和技术服务业优势明显；从所有制结构来看，国有企业和民营企业中批发和零售业均占比最高，外资企业中制造业占比最高，国有企业总体占比在下降，民营企业占比上升，2015 年超过九成。

综合比较来看：天津制造业各项指标排名较为靠前，但均呈现递减趋势；科学研究和技术服务业总体呈上升态势；金融业、租赁和商业服务业、批发和零售业具有一定的实力和发展潜力；在存续企业方面，制造业与批发和零售业比较优势在丧失；在企业创新能力方面，天津在制造、研发、转化方面优势明显。

综上所述，天津企业总体发展能力各区县差距悬殊；制造业和一般性服务业（批发和零售业、租赁和商业服务业）是其目前的产业基础，但比较优势正在丧失，这意味着天津产业转型升级压力较大；企业对外投资金额下降幅度较大，意味着天津经济发展还处于集聚阶段，尚未达到对外辐射阶段；企业新增专利数量在区域内占比水平略有上升，说明天津在打造现代制造业研发转化基地方面具有较好的基础。

（四）河北企业整体能力居中且逐步提升，具备打造商贸物流基地的基础

整体实力方面：从综合指数排名来看，河北位居中等且企业综合实力逐

步提升，在前10名中河北占1位，石家庄排在第6位，居于中间水平的第16位至25位中河北占7位，分别是保定市（第16名）、唐山市（第17名）、邯郸市（第18名）、廊坊市（第21名）、邢台市（第22名）、沧州市（第23名）、秦皇岛市（第25名），在后10名中河北占1位，即承德市（倒数第8名）；从存续企业数量来看，河北在京津冀地区的占比基本维持在30%～35%，2015年占比为35.82%；从企业注册资本总额来看，河北企业注册资本占比在区域内呈下降态势，从2000年的22.45%下降到2015年的14.56%；从企业对外投资来看，河北在区域内的占比从2000年的2.60%上升到2015年的4.63%，高于天津；从现代服务业企业占比来看，河北约为25%，高于天津的15%；从高新技术企业数量来看，河北数量最少，但增速最高，从2008年的152家上升到2015年的1551家；从企业新增专利数量来看，河北呈增长态势，但地区占比水平有所下降。

行业结构方面：从存续企业数量占比来看，批发和零售业、制造业、农林牧渔业、租赁和商业服务业4个行业排名靠前；从对外投资金额占比来看，制造业表现突出，租赁和商业服务业呈现上升趋势，批发和零售业、金融业与房地产业近年下降较快；从高新技术企业数量占比和新增专利数量占比来看，制造业优势明显，科学研究和技术服务业水平不高，但在逐步提升；从所有制结构来看，国有企业中金融业占比最高，民营企业中批发和零售业占比最高，外资企业中制造业占比最高，企业总量中民营企业占比最高且增长迅速。

综合比较来看：制造业是目前河北企业发展相对强势的行业，不论是在实力、活力，还是创新能力上都较为突出；批发和零售业与农林牧渔业近年来存续企业数量占比较高，尤其是批发和零售业，而农林牧渔业占比上升较快；科学研究和技术服务业河北处于弱势，水平不高，离创新驱动发展要求还有较大距离；存续企业方面，制造业与批发和零售业具有优势；科学研究和技术服务业水平整体不高。

综上所述，河北的优势集中于劳动密集型和资源密集型产业，具有打造商贸物流基地的基础，具备科技成果落地的条件。

（五）创新能力北京占据绝对优势，不同区位有所不同

在京津冀企业创新能力前10位中，北京占8位，天津和河北各占1位。

首都功能核心区（西城区、东城区）的科学研究和技术服务业在高新技术企业中占比最高，电力、热力、燃气及水生产和供应业在新增专利数量中占比最大，批发和零售业、租赁和商业服务业、科学研究和技术服务业在地区存续企业数量占比中排名靠前。

城市功能拓展区（海淀区、朝阳区和丰台区）的科学研究和技术服务业在高新技术企业中占比最高，但也有所区别：海淀区科学研究和技术服务业在高新技术企业数量、新增专利数量、存续企业数量三方面均具有绝对优势；朝阳区制造业的新增专利数量占比最大；丰台区批发和零售业在地区存续企业中具有绝对优势，制造业的新增专利数量占比具有明显优势。

城市发展新区（北京开发区、昌平区）的科学研究和技术服务业在高新技术企业中占比最高，但北京开发区制造业具有优势，而昌平区的批发和零售业具有优势。

天津滨海新区的科学研究和技术服务业、制造业在高新技术企业和新增专利数量两方面均排在前两位，批发和零售业在存续企业数量方面占比最高。

河北石家庄市的批发和零售业、制造业、租赁和商业服务业在高新技术企业方面占比较高但波动明显，制造业、科学研究和技术服务业在新增专利数量方面占比排名靠前，批发和零售业在存续企业数量方面占比最高。

综上所述，在企业创新方面，科学研究和技术服务业优势显著，北京是科技创新策源地。首都功能核心区市政设施企业创新优势明显，具体表现为电力、热力、燃气及水生产和供应业在新增专利数量中占比最大；在城市功能拓展区中，海淀区是北京市打造科技创新的重要依托，朝阳区的制造业科技创新能力较强，丰台区批发和零售业疏解任务仍然艰巨；在城市发展新区中，北京开发区制造业创新优势明显，而昌平区

的批发和零售业具有优势。天津的优势在研发转化上，而河北的优势在科技孵化落地方面。

五　主要路径与对策建议

1. 北京应依托优势产业、优势技术和重大战略价值的前沿领域，打造科技创新中心和创新策源地

北京应该以打造全国科技创新中心和世界原始创新策源地为目标导向，从全球、全国、区域和自身产业优势四个层次发力。具体如下。

一是依托现有优势产业打造参与国际竞争的世界级产业集群。从产业基础层面来看，北京在科学研究和技术服务业、租赁和商业服务业、文化体育和娱乐业等方面具有良好的基础，下一步应该通过完善优势产业的产业链条，形成集群化发展，为京津冀培育参与国际竞争的世界级产业集群提供条件。

二是超前部署具有重大战略价值的前沿技术领域，抢占全球研发制高点，打造世界创新策源地。前沿技术领域是未来十年乃至更长时间可能塑造我国产业核心竞争优势的技术领域，或者抢占有利于占领全球科技创新制高点的科学领域。通过准确预判全球产业及技术变革走向，立足北京科研优势，集中力量实施对未来新兴产业发展具有重大战略价值的大科学基础研究，重点可以依托如“量子计算与量子通信”、“纳米科学”（纳米光电子器件、碳基纳米器件、纳米药物、纳米生物医学材料等）、“能源科学”（先进核能、智能电网等）、“脑认知与脑医学”、“脑认知与类脑计算”等，力争在这些领域成为具有国际影响力的原始创新策源地。

三是发挥产业技术优势培育全国战略新兴产业，打造全国科技创新中心。具体可以依托新一代互联网、集成电路、云计算与大数据、生物医药、新能源智能汽车、节能环保等产业技术，通过这些产业技术的培育辐射带动全国相关产业的发展，为北京成为全国科技创新中心奠定技术基础。

四是发挥科研基础优势，注重研发转化，服务京津冀协同发展。具体可以依托数字化制造技术、轨道交通技术、先导优势材料技术、新能源和清洁能源技术、现代农业技术等，通过这些技术打造成为京津冀协同发展的关键技术支撑。如推动智能制造信息化基础理论创新及系统平台、关键部件研发转化，实现区域制造业向先进制造、智能制造转换，提升京津冀制造业的智能化程度。再如推动节水节能高效生态农业技术、生物制造技术（生物肥料、生物农药、生物饲料）、农业智能装备技术等技术的应用与转化，着力构建与京津冀协同发展相衔接的现代农业体系，实现一小时农产品供应圈。

2. 天津应面向国际、借势北京、立足自身，打造全国先进制造业研发转化基地

天津应该以打造全国先进制造研发基地、北方国际航运核心区、改革开放先行区为目标，从面向国际、借势北京、立足自身三个方面做文章。具体如下。

一是利用天津的港口优势、政策优势和外资集聚度高的优势，打造面向国际的先进制造业研发转化基地。从天津企业所有制结构来看，外资企业在制造业占比最高，加上滨海新区的先行先试优势和自由贸易区的政策优势，吸引国际上先进制造业研发机构向天津转移集聚，争取成为京津冀区域外向度最高、先进制造研发转化机构集聚的先进制造业研发转化区。

二是借势北京科学研究优势，在天津实现技术转化。依托北京基础研究及应用研究等科学研究优势，争取将北京与区域有关的基础研究在天津实现技术研发和应用转化，将天津打造成为京津冀先进制造业高地。

三是结合京津冀地区资源禀赋及现有产业优势，打造天津研发转化高地。天津制造业与科学研究和技术服务业在高新技术企业数量占比和新增专利数量占比方面优势明显，其优势产业主要有批发和零售业、制造业、科学研究和技术服务业、租赁和商业服务业等，这些产业中属于天津独具特色的产业（如大无缝等）其研发还需依靠天津自身，所以天津应该在这些产业建立自己的研发平台和应用转化基地。

3. 河北应落实国家重大战略、承接非首都功能、发挥现有产业优势，实现跨越式发展

河北原有产业基础薄弱，在产业发展方面，河北必须在依托传统优势产业的基础上，积极培育区域新的增长点。具体如下。

一是落实国家重大战略，高起点高水平建设雄安新区。雄安新区是非首都功能疏解的集中承载区，它的建设是千年大计、国家大事，也是河北、京津乃至全国经济社会未来发展的重要增长极。在承接行政功能方面，雄安新区可以集中承接中央和国家机关在二环以内的非紧密型行政辅助服务功能，包括服务中心、信息中心、行业协会、研究院所、培训机构、学术类社团、报社、出版社、杂志社等；在承接企业总部方面，雄安新区将集中承接部分央企总部；在科技创新方面，雄安新区以建设绿色生态宜居新城区、创新驱动发展引领区、协调发展示范区、开放发展先行区为目标，努力打造贯彻落实新发展理念的创新发展示范区，创新属性是雄安新区的“基因”所在和立足之本，创新需要体制机制革新和良好的创新氛围，北京未来应将部分创新资源转移到雄安新区，与雄安新区灵活的体制机制相融合，通过激发创新活力使雄安新区成为全国创新的新高地。

二是依托现有优势产业，承接非首都功能，推动产业转型升级。河北当前的优势产业为批发和零售业、制造业、农林牧渔业、租赁和商业服务业等，制造业在高新技术企业的数量占比和新增专利数量的占比优势明显。在创新发展方面，构建分工合理的创新发展格局，河北重点应强化科技创新成果应用和示范推广能力，建设科技成果孵化转化中心、重点产业技术研发基地、科技支撑产业结构调整和转型升级试验区；在服务业发展方面，批发和零售业是河北优势最为明显的产业，河北应依托现有产业基础，通过集中承接北京疏解出来的专业性物流和区域性批发等产业，将其打造成为区域物流中心和区域商贸中心；在制造业发展方面，河北应积极承接首都产业功能转移和京津科技成果转化，改造提升传统制造产业，推动产业转型升级，大力发展先进制造业和战略性新兴产业，建设新型工业化基地和产业转型升级试验区；在农业发展方面，河北应重点发展高产高效生态农业，加快建设环京津蔬菜基地、奶源生产和肉类供应基地，完善冷链物流、配送体系，推进农业生产基地与首都市场产销对接，加快构建京津1小时鲜活农产品物流圈。

参考文献

[1] 叶堂林、祝尔娟等著《京津冀协同发展的基础与路径》，首都经济贸易大学出版社，2015。

[2] 祝尔娟:《扎实推进京津冀协同发展》,《经济日报》(理论版) 2014年4月1日。

[3] 京津冀大数据研究中心:《京津冀协同发展的最新进展——基于全国海量企业的大数据分析》,《人民论坛》2015年第9期。

[4] 刘耀、黄新建、张滨松、许智宏:《创新型企业创新能力评价指标体系研究》,《南昌大学学报》(人文社会科学版) 2008年第1期。

[5] 周寄中、卢涛、汤超颖:《中国创新型企业的指标体系设计、评估与案例》,《中国软科学》2013年第1期。

专题报告

Special Topic Reports

B.7

北京推动京津冀协同发展的新进展与新举措*

摘 要： 以北京市在发展中的新进展评价为主题，首先分析了北京市在改革关键时期面临的新形势和新任务，探讨了已取得的成绩和存在的突出问题。其次，结合困扰北京市发展的突出问题和2016年对北京市综合发展评价分析中得出存在承载力低和创新力潜力不足的短板，从经济、人口、交通、绿色生态空间四个方面选取相关指标构建发展新进展的监测评价指标体系，分析北京市在2015年发展中对存在突出问题的改善度

* 本文得到北京市“十三五”规划前期研究重大课题“缓解资源环境矛盾，构建可持续发展城市的思路与措施”研究（BJ135Z－ZH04）、北京市社科基金研究基地项目（14JDZHB007）的支持和资助。

[作者简介] 段霞，首都经济贸易大学特大城市经济社会发展研究院常务副院长、博士生导师、教授，主要从事全球化与地区发展、城市可持续发展与战略管理研究；胡曾曾，首都经济贸易大学区域经济学专业博士生。

及其出现的新动向和新趋势。研究表明：2015 年北京市在经济创新活力、人口调控、绿色生态空间扩大方面有持续改善，但是在交通方面，出现了交通拥堵加剧的趋势。最后，根据研究结果提出加快解决北京突出问题的对策建议，即持续加快推进非首都功能疏解，引导人口流动，创造职住接近的空间格局，同时处理好增长与人口控制两大发展目标之间的关系，加快建立公共快速通勤网络和城市公共绿色空间，从而推进国际一流和谐宜居之都的建设步伐。

关键词： 北京市 新进展评价 监测指数 监测评价指标体系

一 新形势与新任务

北京作为首都，从新中国成立初期的古城发展成为一个现代化国际大都市，发生了沧桑巨变，现在北京处在转型发展的关键阶段，从疏解非首都功能到落实首都的战略定位，回答习近平总书记提出的“建设一个什么样的首都，怎样建设首都”的问题，深入实施京津冀协同发展，加快非首都功能疏解，坚持城市工作“五个统筹”① 和“创新、协调、绿色、开放、共享”的发展理念，顺应首都城市发展规律，提高北京城市治理水平，全面建成小康社会，实现建成国际一流和谐宜居之都的目标。

新时期的形势对北京提出了新任务，即要在发展中完成治理“大城市病”、有序疏解非首都功能、加快北京城市副中心建设、推进供给侧结构性改革、构筑国际一流水平的城乡建设格局、建设以首都为核心的世界级城市

① 五个统筹：统筹空间、规模、产业三大结构，提高城市工作全局性；统筹规划、建设、管理三大环节，提高城市工作系统性；统筹改革、科技、文化三大动力，提高城市发展可持续性；统筹生产、生活、生态三大布局，提高城市发展宜居性；统筹政府、社会、市民三大主体，提高推动城市发展积极性。

群等重大任务，打造国际一流的和谐宜居之都。具体包括：在人口管控方面，提出要在2020年将北京市人口控制在2300万人以内并完成疏解中心人口15%的目标；在疏解非首都功能上，到2020年取得明显成效，并利用腾退空间完善公共服务设施，促进生产、生活、生态空间结构的优化调整；在北京城市副中心建设方面，在2020年实现共享式发展，有覆盖城乡、惠及全民、服务优质的公共服务体系，基本消除城乡差别；在供给侧结构性改革方面，优化产业结构，促进“高精尖”经济结构的形成；在构筑国际一流水平城乡格局方面，在2020年要扩大绿色生态空间，实现森林覆盖率达到44%、公园绿地500米服务半径覆盖率达到85%的目标，形成连接城乡、覆盖全市的绿色生态网络；在建设以首都为核心的世界级城市群方面，京津冀协同发展取得明显成效，建设新型首都圈，形成中国经济发展新的支撑带。

二　主要成就与突出问题

为了贯彻《京津冀协同发展规划纲要》，北京市制定了“十三五”时期推进京津冀协同发展专项规划，形成了“远期有贯彻意见、中期有五年规划、近期有工作要点、当年有重点项目”的一揽子推进体系。设立了北京市推进京津冀协同发展领导小组和产业协同发展工作小组等9个专项小组，各区、各部门都成立了领导和办事机构，同时编制完成了《北京城市总体规划（2016~2030年）》草案，该总体规划描绘了未来15年北京建设国际一流的和谐宜居之都的宏伟蓝图、重要举措以及发展方向。这一阶段，观念明显发生变化，工作进展明显，但也存在不少问题和难题。

（一）非首都功能疏解

按照《京津冀协同发展规划纲要》要求，北京正在积极推动非首都功能产业疏解，转出了一批一般制造业及高端制造业的生产环节、区域性批发市场和物流基地，在服务业、战略性新兴产业的协作对接方面也取得了积极进展，有利于形成京津冀三地优势互补、分工协作、协调发展的产业格局。具体体现在以下几个方面。

（1）严格执行新增产业禁限目录。这是全国第一个以治理“大城市病”为目标的产业禁限目录。产业结构调整实现“三升三降”。即：到2016年从严调控的制造业、农林牧渔业、批发和零售业新设市场主体数同比分别下降72.75%、26.42%、18.36%，未列入禁限的金融业、文化体育娱乐业、科技服务业同比分别增长12.77%、26.76%、22.53%。另外，不予办理的工商登记业务累计达1.64万件，全市范围内禁限比例达55%，城六区达79%。

（2）疏解四类非首都功能产业取得明显进展。即：一般性制造业、区域性物流基地和专业市场、部分教育和医疗功能和部分行政事业单位。其中，制造业疏解包括纺织服装、鞋帽制造业、造纸业、化学原料及化学制品制造业、金属制品业、非金属矿物制品业等。区域性物流基地和专业市场的疏解，包括农副产品、基础原料等大宗商品的仓储物流功能外迁，服装、小商品、建材等批发零售业和交通运输业的外迁，截至2016年底，累计疏解物流中心51个，涉及从业人员1.8万人，疏解市场302个，商户6.1万户[①]，其中，动物园累计完成疏解7个市场，疏解进度累计达到58%，大红门地区累计完成疏解33个市场，疏解进度累计达到73%；大红门批发市场落户白沟，大红门国际服装城开业，北京新发地农副产品物流园一期项目建成投运；编制了《北京市服务外包产业重点发展领域指导目录》，引导服务外包企业向京外转移；部分教育和医疗功能疏解包括在京部分普通高校本科教育、中等职业学校外迁。在京优质医疗卫生资源通过对口支援、共建共管、办分院、整体搬迁等方式向京外发展，截至2016年底，累计疏解学生1.6万人，北京信息科技大学、北京城市学院、北京工商大学等一批学校和天坛医院、友谊医院等一批医院疏解项目进展顺利，新校

① 数据来源：《这两年北京在市场疏解方面取得了哪些进展?》，首都之窗，2017-2-17，http://zhengwu.beijing.gov.cn/zwzt/3nbjxbh/rdwd/t1469087.htm。

区和医院都在加快建设中；部分行政单位疏解包括部分事业单位搬到通州行政副中心以及部分公共管理、社会保障和社会组织行业的外迁。

（3）存量产业的退出与疏解。2015～2016年根据《北京工业污染行业、生产工艺调整退出及设备淘汰目录》，禁止新建、扩建高耗能、环境影响大的制造业项目；对1341家能耗水耗高、污染大的制造企业实施就地整体退出，超出原定到2017年关停1200家的任务。

（4）打造产业重点对接平台。在曹妃甸示范区除了重大产业项目外，积极改善其配套的公共服务。组建曹妃甸建设发展投资公司，发布现代产业试验区产业发展规划，首钢京唐公司二期、城建重工专用车及新能源汽车生产基地等一批项目开工建设，推动友谊医院在曹妃甸的合作医院建设；在张承生态功能区，开展国家级贫困县（区）对口帮扶工作，2016年帮扶资金达4亿元，比2015年增加33%，北汽福田在张家口建设“福田汽车城”，建设张北云计算产业基地和张家口市可再生能源示范区；与河北省共商共建，发布北京新机场临空经济区规划，设立组织管理机构、编制专项规划；与天津市签署了《加快建设天津滨海—中关村科技园协议》，签约了45个入园项目；在沧州，推动总投资74亿元的沧州北京现代四工厂竣工投产，9家配套企业同步入驻，共同打造生物医药产业园，签约落户53家北京医药企业。

（5）出台疏解非首都功能产业的各项配套支持政策。减免11种税费，明确企业因疏解转让房地产可免征房产税和土地增值税，建立了市对区转移支付资金分配与人口调控挂钩机制；对非居民用气、用热、用水、用电实行分区域价格政策，建立分区域差别化非居民资源性产品价格体系；明确腾退空间分区分类强度管控要求，防止腾退后功能和人口再聚集。北京会同津冀两省市研究设立京津冀协同发展基金，制定产业转移重点承接平台建设指导意见，统筹规划布局，引导企业精准对接、集聚发展。

（二）北京城市副中心建设

自从党中央作出将通州定位为城市副中心这一重要决策后，北京市委、市政府成立了北京城市副中心建设领导小组，由市长担任组长，13位市领导担任副组长。建立了“1 +8 +40”的工作机制。即：1 个领导小组办公室，8 个专项机构，40 家领导小组成员单位。8 个专项机构分别是规划建设、交通和基础设施建设、公共服务配套建设、生态环境建设、信息化和智慧城市建设、机关搬迁工作、通州区协调对接等 7 个指挥部以及专家咨询委员会。北京市公布了 2016 年副中心年度建设清单，对城市副中心约 155 平方公里进行总体城市规划，在运河沿线选取 6 处各具特色的重点地区约 48 平方公里同步开展详细城市规划设计；完成通州和廊坊北三县地区的整合规划初稿，共同划定生态红线和城市开发边界，落实各项土地和房地产管控措施，抑制投机性住房开发；加强城市副中心与大兴、亦庄、顺义及廊坊市北三县地区的功能统筹和协同联动，引导城镇规模和功能有序发展。截至 2016 年底，已完成 25 项基础设施建设，投资 70 亿元对通州的地下空间、城市主次干路、跨河桥梁和配套服务中心四大类基础设施进行建设，现已完工 16 条城市主次干路，包括通州内部新华大街和新华南北路等城市主次干路。到 2017 年底北京市四大市级机关和相关市属行政部门将率先启动搬迁。

在推进城市副中心建设中，北京市也在产业调整退出、棚户区改造、园林绿化、大气治理、水环境治理等方面不断取得新突破。关停调整 2000 多家不符合功能定位的企业，整治 1480 家企业的排污和生产经营行为，两期的棚户区改造累计完成 17 个村，总共 1.8 万人的拆迁安置工作①，累计完成 20 万亩平原造林任务，其中温榆河—北运河绿道和公路河道绿化分别完成了 45.6 公里和 150 公里②，总完成绿化量占北京市的 20%③，实现了农村平房地区优质煤替代全覆盖，累计完成 53.7 万吨农村地区“减煤换煤”，空气质量不断提升，并借助智慧环保理念和大数据应用建立了环保信息化系统，采用“互联网 + 环保”模式实现精细化管理④，实施了 69 项水环境

① 数据来源：《通州：全面开启建设北京城市副中心的新征程》，《北京日报》，2016 年 12 月 8 日。

② 赵鹏飞：《北京行政副中心建设提速》，《人民日报》（海外版），2015 年 11 月 17 日。

③ 李祥：《碧水绿野环抱城市副中心》，《北京日报》，2016 年 6 月 2 日。

④ 数据来源：蒋梦惟、张畅：《通州年内将腾退 2000 家以上工业企业》，《北京商报》，2016 年 6 月 2 日第 2 期。

治理工程，水质明显提升，基本达到地表水Ⅳ类，有些重点水域达到了Ⅲ类标准。

（三）建设和谐宜居之都

为实现国际一流和谐之都的目标，北京市在人居环境的改善、生态环境的提升、城市安全管理、经济发展等方面做出了很大努力。

改善人居环境方面，构建了购租并举的住房供应体系，加大政策性保障住房供应比例，五环之内禁止新增建设用地，居住建筑80%采用的是节能设计标准和新型建造方式，保障性住房和政府投资的民用建筑全部采用装配式建造，且装配式建筑比例在不断上升，有望达到2020年占比30%的目标。自2013年以来累计完成棚户区改造协议签订、搬迁腾退或房屋修缮加固10.6万余户[①]，目前棚改开工率达到了79%，二手房和租赁市场稳步发展，累计完成6562万平方米共1678个老旧小区改造，惠及81.9万户居民[②]；海绵城市建设不断推进，各类新建项目透水建材的铺装力度不断加大，现已将通州、延庆划定为海绵城市建设的试点区域；智慧城市建设步伐进一步加快，信息基础设施、数据资源共享平台、智慧管理服务在不断完善，目前家庭百兆宽带逐步普及，使用10兆及以上宽带接入的互联网用户超过75%，同时也建立了全市统一的电子政务云平台，推广“互联网+政务服务”的智慧管理服务系统，惠民水平不断提升。

生态环境的提升方面，累计完成105万亩的植树造林任务，其中平原地区11.37万亩[③]，进一步扩大了平原地区的森林空间。实施了号称“史上最严环保法”和采取了清洁空气行动，将企业等排污信息通过网络全面公开，

---

① 数据来源：《新棚改四年十万户居民得新家》，首都之窗，2016-8-28，http://www.beijing.gov.cn/bmfw/zxts/t1447005.htm。

② 数据来源：《北京拟扩大老旧小区改造范围》，《北京青年报》，2016年9月29日。

③ 数据来源：《坚持疏控并举，非首都功能疏解扎实有序推进》，首都之窗，2017-2-17，http://zhengwu.beijing.gov.cn/zwzt/3nbjxbh/bjxbh/t1469096.htm。

关停了三大燃煤电厂，推进能源结构调整，基本实现城市核心区（东城、西城）无煤化和城六区无燃煤锅炉的目标，淘汰老旧黄标车183.2万辆，并对8800余辆“国四”“国五”柴油公交车实施了升级改造，关停污染企业1370家[①]。完成了稻香湖再生水厂、张家湾再生水厂、肖家河污水处理厂等6座再生水（污水处理）厂的建设和升级改造，实施了100家规模化养殖场的水污染治理工程，对永定河、潮白河、北运河等三大水系开展了整治活动。根据北京市环保局发布的2016年北京市全年空气质量状况报告，对比近几年，北京大气污染的主要污染物浓度总体呈下降趋势，四项主要污染物浓度呈下降趋势。2016年北京市空气质量达标天数198天，其中，一级优68天，二级良130天，达标天数较2015年增加12天；2016年共发生重污染39天，其中O_3重污染1天，PM2.5重污染38天，较2015年减少7天。

城市安全管理方面，加强了对重点领域的安全监管，推进社会治安防控网络建设，加大了对应急管理的科普宣传和培训。在英国《经济学人》杂志发布的《2015全球城市安全指数报告》排名中，北京的城市安全排名列第37位，尽管排名低于位列第30名的上海，但北京的城市安全水平在不断提升，2015年，火灾事故发生数3769起，比上年降低了15.9%，直接经济损失降低了22%，交通事故发生数2639起，比上年降低了19.2%，直接经济损失降低了33%；能源运行安全水平也在不断提升，受电格局和燃气供应体系不断完善，2015年北京市用电总量比上年增加了17.84亿千瓦时，液化石油气供应量增加了30013吨，天然气供应量增加了280683万立方米；市政设施运行安全能力也在不断提升，2015年北京市供热管道累计12207公里，增加了169公里，供热面积58465万平方米，增加了1579万平方米，供水管道长度累计达到15421公里，增加了427公里，市内道路总里程达到29069公里，同时，地下管线工程和地下综合管廊骨干网络在逐步完善。

① 数据来源：《2015北京市环境状况公报》。

经济发展方面，地区生产总值增速运行在合理区间，经济运行平稳。消费的基础作用进一步发挥，2015 年，北京市市场消费总额同比增长 8.7%，其中网上限额以上批发零售额达到 2016.9 亿元，同比增长 40.2%，拉动全市零售额增长 6 个百分点，通信、医疗保健服务性消费增速分别同比增长 16.3% 和 16.2%；投资的带动作用也进一步显现，投融资体制的改革扩宽了社会资本的进入通道，2015 年，北京市完成全社会固定资产投资 7990.9 亿元，同比增长 5.7%，其中民间投资增长 25.8%，占全市投资比重的 41.2%，成为拉动全市投资增长的主要力量；居民收入稳步增长，农村居民收入增速同比增长 9%，城镇居民收入增速同比增长 7%，城乡收入差距不断缩小。

（四）依然存在的问题和难题

尽管最近几年北京在不断地向建设国际一流和谐宜居之都道路上前进，但从市民对北京的感知度而言，“大城市病”依然严重，存在若干突出的问题，亟待解决。比如：环境污染严重，人们形象地将身处的北京比喻成“二月吃雾霾，三月吃风沙，四月吃柳絮，五月吃杨树毛儿”，有时吃的是“雾霾 + 风沙 + 杨柳飞絮”套餐；交通拥堵，中心城区的交通拥堵已成常态化，早晚高峰郊区一些大型居民居住区进出城方向的公共交通运力严重超载；房价高涨，迫使人们住在远离中心的郊区，忍受长时间的通勤时间，形成庞大的潮汐流，加剧了交通拥堵的压力；等等。这与北京市委在十一届十次全会审议《中共北京市委北京市人民政府关于全面深化改革提升城市规划建设管理水平的意见》中提出的：着力构建“高精尖”经济结构，下大力气治理人口过多、交通拥堵、房价高涨、环境污染等令人揪心的问题，努力补齐城市发展短板，解决突出问题的方向相一致。

各部门积极研究产业疏解过程中的深层次矛盾，发布并实施了一批有针对性的政策措施，但是疏解过程中存在以下困难与问题：（1）政策之间缺乏有效衔接，需加强统筹协调，政策的协同效应有待观察。比如，《疏解非首都功能产业的税收支持政策（试行）》实施的前提是企业必须有主动疏解和搬迁的意愿，且已完成实际搬迁，才能支持，需要与多方协同配合才能形成合力。(2) 疏解企业存在的各种困难也需要多方协调解决，尤其是企业疏解后在承载地能否存续和发展。大规模企业搬迁后，除了厂房建设、设备购置等资金需求外，还面临搬迁到异地的员工住房、往返交通补助、异地工作补贴等问题，企业资金压力较大，疏解搬迁周期长。再加上转型升级，短期内难以盈利，搬迁和关停过程中人员安置补偿费用高，资产处置程序复杂，承接地的基础设施建设条件不够完善等问题，影响了企业疏解的积极性。(3) 承接地产业规划需进一步研究细化。河北各地承接产业的积极性高，但规划建设的承接平台布局分散零乱，存在功能交叉重复、同质化竞争现象，需要加强产业转移承接的统筹规划布局。(4) 三地协同创新不足。随着京津冀协同发展战略的具体落实，影响产业疏解的深层次利益矛盾和体制机制问题显现出来，产值分计、投资收益、节能减排等利益分配和责任分担机制等问题，还有北京高新技术企业到津冀发展重新进行认定等，都需要三地协同创新突破难题，共同争取国家相关政策支持。

三　指标体系与测度结果

通过构建监测评价指标分析北京在京津冀协同发展进程中出现的一些新变化、新动向和新趋势。

（一）监测评价指标设计原则

第一，突出新进展的本质原则。结合第二部分的分析，可知目前北京的主要问题突出表现在优化“高精尖”经济结构，治理人口过多、交通拥堵、环境污染方面，故选取的指标能反映这些突出问题的新进展状况。

第二，可比性、代表性、实用性和可操作性原则。一个完美的指标系统往往会在实际操作过程中因为数据的缺失难以实现，从理论上看，一个完美的新进展监测指标体系往往包含很多指标，包括定性和定量的指标，定性指标大多是数据缺失的或无法获得的，定量指标是可以根据统计数据进行客观分析的，而定量指标也很多，这就要求我们所使用的评价指标的数据容易获得、计算方法简明易懂可操作且具有代表性，同时还要兼顾出处集中，从而具有对比性。

第三，测评指标与发展目标相结合。评价指标要注意质化标准，要将测评指标与发展目标相结合，而不是将一系列指标简单罗列，并且注意指标间的相关性，减少指标间交叉影响，提高评价效率和准确率。

（二）监测评价指标的构建

监测评价指标构成包括四个方面的内容。

一是经济方面。从 2016 年京津冀蓝皮书北京综合发展指数评价可知，北京的创造力潜力有待进一步提升，加上《中国制造 2025》中提出实现由“北京制造”向“北京创造”的转型，而要实现这一目标，最主要的就是着力构建“高精尖”经济结构和提升创新能力，故在评价北京经济新发展时，着重放在考察 2015 年北京相比上年在“高精尖”经济结构优化率和科技创新提升率两方面上，并选取相关具体指标进行计算。

二是人口方面。2016 年的北京综合发展指数研究显示，承载力是影响北京市发展的最大制约因素，其中就包括人口承载力，根据 2015 年北京市统计局、国家统计局北京调查总队公布的北京环路人口分布数据，北京五环以外有 1098 万常住人口，占全市的 51.1%；三环至六环间聚集了 1228.4 万常住人口，占 57.1%，故中心城区人口密度降低率直接反映了人口调控措施效果，同时，常住人口增速降低和外来人口增速降低则可减少北京市人口承载基数，故从常住人口增速降低率、外来人口增速降低率和中心城区人口密度降低率三个方面分析人口调控效果，选取相关具体指标进行计算。

三是交通方面。中心城区的交通拥堵已成常态化，要提升交通的便捷度和可达性，需了解交通时空分布状况和交通出行实时动态、交通基础设施和服务水平、交通运行的畅通度和交通系统的完善度。故从交通需求增长率、交通供给增长率、交通运行提升率、交通管理水平提高率四个方面选取相关具体指标计算。当然除了以上四个方面，区域交通联系度也反映了北京交通对外的贡献度，但是因为指标数据的难以获取，将以定性指数进行阐述。

四是绿色生态空间方面。绿色生态空间是随着生态文明和绿色发展理念而兴起的，在理论上，绿色生态空间泛指森林、湿地、草地面积的总和，在全面建成小康社会的实践过程中，生态优良、环境友好等是不可或缺的重要元素，而生态安全、生态文明与生态建设的物质承载基础正是绿色生态空间，要扩大城市绿色生态空间，需要多方面努力，包括提高城市绿化率，营造良好的大气环境、水环境、生态环境，以及拓展城市公共空间等，其中绿化扩大率、水环境优化率、大气环境改善率和生态环境改善度都可通过相关具体指标进行计算。

基于以上分析，根据指标体系构建原则，建立了以 4 个一级指标、13 个二级指标以及 34 个具体指标构成的北京新进展监测评价指标体系（见表 7－1），选取 2014 年和 2015 年的相关数据进行对比分析，从而了解困扰北京市发展的突出问题在 2015 年的新动向和新趋势。

表 7－1　北京市新进展监测指标体系

一级指标		二级指标	具体指标	指标效应
北京市新进展监测指标体系	经济	“高精尖”经济结构优化率(%)	高新技术产业增加值占 GDP 比重(%)	正
			文化创意产业增加值占 GDP 比重(%)	正
			信息产业增加值占 GDP 比重(%)	正
			知识密集型企业占比(%)	正
		科技创新提升率(%)	R&D 占 GDP 比重(%)	正
			科学研究和技术服务业从业人员比例(%)	正
			技术交易额(亿元)	正
			有效专利发明数(万件)	正
	人口	常住人口增速降低率(%)	常住人口增量(万人)	负
			常住人口增速(%)	负
		外来人口增速降低率(%)	外来人口增量(万人)	负
			外来人口增速(%)	负
		中心城区人口密度降低率(%)	首都功能核心区人口密度(人/平方公里)	负
			城市功能扩展区人口密度(人/平方公里)	负

续表

一级指标		二级指标	具体指标	指标效应
北京市新进展监测指标体系	交通	交通需求增长率(%)	中心城区工作日出行量(万人次/日)	负
			中心城区绿色出行比例(%)	正
		交通供给增长率(%)	公交交通运营线路长度(公里)	正
			轨道交通运营线路长度(公里)	正
			国际和国内通航点(个)	正
			铁路营业里程(公里)	正
		交通运行提升率(%)	交通指数	负
			日均拥堵时间(分钟)	负
			早晚高峰路网平均速度(公里/小时)	负
		交通管理水平提高率(%)	机动车保有量(万辆)	正
			交通事故发生数(起)	负
			停车位(万个)	正
	绿色生态空间	绿化扩大率(%)	城市绿化覆盖率(%)	正
			园林绿地面积(万公顷)	正
		水环境优化率(%)	人均水资源(立方米)	正
			再生水利用量(万立方米)	正
			污水处理能力(万立方米/日)	正
		大气环境改善率(%)	空气质量达到二级以上天数占全年比重(%)	正
			可吸入颗粒物年均浓度值(微克/立方米)	负
		生态环境改善度(%)	生态环境状况指数	正

（三）北京新进展监测评价结果分析

对北京市2015年的新进展进行分析，根据表7－1中的指标体系，对经济指数增长率进行计算，首先确定2015年各具体指标指数的增长率（P_i），根据指标的正负效应进行计算，计算公式为：

$$正效应指数 = (本年值 - 上年值)/上年值 \times 100,$$
$$负效应指数 = -(本年值 - 上年值)/上年值 \times 100,$$

本文中计算2015年的增长率都是以2014年数据为基期的。其次，确定各指标权重 W_i，本文对各级指标指数的权重赋予是由离散系数法和根据专家打分法权衡各指标的重要度来确定的。各二级指标的增长率计算公式为：$Z_p = \sum_{i}^{n}(P_i \cdot W_i)$，一级指标的增长率也采用同样的方法计算。先从表现突出的四个方面进行分析阐述，再对北京市的总体发展进展状况进行分析。

1. 经济结构持续优化，“北京创造”潜力显现

通过计算分析可知（见表7－2），2015年北京市经济指数增长了7.7%，经济运行平稳，科技创新提升幅度较大，提升了13.2%，三次产业构成调整为0.5∶19.2∶80.3，比上年的三次产业结构（0.6∶19.7∶79.7）更加优化，同时“高精尖”经济结构也在持续优化，比上年优化了2.1%。自从《中国制造2025》出台后，加上正在如火如荼进行中的非首都功能疏解，北京市的一部分制造业正在向通州、津冀以及雄安新区甚至更大的范围转移，北京市提出要大力发展具有技术自主化、价值高端化、体量轻型化、生产清洁化、服务产品化的“高精尖”产业，向“北京创造”转型。科技创新能力的持续提升，是实现“北京创造”的有力保障。北京市作为“科技创新中心”，是研发总部、高校、科研院所、经济开发区等创新资源的富集区，要充分利用好这些优厚的创新资源和每年不断增加的科技创新资金投入，加快形成创新引领、技术密集、价值高端的经济结构，助推“北京创造”的转型。

表7－2　北京市经济监测指数

	二级指标	具体指标	2014年	2015年	2015年增长率(%)
经济	“高精尖”经济结构优化率(0.5)	高新技术产业增加值占GDP比重(%)(0.25)	22.2	22.5	1.35
		文化创意产业增加值占GDP比重(%)(0.25)	13.2	13.8	4.55
		信息产业增加值占GDP比重(%)(0.25)	15.25	15.3	0.33
		知识密集型企业占比(%)(0.25)	46.5	47.6	2.37
	“高精尖”经济结构优化率(%)		2.1		
	科技创新提升率(0.5)	R&D占GDP比重(%)(0.25)	5.95	6.01	1.01
		科学研究和技术服务业从业人员比例(%)(0.25)	8.2	8.4	2.44
		技术交易额(亿元)(0.25)	2532	2768	9.32
		有效专利发明数(万件)(0.25)	4.5	6.3	40
	科技创新提升率(%)		13.2		
经济指数增长率(%)			7.7		

资料来源：《北京市统计年鉴》（2015～2016年）。

2. 人口调控效果显现，引导人口流动是关键

通过计算结果可知（见表 7－3），2015 年北京市人口指数下降了 38.53%，人口调控效果显现，尤其是外来人口增速下降了 79.02%，常住人口增速也下降了 49.60%。虽然常住人口和外来人口增量比上年分别下降了 48.64% 和 75.63%，但常住人口和外来人口增速也放缓了，分别比上年下降了 50.56%、82.41%，但是中心城区人口密度并没有明显降低，2015 年城市功能拓展区常住人口占总人口的比重达到 49%，城市发展新区常住人口占总人口的比重达到 31.8%。

表 7－3　北京市人口监测指标指数

	二级指标	具体指标	2014 年	2015 年	2015 年增长幅度(%)
人口	常住人口增速降低率(0.3)	常住人口增量(万人)(0.5)	36.8	18.9	－48.64
		常住人口增速(%)(0.5)	1.78	0.88	－50.56
	常住人口增速降低率(%)		49.60		
	外来人口增速降低率(0.3)	外来人口增量(万人)(0.5)	16	3.9	－75.63
		外来人口增速(%)(0.5)	1.99	0.35	－82.41
	外来人口增速降低率(%)		79.02		
	中心城区人口密度降低率(0.4)	首都功能核心区人口密度(人/平方公里)(0.5)	23953	23845	－0.45
		城市功能扩展区人口密度(人/平方公里)(0.5)	8266	8327	0.74
	中心城区人口密度降低率(%)		0.13		
人口指数降低率(%)			38.53		

资料来源：《北京市统计年鉴》（2015～2016 年）、《北京市区域统计年鉴》（2015～2016 年）。

虽然人口增速得到抑制，人口调控效果也有所显现，但中心城区人口拥挤状况并没有得到缓解。主要是因为中心城区高房价使得城市功能拓展区和城市发展新区成了北京市常住人口和外来人口的集聚地，但北京中心地带的首都功能核心区具有不可替代的吸引力，导致产业多集中在首都功能核心区，常住人口和常住外来人口向郊区集聚，人们住在远离中心城区的郊区，忍受较长的通勤时间，职住分离情况越来越严重。另外，如果将驻京部队、未登记居住和短期来京探亲、旅游、求医、入学的流动人口估算在内，五环内600多平方公里的主城区范围内集中了超过2000万名常住和流动人口。并且由于京津冀区域发展的不平衡，北京地区的年平均工资水平约为天津的1.5倍、河北的2倍，今后依然会有大量人口涌入北京寻找发展机会，人口还会继续增加。

北京市人口确实呈饱和状态且空间分布不均。但是纵观世界级城市，这种在城市核心区人口饱和状态以及人口空间分布不均是常态，比如日本东京，东京都区部的人口密度分别是核心区、市部、郡部和岛部的2倍、2.7倍、91.4倍、212倍，且根据2015年世界城市人口密度排名可知，日本东京的人口密度为32530人/平方米，是中国北京19520人/平方米的1.7倍，北京首都功能核心区人口密度为23845人/平方米，但是东京和伦敦的人口密度远超北京首都功能核心区，却没有北京如此拥堵和一系列“大城市病”。所以通过以上分析，可知解决北京市人口问题的关键在人口管理上，尤其是政府要引导人口的流动，才能从根本上解决人口承载力的问题。

3. 交通拥堵加剧，亟待改善路况

通过计算结果可知（见表7－4），2015年交通指数总体效率下降了1.33%，问题突出表现在交通运行效率下降了19.8%，尽管公共交通、轨道交通、航空机场和铁路枢纽的供给都在不断增长，尤其是轨道交通，运营线路长度增长了5.12%，但出行需求量总量仍然很庞大，需求相比上年增长了3.83%，且90%集中在中心城区，受全市人口总量调控和非首都功能疏解等政策影响，中心城区工作日出行量比2014年下降了3.40%，中心城区绿色出行比例提升了4.28%，达到70.7%，相比东京已达90%的公共交通通勤占比，差距还是很大，拥堵情况仍然在不断加剧，其中路网平均交通指数5.75，早高峰交通指数5.3，晚高峰交通指数6.2，比2014年分别增长了6%和3.33%，尤其是拥堵时间，日均拥堵时间比上年增长了56.52%，早晚高峰路网平均速度也下降了3.27%。

表 7-4　北京市交通监测指数

	二级指标	具体指标	2014 年	2015 年	2015 年增长幅度(%)
交通	交通需求增长率(0.25)	中心城区工作日出行量(万人次/日)(0.5)	2825	2729	-3.40
		中心城区绿色出行比例(%)(0.5)	67.8	70.7	4.28
	交通需求增长率(%)		3.83		
	交通供给增长率(0.25)	公交交通运营线路长度(公里)(0.25)	20249	20186	-0.31
		轨道交通运营线路长度(公里)(0.25)	527	554	5.12
		国际和国内通航点(个)(0.25)	244	250	2.46
		铁路营业里程(公里)(0.25)	1269	1273	0.32
	交通供给增长率(%)		1.9		
	交通运行提升率(0.25)	交通指数(0.4)	5.5	5.75	4.55
		日均拥堵时间(分钟)(0.3)	115	180	56.52
		早晚高峰路网平均速度(公里/小时)(0.3)	55	53.2	-3.27
	交通运行提升率(%)		-19.8		
	交通管理水平提高率(0.25)	机动车保有量(万辆)(0.3)	559.1	561.9	0.5
		交通事故发生数(起)(0.4)	3268	2639	-19.25
		停车位(万个)(0.3)	176	181	2.84
	交通管理水平提高率(%)		8.7		
交通指数增长率			-1.33		

资料来源：北京市交通委员会、北京铁路局、北京首都国际机场股份有限公司、北京交通运行分析报告（2014~2015 年）。

交通拥堵加剧，一方面是因为北京的城市空间分布仍然是单中心模式，中心城区聚集了60%以上的人口和78%的 GDP，人口与就业岗位的高度集中带来了交通出行的高度集中，三环以内集中了全市出行量的50%。而且，金融业、商务服务业、信息服务业等城市高端首都功能的行业正继续呈现向中心城聚集的态势。另一方面是因为路网结构的不合理。北京市的“回”字形路网让所有交通压力都聚集在城市环路，而微循环道路运力不足。

4. 绿色生态空间有所扩大，缺口仍然很大

通过计算结果可知（见表 7-5），2015 年北京市绿色生态空间有所扩大，比上年扩大了 5.17%，水环境优化率提升了 14.03%，人均水资源增长了 30.45%，再生水利用量提高了 9.20%，大气环境改善率相比上年提高了

8.94%，空气质量达到二级以上天数达186天，比上年提高了5.81%，可吸入颗粒物年均浓度比上年降低了12.07%，空气中主要污染物二氧化硫（SO_2）、氮氧化物、化学需氧量（COD）和氨氮排放量比上年分别下降9.80%、8.83%、4.33%和12.98%，二氧化硫年均浓度值降至13.5微克/立方米，低于国家一级标准限值，生态环境状况指数（生态环境状况指数包括植被覆盖指数、生物丰度指数、水网密度指数、土地胁迫指数和污染负荷指数等）为64.2%，比上年降低了4.04%，其指数比上年降低可能是因为2015年实行的是新修订的技术规范评价，相比未修订版优化了各项指数的指标和计算方法，新增了生态功能区、城市（群）和自然保护区等专题生态区生态环境评价指标和计算方法，导致纵向可比性降低，但其横向对比结果更具有参考价值。由图7－1可知，丰台区的生态环境状况指数下降幅度大，首都功能核心区的生态环境状况指数是最低的，尤其是西城区，与生态涵养发展区的生态环境状况指数相比有较大差距。

表7－5　北京市绿色生态空间监测指数

	二级指标	具体指标	2014年	2015年	2015年增长幅度(%)
绿色生态空间	绿化扩大率(0.25)	城市绿化覆盖率(%)(0.5)	47.4	48.4	2.11
		园林绿地面积(万公顷)(0.5)	8.02	8.13	1.37
	绿化扩大率(%)		1.73		
	水环境优化率(0.25)	人均水资源(立方米)(0.3)	94.9	123.8	30.45
		再生水利用量(万立方米)(0.4)	8.7	9.5	9.20
		污水处理能力(万立方米/日)(0.3)	425	439.5	3.41
	水环境优化率(%)		14.03		
	大气环境改善率(0.25)	空气质量达到二级以上天数占全年比重(%)(0.5)	48.2	51	5.81
		可吸入颗粒物年均浓度值(微克/立方米)(0.5)	116	102	－12.07
	大气环境改善率(%)		8.94		
	生态环境改善度(0.25)	生态环境状况指数(1)	66.9	64.2	－4.04
	绿色生态空间指数增长率(%)		5.17		

资料来源：《北京市统计年鉴》（2015～2016年）、北京市环境状况公报（2015～2016年）。

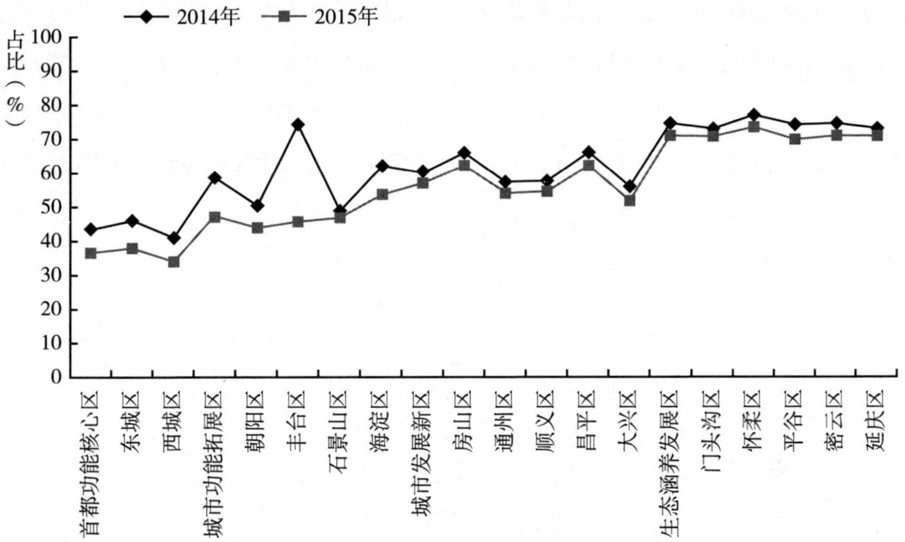

图7－1　北京市各区生态环境状态指数分布

通过以上分析得到2015年北京市绿色生态空间有所扩大的结论，但是为什么北京市居民普遍感觉不到绿色生态空间在扩大呢？主要有两方面原因：一方面，城市绿化覆盖率在提高，绿色面积在扩大，但是多集中在对宜林荒山的绿化，而市民需要的是一出居住区或者距离居住区不远就能见到绿色，这是最能传递给市民绿色生态空间扩大的直观感受，但是北京市对于一道绿隔公园休闲绿化等建设进展比较缓慢；另一方面，北京市水资源面临极大的缺口，尽管水环境有所改善，但是和缺口比起来微乎其微，目前北京市人均水资源为123.8立方米，远远低于联合国规定的人均3000立方米水资源丰水线和人均500立方米极度缺水线，尽管靠南水北调工程，今后每年人均水资源可增加50立方米，即便如此，水资源缺口仍然巨大。当然还有其他原因，比如大气环境、绿色建筑、新能源和再生能源的使用率，等等。

5. 总体状况：保持平稳增长

2015年北京市发展保持平稳增长，提升了9.9%（见表7－6）。从2016年京津冀蓝皮书对北京市综合发展水平评价可知，在过去十年间北京经济发展总体呈持续上升趋势，增速由快逐渐变缓，2015年北京市仍然保持增长态势，虽然存在的突出问题有所改善，比如经济结构在持续优化、人口调控效果显现、绿色生态空间有所扩大，但是离建设国际一流和谐宜居之都差距还很大。“十三五”期间北京要实现6.5%的年经济增长目标，如何处理好稳增长与人口控制的关系，也是要着重考虑的问题，同时仍需下大力气治理人口过多、交通拥堵、环境污染等问题。

表7－6　2015年北京市发展综合监测指数

一级指标	二级指标	值(%)
北京新进展检测	经济指数增长率(%)(0.25)	7.7
	人口指数降低率(%)(0.25)	38.53
	交通指数增长率(%)(0.25)	－1.33
	绿色生态空间指数增长率(%)(0.25)	5.17
北京发展综合增长率(%)		9.9

四　基本路径与对策建议

（一）加快非首都功能疏解，创造职住接近的空间格局

治理北京市人口过多关键在人口管理上，加快非首都功能疏解可引导人口有序流动，尤其是中心城区产业人口外迁，可以减少外来就业人口聚集北京，缓解北京人口承载压力。

1.引导中心城区人口流动，落实疏解任务

人口流动是影响北京市当前人口规模和结构变动的最重要因素，引导人口流动是人口调控的重点，尤其是在北京市人口空间分布不均的历史状态和核心区人口饱和的现状下，要完成北京市政府提出的在2020年达到疏解城六区2014年人口基数15%的目标，有很大难度，主要是由于功能定位造成优质资源过于集中在城六区，造成城六区人口规模大、人口流动大，且外迁的意愿很低，而要加快推进城六区人口疏解，除了宏观上对产业转移进行有序规

划和从经济、规划、行政、法律等多个方面协同推进外，这些人口疏解的任务必须落实到每个区才能得到更好的执行，到2020年疏解15%城六区人口，即东城区、西城区、朝阳区、海淀区、丰台区、石景山区分别要完成疏解14万人、20万人、60万人、55万人、35万人和10万人，总共194万人口的任务。

2. 加快建立反磁力中心

疏解非首都功能是为了解决首都人口压力过大、交通拥堵和环境污染等“大城市病”，疏解要成功就要摆脱首都单中心的“虹吸效应”，培育更多的大中小城市成为多中心多节点，才能形成对首都城市的反磁力，这也是区域协同发挥作用的关键。建立反磁力中心，要以最先进的理念、最高的标准、最好的质量来落实千年大计的要求，将绿色生态、和谐宜居作为突出特点，做好规划。不仅要加快北京市城市副中心——通州和国家级新区——河北雄安新区这两大反磁力中心建设，形成首都北京新的两翼和区域增长极，而且要推动京津冀区域各种类型的城镇与乡村都健康地发育成长。要按照市场规律来配置资源，增强这些地区的经济活力和就业吸纳能力，这样才可以吸引一部分北京的管理人才和有技术专长的劳动力，分流相当一部分流动人口。因为很多流动人口在北京从事的是生活性服务业，他们属于附着人口，附着于他们的服务对象，并将随着服务对象的迁移而迁移。

随着周边城市的发展和人口的增多，以及北京城区人口的减少，大量的附着人口也会随之迁移。河北、天津地区发展水平提高了，就业吸纳能力、收入水平和当地政府提供公共服务的水平也会明显提升，这样也会吸引已在北京的流动人口及那些正在考虑进入北京的潜在流动人口的聚集，达到缓解首都城市人口压力、促进京津冀地区均衡发展的目的。从长远效果来看，也能把栖居在首都核心区昂贵地价地段的老年人吸引出来，那时候的中国首都才会有很好的流动性和城市活力，成为世界城市文明的典范城市。

（二）处理好稳增长与人口控制两大发展目标之间的关系

“十三五”时期是我国全面建成小康社会的决胜阶段，国民经济要保持中高速增长，首都北京担负着重要的发展使命和示范引领作用。与此同时，

“十三五”期间控制2300万人的人口规模是一个约束性指标。要走出这两个目标实现过程中的两难困境，只有充分理解经济发展新常态下城市运行的机理、经济活动规律以及新的发展要求，才能找到走出困境的良策。

改革开放以来，北京市的常住人口从1978年的871.5万人增加到2012年的2069.3万人，年均增长率为7%，不仅就业人口保持了较大规模和较快速度的增长，而且有两个显著特点：（1）外来从业人员取代了本地居民，成为就业群体的主要组成，2010年超过全市就业人口的55%；（2）具有大学本科以上学历的从业人员占到从业人员总量的30%。正是有这样一支以外来移民、受过高等教育年轻人为主的就业大军，才实现了人力资本溢出的巨大规模效应，推动了北京地区的经济文化社会发展，特别是全国科技创新中心、国际交流中心地位的巩固，同时也出现了人口超载带来的资源环境压力及社会问题。“十三五”期间北京要实现6.5%的年均经济增长目标，如果根据就业增长弹性系数和经济人口规模的计算公式推算未来就业人员占总人口的比重，同时考虑到就业人员占常住人口的比重增速放缓，在2005～2015年年平均增长率为－0.2%这样的事实，预测到2020年，经济人口规模约为2456万人。如果严格执行到2020年控制在2300万人口的规划目标，每年约有31万人的劳动力缺口①。怎么办？在劳动力自由流动的情形下，同时追求中高速经济增长和人口控制目标的大城市，可能出现三种发展情形。

一是人口控制目标（常住人口规模）被突破，城市经济发展所需从业人员规模结构得到满足，经济目标实现；

① 对北京经济规模人口的预测方法如下：（1）以2008～2015年的GDP年均增长率为基准，参考《北京市“十三五”规划纲要》提出的GDP年均增长率目标设定为6.5%，按2015年价格和GDP值为基准，预测到2020年北京经济发展规模将达到31469亿元，三次产业结构分别为0.3∶17.1∶82.6；（2）根据就业增长弹性系数计算公式，2005～2015年北京的就业弹性系数为0.325，在此基础上以2015年的1186.1万人的就业人员规模为基础，预测到2020年为1316万人；（3）按照经济人口规模的计算公式，预测北京未来就业人员占总人口的比重。2005～2015年北京就业人员占常住人口的比重介于57.1%～54.6%，年平均增长率为－0.2%，以此预测2020年的首都经济人口规模为2456万人，高于北京市“十三五”规划提出的到2020年人口控制在2300万人的目标。——作者注

二是人口控制目标（常住人口规模）实现，经济发展所需部分就业人口转入流动人口隐蔽起来，经济发展目标依然可以实现，但通过人口控制缓解城市交通、资源环境压力的政策目标落空，城市管理的无序化和不可控性增强；

三是人口控制目标实现，一些城市正在推行的城乡户口登记制度将短期流动人口纳入城市人口监控范围并有效疏解，劳动力自由流动受限，劳动力市场供给不足，经济平稳发展受到影响甚至出现衰退。

无论出现哪种结果，都是两难困境。一些服务于本地居民需求的、搬迁成本比较高的、政府难以监管的企业会迅速聚集起来，占领腾退空间，由此消解原有产业、机构疏解后的人口外迁效益。更为严重的是，户籍门槛会使年轻的专业技术人员入口收紧，导致创新型人力资源不足。因为城市人口规模越大，城市的总人力资本存量就越大，个体层次的生产率就越高。而生产率越高、工作生活环境越好，反过来又会吸纳更多的、更高层次的人力资本聚集。20 世纪 90 年代硅谷之所以成为全球科技高地，就是因为有大量受过高等教育的年轻专业技术人员被吸引到了硅谷，1990～2000 年十年间旧金山和圣何塞地区的大学毕业生增长了 8%，居全美之首，几乎是全国平均水平的 3 倍。①

在稳增长的大背景下，大城市不仅具有人才、资金、商品、技术、信息等要素聚集的天然优势，也会更多地从国家产业政策、区域发展政策以及新型城镇化发展中受益。以京津冀协同为例，随着京津冀交通一体化先行，城际铁路的修建、“断头路”的打通，三地区域间的联系加强，跨区域流动成本下降，人口会向市场规模较为庞大的、基础设施和公共服务好的核心城市集聚。因为人口跨区域流动的一个主要动因就是获取更高的收入和更有体面的职业。北京城镇家庭人均可支配收入远远高于周边的河北、山西、内蒙古、辽宁等城镇家庭，在基础设施、科教文卫、社会保障等公共服务领域更

① 参见：约翰·弗农·亨德森、雅克－弗朗索瓦·蒂斯主编《区域和城市经济学手册第 4 卷－城市与地理》，郝寿义等译，经济科学出版社，2012。

是具有明显的优势，随着国家新型城镇化的进一步实施和劳动力人口的自由流动，在京津冀一体化前期，将会有一段时间持续吸引周边的人口向北京集聚，直到周围城市形成反磁力、吸引更多经济活动集聚的局面出现。未来“十三五”的五年，是京津冀协同发展在深层次上的破冰期，周边流动人口还将有一段时间向北京进一步集聚。“一带一路”战略和西部国土开发的项目投资也同样会带来人口集聚大城市的现实压力，加剧控制人口规模的两难困境。

在控制人口增长前提下实现“十三五”稳增长的经济目标，就需要找到两个目标都能实现的合理区间。这个区间的确定建立在对新常态下城市经济发展基础与优势的识别上。由于大规模传统制造业的退出，城市经济发展的基本条件发生了变化，除了传统意义上为外部市场提供产品的产业园区建设和重点产业发展，更需要理解改善城市居民消费环境、创造新的消费需求、提升城市服务水平与能力对于培育新的发展动力、摆脱依靠外来人口聚集的产业园区发展模式的意义。在新常态下构成大城市经济基础的活动至少有 4 类。

（1）服务业。满足城市居民和过客需求的生活服务业、支持工业经济发展的生产服务业以及教育、医疗、养老等社会服务业构成了城市活动的核心内容，也形成了基于服务之上的生产、消费和交换等各种城市经济关系和经济活动。

（2）交易活动。城市是人类聚集的主要场所，交易活动与集市功能自城市形成之日就已存在，全球化和网络化使国际大都市如虎添翼，世界各地的商品、资本、信息、技术、服务都在这里交易配置。

（3）定制业。尽管大规模制造业已经移出，但在交通成本和聚集效益作用下，一些满足市民需求的、具有地域特征的传统消费品的提供、具有创新创意特征的知识密集型的生产活动以及为跨国公司服务的专业技术生产会留在大都市。与此同时，3D 打印与互联网的发展为其满足客户的定制要求创造了条件。

（4）非正式经济。非正式经济是指那些未体现在官方统计数据中的、未履行政府注册及缴纳税费等法定程序的、有报酬的交易活动。这些活动一直是城市中的失业者、流浪者和被边缘化的弱势人群的主要经济来源，但在互联网时代得到了迅速发展。除了弱势群体零工外，更多的自雇型自由职业者以及利用闲置资源赚钱者加入其中，非正式就业上升趋势明显。

这四类活动既是后工业形态的大城市发展现实，也是城市新形态、新经济的基础，这些变化已经从纽约、伦敦、东京三大城市 30 年的居民消费结构变化中得到印证①。在控制人口增长前提下实现“十三五”经济增长目标，就要及时并准确观察这种变化，调整产业结构、转变发展方式，探索符合新阶段要求、能够带来大城市持续发展活力的新要素、新的增长方式和新的发展平台。在上述四大经济活动中培育的有竞争优势的新经济特点，具有知识、资本密集型和低污染低耗能特征，可以重新确立在国际产业分工体系和竞争格局中的优势地位，形成对资源环境负荷最小的新经济形态。因为这种基于网络和用户多样化需求的城市经济体系，已经突破了传统意义上的空间聚集、流水线生产、标准化产品和服务的特点，呈现“互联网＋”、个性化需求、多样化定价、精细化和去时空化的特点。而我国多数大城市一半以上的收入、利润和税金都集中在产业园区的发展模式是传统的大机器工业发展模式，亟须转变发展理念与模式，摆脱依赖外来人口聚集的制造加工业支撑的产业经济模式，减少外来低端人口，才能走出两难困境。

可以着力推动以下六个方面的发展。

（1）助力小微企业发展，鼓励年轻人、外来移民、知识阶层多种形式创新创业，发展包括小创客作坊在内的小微企业，特别是以节能减排、低碳经济为代表的绿色发展模式。鼓励中心城区老旧企业与附近社区、公共组织开展“零排放”“自循环”式节能减排创新改造，在弥补工业化对环境和生态造成的破坏的同时，发展新型环保型产业和特色服务业。小微企业对大城市的依赖程度远远高于大企业，可以带动驻地商店、超市、餐厅、美容、影院、健身场所等服务业发展，提高公共设施利用率，形成关联产业的就近合

① 参见段霞《世界城市发展战略研究——以北京为例》，中国经济出版社，2013。

作链条，成为融入社区的社会组织和本地居民，是支撑复杂大城市系统的基础组成单元和持久支撑力量，可以大大缓解大企业在成本挤兑和利益诱惑下撤离大城市或总部空心化带来的发展压力。

（2）发展个性化定制经济，形成附加值高、创意性强、就业广、适应性强的数字化制造业和生产性服务业。后工业阶段，欧美大都市出现的制造业回流，是因为将传统工业成功地改造为轻型、微型、创意、环保和低耗的都市型工业。新的业态和新的生产工作方式包括产品设计、技术研发服务、3D 打印、数字化生产、网络营销、自由创意、手工制作等内容，而且可以不受工作时间、地点、场地的限制，使得居家就业、弹性就业和灵活就业成为可能，缓解了城市交通拥堵和资源环境压力。

（3）利用好临街楼宇、社区、老旧厂房，盘活老旧城区的城市资产，形成独特的地区传统、时尚、创意、商贸街景与文化。街与道的区别在于，“道”主要考虑交通与出行，“街”是本地居民生活工作依赖的公共空间，以临街商铺做门脸的小作坊、小商铺不仅可以吸纳本地居民就业，而且可以让孩子们耳濡目染，学习创新与创意如何转变为产品与财富，学会商业营销与做人经商之道，逐渐扭转大城市依赖外来务工人员服务甚至占据就业群体半壁江山的局面，有效缓解人口规模快速扩张的压力。另外，要通过科技创新解决临街商铺监管和安全等问题。

（4）重点打造供需对接的响应平台，建设智慧城市响应系统。让消费者之间通过分享私人物品实现资源有效利用，相互服务并从中获得好处，有所收益。这样供需方可以快速匹配并进入国际市场竞争；手机移动和网络用户可以找到提供运输、家政、维修等服务的人员；城市生活中的共性需求、结构性短缺和时空分布的不均衡被发现，消费者之间通过分享私人物品实现资源有效利用。利用 C2C 模式（消费者对消费者服务的模式）能够盘活散布在城市各个角落里的资源存量，改善资源配置的不均衡导致的城市浪费和“大城市病”问题，实现资源效益最大化和环境破坏最小化的城市发展需求。

（5）增强第三次工业革命的进取意识，在高新科技研发与人才引进培养上学习硅谷模式，敢出政策，舍得投入，争取在高新科技发展方面实现

“弯道超车”。在经济增长模式上要提前布局，接受美欧等西方发达国家在“去工业化”之后又不得不搞“再工业化”的教训。2008 年金融危机以来，发达国家开始反思本国产业空心化带来的弊端，逐渐认识到制造复杂产品和系统的技术能力与运作能力影响甚至决定了一个国家能否从创新中创造并获取价值的能力。在推进产业向“数字化”“高端化”进军的同时，不盲目放弃“低端”与“中端”，而是围绕产业竞争力合理搭配，以形成有上下游联动优势的产业核心竞争力。

（6）实现大都市与周边地区的资源共享和环境优化，建设好公路铁路沿线的美丽城镇，使之成为吸纳外来就业人口的桥头堡和屏障，以截流部分进城定居者。城市群一体化的本质说到底是通过区域市场一体化和城市功能一体化，推动产业的部门结构和空间结构变化，达到城市间利益的协同和均衡。因此，通过高铁、城市快速交通和通信等基础设施条件的改善，降低时间成本、通勤成本，实现要素的快速流动和资源共享，同时沿着相应交通线进行产业布局和城镇布局，特别是兼具城市就业与生活便利、乡村环境质量的和谐宜居小镇，可以截流一部分有钱、有闲、有创意人群，既不造成过大的资源环境压力，又不流失大城市发展所需的各种人力资本等。以大城市规模集聚效应的外溢提升周边地区的发展水平，以周边地区发展水平的上升促进大城市产业核心竞争力的上升，并实现人口分流与控制。

（三）建立公共交通快速通勤网络

要解决拥堵问题必须建立起公共交通快速通勤网络，尤其要重视轨道交通的规划。轨道交通的高效、准时、远距、运力大等特点，使得轨道交通在出行方式中的比重将逐步提高，在引导城市发展方面越来越显现出作用，同时应充分利用交通方式的多样性，打通“断头路”，加快实现京津冀交通一体化。

1. 改造环线地铁线路，建成棋盘网格状地铁网

北京交通拥堵已成常态化，要改变拥堵局面只能以地铁合理布局为突破点，引导出行方式变化。合理布局关键在于改造环线地铁线路，建成棋盘网格状地铁网，使之真正四通八达，实现零换乘，保障行人从主城区任意地点最多步行一站路（或1.5公里）就能抵达地铁站，并在换乘1次地铁后就可抵达主城区任意目的地。具体来说就是将现有地铁延长其中的11条，新增5条地铁线，形成11横11纵的网状地铁网。首先可对2号、10号两条“口”字形线路进行“井”字形改造，使其东西南北分别延长至五环，10号线北线、南线分别向东延伸至通州，使之与6号线、八通线平行，这相当于以较低的成本直接在五环内新增（或改造）四纵四横共八条直线，因而可直接分散东西、南北向进城地铁压力，使郊县和环首都带居民有多种进京地铁线路选择，然后依据棋盘设计和1次换乘抵达目的地原理，对其他各条在用、在建线路规划思路进行调整，伸展或加密，直至建成北京市区（至少五环内）棋盘状地铁网，保证五环内行人最多步行一站路（或1.5公里）就能抵达地铁站，并在换乘1次地铁后就可抵达市区任意目的地的改造计划实施。如图7－2所示，其中在四环内的有十横十纵，地铁将成为四环内的交通主力。

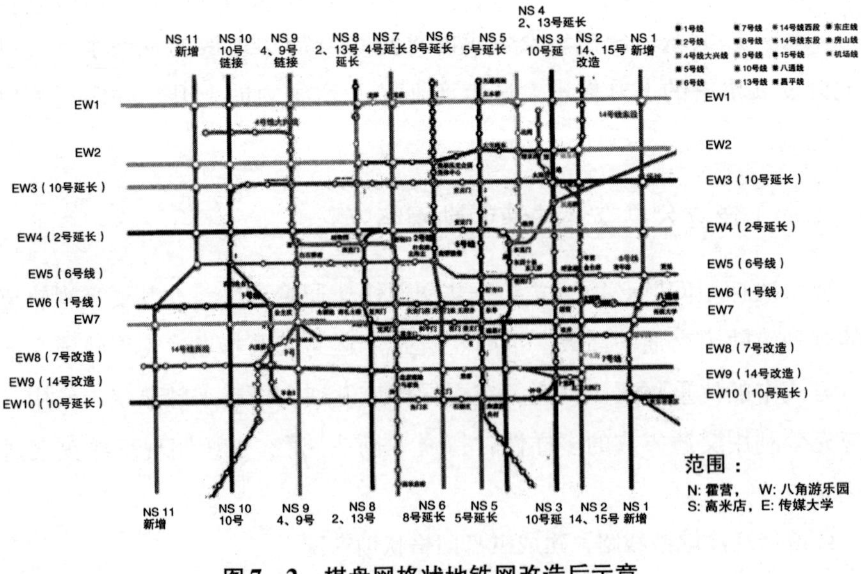

图7－2　棋盘网格状地铁网改造后示意

2. 充分利用交通方式多样化

如网上约车、公交定制平台，为企事业单位提供班车和定点发送服务，减少长距离运输与空驶率，将地面公共交通工具主要转移到四环以外，将地铁、城际交通与居住地、工作地连接，就可以打通“最后一公里”，形成地铁承担70%～80%的公共交通运力、出租车为必要补充，四环以外以地面公共交通工具和多人搭乘私人交通工具为主，大力发展方便快捷的停车换乘系统，使地铁真正四通八达，将城六区大量通勤人口转移到地下，缓解路面交通压力和拥堵加剧的情况。

3. 加强区域联系，消除“断头路”

2015年北京市交通对外的贡献度有所提升，公路对外运输旅客能力、铁路对外运输旅客能力、航空对外运输旅客能力分别比上年提升了1.0%、8.8%和3.6%，北京作为全国航空、铁路、公路的交通枢纽地位进一步强化，今后要加快推进首都新机场、京九高铁、京张城际、京沈城际、京台高速等一大批重大交通设施建设，尤其是加快推进京津冀交通一体化建设，其中最亟待解决的就是“断头路”问题。目前京津冀三地之间仅“断头路”就多达2300公里，如京昆、京台等多条高速公路的河北段无法与北京段衔接，比如密涿支线高速，一条可连接河北三河市与北京、天津的快速通道，在北京境内可连接六环，但是该公路2012年建成后，北京段迟迟未开工，还有河北三河市燕郊开发区与北京市通州区只有一河之隔，每天早上有30万人从燕郊出发，奔波20公里，涌向北京上班。虽然当地修建了多条道路，但是由于与北京不对接，都止于潮白河边。

（四）建立城市公共绿色空间

要扩大绿色生态空间，构建“一屏、三环、五河、九楔”的生态格局，关键是要建立城市公共绿色空间，重点包括城市绿化空间建设、水环境建设、绿色建筑建设等。

1. 增加市民绿色休闲空间

要增加市民绿色休闲空间，推进城市公共绿化空间建设，关键在于做好绿化公共空间布局规划和管理。做好绿化公共空间规划布局，合理利用现有资源，比如改造一批现有公园，加大市内公园、绿地、林地、湿地的建设力度，加快绿化隔离地区建设，同时推进“一道绿隔城市公园环、二道绿隔郊野公园环、环首都森林湿地公园环”的建设，打造“十分钟、半小时、一小时”绿色休闲圈。加强绿化管理，推进城市公园绿地分级分类管理，实施绿色生态空间管控政策，给予一定比例的用地发展绿色产业，比如绿化造林、湿地恢复。形成“三季有彩、四季常绿”的城市景观环境，增加市民绿色休闲空间。

2. 建立全流域范围内的水再生循环系统

依靠外来供水只能治标不能治本，关键在于建立全流域范围内的水再生循环系统，收集利用好每一滴污水，让流经北京市内的所有水域形成一个完整的、循环的水系，模拟金鱼缸原理，连通“一环”和“二环”两个环状水带约80公里长水域，在下游通惠河等地安装提水泵，将下游河湖的中水净化处理后通过管道引至长河上游，循环使用。通过控制水流水量形成水位差，让水流动起来，生成河流湖泊自然流动的动态水景。利用再生水、淡化海水或南水北调来水补充沿途蒸发量，改用半防水渗漏石质替代现在河湖堤岸和水底用的全防水渗漏建筑材料，坚持3~5年，恢复水系的再生循环运行能力，恢复北京市河湖水系的自然流向、自洁和生态自我修复能力，从而极大改善水环境。

3. 推进绿色建筑

主要包括对老旧建筑的改造和实施绿色建筑激励措施。老旧房屋尤其是棚户区的改造，是亟待解决的问题，一方面可以解决建筑污染问题，极大改善北京城市面貌；另一方面可以吸引更多投资和提高居民生活质量，北京市预计在2016年和2017年完成15万户棚户区的改造，这种大规模的改造建设极大降低了成本，加上棚户区多分布在城市边缘或者郊区地带，随着京津冀一体化进程的加快，北京地区如大厂、固安、燕郊等一些河北城市房价已经超过3万元/平方米，如果能将北京市棚户区改造，同步规划和建设公共交通等配套设施，则能极大提升居民的生活质量。实施绿色建筑激励措施，政府要加大对绿色建筑的扶持力度。

参考文献

[1] 刘珉、胡鞍钢:《中国绿色生态空间研究》,《中国人口·资源与环境》2012年第22(7)期。

[2] 段霞:《城市大数据的分析与应用》,中国经济出版社,2015。

[3] 陈佳鹏、黄匡时:《特大城市的人口调控:东京经验及其启发》,《中国人口·资源与环境》2014年第24(8)期。

[4] 段霞:《应对首都城市病的几点建议》,国家社科基金《成果要报》2015年第36期。

B.8

天津推动京津冀协同发展的新进展与新举措*

摘　要：　京津冀协同发展是国家重大区域发展战略，与“一带一路”战略和“长江经济带”战略共同构成了新时期中国区域发展战略由点及面、由内而外的战略体系。京津冀协同发展战略实施以来，三地加强政治、经济、文化合作与联系，实现了优势互补、合作共赢，将区域协同推向深入。天津作为京津冀区域第二大中心城市，积极落实国家区域发展战略，加强区域内及区域间交流合作，不断提升发展质量和效益，实现了综合发展水平的持续提高。为进一步推动京津冀协同发展战略，天津加快滨海新区、自由贸易区和区县产业园区等平台建设，为承接非首都功能转移提供集聚空间，切实推动多个产业项目和公共服务项目落地。当前，在供给侧改革框架下，京津冀协同发展面临区域内部差距扩大、资源环境约束加剧、体制机制障碍束缚等问题，需要三地放眼全局，进一步加强沟通，真正实现协同发展。

关键词：　天津市　京津冀协同发展　综合发展指数　新进展评价

* ［作者简介］王坤岩，中共天津市委党校图书馆编辑、管理学博士；臧学英，中共天津市委党校经济发展战略研究所所长、教授。

一　新形势与新任务

（一）我国区域发展战略体系不断完善

“一带一路”、京津冀协同发展和“长江经济带”“三大战略”是新形势下我国区域发展战略实现由点及面、由内而外转折的关键性举措，是新时期我国区域发展战略体系的不断完善。与以往的区域发展战略相比，“三大战略”表现出更强的全局性和国际化特征。从全局性特征看，以往的区域发展战略强调增长极和局部区域的作用，而“三大战略”则把分散的增长极、增长点和增长区域有机联系起来，提升了区域发展布局的系统性，形成了全面改革开放新局面。“三大战略”覆盖了我国近 80% 的国土和 90% 以上的人口，是实现全面发展的全局性战略。从国际化特征看，“三大战略”体现了统筹国内、放眼世界的创新性战略思维，布局了融入全球化的“三步走”战略：第一步，通过国内全面改革开放，实现从局部发展向全局发展的转变，提高国家的综合国力和国际竞争力；第二步，通过“一带一路”建设强化亚洲各国间经济联系，形成亚洲经济发展共同利益，提升亚洲经济发展水平和国际地位；第三步，推动形成亚洲经济共同体，提升与北美和欧盟博弈中的话语权，为促进国际政治经济新秩序的形成铺垫基础。

在“三大战略”中，京津冀协同发展战略具有特殊作用。首先，京津冀协同发展是实现我国全面发展战略的基础。京津冀地区是我国北方规模最大、发展水平最高的经济增长区，是带动环渤海、辐射北方腹地的重要引擎，是中国第三经济增长极。京津冀所辐射的环渤海地区和北方腹地，覆盖中国 50% 以上的土地，而该区域自改革开放以来一直是我国经济发展的软肋。京津冀作为环渤海区域的中心，无论是从地理区位还是经济联系看，都是带动环渤海和北方地区发展的关键。发挥京津冀的引擎作用，带动广大北方地区参与到全国经济发展的大棋局中，是实现以点带面、推动全局发展的战略新布局。其次，京津冀协同发展战略是“三大战略”的重要交汇点。

从空间布局看，京津冀区域和长三角区域是“一带一路”廊道与我国区域经济布局交汇的关键节点，京津冀区域是两条陆上廊道和一条海上廊道的起点，是国内对外贸易的交通枢纽和桥头堡。推动京津冀协同发展，全面扩大对外开放领域，不断提升对外开放水平，提高区域综合发展能力和对外辐射能力，是推动“一带一路”战略落实的关键步骤。

“三大战略”实施以来取得了明显成效。“一带一路”建设推动了对外经济交往领域不断扩大，有效提升了中国的对外开放水平和国际地位；“长江经济带”战略带动了沿江 11 个内陆省份实现快速发展，尤其是西南地区发展速度后来居上；京津冀协同发展在交通一体化、环保一体化、要素市场一体化三个方面取得实质性突破。随着“三大战略”的不断推进和我国区域发展战略体系的进一步完善，京津冀区域协同发展面临更重要的任务：一是创新区域协同发展新模式，为区域内部发展不平衡性较大区域的协同发展探寻适合的发展道路，从而为我国由区域不平衡发展向区域平衡发展转变提供实践依据；二是探索区域协同发展新路径，为国内其他区域，尤其是东北、西北地区的发展提供经验借鉴，从而为实现我国全面发展奠定基础；三是开创我国区域一体化新局面，即通过推动京津冀区域协同发展不断迈上新台阶、取得新成就，强化其在“一带一路”战略中的桥头堡作用，既是探索我国区域一体化的新实践，也是推动我国“一带一路”战略不断深化的新探索，必将开创我国区域经济一体化新局面。

（二）经济发展新常态的深化与供给侧结构性改革

2016 年，中国经济仍然在新常态下运行，继 2015 年经济增速创造新低以后，各方预测 2016 年中国经济增速进一步小幅下行至 6.7%。在经济进入并将长期处于新常态的宏观背景下，以习近平总书记为核心的党中央多次强调读懂新常态、适应新常态、引领新常态的重要性，并提出在适度扩大总需求的同时，着力加强供给侧结构性改革，着力提高供给体系质量和效率，增强经济持续增长动力，推动我国社会生产力水平实现整体跃升。供给侧结构性改革成为 2016 年中国经济社会发展的新基调，成为京津冀区域协同发展面临的新任务。

京津冀协同发展与供给侧结构性改革是相辅相成、相互促进的。首先，京津冀协同发展本质上是供给侧结构性改革的先行先试。京津冀协同发展的根本目标就是要通过区域间的功能整合，提升区域内全要素的生产率，降低市场的制度性成本，从而使京津冀地区真正实现优势互补，互利共赢，其本质就是向制度要空间，向改革要红利。这一思路与供给侧结构性改革的内涵是一致的。从这个意义上说，京津冀协同发展是我国区域协调发展中供给侧结构性改革的先行先试。其次，京津冀协同发展最重要的新机遇就是供给侧改革。只有供给侧实现了全面的改革，才能真正地与需求侧相匹配，进而实现京津冀地区经济的转型升级，从而促进消费回流，构建全球竞争优势，形成区域发展的核心动力。再次，京津冀协同发展是对供给侧结构性改革的有力支撑。长三角、珠三角和京津冀是我国三大重要的城市群和增长极，面积不足全国 2.8% 的国土，但集聚了全国 18% 的人口，创造了全国 36% 的 GDP，是我国经济发展的三个重要引擎，三大城市群率先通过供给侧结构性改革实现经济可持续发展是全国经济稳定增长的基础。其中，京津冀的率先作用尤其重要。因为在三大城市群中，京津冀城市群发展失衡问题最为突出。通过区域供给侧结构性改革实现资源在区域内的合理配置，提升经济发展质量和效益，进而推动区域实现全面协调可持续发展，既是京津冀城市群自身发展的需要，也是我国经济发展全局的需要。最后，京津冀协同发展战略的实施，必须通过改革创新，特别是供给侧结构性改革的不断深化和构筑国家各个战略间协同发展的长效机制来实现。

不断深化供给侧结构性改革，提升区域协同发展效益，京津冀协同发展面临新的任务：一是必须切实将结构性改革作为引领协同发展的指导思想，不仅要实现协同发展，还要实现高质量高效益的协同发展，协同发展的各领域工作都要遵循供给侧结构性改革的总体要求；二是坚持供给侧和需求侧两端发力，实现经济增长动力的平衡，实现供给和需求在更高水平上的均衡，实现社会生产力的全面提高；三是创新发展路径，向改革要红利，向制度要空间，通过区域体制机制创新创造新的发展机遇，真正提高区域核心竞争力和国际竞争优势。

（三）京津冀协同发展取得的成就与面临的问题

一年来，京津冀三地政府认真贯彻落实《京津冀协同发展规划纲要》，协同发展不断取得新进展：一是协同发展规划体系逐渐建立与完善。京津冀“十三五”规划、京津冀城际铁路网规划等顶层设计和土地、水利、医疗等多个专项规划相继编制完成，并开始逐一推动落实，基本形成了目标一致、层次明确、互相衔接的京津冀协同发展规划体系；二是非首都功能疏解有序推进。2016 年，北京调整疏解商品交易市场 117 家，清理淘汰一般性制造业企业 335 家，一批学校、医院等有序向外疏解；三是重点领域率先取得突破。在交通一体化、环保一体化、要素市场一体化三方面取得重要进展，公共服务协作也迈入快车道；四是改革创新试点示范持续深化。京津冀系统推进全面创新改革试验方案获国务院批复，京津冀众创空间联盟成立，天津自贸试验区“金改 30 条”政策措施基本落地，北京创新发展 20 条出入境政策措施出台实施，农村股份合作、水资源税、医药产业转移异地监管等改革工作稳步推进。社会资本参与交通基础设施建设与运营合作在京津冀率先启动，高端装备制造业标准化、食品安全追溯体系建设等试点工作积极推进等。

在京津冀协同发展不断取得新进展的同时，仍然存在一些突出的矛盾和问题，这些矛盾和问题是区域协同发展深入推进所必须要解决的问题：一是区域内部发展不平衡矛盾日益突出。2015 年统计数据显示，北京市 GDP 达到 22968.6 亿元，比天津市高（2015 年天津 GDP 为 16538.19 亿元）38.9%，与 2014 年相比，差距提高 3.2 个百分点；2015 年北京 GDP 是京津冀城市群经济总量最小的衡水市（2015 年衡水市 GDP 为 1220 亿元）的 18.8 倍，差距同比扩大了 10 个百分点；2015 年，京津冀三地中，天津市人均 GDP（10.9 万元）是河北省（4.15 万元）的 2.63 倍，这一差距与 2014 年相比扩大了 2 个百分点。区域内部发展不平衡的进一步加剧是与协同发展的总目标相背离的，这是实现协同发展的最大障碍；二是资源环境压力加大。天津市已经连续两年人均水资源量不足100立方米，北京、河北两地的水资源状况也不乐观，均属于国际标准中极度缺水区域。京津冀区域空气环境质量改善举步维艰，空气污染程度不断加剧，雾霾不仅仅成为影响京津冀区域经济发展的重要破坏性因素，更是影响人们身体健康的不利因素，已经成为广受关注的社会性问题；三是区域协同发展还存在体制机制障碍。当前京津冀区域协同发展取得的一些成就主要集中在实体经济领域和基础设施领域，而实现三地真正协同发展的体制机制瓶颈仍有待突破。北京在转移非首都功能的同时还需要给天津和河北更多政策和制度上的优惠，使三地在行政体制协调方面具有更平等的话语权。

二　指标体系与测度结果

综合发展水平的提升是天津推动京津冀区域协同发展的保障。随着京津冀区域协同发展战略的不断推进，天津综合发展水平不断提高，为在区域协同发展中进一步发挥引擎作用奠定了坚实基础。本报告在《京津冀蓝皮书——京津冀发展报告（2016）》的基础上，运用天津综合发展指数评价指标体系和灰色关联分析方法对天津综合发展指数进行评价，通过评价对比分析天津综合发展水平的变化情况。

（一）指标与数据说明

研究中的指标仍采用六个准则层（支撑力、驱动力、创造力、凝聚力、辐射力、承载力）37项具体指标，相关指标数据是在2000~2013年指标数据的基础上加入2014~2015年相关指标数据。数据来源为国家统计局和相应年份的《天津统计年鉴》、《天津国民经济和社会发展统计公报》。

（二）指标权重的计算和分析

在对指标数据进行标准化处理后，运用灰色关联分析方法计算得到各指标及准则层权重（见表8-1）。

表 8－1 天津综合发展评价指标权重

目标层	准则层(权重)		指标层	层内权重		综合权重	
	2013 年	2015 年		2013 年	2015 年	2013 年	2015 年
综合发展力	支撑力(0.1729)	支撑力(0.1796)	GDP 总量(亿元)	0.2145	0.2186	0.0435	0.0393
			人均 GDP(元)	0.2038	0.2064	0.0324	0.0371
			地方财政一般预算收入(亿元)	0.2237	0.2303	0.0293	0.0414
			城镇化率(%)	0.1532	0.1683	0.0170	0.0302
			地方生产总值占全国 GDP 比重(%)	0.2047	0.1765	0.0198	0.0317
	驱动力(0.1753)	驱动力(0.1796)	全社会固定资产投资总额(亿元)	0.2082	0.2085	0.0442	0.0374
			社会消费品零售总额(亿元)	0.2086	0.2086	0.0443	0.0375
			外贸进出口总额(亿美元)	0.2084	0.1903	0.0443	0.0342
			实际利用外资金额(万美元)	0.2084	0.2084	0.0443	0.0374
			高新技术产业增加值占工业增加值比重(%)	0.1664	0.1843	0.0353	0.0331
	创造力(0.1721)	创造力(0.1797)	每万人国家专利授权量(件)	0.2559	0.2667	0.0509	0.0479
			新增就业人数(人)	0.2411	0.2354	0.0479	0.0423
			万人拥有专业技术人员(人)	0.2488	0.2489	0.0494	0.0447
			R&D 占 GDP 比重(%)	0.2542	0.2491	0.0505	0.0448
	凝聚力(0.1740)	凝聚力(0.1638)	每百人公共图书馆藏书(册)	0.0862	0.0874	0.0177	0.0143
			城镇人均可支配收入占人均 GDP 比重(%)	0.0839	0.0862	0.0172	0.0141
			参加基本养老保险占比(%)	0.0863	0.0892	0.0177	0.0146
			在岗职工平均工资水平(元)	0.0865	0.0875	0.0178	0.0143

续表

目标层	准则层(权重)		指标层	层内权重		综合权重	
	2013 年	2015 年		2013 年	2015 年	2013 年	2015 年
综合发展力	凝聚力(0.1740)	凝聚力(0.1638)	城镇调查失业率(%)	0.0738	0.0828	0.0151	0.0136
			常住外来人口占人口比重(%)	0.0864	0.0881	0.0177	0.0144
			人均道路面积(平方米)	0.0864	0.0798	0.0177	0.0131
			万人拥有公交车辆(标台)	0.0866	0.0806	0.0178	0.0132
			每千人拥有执业医师数(人)	0.0867	0.0827	0.0178	0.0136
			每千人拥有医疗机构床位数(张)	0.0679	0.0805	0.0139	0.0132
			教育经费占财政支出比重(%)	0.0865	0.0690	0.0177	0.0113
			城市绿化覆盖率(%)	0.0828	0.0860	0.0170	0.0141
	辐射力(0.1626)	辐射力(0.1793)	技术市场合同成交总额(亿元)	0.1519	0.1507	0.0275	0.0270
			对外经济合同额(万美元)	0.1515	0.1507	0.0274	0.0270
			货物周转量(亿吨公里)	0.1466	0.1440	0.0265	0.0258
			旅客周转量(亿人公里)	0.1410	0.1454	0.0255	0.0261
			金融机构存款余额(亿元)	0.1517	0.1503	0.0274	0.0270
			金融机构贷款余额(亿元)	0.1514	0.1505	0.0274	0.0270
			入境游客数(百万人次)	0.1059	0.1083	0.0192	0.0194
	承载力(0.1431)	承载力(0.1180)	人均水资源(立方米)	0.2269	0.2151	0.0325	0.0254
			人口密度(人/平方公里)	0.2489	0.2611	0.0356	0.0308
			万元 GDP 电耗(千瓦时)	0.2617	0.2644	0.0375	0.0312
			万元 GDP 能耗(吨标准煤)	0.2625	0.2594	0.0376	0.0306

注：表中准则层和各指标权重中，2013 年数据是 2000 ~2013 年数据计算的结果，2015 年数据是 2000 ~2015 年数据计算的结果，这里分别显示，目的是与《京津冀发展报告（2016)》进行对比，分析天津综合指数变化情况。

2000～2015 年天津综合发展指数评价结果显示，各准则层在综合发展指数中所占的权重差距不是很大，说明在天津市经济社会发展过程中，支撑力、驱动力、创新力、凝聚力、辐射力、承载力都不同程度地发挥了重要作用，各种力量对天津综合发展的支撑能力比较均衡，天津综合发展仍呈现全方位协调支撑模式。与 2013 年评价结果相比，2015 年支撑力、驱动力、创造力、辐射力权重均有提升，其中，辐射力权重提升幅度较为明显，说明辐射力对于天津综合发展能力的影响逐渐加强，也说明在区域协同发展中，天津作为核心城市辐射作用不断增强。另外，相比其他准则层而言，承载力权重最小，说明资源环境压力仍然是天津经济社会可持续发展的瓶颈。

（三）天津综合发展指数变化趋势分析

根据表 8－1 权重，本文计算得到 2000～2015 年各年份天津综合发展指数及各项分指数得分情况（见表 8－2）。

表 8－2　天津综合发展指数（2000～2015 年）

年份	支撑力指数	驱动力指数	创造力指数	凝聚力指数	辐射力指数	承载力指数	综合发展指数
2000	-1.23451	-1.45873	-0.66482	-1.45382	-1.01813	-1.01019	-1.14306
2001	-1.18512	-0.75970	-0.44407	-1.22707	-0.96020	-0.86874	-0.90476
2002	-1.11583	-0.56416	-0.55157	-1.67132	-0.84251	-0.77803	-0.91748
2003	-0.98912	-0.78972	-0.36246	-1.14294	-0.85188	-0.38002	-0.76941
2004	-0.89118	-0.53870	-0.42598	-1.39147	-0.54896	-0.19330	-0.68252
2005	-0.41062	-0.47067	-0.36068	-0.98589	-0.38000	-0.00793	-0.45365
2006	-0.35666	-0.33306	-0.25731	-0.53562	-0.27204	0.00542	-0.30598
2007	-0.29889	-0.49733	0.18512	0.29644	0.03275	0.06285	-0.04789
2008	-0.01283	-0.23975	-0.01685	-0.05619	-0.11761	0.41555	-0.02965
2009	0.13651	-0.02120	-0.06414	-0.21082	0.38269	0.35462	0.08511
2010	0.41603	0.31454	0.29173	0.65931	0.64108	0.24619	0.43563
2011	0.75013	0.64246	0.12553	0.28832	0.53631	0.47815	0.47248
2012	1.01121	0.78792	0.32068	1.01476	0.68420	1.03240	0.79147
2013	1.24597	1.11819	0.49600	1.79444	0.61360	0.69668	0.99989
2014	1.42585	1.28190	0.61697	1.83464	0.84238	-0.12445	1.03405
2015	1.50905	1.52801	1.11186	0.68795	1.25830	0.07082	1.09191

注：评价结果中负号表示低于平均水平。

1. **综合发展指数持续增长**

2000～2015 年，天津综合发展指数呈现不断上升趋势，如图 8－1 所示。其中，2000～2008 年的综合发展指数得分低于平均水平，2009～2015 年的综合发展指数得分高于平均水平，说明 16 年间，天津的综合发展趋势比较平稳。2014～2015 年，天津综合发展指数增长出现放缓趋势。

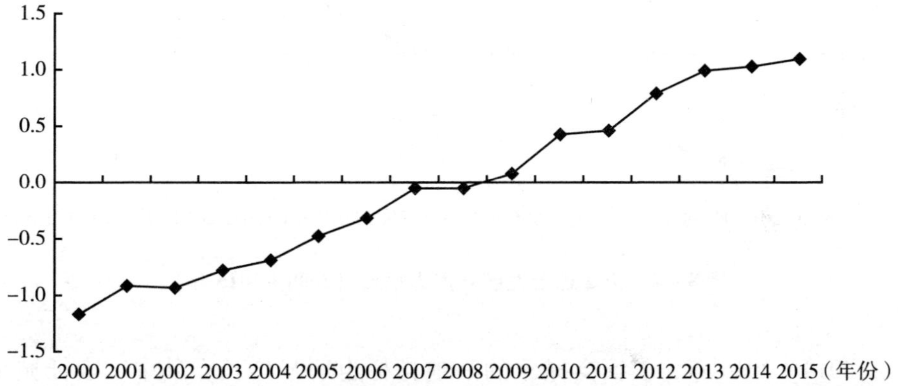

图 8－1　天津综合发展指数（2000～2015 年）

2. **支撑力指数显著提升**

2000～2015 年，天津综合发展支撑力指数呈不断上升趋势，如图 8－2 所示。其中，2000～2008 年的支撑力指数得分低于平均水平，2009～2015 年的支撑力指数得分高于平均水平。从趋势上看，2007 年以后，支撑力的增长趋势十分稳定。主要是因为，代表支撑力的指标均是总量型指标，是经济发展不断积累的结果，这些指标发展趋势稳定，表示天津经济的发展基础日益稳固。2014～2015 年，支撑力指数增长也出现一定程度的放缓趋势，主要原因是，随着经济发展进入新常态，经济总量的增长速度普遍由高速进入中高速。以 GDP 为例，2000～2013 年的 14 年间，天津一直保持两位数的增长速度，特别是 2007～2011 年的 5 年间增长速度超过 15%。但是，2011 年以后，天津经济增速开始放缓，2012 年 GDP 增长率下降到 13.8%，2013 年为 12.5%，2014 年进一步下降到 10.2%，2015 年天津 GDP

增速只有9.3%。尽管增速放缓，天津市2014～2015年经济总量仍然迈过1.5万亿元大关，分别达到15722.47亿元和16538.19亿元。

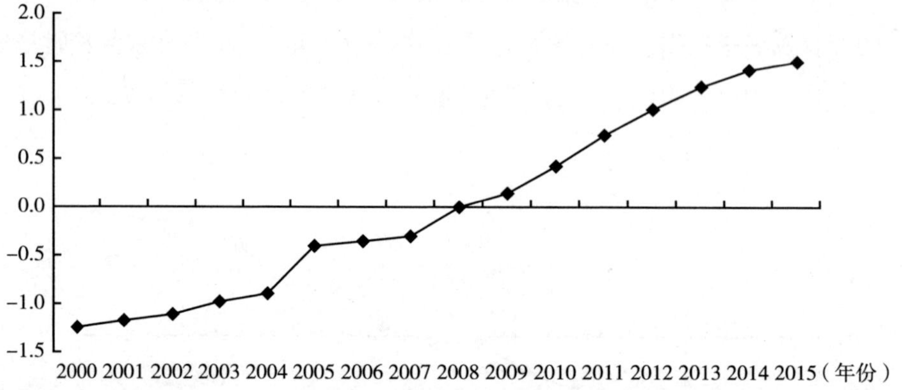

图8-2　天津综合发展支撑力指数（2000～2015年）

2014～2015年，表征支撑力的其他指标也明显增长。其中，表征城市化进程的城镇化率指标不断提高，从2013年的82%提高到2015年的82.61%；人均GDP由2013年的100105元增长到2015年的107960元；地方财政一般预算收入从2013年的2079.07亿元提高到2015年的2667.11亿元。

3.驱动力指数增长趋势增强

2000～2015年，天津综合发展驱动力指数总体呈不断上升趋势，如图8-3所示。其中，2000～2009年的驱动力指数得分低于平均水平，2010～2013年的驱动力指数得分高于平均水平，从趋势上看，2007年以前，驱动力指数增长缓慢且发展不平稳，2007年后驱动力开始持续快速增长，说明支撑天津综合发展的驱动能力正在不断增强，并且发展趋势逐渐平稳。

从具体指标来看，在拉动经济增长的“三驾马车”中，投资和消费保持了快速增长，而外贸进出口总额受国际环境影响略有下降。2013～2015年天津固定资产投资从9130.25亿元增长到11831.99亿元；社会消费品零售总额从4470.4亿元增长到5257.3亿元；外贸进出口总额从1285.02亿美

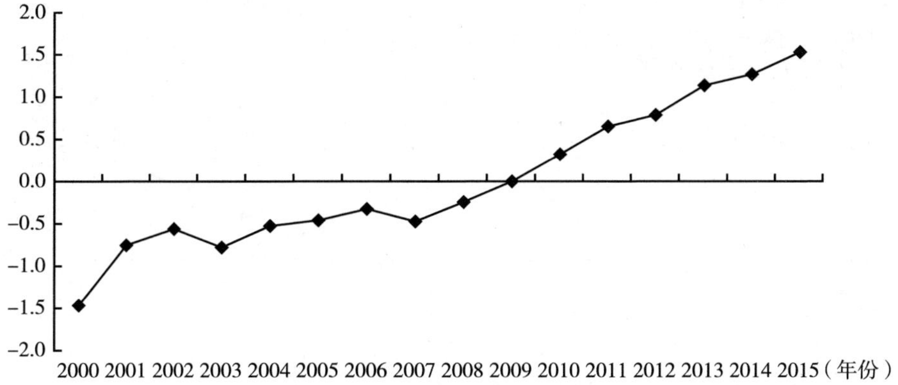

图 8－3 天津综合发展驱动力指数（2000～2015 年）

元下降到 1143.47 亿美元。实际利用外资金额和高技术产业增加值占工业总产值比重均略有上升。2013～2015 年，天津实际直接利用外资金额从 168.29 亿美元增长到 211.34 亿美元；高技术产业增加值占工业增加值的比重从 30.8% 提高到 31.9%。

4. 创造力指数波动上升

2000～2015 年，天津综合发展创造力指数总体呈上升趋势，但上升速度缓慢，且其间波动比较明显，如图 8－4 所示。在考察的 16 个年份中，有 5 个年份创造力指数出现了下降的趋势，说明支撑天津综合发展的创造力虽然表现出不断增强趋势，但发展趋势仍然不稳定。

从具体指标来看，除万人拥有专业技术人员数出现下降外，其他指标均呈稳定上升趋势。2013～2015 年，天津每万人国家专利申请数从 16.89 件增长到 35.68 件，增长了一倍多；新增就业人数从 44.32 万人增长到 48.85 万人，在经济增长放缓的大背景下，私营和个体企业成为吸纳劳动力的主要载体；万人拥有专业技术人员数从 300 人下降到 268 人，说明在从业人员中，高技术人才的比重有待进一步增加；R&D 占 GDP 的比重从 2.8% 增长到 3.0%，也有显著提高。

5. 凝聚力指数尚不稳定

2000～2015 年，天津综合发展凝聚力指数总体呈缓慢上升趋势，但波

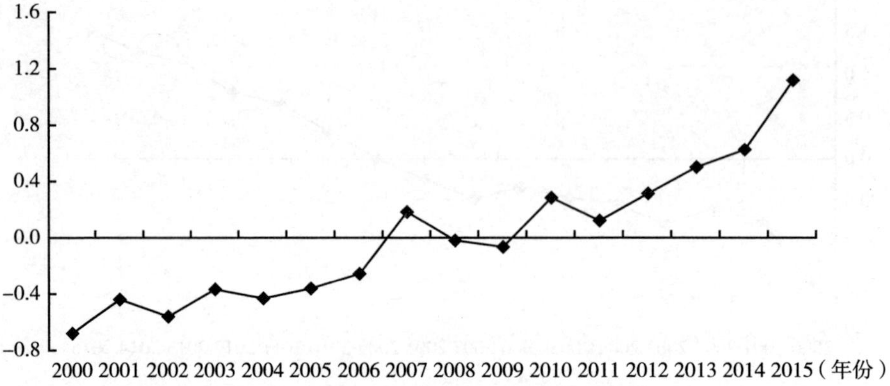

图 8-4　天津综合发展创造力指数（2000~2015 年）

动明显，尤其是在 2015 年出现了明显的下降，如图 8-5 所示。说明支撑天津发展的凝聚力不稳定性较强。虽然近年来天津经济社会发展总体稳中有进，经济总量增加较快，增长速度和发展水平在全国位居前列，但在经济成果的分配方面还存在问题，城市基础设施和公共服务水平有待提高。

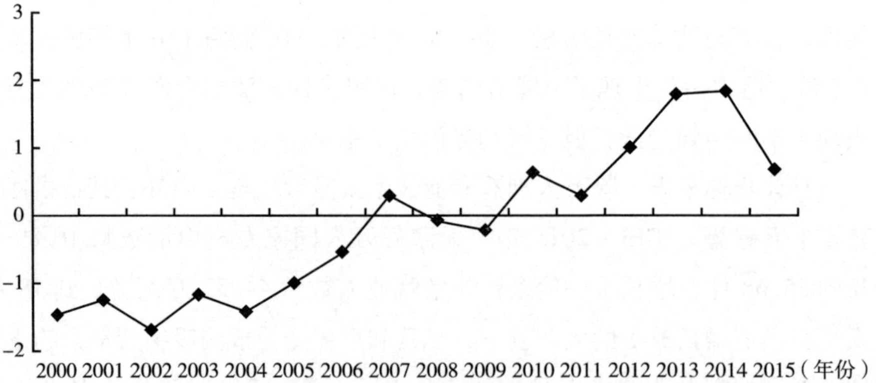

图 8-5　天津综合发展凝聚力指数（2000~2015 年）

从具体指标来看，2013~2015 年，表征凝聚力的多项指标均表现出明显下降，其中，城镇人均可支配收入占人均 GDP 的比重由 32.62% 下降到

31.59%，说明人民收入水平的增长与经济发展还存在差距；人均道路面积由18.74平方米/人下降到16.02平方米/人，说明城市建设并没有与其人口集聚同步发展；每千人拥有执业医师数从3.92人下降到2.3人，说明城市公共卫生服务与城市发展不同步；教育经费占财政支出的比重从18.1%下降到15.7%，一定程度上反映出公共服务水平提高缓慢，与城市的快速发展不相适应。

6. 辐射力指数缓慢增长

2000~2015年，天津综合发展辐射力指数总体呈上升趋势，尤其在2014~2015年，上升趋势十分明显，如图8-6所示。这种情况表明，天津作为京津冀城市群的第二大中心城市，随着区域协同发展的不断推进，其辐射作用也在提高。

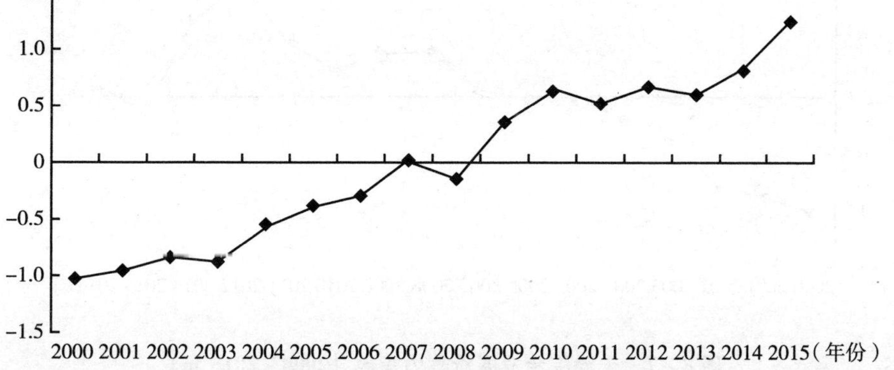

图8-6 天津综合发展辐射力指数（2000~2015年）

从具体指标来看，2013~2015年，除客货周转量两项指标外，其余表征辐射力的指标均呈快速增长趋势，其中，技术市场合同成交总额从276.16亿元增长到503.44亿元，增长了近一倍；对外经济合同额从207.33亿美元增长到313.5亿美元；金融机构存款余额从22268.27亿元增长到28149.37亿元，金融机构贷款余额从18987.54亿元增长到25994.68亿元；入境游客数从76万人次增长到78万人次。2013~2015年，天津市货物周转量从267.09亿吨公里下降到252.3亿吨公里；旅客周转量从3097.39亿人公里下降到2519.22亿人公里。这两项指标呈下降趋势与当前我国客货运方式的变化有直接关系，随着高速公路和高速铁路里程的不断增长，客货运效率的提高是必然趋势。

7. 承载力指数出现下降趋势

2000～2015年，天津综合发展承载力指数总体呈缓慢上升趋势，但波动明显，尤其是2013～2015年，承载力指数下降趋势十分明显，如图8－7所示。这种状况表明，随着天津经济社会发展需求的不断提高，资源环境的承载能力无法完全满足经济社会发展的需要，开始表现出承载力相对不足的趋势。

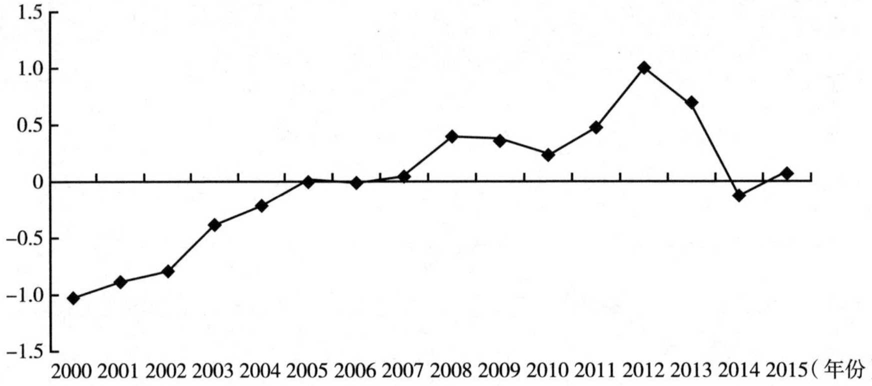

图8－7　天津综合发展承载力指数（2000～2015年）

从具体指标来看，尽管在2013～2015年，万元GDP电耗和万元GDP能耗两项指标均显著下降，分别从598.84千瓦时和0.64吨标准煤下降到317.44千瓦时和0.5吨标准煤，说明天津市近两年的节能减排工作取得显著成效，对于改善城市生态环境、提高承载力具有重要作用；但人均水资源量和人口密度两项指标却急剧恶化，其中，人均水资源量从2013年的145立方米下降到83.56立方米，人口密度由1252人/平方米增长到3492人/平方米，说明人口的快速增长和经济活动的日益频繁给资源环境带来了巨大压力，特别是水、土地等自然资源的消耗十分迅速。

三　主要进展和未来举措

综上可见，一年来，天津综合发展能力明显提高。其中，京津冀协同发展给天津带来重大发展机遇，创造了重要发展空间。天津也借此积极为京津冀协同发展打造新平台，为京津冀城市群功能优化拓展新空间，不断深化与京冀两地的交流合作，在协同发展领域取得重要突破。

（一）平台建设取得新成就

天津作为京津冀城市群的核心城市之一，是协同发展的关键节点。为推动京津冀区域协同发展，一年来，天津以滨海新区为依托，以自贸区建设为创新突破口，以区县产业园区为载体，积极建设京津冀协同发展新平台。

1. 滨海新区在协同发展中积极唱主角作示范

滨海新区是天津经济发展的引擎，同时也是国家级先行先试区域，在京津冀协同发展中具有极其重要的地位与作用。统计显示，2016 年滨海新区生产总值将突破万亿元大关，从而使这个仅占京津冀 1% 的面积的地区成为京津冀区域内经济增长最强劲的动力源。自京津冀协同发展战略实施以来，滨海新区坚持引进重点项目，累计建成投产 233 个重点工业项目，形成汽车及装备制造、石油化工、电子信息、粮油轻纺四大千亿元级产业，航空航天、新能源、生物医药等战略性新兴产业年均实现两位数以上增长；坚持以创新为引领，累计建成市级以上研发中心 429 家，科技型中小企业突破 2.6 万家，飞腾 CPU、麒麟操作系统、水下机器人等一批技术产品居全国领先水平；坚持以改革为动力，在全国率先探索行政审批制度改革，开展期货保税交割、保税展示交易、人民币跨境结算、跨境电子商务、航空保税维修再制造等业务试点，打造中国首个绿色发展综合示范区；进一步扩大对外开放，近三年实际利用外资 330 余亿美元，吸纳世界 500 强企业投资项目超过

400个，设立境外机构105家，中方投资额超过110亿美元①。

为落实好京津冀协同发展战略，滨海新区努力打造天津经济技术开发区、中心商务区、保税区、高新区、中新天津生态城、东疆港保税区、临港经济区七大功能区，为承接非首都功能转移、强化京津冀三地联动、推动区域协同发展探索新体制、搭建新平台。其中，天津经济技术开发区定位为科技创新引领区，以承接首都优质创新资源为目标；中心商务区致力于建设企业总部区，以总部招商带动优质资源集聚；保税区凭借独特优势主动承接非首都核心功能项目资源；高新区以建设具有国际竞争力的产业创新中心为主线，着力推动国家自主创新示范区建设；中新天津生态城着力构建包括产业发展、科技创新、社会事业、园区建设等在内的经济社会综合发展示范区；东疆保税港区以自贸区优势为依托，致力于推动北方国际航运中心核心功能区建设；临港经济区积极响应协同发展战略对天津的定位要求，努力打造高端装备制造基地②。

同时，在推进京津冀协同发展中，滨海新区谋划长远，坚持集聚创新要素。依托天津滨海—中关村科技园，努力吸引中关村的科技创新优势向滨海新区延伸。通过推动首都优质科技创新资源与天津先进制造业的紧密结合，进一步促进区域间要素流动和创新发展③。

2. 自贸区着力于制度创新积极为协同发展破解体制机制障碍

改革开放以来，天津凭借地理区位优势和先试先行的政策优势，积极推动外向型经济发展取得良好成效，已经成为我国北方对外开放的重要窗口和首都北京与世界经济贸易往来的主要通道。天津自贸区的成立不仅为天津进一步扩大开放奠定了良好的基础，同时也为京津冀区域的对外交流打造了一个更高的平台，是推动京津冀区域协同发展的重要战略举措。天津自贸区设

① 《风劲潮涌奋楫先》，天津政务网，http：//www. bh. gov. cn/html/bhxqzww/CYDT26537/ 2017 - 01 - 13/Detail_ 921417. htm。

② 《新区聚焦京津冀协同发展战略　七大功能区找准定位》，天津网，http：//www. tianjinwe. com/tianjin/bh/jmbh/201611/t20161121_ 1079192. html. 2016 - 11 - 21/2017 - 01 - 02。

③ 《京津签署协议加快建设“滨海—中关村科技园”》，天津北方网，http：//news. enorth. com. cn/system/2016/09/29/031199022. shtml. 2016 - 09 - 29/2017 - 01 - 06。

立以来，在以下三方面取得了重要突破：一是完善自贸区基础设施环境。设立了10个无水港，为企业对外经济交流活动提供了良好的载体；二是积极探索体制机制创新。通过实施京津冀海关区域通关一体化改革，有效缩短了通关时间，提高了通关效率，节约了通关成本。同时还实行了企业设立登记制度改革，实现了基于社会信用体系的市场监管，有力推动了政府监管方式的转变；三是积极服务京津冀区域协同发展。自贸区与北京、河北等地建立了长效的合作机制，主动服务两地企业发展。未来，天津自贸区将不断加强顶层设计，积极推动行政管理体制改革、投资体制改革、贸易便利化等体制机制创新探索，在“金改30条”已落实70%的基础上，继续探索金融领域的开放创新，加快三地通关服务和口岸物流一体化、金融服务和监管一体化、区域要素资源配置一体化建设，实现以项目为抓手、以自贸区建设为依托的区域协同发展新机制①。

3. 区县产业园区成为承接京冀产业转移的集聚区

在推动京津冀协同发展过程中，天津市各区县通过建设高水平产业对接平台积极承接非首都功能转移。京滨工业园、未来科技城、天津南站科技商务区等一批布局区县的产业园区建设步伐加快，已成为京津冀区域特色产业集聚区。

天津京滨工业园，是国家自主创新示范区和高新技术产业园区。位于天津市武清区，北接北京通州、西接河北廊坊，地处京津冀“金三角”核心区域。距首都国际机场65公里，滨海新区75公里，周边有三条高速公路四个出入口，5～15分钟车程即可到达。优越的交通区位为区域开放发展提供了先决条件。由于与北京、河北两地在地理位置和经济交往中联系紧密，京滨工业园对于推动京津冀区域协同发展具有重要意义，因此在规划之初就遵循“高起点规划、高标准建设、高效能管理”的原则。经过初步建设发展，京滨工业园已经形成新材料、精密设备制造两大主导产业，汇聚了一大批国

---

① 《治国理政新实践天津篇：天津自贸区京津冀协同新引擎　改革将涉深水区》，天津北方网，http：//news. enorth. com. cn/system/2016/03/07/030847653. shtml. 2019 - 03 - 11/2017 - 01 - 11。

际国内知名企业和科研院所。为积极推动京津冀区域协同发展战略落实，京滨工业园将进一步完善基础设施和投资环境，努力探索产业体系发展新路径，不断向以科技金融为主的现代服务业和高端制造业转型，打造京津冀协同发展先行区①。

天津未来科技城是中组部、国务院国资委确定的全国率先启动建设的四个未来科技城之一，坐落于天津滨海高新技术产业开发区，由规划面积30.5平方公里的核心区和144.58平方公里的拓展区组成，是承载京津合作的重要平台，也是承接非首都功能和资源的重要空间载体。未来科技城更加注重科技创新研发和战略性新兴产业发展，通过完善的功能区设置，实现对科技创新资源的吸引和战略性新兴产业的集聚发展。以人为本的人才发展理念是支撑未来科技城科技创新活动的关键因素，在这方面，未来科技城积极创新体制机制，为吸引优质科技创新人才入住不断加快国家级重点实验室、国家工程实验室、国家工程技术研究中心、国家企业技术中心、国家级科技企业孵化器、国家级生产力促进中心等科技研发载体建设，为高层次人才发展提供平台。在产业体系构建方面，未来科技城以天津优势战略性新兴产业为基础，以国际前沿领域为目标，致力于对现有的新能源及新能源汽车、新一代信息技术、航空航天、生物技术和高端装备制造等进行升级改造，利用国际一流创新资源，形成一批高水平的原始创新成果并迅速实现产业化。未来科技城凭借有利的地理区位、超前的发展理念、完善的基础设施等，为吸引京津冀区域高层次人才集聚、高科技产业项目落户提供了良好的基础，是加速京津冀区域科技创新要素流动和优化配置的重要载体，是推动京津冀区域协同发展的战略前沿。

南站科技商务区坐落于西青区张家窝镇，区域总规划面积10平方公里，规划总建筑面积731万平方米，规划人口15万人。其中核心区占地5平方公里，以天津南站综合交通枢纽为核心，向东西延伸为综合服务轴，向南北

① 《天津京滨工业园：雄踞京津冀“金三角”核心区域》，天津园区招商网，http://tj.cnipai.com/news/2017-05/198277.htm. 2017-0508/2017-0508。

延伸为沿京沪高铁生态景观轴，结合多个城市景观带和公共服务节点，构造成为一个集交通、商务、居住为一体的综合性立体城市副中心。目前，前期规划的科技研发区、科技商务区和配套住宅区三大功能区已经初具规模，具备了招商的条件，土地全部实现征转，具备企业落地条件。在招商引资方面，南站科技商务区创新采用“产业运营商”模式取得积极成效，已成功吸引北京多个企事业单位达成合作意向①。南站科技商务区不仅是天津与河北相联结的重要通道，同时也是天津通向华东、华中、华南区域的起点，是推动京津冀区域协同发展的关键着力点，也是提升天津全国区域经济中心功能、发挥辐射作用的重要节点。

（二）承接北京产业转移取得新进展

非首都功能疏解是京津冀区域协同发展的首要任务。天津积极创造条件承接首都产业和社会功能转移，并取得了一定成效。2016 年前三季度，天津引进京冀投资项目 1850 多个，投资额达 1587 亿多元。在 2017 年 1 月举办的天津市与中央企业落实京津冀协同发展战略恳谈会暨签约仪式上，中国安全食品谷项目、中亚锐思钢管（天津）有限公司项目、华电国际分布式能源站项目等 20 个央企项目集中签约落户，一些项目处于产业链枢纽环节，将有力带动相关资源要素聚集，进一步增强天津发展后劲，为推动京津冀协同发展注入强大动力②。

打造高端制造业基地是京津冀协同发展战略中天津最为重要的功能定位。为此，天津市在推进京津冀协同发展中积极创新思路，主动把本地的先进制造业优势与北京的科技创新资源对接，积极培育一批以企业集团、科技园区为载体的创新共同体，让创新资源在京津冀区域加速流动。同时，天津还主动充分对接首都创新资源，接受北京高新技术产业辐射，尤其是选择两

① 《西青区打造南站科技商务区　承接首都资源新载体》，天津北方网，http：//news. enorth. com. cn/system/2016/12/25/031438965. shtml. 2016－12－26/2017－01－09。

② 《20 个央企项目签约落户天津　总投资额达 1217 亿元》，天津北方网，http：//economy. enorth. com. cn/system/2017/01/06/031470626. shtml. 2017－01－06/2017－01－09。

地互补领域发力，利用本地的先进制造业优势，为科技创新要素到天津发展搭建平台。仅2016年紧邻北京的天津武清区目前就已引进北航智能制造研究院、北理工先进材料研究院等9家研究院，90多个高水平产业化项目落户津门。

在承接产业转移的同时，天津积极深化公共服务领域改革，推动京津冀公共服务一体化，为承接首都社会服务功能转移创造空间。为进一步优化医疗卫生资源配置，健全医疗卫生服务体系，为承接首都优质医疗资源扩散创造空间，天津市制定了《天津市医疗卫生服务体系建设规划（2015～2020年）》，计划建设由医院、基层医疗机构、社会医疗机构共同构成，兼顾公立和非公立医院的多层级系统医疗卫生服务体系。该服务体系除包含天津优势公共医疗服务资源（5个医学中心、9个区域医疗中心、9个专科诊疗中心和12个外围区综合医院）外，还将充分发挥区县生态环境优势，在宝坻、静海等区县建设医疗卫生资源拓展区和健康产业发展集聚区①。这一规划的实施将有力带动京津冀区域医疗资源和公共医疗服务优化配置，在完善各功能区公共医疗服务体系的同时，形成新的医疗卫生资源集聚优势，吸引首都医疗资源向天津转移，有效缓解首都社会公共服务压力。在推动京津冀区域教育协同发展方面，天津也进行积极探索，滨海新区着力引进首都的优质教育资源。目前清华大学附小、北师大附属学校已经落户，进入建设阶段，1～2年内就能实现招生，其他项目也正在积极洽谈中。

（三）深化区域交流合作的新举措

不断深化与京冀两地的交流合作、提高天津对内对外开放水平，是推动京津冀协同发展的重要任务。在这方面，天津首先是与京冀两地积极开展交流，深化合作，共同推进协同发展。在功能区布局、行政体制、区域标准制定、环境治理等方面不断取得共识。

---

① 《二级综合医院或整体转型　每千人拥有病床5.2张》，天津北方网，http：//news.enorth.com.cn/system/2016/12/14/031407270.shtml. 2019－12－14/2017－01－03。

与京冀深化合作方面，2016 年，天津港集团公司与唐山港集团股份有限公司签署框架合作协议成立津唐国际集装箱码头有限公司。此举将有助于推动环渤海形成天津港为中心，以唐山港、黄骅港为两翼的合理港口布局①。同时，天津继续加强与河北省的对口扶贫合作，在《对口帮扶承德市贫困县框架协议》指导下，天津市有关部门与承德市有关部门分别签署了《推进旅游一体化框架协议》《开展现代农牧业合作框架协议》《对口支援建设高等职业院校框架协议》《支援建设承德津冀六沟产业园区框架协议》等。根据上述协议，"十三五"期间天津市每年将安排 2 亿元对口帮扶资金帮助受援贫困县实现 2020 年脱贫目标。与北京、河北共同签署《京津冀林业数据资源协同共享工作机制》《京津冀林业数据资源协同共享管理办法》《京津冀专业技术人员职称资格互认协议》等合作协议，共同探索京津冀区域协同发展新机制。天津司法厅与北京、河北司法厅（局）签订了社区矫正、人民调解、司法鉴定和法律援助等方面 4 项合作协议，这标志着京津冀司法行政协同发展迈上新台阶。

在环境治理方面，天津市制订和发布了《天津市可再生能源发展"十三五"规划》。根据该规划，天津市将进一步加大可再生能源开发利用，特别是在太阳能发电、风力发电、生物质能综合利用、热资源开发等方面实施一系列重点工程，不断提升可再生能源的利用量，计划到 2020 年，实现年可替代标准煤 320 万吨。根据规划，天津市将重点在未来科技城、中关村京津科技园、京津州河科技产业园等京津冀协同发展功能承载平台和经济技术开发区、高新区、保税区、西青经济开发区、武清经济开发区、子牙循环经济产业区等重点开发区域建设分布式光伏发电项目。在"第三届京津冀协同创新共同体高峰论坛暨滨海—中关村科技园发展战略研讨会"上，京津冀企业就节能减排工作达成 11 项合作协议，包括天津天铁冶金集团有限公司、银龙预应力材料股份有限公司等 11 家单位与北京和隆优化科技股份有

① 《天津市河北省签署"1 +4"合作框架协议》，天津北方网，http：//news. enorth. com. cn/system/2016/11/09/031301902. shtml. 2016 - 11 - 09/2017 - 01 - 04。

限公司、正菱北方科技有限公司等企业就《天铁热轧加热炉精确燃烧控制技术开发》《典型钢铁企业酸洗废水多级耦合深度处理及资源化利用示范》等项目签署协议，京津冀三地钢铁行业将共同助力京津冀雾霾治理。

在积极扩大对内对外开放方面，天津积极落实京津冀协同发展和“一带一路”倡议，借助2016“智汇天津”产业技术创新高峰论坛暨国际合作洽谈会，吸引来自美国、加拿大、俄罗斯、西班牙、意大利等9个国家的代表参加，与百余家天津市科技型企业、科技园区和技术转移机构等展开了200余项次的技术需求与供给对接，达成技术合作、合资建厂、技术引进等初步合作意向80余项。目前，天津有科技型企业8万多家，达到亿元规模及以上的有3000多家；同时天津借助夏季达沃斯论坛，吸引90多个国家的政要、企业家、学者和媒体代表聚集津门。“十三五”时期，天津还将借自贸区建设，进一步扩大对内对外开放力度、广度和深度，引领京津冀区域真正成为我国北方地区对外开放的高水平平台。

参考文献

[1]《着力加强供给侧结构性改革》，新华网，http://news.xinhuanet.com/comments/2016-01/14/c_1117776578.htm. 2016-01-14/2017-01-08。

[2]《张庆伟：推进供给侧结构性改革　抢抓京津冀协同发展机遇》，新华网，http://he.people.com.cn/n2/2016/0111/c192235-27515970.html. 2016-01-11/2017-01-05。

[3] 律星光：《国家发改委解读九方面热点问题》，《财经界》2017年第2期。

[4]《风劲潮涌奋楫先》，天津政务网，http://www.bh.gov.cn/html/bhxqzww/CYDT26537/2017-01-13/Detail_921417.htm。

[5]《新区聚焦京津冀协同发展战略　七大功能区找准定位》，天津网，http://www.tianjinwe.com/tianjin/bh/jmbh/201611/t20161121_1079192.html. 2016-11-21/2017-01-02。

[6]《京津签署协议加快建设“滨海—中关村科技园”》，天津北方网，http://news.enorth.com.cn/system/2016/09/29/031199022.shtml. 2016-09-29/2017-01-06。

[7]《治国理政新实践天津篇：天津自贸区京津冀协同新引擎　改革将涉深水区》，天津北方网，http：//news. enorth. com. cn/system/2016/03/07/030847653. shtml. 2019 - 03 - 11/2017 - 01 - 11。
[8]《天津京滨工业园：雄踞京津冀“金三角”核心区域》，天津园区招商网，http：//tj. cnipai. com/news/2017 - 05/198277. htm. 2017 - 0508/2017 - 0508。
[9]《西青区打造南站科技商务区　承接首都资源新载体》，天津北方网，http：//news. enorth. com. cn/system/2016/12/25/031438965. shtml. 2016 - 12 - 26/2017 - 01 - 09。
[10]《20 个央企项目签约落户天津　总投资额达 1217 亿元》，天津北方网，http：//economy. enorth. com. cn/system/2017/01/06/031470626. shtml. 2017 - 01 - 06/2017 - 01 - 09。
[11]《二级综合医院或整体转型　每千人拥有病床 5. 2 张》，天津北方网，http：//news. enorth. com. cn/system/2016/12/14/031407270. shtml. 2019 - 12 - 14/2017 - 01 - 03。
[12]《滨海新区引进首都高等教育资源落户》，天津网，http：//www. tianjinwe. com/jhpd/sylm/dc/201612/t20161226_ 1090298. html. 2016 - 12 - 26/2017 - 01 - 10。
[13]《天津市河北省签署“1 + 4”合作框架协议》，天津北方网，http：//news. enorth. com. cn/system/2016/11/09/031301902. shtml. 2016 - 11 - 09/2017 - 01 - 04。
[14]《京冀开通异地就医直接结算》，新华网，http：//news. xinhuanet. com/local/2017 - 01/06/c_ 1120254413. htm. 2017 - 01 - 06/2017 - 01 - 11。
[15]《京津与河北签订结对帮扶协议》，中国经济网，http：//www. ce. cn/xwzx/gnsz/gdxw/201612/19/t20161219_ 18811258. shtml. 2016 - 12 - 19/2017 - 01 - 05。
[16]《京津冀司法行政协同发展　三省市签四项合作协议》，天津北方网，http：//news. enorth. com. cn/system/2016/11/18/031333461. shtml. 2016 - 11 - 18/2017 - 01 - 05。
[17]《滨海聚焦京津冀协同发展　七大功能区明确定位》，天津北方网，http：//house. enorth. com. cn/system/2016/11/21/031336524. shtml. 2016 - 11 - 21/2017 - 01 - 08。
[18]《天津与央企落实京津冀协同发展战略恳谈会举行》，天津北方网，http：//news. enorth. com. cn/system/2017/01/05/031469560. shtml. 2017 - 0105/2017 - 01 - 10。

B.9

河北推动京津冀协同发展的新进展与新举措*

摘 要： 为体现“创新、协调、绿色、开放、共享”五大发展理念，并结合河北实际，本文在2016年《京津冀蓝皮书》指标体系的基础上进行了完善，新指标体系依然包括支撑力、驱动力、创造力、凝聚力、辐射力5类指标。通过几何平均法，分别计算支撑力指数、驱动力指数、创造力指数、凝聚力指数、辐射力指数，再综合计算河北发展指数。对指数的结果进行了分析，并提出了提高河北综合实力的对策建议。

关键词： 综合发展 河北 支撑力 指数

从人口、资源、环境来看，河北省是京津冀地区的主体，在京津冀地区具有举足轻重的地位和作用。从人口来看，河北省人口占京津冀地区人口的近2/3；从经济总量来看，河北地区生产总值占该地区的44%；从资源来看，河北省地表总面积占87%，水资源总量占77%；从环境来看，河北省森林面积占86%，草原面积占90%。

在京津冀地区中，京津与河北的关系是城市与腹地的关系，城市的发展离不开腹地的支撑，腹地的发展需要城市的带动。长期以来，河北充分发挥

* 本文受到河北经贸大学京津冀一体化发展协同创新中心经费资助。

[作者简介] 李宝新，河北滦县人，河北经贸大学教授、博士，主要研究方向为经济统计；武义青，河北宣化人，河北经贸大学副校长、博士、研究员，主要研究方向为京津冀一体化、资源环境等。

腹地的作用，在水、生态等方面对京津两地做出了巨大的支持，但城市对腹地的带动还远远不够。河北综合发展指数的编制，不仅是河北自身状况发展的反映，也是京津冀协同发展成效的写照，即河北在资源等方面支持京津的发展，京津反哺河北，以确保2020年全面建成小康社会。

一　指标体系与评价方法

（一）指标体系构建

为体现“创新、协调、绿色、开放、共享”五大发展理念，并结合河北实际，我们在2016年《京津冀蓝皮书》指标体系的基础上进行了完善，新指标体系依然包括支撑力、驱动力、创造力、凝聚力和辐射力5类二级指标，25个三级指标，具体指标见表9－1。

表9－1　修改后的河北综合发展指数指标体系

一级指标	二级指标	三级指标	单位	备注
河北综合发展指标体系	支撑力	地区生产总值	亿元	
		地方一般预算财政收入	亿元	
		人均GDP	元	
		城镇化率	%	分析指标
		地区生产总值占全国地区生产总值比重	%	分析指标
		第三产业增加值占国内生产总值比重	%	分析指标
	驱动力	全社会固定资产投资总额	亿元	
		社会消费品零售总额	亿元	
		外贸进出口总额	万美元	
		实际利用外资金额	万美元	
	创造力	专利授权量	件	
		R&D经费支出	亿元	
		科学研究、技术服务业从业人员	万人	
		技术市场成交额	万元	
		R&D经费支出占GDP比重	%	分析指标

续表

一级指标	二级指标	三级指标	单位	备注
河北综合发展指标体系	凝聚力	城镇居民人均可支配收入	元	
		农民人均纯收入	元	
		在岗职工平均工资	元	
		人均财政支出	元	
	辐射力	货运周转量	亿吨公里	
		客运周转量	亿人公里	
		金融机构存款余额	亿元	
		金融机构贷款余额	亿元	
		入境游客数	万人次	
		国内游客数	万人次	

（二）评价方法

河北综合发展指数的编制采用支撑力等5类指数定基发展速度的几何平均数。定基发展速度是以某一固定时期（定为2005年）作为对比基数，将各期发展水平与之对比，这一速度指标能削除价格的影响，使动态数据更具可比性。具体指标见表9－1。

一级指标指数的计算公式为：

$$p = \sqrt[5]{p_1 \times p_2 \times p_3 \times p_4 \times p_5}$$

式中：p 为一级指标指数——河北综合发展指数；p_1 － p_5 为二级指标指数，其中 p_1 为支撑力指数；p_2 为驱动力指数；p_3 为创造力指数；p_4 为凝聚力指数；p_5 为辐射力指数。

各二级指标指数的计算公式为：

$$p_1 = \sqrt[3]{p_{11} \times p_{12} \times p_{13}}$$

式中：p_{11} 为地区生产总值指数；p_{12} 为公共财政预算收入指数；p_{13} 为人均生产总值指数。

$$p_2 = \sqrt[4]{p_{21} \times p_{22} \times p_{23} \times p_{24}}$$

式中：p_{21} 为全社会固定资产投资指数；p_{22} 为社会消费品零售总额指数；p_{23} 为外贸进出口总额指数；p_{24} 为实际利用外资金额指数。

$$p_3 = \sqrt[4]{p_{31} \times p_{32} \times p_{33} \times p_{34}}$$

式中：p_{31} 为专利授权量指数；p_{32} 为科学研究、技术服务业从业人员指数；p_{33} 为 R&D 经费支出指数；p_{34} 为技术市场成交额指数。

$$p_4 = \sqrt[4]{p_{41} \times p_{42} \times p_{43} \times p_{44}}$$

式中：p_{41} 为城镇居民人均可支配收入指数；p_{42} 为农民人均纯收入指数；p_{43} 为在岗职工平均工资指数；p_{44} 为人均财政支出指数。

$$p_5 = \sqrt[6]{p_{51} \times p_{52} \times p_{53} \times p_{54} \times p_{55} \times p_{56}}$$

式中：p_{51} 为货运周转量指数；p_{52} 为客运周转量指数；p_{53} 为金融机构存款余额指数；p_{54} 为金融机构贷款余额指数；p_{55} 为入境游客数指数；p_{56} 为国内游客数指数。

二　测度结果与综合分析

（一）支撑力指数

1. 地区生产总值

2005～2015 年，河北省地区生产总值由 10012.1 亿元提高到 29806.1 亿元。2015 年河北省地区生产总值指数为 297.7%（按现价地区生产总值计算，下同），低于全国地区生产总值指数 68.26 个百分点。参见表 9－2、表 9－3 和图 9－1。

表 9－2　河北与全国地区生产总值比较

单位：亿元

GDP	2005 年	2006 年	2007 年	2008 年	2009 年	2010 年	2011 年	2012 年	2013 年	2014 年	2015 年
全国	184575.8	217246.6	268631	318736.7	345046.4	407137.8	479576.1	532872.1	583196.7	634043.4	685505.8
河北	10012.1	11467.6	13607.3	16012.0	17235.5	20394.3	24515.8	26575.0	28443.0	29421.2	29806.1

资料来源：全国数据来自《中国统计年鉴》（2016 年），河北数据来自《中国统计年鉴》（2010 年、2016 年）。

表9－3　河北与全国地区生产总值指数

单位：%

年份	2005	2006	2007	2008	2009	2010	2011	2012	2013	2014	2015
全国	100	117.70	145.54	172.69	186.94	220.58	259.83	288.70	315.97	343.51	365.96
河北	100	114.54	135.91	159.93	172.15	203.70	244.86	265.43	284.09	293.86	297.70

资料来源：根据表2计算。

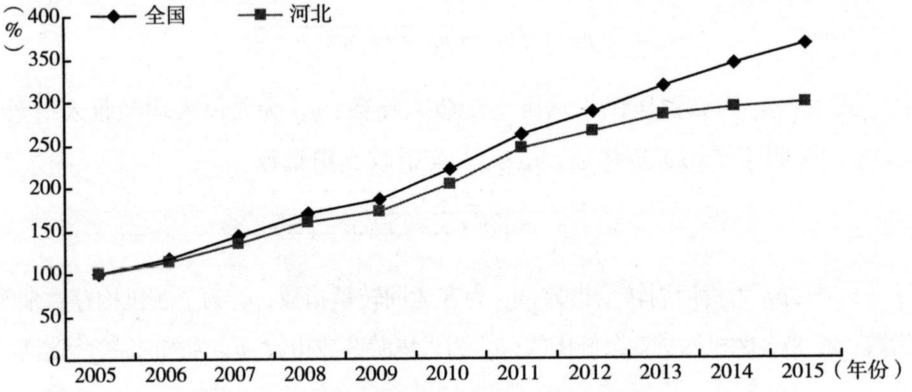

图9－1　河北与全国地区生产总值指数比较

2. 地区生产总值占全国地区生产总值比重

从地区生产总值占全国地区生产总值比重来看，2005～2015年，河北省由占5.42%到占4.35%，下降了一个百分点多，和全国平均水平的差距逐渐拉大。参见图9－2。

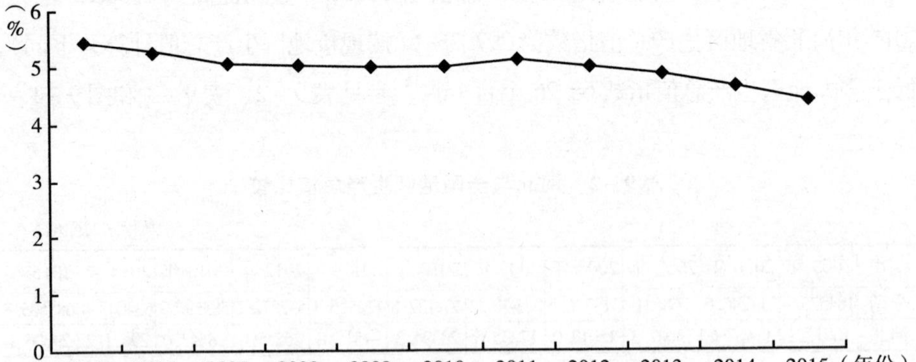

图9－2　河北占国内生产总值比重

3. 地方公共预算财政收入

从地方公共预算财政收入来看，2005～2015年，河北省由515.7亿元提高到2649.18亿元。2015年河北省地方公共预算财政收入指数为513.71%，低于全国地方公共预算财政收入指数35.95个百分点。参见表9-4、表9-5和图9-3。

表9-4　河北与全国地方公共预算财政收入

单位：亿元

年份	2005	2006	2007	2008	2009	2010	2011	2012	2013	2014	2015
全国	15100.76	18303.58	23572.62	28649.79	32602.59	40613.04	52547.11	61078.29	69011.16	75876.58	83002.40
河北	515.70	620.53	789.12	947.59	1067.12	1331.85	1737.77	2084.28	2295.62	2446.62	2649.18

资料来源：全国数据来自《中国统计年鉴》(2016)；河北数据来自《河北经济年鉴》(2015)、《中国统计年鉴》(2016)。

表9-5　河北与全国地方一般预算收入指数

单位：%

年份	2005	2006	2007	2008	2009	2010	2011	2012	2013	2014	2015
全国	100	121.21	156.10	189.72	215.90	268.95	347.98	404.47	457.00	502.47	549.66
河北	100	120.33	153.02	183.75	206.93	258.26	336.97	404.17	445.15	474.43	513.71

资料来源：根据表9-4计算。

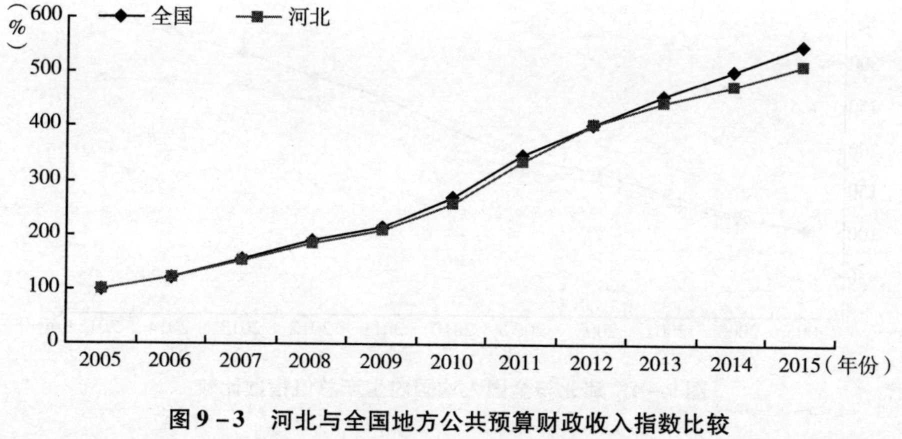

图9-3　河北与全国地方公共预算财政收入指数比较

4. **人均国内生产总值**

从人均国内生产总值来看，2005～2015 年，河北省由 14659 元提高到 40255 元。2015 年河北省人均国内生产总值指数为 274.61%，低于全国人均国内生产总值指数 73.33 个百分点。参见表 9－6、表 9－7 和图 9－4。

表 9－6　河北与全国人均国内生产总值

单位：元

年份	2005	2006	2007	2008	2009	2010	2011	2012	2013	2014	2015
全国	14368	16738	20505	24121	26222	30876	36403	40007	43852	47203	49992
河北	14659	16682	19662	22986	24581	28668	33969	36584	38909	39984	40255

资料来源：全国数据来自《中国统计年鉴》（2016），河北数据来自《河北统计摘要》（2015）。

表 9－7　河北与全国人均国内生产总值指数

单位：%

年份	2005	2006	2007	2008	2009	2010	2011	2012	2013	2014	2015
全国	100	116.49	142.71	167.88	182.50	214.89	253.36	278.45	305.21	328.53	347.94
河北	100	113.80	134.13	156.80	167.69	195.57	231.73	249.57	265.43	272.76	274.61

资料来源：根据表 9－6 计算。

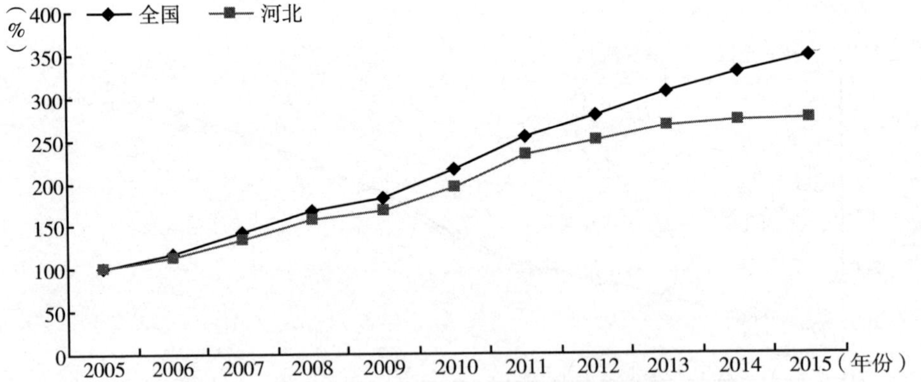

图 9－4　河北与全国人均国内生产总值指数比较

5. 城镇化率

从城镇化率来看，2005～2015 年，河北省由 37.69% 提高到 51.33%。2015 年河北省城镇化率为 51.33，比 2005 年提高了 13.64 个百分点，但低于全国平均水平 4.77 个百分点。参见表 9－8 和图 9－5。

表 9－8　河北与全国城镇化率比较

单位：%

年份	2005	2006	2007	2008	2009	2010	2011	2012	2013	2014	2015
全国	42.99	44.34	45.89	46.99	48.34	49.95	51.27	52.57	53.73	54.77	56.10
河北	37.69	38.77	40.25	41.90	43.74	44.50	45.60	46.80	48.12	49.33	51.33

资料来源：全国数据来自《中国统计年鉴》(2016)，河北数据来自《河北统计摘要》(2015)。

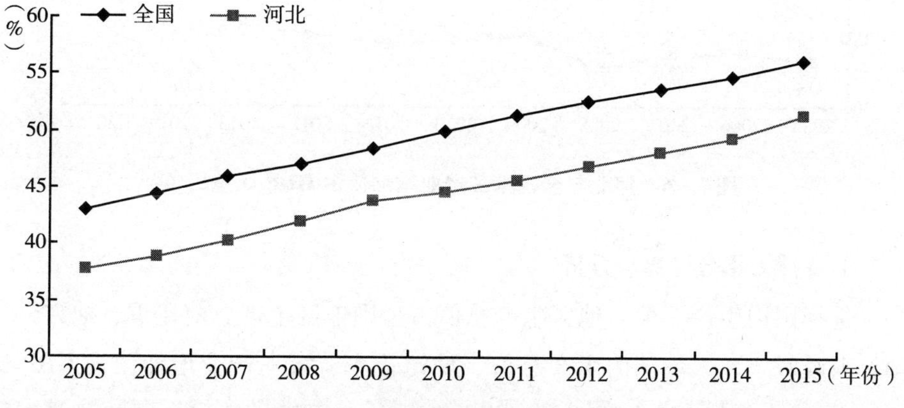

图 9－5　河北与全国城镇化率比较

6. 第三产业增加值占 GDP 比重

从第三产业增加值占 GDP 比重来看，2005～2015 年，河北省由 33.36% 提高到 40.20%。2015 年河北省第三产业增加值占 GDP 比重低于全国同期平均水平 10.0 个百分点。参见表 9－9 和图 9－6。

上述分析表明，在我们选择的 5 个指标（其中 3 个指数指标、2 个分析指标）中，河北省各指标指数均低于全国平均水平，河北省 GDP 占全国 GDP 的比重下降，GDP 由第六位降至第七位。

表 9-9　河北与全国第三产业增加值占 GDP 比重

单位：%

年份	2005	2006	2007	2008	2009	2010	2011	2012	2013	2014	2015
全国	41.30	41.90	42.90	42.80	44.30	44.10	44.20	45.30	46.70	47.80	50.20
河北	33.36	33.97	33.81	32.95	35.21	34.93	34.61	35.32	36.14	37.25	40.20

资料来源：全国数据来自《中国统计年鉴》(2016)，河北数据来自《河北统计摘要》(2015)。

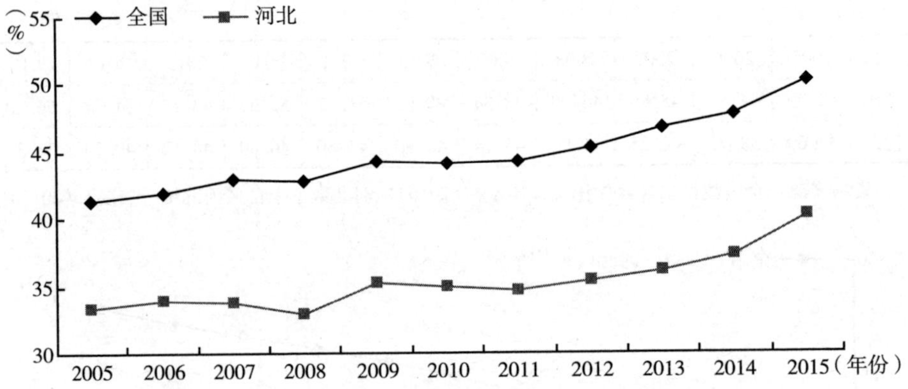

图 9-6　河北与全国第三产业增加值占 GDP 比重比较

6. 支撑力指数计算与分析

选择国内生产总值、地区生产总值占全国地区生产总值比重、地方公共预算财政收入、人均国内生产总值、城镇化率、第三产业增加值占 GDP 比重六个指标，以 2005 年为基期，用几何平均法可以计算出全国和河北省的支撑力指数。测算结果表明：河北省支撑力指数 2015 年为 347.59%，低于全国平均水平 64.52 个百分点。从发展趋势来看，河北省支撑力指数与全国的差距在逐步拉大。参见表 9-10 和图 9-7。

表 9-10　河北与全国支撑力指数

单位：%

年份	2005	2006	2007	2008	2009	2010	2011	2012	2013	2014	2015
全国	100	118.27	147.57	175.80	194.37	233.58	284.51	319.09	353.90	384.29	412.11
河北	100	116.19	140.77	166.41	181.44	217.49	267.40	299.16	322.58	336.28	347.59

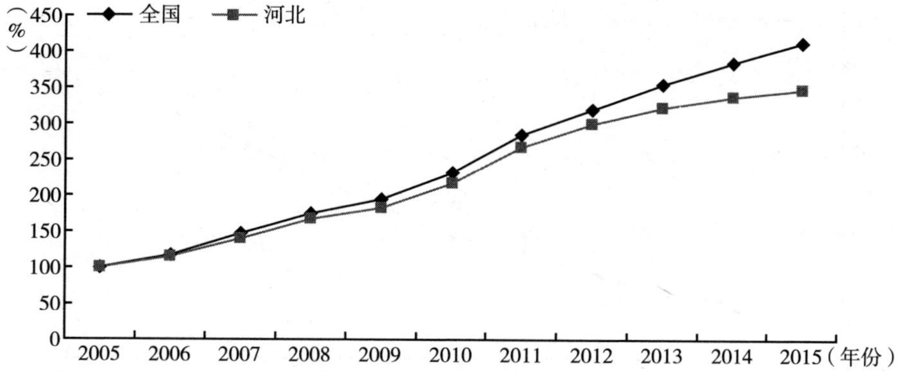

图 9-7　河北与全国支撑力指数比较

(二)驱动力指数

1. 全社会固定资产投资总额

从全社会固定资产投资总额来看，2005～2015 年，河北省全社会固定资产投资总额由 4210.25 亿元增加到 29448.3 亿元。2015 年全社会固定资产投资总额指数为 699.44%，高于全国平均水平 66.37 个自分点。参见表 9-11、表 9-12 和图 9-8。

表 9-11　河北与全国全社会固定资产投资总额

单位：亿元

年份	2005	2006	2007	2008	2009	2010	2011	2012	2013	2014	2015
全国	88773.6	109998.2	137323.9	172828.4	224598.8	251683.8	311485.1	374694.7	446294.1	512020.7	561999.8
河北	4210.25	5501.00	6884.68	8866.56	12311.85	15083.35	16389.33	19661.28	23194.23	26671.92	29448.3

资料来源：全国数据来自《中国统计年鉴》(2016)，河北数据来自《河北统计摘要》(2015)。

表 9-12　河北与全国全社会固定资产投资总额指数

单位：%

年份	2005	2006	2007	2008	2009	2010	2011	2012	2013	2014	2015
全国	100	123.91	154.69	194.68	253.00	283.51	350.88	422.08	502.73	576.77	633.07
河北	100	130.66	163.52	210.59	292.43	358.25	389.27	466.99	550.90	633.50	699.44

资料来源：根据表 9-11 数据计算。

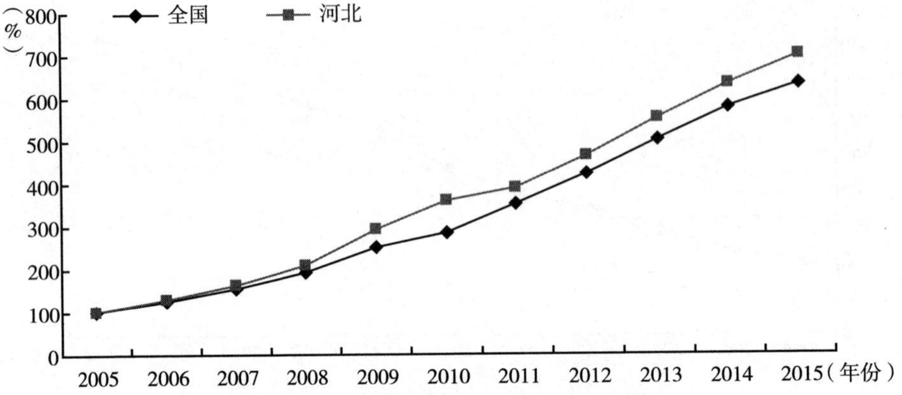

图9－8　河北与全国固定资产投资总额指数变化对比

2. 社会消费品零售总额

从社会消费品零售总额来看，2005～2015年，河北省社会消费品零售总额由2952.9亿元增加到12990.7亿元。2015年社会消费品零售总额指数为439.93%，低于全国平均水平8.04个百分点。参见表9－13、表9－14和图9－9。

表9－13　河北与全国社会消费品零售总额

单位：亿元

年份	2005	2006	2007	2008	2009	2010	2011	2012	2013	2014	2015
全国	67176.6	76410	89210	108487.7	132678.4	156998.4	183918.6	210307	242842.8	271896.1	300930.8
河北	2952.9	3435.7	3986.2	4991.1	5764.9	6821.8	8035.5	9254	10516.7	11820.5	12990.7

资料来源：全国数据来自《中国统计年鉴》（2016），河北数据来自《河北统计提要》（2005～2015）。

表9－14　河北与全国社会消费品零售总额指数

单位：%

年份	2005	2006	2007	2008	2009	2010	2011	2012	2013	2014	2015
全国	100	113.74	132.80	161.50	197.51	233.71	273.78	313.07	361.50	404.75	447.97
河北	100	116.35	134.99	169.02	195.23	231.02	272.12	313.39	356.15	400.30	439.93

资料来源：根据表9－13数据计算。

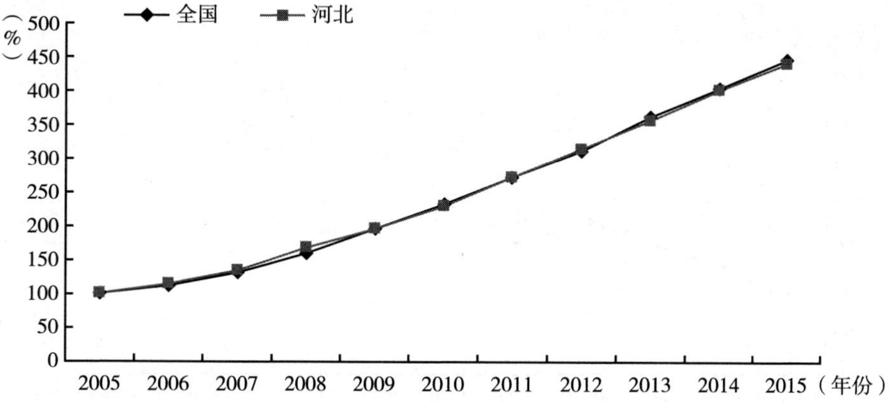

图 9-9　河北与全国社会消费品零售总额指数对比

3. 进出口总值

从进出口总值来看，2005～2015 年，河北省进出口总值由 160.71 亿美元增加到 515.14 亿美元。2015 年进出口总值指数为 320.54%，高于全国平均水平 42.53 个百分点。参见表 9-15、表 9-16 和图 9-10。

表 9-15　河北与全国进出口总值

单位：亿美元

年份	2005	2006	2007	2008	2009	2010	2011	2012	2013	2014	2015
全国	14219.1	17604.4	21765.7	25632.6	22075.4	29740.0	36418.6	38671.2	41589.9	43015.3	39530.3
河北	160.71	185.26	255.38	384.19	296.11	419.31	535.99	505.48	548.83	598.83	515.14

资料来源：全国数据来自《中国统计年鉴》（2016），河北数据来自《河北统计提要》（2014），《中国统计年鉴》（2016）。

表 9-16　河北与全国进出口总值指数

单位：%

年份	2005	2006	2007	2008	2009	2010	2011	2012	2013	2014	2015
全国	100	123.81	153.07	180.27	155.25	209.16	256.12	271.97	292.49	302.52	278.01
河北	100	115.28	158.91	239.06	184.25	260.91	333.51	314.53	341.50	372.62	320.54

资料来源：根据表 9-15 数据计算。

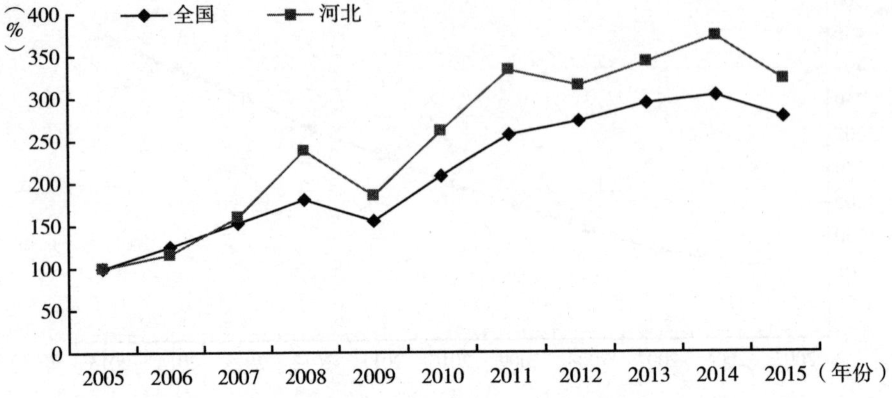

图 9-10　河北与全国进出口总值指数对比

4. 实际利用外资

从实际利用外资来看，2005～2015 年，河北省实际利用外资由 22.79 亿美元增加到 73.7 亿美元。2015 年实际利用外资指数为 323.39%，高于全国平均水平 125.49 个百分点。参见表 9-17、表 9-18 和图 9-11。

表 9-17　河北与全国实际利用外资

单位：亿美元

年份	2005	2006	2007	2008	2009	2010	2011	2012	2013	2014	2015
全国	638.05	670.76	783.39	952.53	918.04	1088.21	1176.98	1132.94	1187.21	1197.05	1262.67
河北	22.79	23.83	30.07	36.34	36.93	43.66	52.60	60.32	66.73	70.09	73.70

资料来源：全国数据来自《中国统计年鉴》（2016），河北数据来自《河北统计提要》（2015）。

表 9-18　河北与全国实际利用外资指数

单位：%

年份	2005	2006	2007	2008	2009	2010	2011	2012	2013	2014	2015
全国	100	105.13	122.78	149.29	143.88	170.55	184.47	177.56	186.07	187.61	197.90
河北	100	104.55	131.95	159.45	162.05	191.57	230.81	264.66	292.78	307.57	323.39

资料来源：根据表 9-17 数据计算。

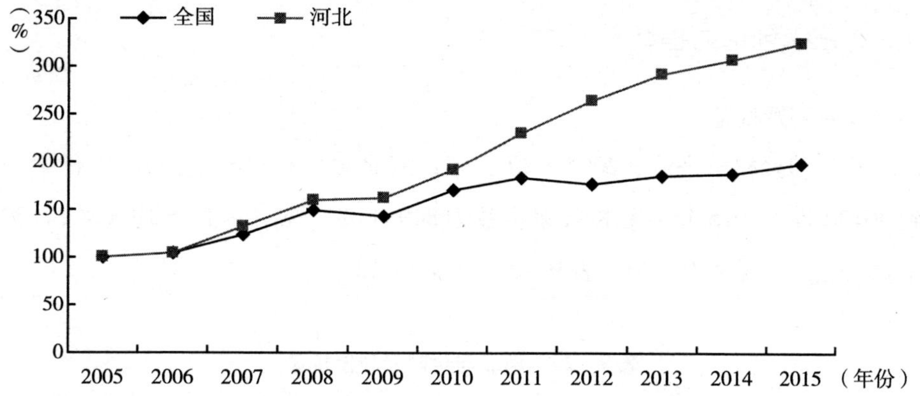

图 9－11　河北与全国实际利用外资指数对比

5. 驱动力指数

测算结果表明：2015 年河北省驱动力指数为 422.61%，高于全国平均水平 69.18 个百分点。参见表 9－19 和图 9－12。

表 9－19　河北与全国驱动力指数

单位：%

年份	2005	2006	2007	2008	2009	2010	2011	2012	2013	2014	2015
全国	100	116.38	140.17	170.55	182.78	220.49	259.56	282.63	315.36	339.27	353.43
河北	100	116.34	146.68	191.93	203.19	253.61	300.50	332.23	374.25	412.89	422.61

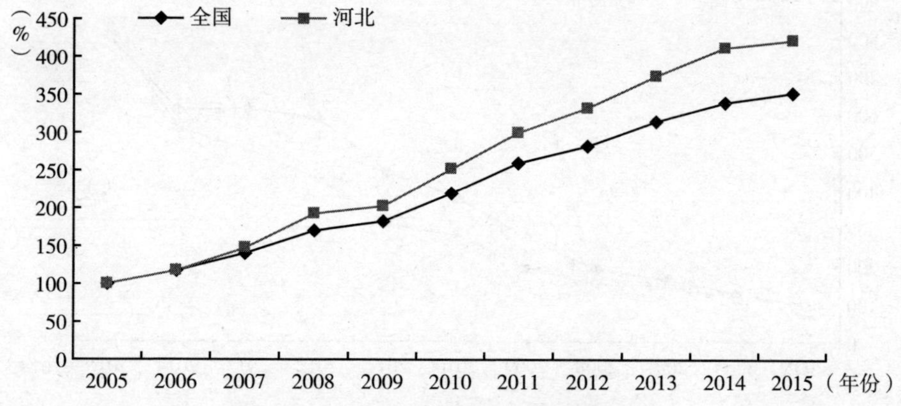

图 9－12　河北与全国驱动力指数对比

（三）创造力指数

1. 专利授权量

从专利授权量来看，2005～2015年，河北省专利授权量由3585件增加到30130件。2015年专利授权量指数为840.45%，高于全国平均水平37.57个百分点。参见表9－20、表9－21和图9－13。

表9－20　河北与全国专利授权量

单位：件

年份	2005	2006	2007	2008	2009	2010	2011	2012	2013	2014	2015
全国	214003	268002	351782	411982	581992	814825	960513	1255138	1313000	1302687	1718192
河北	3585	4131	5358	5496	6839	10061	11119	15315	18186	20132	30130

资料来源：全国、河北数据来自《中国统计年鉴》（2006～2016）。

表9－21　河北与全国专利授权量指数

单位：%

年份	2005	2006	2007	2008	2009	2010	2011	2012	2013	2014	2015
全国	100	125.23	164.38	192.51	271.96	380.75	448.83	586.50	613.54	608.72	802.88
河北	100	115.23	149.46	153.31	190.77	280.64	310.15	427.20	507.28	561.56	840.45

资料来源：根据表9－20计算。

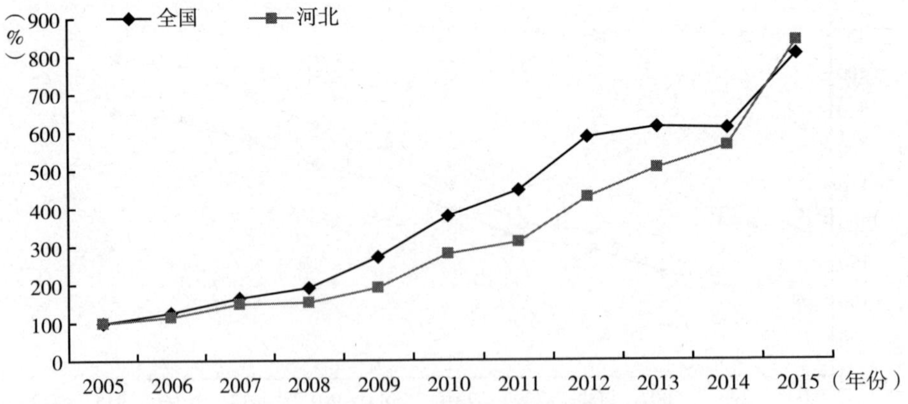

图9－13　河北与全国专利授权量指数对比

2. R&D 经费支出

从 R&D 经费支出来看，2005～2015 年，河北省 R&D 经费支出由 59.3 亿元增加到 340 亿元。2015 年 R&D 经费支出指数为 573.36%，低于全国平均水平 5 个百分点。参见表 9－22、表 9－23 和图 9－14。

表 9－22　河北与全国 R&D 经费支出

单位：亿元

年份	2005	2006	2007	2008	2009	2010	2011	2012	2013	2014	2015
全国	2450.0	3003.1	3710.2	4616.0	5791.9	7062.6	8687	10298.4	11846.6	13015.6	14169.9
河北	59.3	77.2	90.8	107.7	134.8	155.4	201.3	245.8	282.5	314.2	340.0

资料来源：全国数据来自《中国统计年鉴》（2010、2016），河北数据来自《河北统计提要》（2005～2015）。

表 9－23　河北与全国 R&D 经费支出指数

单位：%

年份	2005	2006	2007	2008	2009	2010	2011	2012	2013	2014	2015
全国	100	122.58	151.44	188.41	236.40	288.27	354.57	420.34	483.53	531.25	578.36
河北	100	130.19	153.12	181.62	227.32	262.06	339.46	414.50	476.39	529.85	573.36

资料来源：根据表 9－22 数据计算。

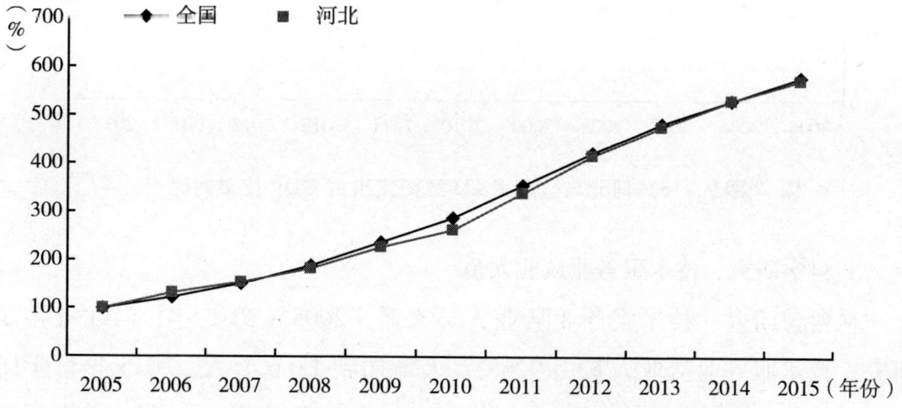

图 9－14　河北与全国 R&D 经费支出指数对比

从 R&D 经费支出占 GDP 比重来看，2005 ~ 2015 年，河北省 R&D 经费支出占 GDP 的比重一直远远低于全国平均水平，且差距有扩大的趋势，由 2005 年的 0.73 个百分点增大到 2015 年的 0.93 个百分点。参见表 9 - 24 和图 9 - 15。

表 9 - 24　河北与全国 R&D 经费支出占 GDP 比重

单位：%

年份	2005	2006	2007	2008	2009	2010	2011	2012	2013	2014	2015
全国	1.32	1.39	1.40	1.47	1.70	1.73	1.78	1.91	1.99	2.02	2.07
河北	0.59	0.67	0.67	0.67	0.78	0.76	0.82	0.92	0.99	1.07	1.14

资料来源：全国数据来自《中国统计年鉴》（2010、2015、2016），河北数据来自《河北统计提要》（2005 ~ 2015）。

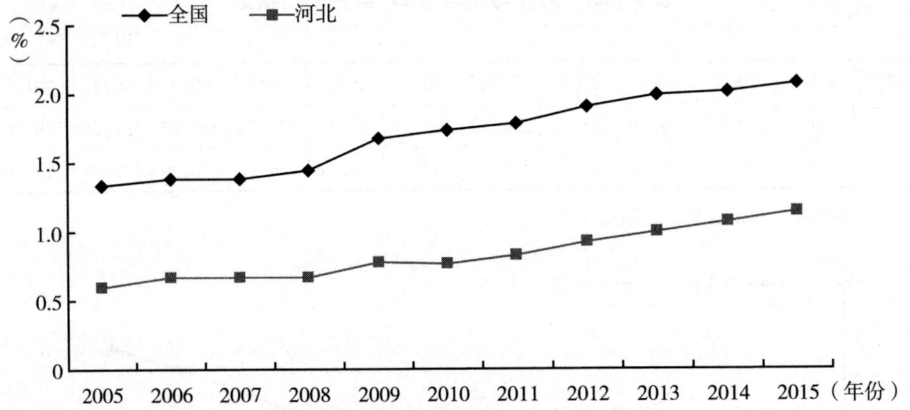

图 9 - 15　河北与全国 R&D 经费支出占 GDP 比重对比

3. 科学研究、技术服务业从业人员

从科学研究、技术服务业从业人员来看，2005 ~ 2015 年，河北省科学研究、技术服务业从业人员由 9.65 万人增加到 17.6 万人。2015 年科学研究、技术服务业从业人员指数为 182.38%，高于全国平均水平 2.06 个百分点。参见表 9 - 25、表 9 - 26 和图 9 - 16。

表 9－25　河北与全国科学研究、技术服务业从业人员

单位：万人

年份	2005	2006	2007	2008	2009	2010	2011	2012	2013	2014	2015
全国	227.7	235.5	243.4	257.0	272.6	292.3	298.5	330.7	387.8	408.0	410.6
河北	9.65	9.35	9.34	10.08	10.37	10.99	12.21	14.76	16.22	17.27	17.60

资料来源：2005～2011 年为科学研究技术服务和地质勘查业从业人员，2012～2015 年为科学研究技术服务业从业人员。全国数据来自《中国统计年鉴》(2011、2016)，河北数据来自《河北经济年鉴》(2006～2016)。

表 9－26　河北与全国科学研究、技术服务业从业人员指数

单位：%

年份	2005	2006	2007	2008	2009	2010	2011	2012	2013	2014	2015
全国	100	103.43	106.90	112.87	119.72	128.37	131.09	145.23	170.31	179.18	180.32
河北	100	96.89	96.79	104.46	107.46	113.89	126.53	152.95	168.08	178.96	182.38

资料来源：根据表 9－25 数据计算。

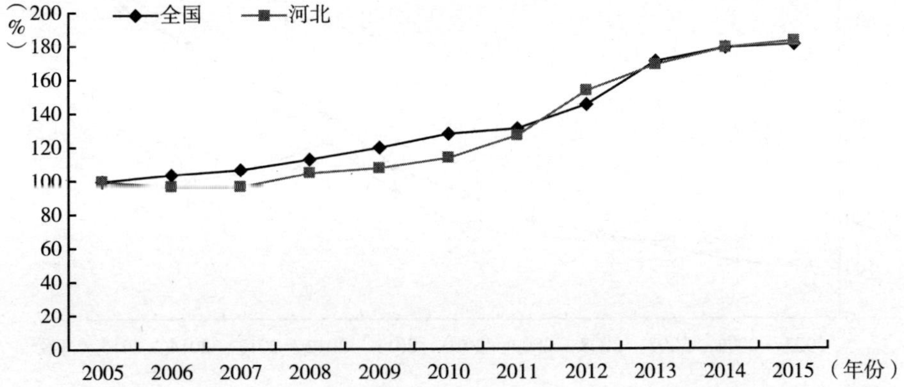

图 9－16　河北与全国科学研究、技术服务业从业人员指数对比

4. 技术市场成交额

从技术市场成交额来看，2005～2015 年，河北省技术市场成交额由 10.4 亿元增加到 39.5 亿元。2015 年技术市场成交额指数为 380.86%，低于全国平均水平 253.15 个百分点。参见表 9－27、表 9－28 和图 9－17。

表 9－27　河北与全国技术市场成交额

单位：亿元

年份	2005	2006	2007	2008	2009	2010	2011	2012	2013	2014	2015
全国	1551.4	1818.2	2226.5	2665.2	3039	3906.6	4763.6	6437.1	7469.1	8577.2	9835.8
河北	10.4	15.9	16.4	16.6	17.2	19.3	26.2	37.8	31.6	29.2	39.5

资料来源：数据来自《中国统计年鉴》（2013、2016）。

表 9－28　河北与全国技术市场成交额

单位：万元

年份	2005	2006	2007	2008	2009	2010	2011	2012	2013	2014	2015
全国	100	117.20	143.52	171.80	195.89	251.81	307.06	414.93	481.45	552.88	634.01
河北	100	150.35	158.27	159.79	165.77	185.82	252.80	364.24	303.95	281.46	380.86

资料来源：根据表 9－27 数据计算。

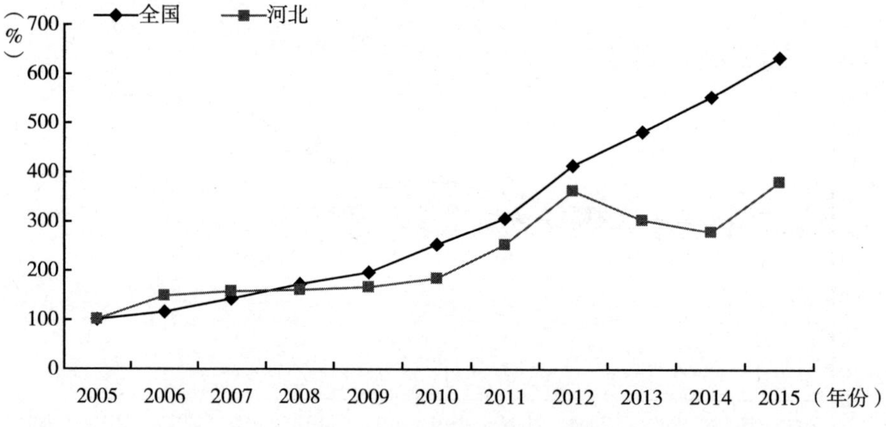

图 9－17　河北与全国技术市场成交额指数对比

5. 创造力指数

测算结果表明：2015 年，河北省创造力指数为 427.73%，低于全国平均水平 52.28 个百分点。参见表 9－29 和图 9－18。

表 9－29　河北与全国创造力指数

单位：%

年份	2005	2006	2007	2008	2009	2010	2011	2012	2013	2014	2015
全国	100	116. 79	139. 79	162. 85	197. 05	244. 06	282. 91	349. 12	394. 93	423. 07	480. 01
河北	100	121. 58	136. 83	146. 83	166. 71	198. 62	240. 90	315. 16	333. 34	349. 89	427. 73

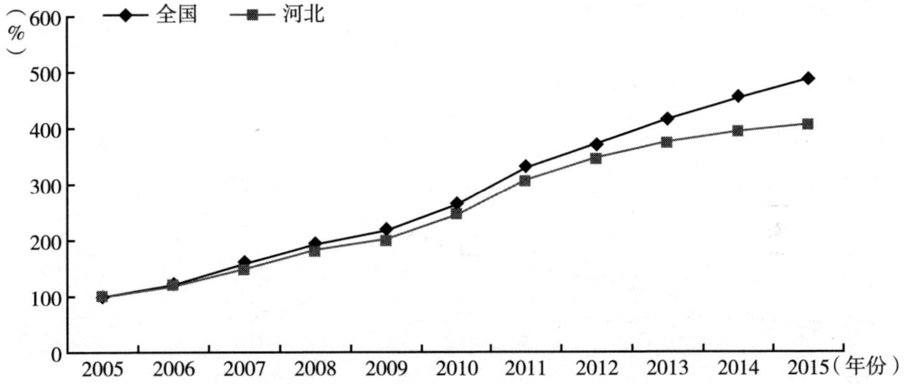

图 9－18　河北与全国创造力指数对比

（四）凝聚力指数

1. 城镇居民人均可支配收入

从城镇居民人均可支配收入来看，2005～2015 年，河北省城镇居民人均可支配收入由 9107 元增加到 26152 元。2015 年城镇居民人均可支配收入指数为 287. 17%，低于全国平均水平 10. 12 个百分点。参见表 9－30、表 9－31和图 9－19。

表 9－30　河北与全国城镇居民人均可支配收入

单位：元

年份	2005	2006	2007	2008	2009	2010	2011	2012	2013	2014	2015
全国	10493	11759. 5	13785. 8	15780. 8	17174. 7	19109. 4	21809. 8	24564. 7	26467	28843. 9	31194. 8
河北	9107	10305	11690	13441	14718	16263	18292	20543	22227	24141	26152

资料来源：全国数据来自《中国统计年鉴》（2016），河北数据来自《河北统计提要》（2015）。

表9-31　河北与全国城镇居民人均可支配收入指数

单位：%

年份	2005	2006	2007	2008	2009	2010	2011	2012	2013	2014	2015
全国	100	112.07	131.38	150.39	163.68	182.12	207.85	234.11	252.23	274.89	297.29
河北	100	113.15	128.36	147.59	161.61	178.58	200.86	225.57	244.07	265.08	287.17

资料来源：根据表9-30数据计算。

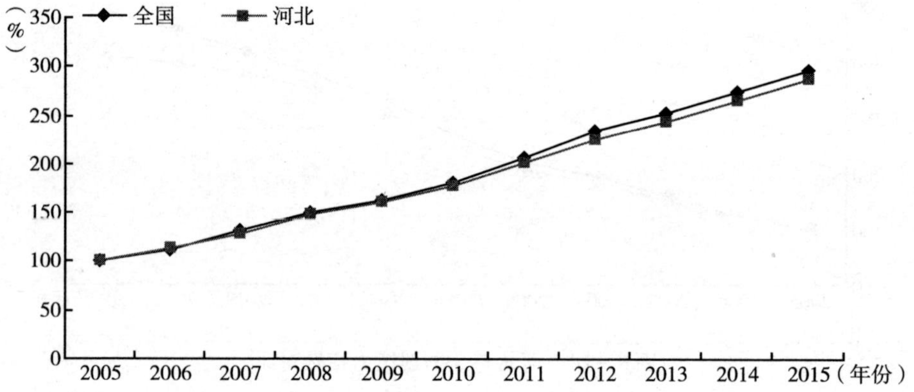

图9-19　河北与全国城镇居民人均可支配收入指数

2. 农民人均纯收入

从农民人均纯收入来看，2005~2015年，河北省农民人均纯收入由3482元增加到11051元。2015年农民人均纯收入指数为317.38%，低于全国平均水平33.53个百分点。参见表9-32、表9-33和图9-20。

表9-32　河北与全国农民人均纯收入

单位：元

年份	2005	2006	2007	2008	2009	2010	2011	2012	2013	2014	2015
全国	3254.9	3587	4140.4	4760.6	5153.2	5919	6977.3	7916.6	9429.6	10488.9	11421.7
河北	3482	3802	4293	4795	5150	5958	7120	8081	9188	10186	11051

资料来源：全国数据来自《中国统计年鉴》（2016），河北数据来自《河北统计摘要》（2015）。

表 9－33　河北与全国农民人均纯收入指数

单位：%

年份	2005	2006	2007	2008	2009	2010	2011	2012	2013	2014	2015
全国	100	110. 20	127. 21	146. 26	158. 32	181. 85	214. 36	243. 22	289. 70	322. 25	350. 91
河北	100	109. 19	123. 29	137. 71	147. 90	171. 11	204. 48	232. 08	263. 87	292. 53	317. 38

资料来源：根据表 9－32 数据计算。

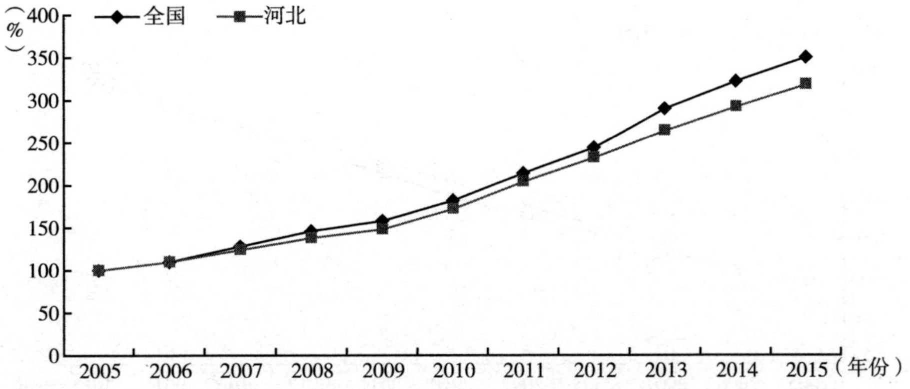

图 9－20　河北与全国农民人均纯收入指数对比

3. 在岗职工平均工资

从在岗职工平均工资来看，2005～2015 年，河北省在岗职工平均工资由 14707 元增加到 52409 元。2015 年在岗职工平均工资指数为 356. 35%，高于全国平均水平 11. 98 个百分点。参见表 9－34、表 9－35 和图 9－21。

表 9－34　河北与全国在岗职工平均工资

单位：元

年份	2005	2006	2007	2008	2009	2010	2011	2012	2013	2014	2015
全国	18364	21001	24932	29229	32736	37147	42452	47593	52388	57361	63241
河北	14707	16590	19911	24756	28383	32306	35973	39542	42532	46239	52409

资料来源：全国数据来自《中国统计年鉴》（2016），河北数据来自《河北统计提要》（2014）和中国统计年鉴（2016）。

表 9－35　河北与全国在岗职工平均工资指数

单位：%

年份	2005	2006	2007	2008	2009	2010	2011	2012	2013	2014	2015
全国	100	114. 36	135. 77	159. 16	178. 26	202. 28	231. 17	259. 16	285. 28	312. 36	344. 37
河北	100	112. 80	135. 38	168. 33	192. 99	219. 66	244. 60	268. 87	289. 20	314. 40	356. 35

资料来源：根据表 9－34 数据计算。

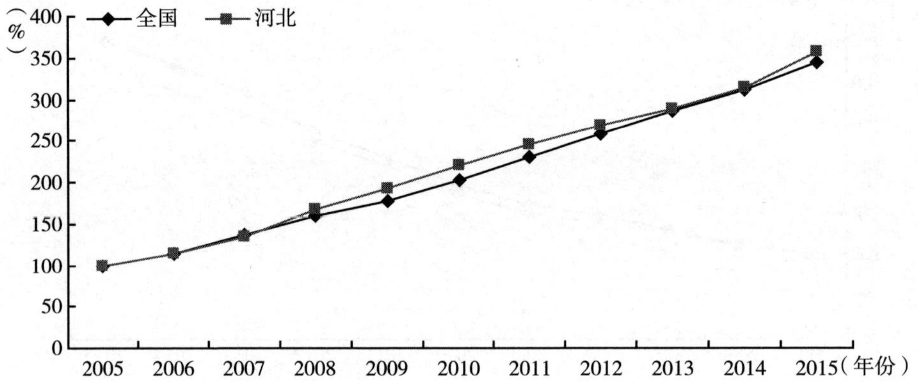

图 9－21　河北与全国在岗职工平均工资指数对比

4. 人均财政支出

从人均财政支出来看，2005～2015 年，河北省人均财政支出由 1433. 62 元增加到 7606. 4 元。2015 年人均财政支出指数为 530. 57%，高于全国平均水平 37. 74 个百分点。参见表 9－36、表 9－37 和图 9－22。

表 9－36　河北与全国人均财政支出

单位：元

年份	2005	2006	2007	2008	2009	2010	2011	2012	2013	2014	2015
全国	2602. 57	3083. 30	3777. 37	4725. 20	5731. 41	6718. 53	8127. 77	9325. 05	10329. 61	11125. 77	12826. 37
河北	1433. 62	1717. 01	2177. 08	2701. 22	3348. 20	3964. 35	4901. 13	5615. 58	6031. 84	6356. 32	7606. 40

资料来源：全国数据来自《中国统计年鉴》（2016），河北数据来自《河北统计提要》（2016），根据财政支出和平均人口计算。

表9－37　河北与全国人均财政支出指数

单位：%

年份	2005	2006	2007	2008	2009	2010	2011	2012	2013	2014	2015
全国	100	118.47	145.14	181.56	220.22	258.15	312.30	358.30	396.90	427.49	492.83
河北	100	119.77	151.86	188.42	233.55	276.53	341.87	391.71	420.74	443.38	530.57

资料来源：根据表9－36数据计算。

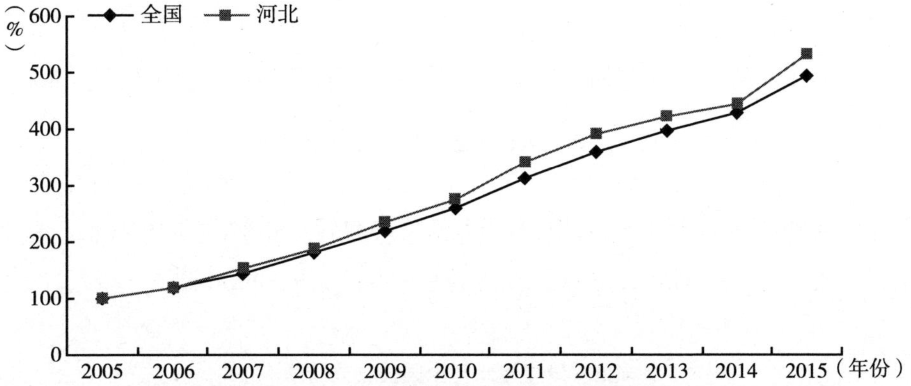

图9－22　河北与全国人均财政支出指数对比

5. 凝聚力指数

测算结果表明：2015年河北省凝聚力指数为362.31%，低于全国平均水平2.47个百分点。参见表9－38和图9－23。

表9－38　河北与全国凝聚力指数

单位：%

年份	2005	2006	2007	2008	2009	2010	2011	2012	2013	2014	2015
全国	100	113.73	134.71	158.78	178.59	203.93	238.15	269.66	301.60	329.79	364.78
河北	100	113.67	134.31	159.34	181.17	207.56	242.08	272.49	297.53	322.44	362.31

（五）辐射力指数

1. 货物周转量

从货物周转量来看，2005～2015年，河北省货物周转量由5068.1亿吨

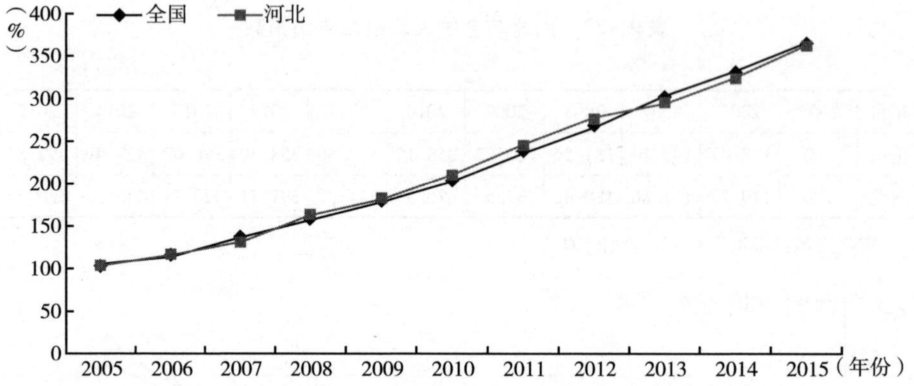

图 9－23　河北与全国凝聚力指数对比

公里增加到 12007. 28 亿吨公里。2015 年货物周转量指数为 236. 92%，高于全国平均水平 14. 69 个百分点。参见表 9－39、表 9－40 和图 9－24。

表 9－39　河北与全国货物周转量

单位：亿吨公里

年份	2005	2006	2007	2008	2009	2010	2011	2012	2013	2014	2015
全国	80258	88840	101419	110300	122133	141837	159324	173804	168014	181668	178356
河北	5068. 1	5556. 6	6006. 4	5925. 5	6405. 2	8071. 1	9630. 4	10605	11674. 06	12684. 47	12007. 28

资料来源：全国数据来自《中国统计年鉴》(2016)，河北数据来自《中国统计年鉴》(2006～2016)。

表 9－40　河北与全国货物周转量指数

单位：%

年份	2005	2006	2007	2008	2009	2010	2011	2012	2013	2014	2015
全国	100	110. 69	126. 37	137. 43	152. 18	176. 73	198. 51	216. 56	209. 34	226. 36	222. 23
河北	100	109. 64	118. 51	116. 92	126. 38	159. 25	190. 02	209. 25	230. 34	250. 28	236. 92

资料来源：根据表 9－39 数据计算。

2. 客运周转量

从客运周转量来看，2005～2015 年，河北省客运周转量由 989. 8 亿人

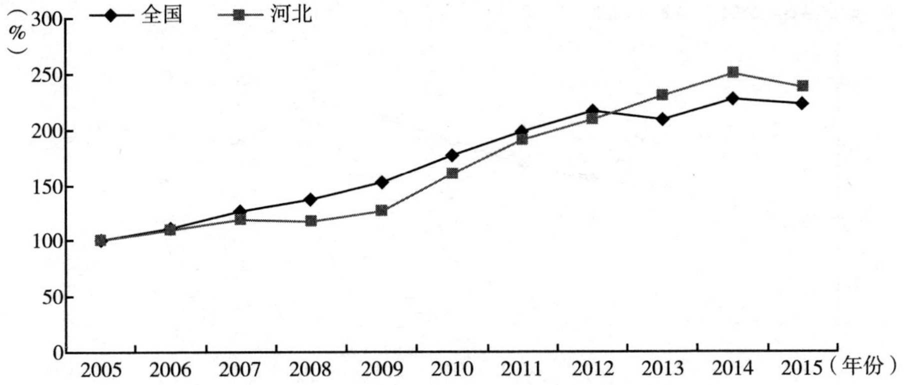

图 9-24　河北与全国货物周转量指数对比

公里增加到 1213.21 亿人公里。2015 年客运周转量指数为 122.57%，低于全国平均水平 49.52 个百分点。参见表 9-41、表 9-42 和图 9-25。

表 9-41　河北与全国客运周转量

单位：亿人公里

年份	2005	2006	2007	2008	2009	2010	2011	2012	2013	2014	2015
全国	17466.7	19197.2	21592.6	23196.7	24834.9	27894.3	30984	33383.1	27571.7	28647.1	30058.9
河北	989.8	1068.6	1165.3	991.8	1043.3	1172.9	1306.6	1369.2	1163.72	1276.66	1213.21

资料来源：全国数据来自《中国统计年鉴》(2016)，河北数据来自《中国统计年鉴》(2006～2016)。

表 9-42　河北与全国客运周转量指数

单位：%

年份	2005	2006	2007	2008	2009	2010	2011	2012	2013	2014	2015
全国	100	109.91	123.62	132.81	142.18	159.70	177.39	191.12	157.85	164.01	172.09
河北	100	107.96	117.73	100.20	105.41	118.50	132.01	138.33	117.57	128.98	122.57

资料来源：根据表 9-41 数据计算。

3. 金融机构存款余额

从金融机构存款余额来看，2005～2015 年，河北省金融机构存款余额

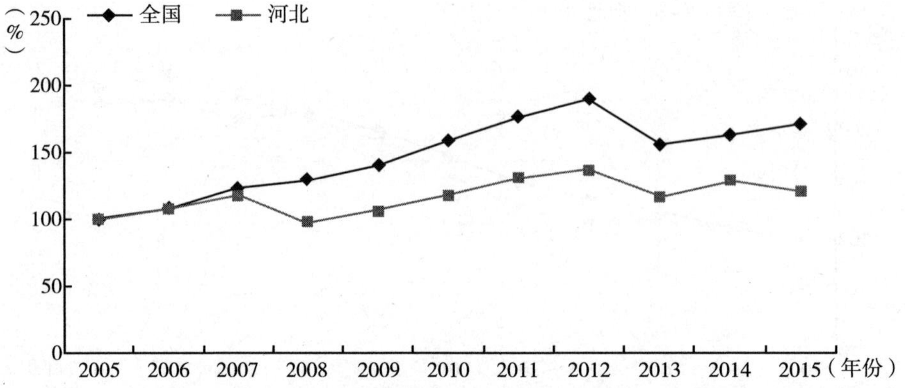

图 9－25　河北与全国客运周转量指数对比

由 10764.93 亿元增加到 48927.59 亿元。2015 年金融机构存款余额指数为 454.51%，低于全国平均水平 18.04 个百分点。参见表 9－43、表 9－44 和图 9－26。

表 9－43　河北与全国金融机构存款余额

单位：亿元

年份	2005	2006	2007	2008	2009	2010	2011	2012	2013	2014	2015
全国	287169.5	335459.8	389371	466203	597741	718238	809368	917555	1043847	1138645	1357022
河北	10764.93	12551.62	14355.59	17709.02	22361.37	26099	29563.77	34257.16	39444.45	43764.02	48927.59

资料来源：全国数据来自《中国统计年鉴》（2016），河北数据来自《河北统计提要》（2014）和《河北经济年鉴》（2016）。

表 9－44　河北与全国金融机构存款余额指数

单位：%

年份	2005	2006	2007	2008	2009	2010	2011	2012	2013	2014	2015
全国	100	116.82	135.59	162.34	208.15	250.11	281.84	319.52	363.50	396.51	472.55
河北	100	116.60	133.36	164.51	207.72	242.44	274.63	318.23	366.42	406.54	454.51

资料来源：根据表 9－43 数据计算。

4. 金融机构贷款余额

从金融机构贷款余额来看，2005～2015 年，河北省金融机构贷款余额

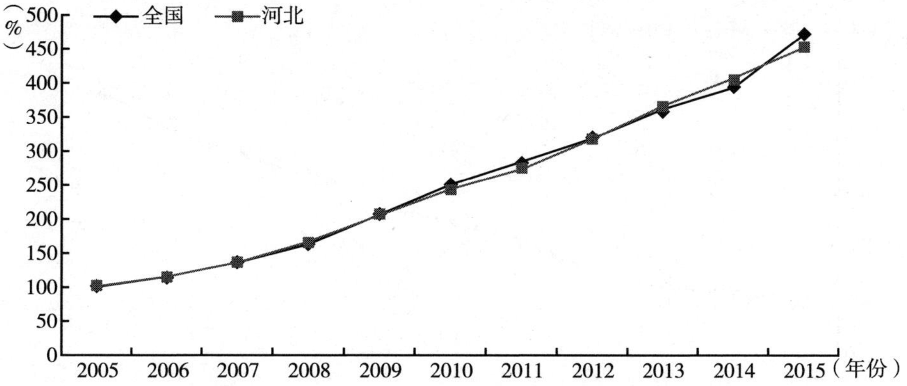

图 9-26　河北与全国金融机构存款余额指数对比

由 6415.23 亿元增加到 32608.47 亿元。2015 年金融机构贷款余额指数为 508.3%，高于全国平均水平 25.72 个百分点。参见表 9-45、表 9-46 和图 9-27。

表 9-45　河北与全国金融机构贷款余额

单位：亿元

年份	2005	2006	2007	2008	2009	2010	2011	2012	2013	2014	2015
全国	194690.4	225347.2	261691	303395	399685	479196	547947	629910	718961	816770	939540
河北	6415.23	7411.88	8397.82	9453.3	13123.8	15755.74	18143.99	21317.96	24535.87	28052.29	32608.47

资料来源：全国数据来自《中国统计年鉴》（2016），河北数据来自《河北统计提要》（2015）。

表 9-46　河北与全国金融机构贷款余额指数

单位：%

年份	2005	2006	2007	2008	2009	2010	2011	2012	2013	2014	2015
全国	100	115.75	134.41	155.83	205.29	246.13	281.45	323.54	369.28	419.52	482.58
河北	100	115.54	130.90	147.36	204.57	245.60	282.83	332.30	382.46	437.28	508.30

资料来源：根据表 9-45 数据计算。

5. 入境游客数

从入境游客数来看，2005～2015 年，河北省入境游客数由 62.65 万人

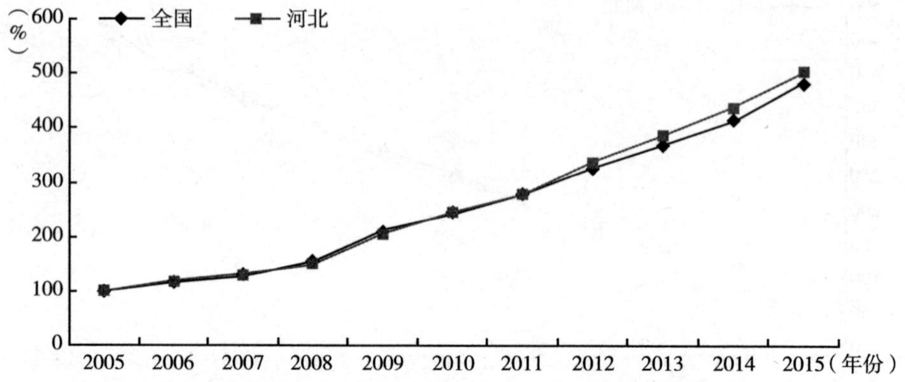

图9－27 河北与全国金融机构贷款余额指数对比

次增加到138.18万人次。2015年入境游客数指数为220.56%，高于全国平均水平109.31个百分点。参见表9－47、表9－48和图9－28。

表9－47 河北与全国入境游客数

单位：万人次

年份	2005	2006	2007	2008	2009	2010	2011	2012	2013	2014	2015
全国	12029.23	12494.21	13187.33	13002.74	12647.59	13376.22	13542.35	13240.53	12907.78	12849.83	13382.04
河北	62.65	72.48	81.76	75.02	84.22	97.74	114.1	129.32	133.76	132.86	138.18

资料来源：全国数据来自《中国统计年鉴》(2016)，河北数据来自《河北统计提要》(2015)。

表9－48 河北与全国入境游客数指数

单位：%

年份	2005	2006	2007	2008	2009	2010	2011	2012	2013	2014	2015
全国	100	103.87	109.63	108.09	105.14	111.20	112.58	110.07	107.30	106.82	111.25
河北	100	115.69	130.50	119.74	134.43	156.01	182.12	206.42	213.50	212.07	220.56

资料来源：根据表9－47数据计算。

6. 国内游客数

从国内游客数来看，2005～2015年，河北省国内游客数由80.68百万

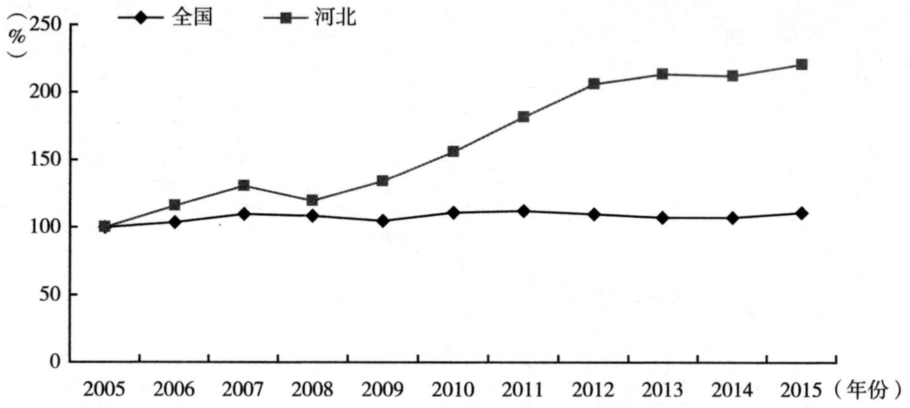

图 9－28　河北与全国入境游客数指数对比

人次增加到 370.6 百万人次。2015 年国内游客数指数为 459.35%，高于全国平均水平 129.32 个百分点。参见表 9－49、表 9－50 和图 9－29。

表 9－49　河北与国内游客数

单位：百万人次

年份	2005	2006	2007	2008	2009	2010	2011	2012	2013	2014	2015
全国	1212	1394	1610	1712	1902	2103	2641	2957	3262	3611	4000
河北	80.68	90.53	100.29	97.47	121.64	148.51	186.27	229.11	269.88	313.68	370.6

资料来源：全国数据来自《中国统计年鉴》(2016)，河北数据来自《河北统计提要》(2015)。

表 9－50　河北与国内游客数指数

单位：%

年份	2005	2006	2007	2008	2009	2010	2011	2012	2013	2014	2015
全国	100	115.02	132.84	141.25	156.93	173.51	217.90	243.98	269.14	297.94	330.03
河北	100	112.21	124.31	120.81	150.77	184.07	230.88	283.97	334.51	388.80	459.35

资料来源：根据表 9－49 数据计算。

7. 辐射力指数

测算结果表明：2015 年，河北省辐射力指数为 295.45%，高于全国平均水平 33.89 个百分点，参见表 9－51 和图 9－30。

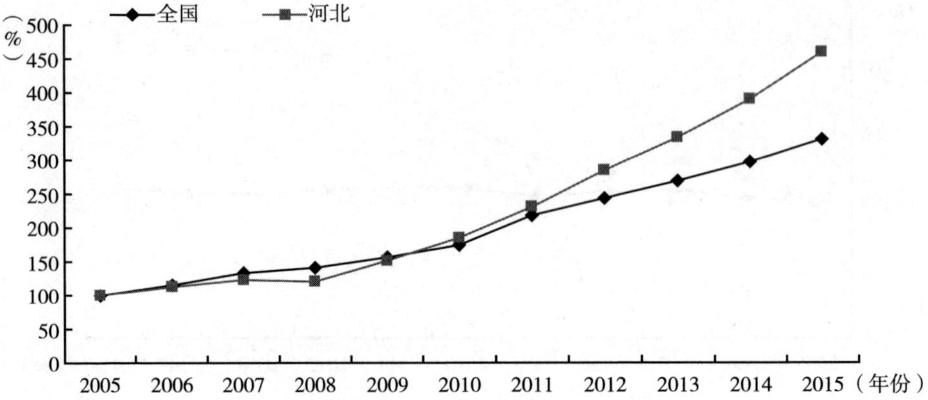

图 9－29 河北与国内游客数指数对比

表 9－51 河北与全国辐射力指数

单位：%

年份	2005	2006	2007	2008	2009	2010	2011	2012	2013	2014	2015
全国	100	111.92	126.75	138.47	157.48	179.57	202.29	220.49	224.52	241.12	261.56
河北	100	112.89	125.73	126.55	150.18	178.43	208.40	237.49	254.40	279.15	295.45

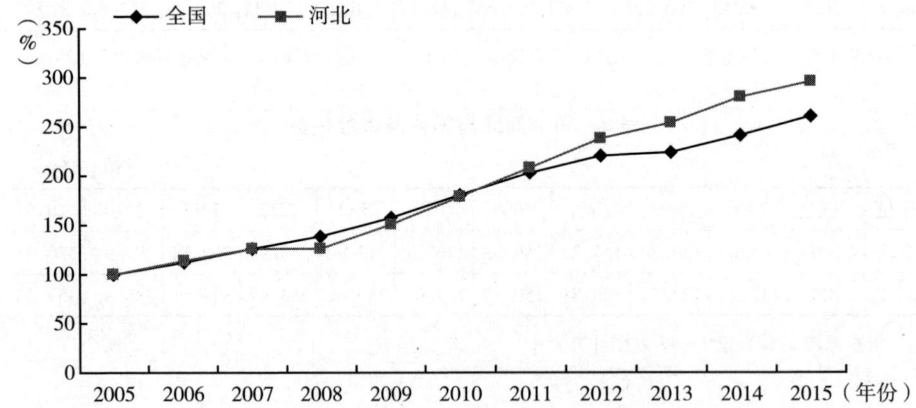

图 9－30 河北与全国辐射力指数对比

（六）河北综合发展指数

计算结果表明：2015 年，河北省发展指数为 367.75%，高于全国平均水平 0.61 个百分点。2005 ~2015 年，河北省综合发展指数基本上与全国平均水平处于同一水平，相差最大的年份仅为 5.83 个百分点，最小的年份仅为 0.21 个百分点。参见表 9 -52 和图 9 -31。

表 9 -52　河北与全国综合发展指数

单位：%

年份	2005	2006	2007	2008	2009	2010	2011	2012	2013	2014	2015
全国	100	115.40	137.63	160.76	181.49	215.08	251.51	284.75	312.59	337.61	367.14
河北	100	116.09	136.69	156.73	175.66	209.73	250.00	289.32	313.86	337.40	367.75

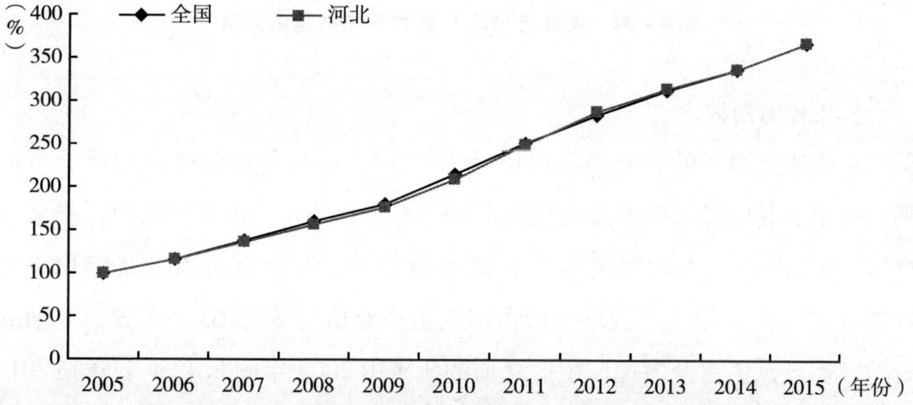

图 9 -31　河北与全国综合发展指数对比

（七）结果评价

通过比较五个指数可以看出，2015 年河北省驱动力指数和辐射力指数高于全国水平，分别高 69.18 个百分点和 33.89 个百分点；而支撑力指数、创造力指数和凝聚力指数则低于全国平均水平，分别低 64.52 个百分点、52.28 个百分点和 2.47 个百分点，具体结果见图 9 -32。

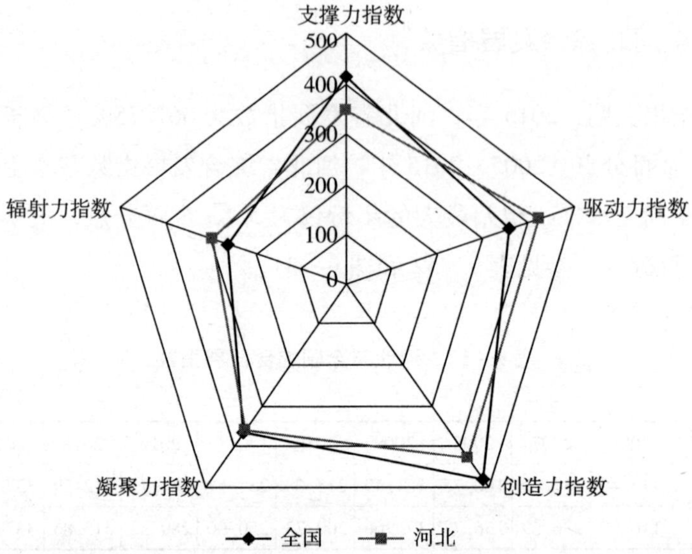

图 9-32　河北与全国“五力”指数雷达分布

1. **支撑力指数**

从构成支撑力的 6 个指标可以看出，2015 年 6 个指标指数均低于全国平均水平，其中地区生产总值指数低 68.26 个百分点，地方财政收入指数低 35.95 个百分点，人均国内生产总值指数低 73.33 个百分点，城镇化率低 4.77 个百分点，第三产业增加值占国内生产总值比重低 10 个百分点。河北省地区生产总值占全国地区生产总值的比重由 2005 年的 5.42% 下降到 2015 年的 4.35%，降低了 1 个多百分点。

2. **驱动力指数**

2015 年虽然驱动力指数高于全国平均水平 69.18 个百分点，但在构成驱动力指数的 4 个指标中，有 3 个指标高于全国平均水平，而社会消费品零售总额则低于全国平均 8.04 个百分点。

3. **创造力指数**

2015 年河北省创造力指数低于全国平均水平 52.28 个百分点，且构成创造力指数的 4 个指标指数“两高两低”，其中专利授权量指数高于全国平均水平 37.57 个百分点，R&D 经费支出指数低于全国平均水平 5 个百分点，科学研究、技术服务业从业人员指数高于全国平均水平 2.06 个百分点，技术市场成交额指数低于全国平均水平 253.15 个百分点。

4. 凝聚力指数

在构成凝聚力指数的 4 个指标中，2015 年在岗职工平均工资指数、人均财政支出指数高于全国水平，分别高 11.98 个百分点和 37.74 个百分点。其他两个指标都低于全国水平，其中城镇居民人均可支配收入指数低 10.12 个百分点，农民人均纯收入指数低 33.53 个百分点。

5. 辐射力指数

在构成辐射力指数的 6 个指标中，2015 年有 4 个指数高于全国平均水平；2 个指数低于全国平均水平，分别是客运周转量低 49.52 个百分点，金融机构存款余额指数低 18.04 个百分点。

通过对“五力”的计算和分析，可以总结出河北在发展过程中取得的成绩：产业转型升级取得较好成果；与京津两地协同发展成效明显；生态环境质量得到改善；新型城镇化建设开创了新局面；人民生活水平得到进一步提高。

在总结成绩的同时，也应该看到河北省在发展过程中存在的一些突出问题：一是产业结构层次较低，不尽合理；二是科技投入低，创新能力较弱；三是城镇化水平低；四是人民生活水平有待进一步提高；环境质量需要逐步改善。

三　基本路径与对策建议

习近平总书记对河北提出的“四个加快”“六个扎实”，是党中央对河北工作确立的基本思路、目标定位和工作重点，构成了河北发展的总体要求。京津冀协同发展已列为国家战略，河北省应抓住机遇，以此为契机，在人才引进，科技、教育等方面加快与京津合作。具体建议有以下几点。

（一）深化供给侧结构性改革

通过全省共同努力，在化解过剩产能方面，全面落实“三去一降一补”，取得了一定的成绩，2016 年全省共压减炼钢产能 1624 万吨、炼铁 1761 万吨、水泥 286 万吨、平板玻璃 2189 万重量箱，退出煤矿 54 处、压减煤炭产能 1400 万吨。但也存在困难和问题，主要是结构性和体制性矛盾交织，产能过剩和需求结构矛盾突出。为解决这些问题和矛盾，应深化供给侧结构性改革。

一是继续化解过剩产能，尤其是钢铁、煤炭、水泥、平板玻璃等高耗能、高污染项目。

二是加快发展高新技术产业。重点发展先进装备制造、“大智移云”新一代信息产业、生命健康、新能源和清洁能源、新材料、节能环保、特种机器人等新兴产业。

三是加大第三产业比重。第三产业中河北的短板在服务业特别是生产性服务业和高技术产业，而北京的优势在服务业特别是生产性服务业、高技术产业和战略性新兴产业。因此在发挥河北省的优势产业——交通运输业、批发服务业等作用的同时，利用京津冀协同发展的机遇，把加强与北京服务业特别是生产性服务业和高技术产业，以及中关村国家自主创新示范区的对接，作为承接北京功能疏解转移的重中之重，以北京服务业特别是生产性服务业（金融、信息技术服务、租赁和商务服务、科学研究和技术服务等）、高技术产业和战略性新兴产业之长，补河北产业发展之短，从而实现优势互补、创新发展，共享“协同红利”。

（二）加大科技投入

为了提升河北省的创新水平，各级政府和企业不断加大科技投入。R&D 经费支出由 2005 年的 59.3 亿元提高到 2015 年的 340 亿元，年均递增 17.2%，但和全国平均水平以及发达地区相比还存在较大差距。2015 年河北省 R&D 经费支出占全省生产总值的比重为 1.14%，比全国平均水平低 0.93 个百分点。因此还需加快科技投入。

另外，为推动人才合理流动和优化配置，在政府规划的综合示范区、产业创新试点项目、创新服务机构试点项目就业的人才，享受等同于原户口所在地的教育、医疗等社会保障，根据地区间收入差距给予异地工作津贴。借助京津冀一体化机遇鼓励中关村等知名企业到河北开办分支机构。

应继续坚持深化改革、创新驱动，通过“大众创业、万众创新”，催生新技术、新产品、新模式，壮大节能环保产业，严控高耗能、高排放行业扩张，形成节能低碳的产业体系，培育新的增长点，推动经济健康发展。

（三）加快城镇化发展步伐

石家庄围绕建成京津冀城市群南部副中心城市，唐山围绕建成东北部副中心城市，加强与京津功能分工和配套协作，带动冀中南、冀东两翼发展。充分发挥张家口、承德的生态优势和秦皇岛的滨海资源优势，打造服务首都的特色功能城市。极化邯郸在晋冀鲁豫接壤地区中心城市地位，提升沧州沿海港城作用，增强邢台、衡水规模实力，将它们建设成为京津冀城市群中具有重要带动作用的节点城市。

（四）提高居民收入

提高居民收入水平，重点是贫困人口的脱贫。在城镇低收入群体中，对有劳动能力和一技之长的，要通过提供创业、就业机会脱贫一批；对有劳动能力无一技之长的，要通过教育培训提高就业能力脱贫一批；对居住在棚户区的无房户，要通过棚户区改造政策扶持脱贫一批；对因学因病致贫的，要整合国家教育扶贫、医疗扶贫政策扶持脱贫一批；对国有企业改革改制下岗失业人员，淘汰落后产能中的待岗、转岗失业人员，要通过“三去一降一补”和“三变”改革扶持脱贫一批；对无劳动能力、无技能、无收入来源的，要通过民政兜底脱贫一批。

（五）建设美丽河北

2016 年，河北省坚持不懈治理污染，生态环境质量得到改善。全省淘汰改造燃烧锅炉1.3万台，削减煤炭消费量500万吨，压减焦炭产能1279万吨，取缔关闭非煤矿山161个，淘汰老旧车14.2万辆，全省PM2.5平均浓度下降9.1%，达标天数增加16天。但是河北省环境污染问题依然比较突出，秋冬季重污染天气时有发生。河北堪称雾霾“重灾区”，在环保部定期公布的74个城市空气质量排名相对较差的后10位城市中，有多个城市常位列其中。为建设天蓝地绿水秀的美丽河北，应努力做好以下几个方面的工作。

一是突出科学治霾。污染严重县（市、区）应将工业污染企业调整退出、调整工业园区布局。

二是突出协同治霾。可加强与京津协同治理，完善联合会商、预报预警和联合执法机制，落实“1+2”（北京和廊坊、保定）和“2+4”（北京、天津和廊坊、保定、唐山、沧州）城市共防共治措施，保定、廊坊禁煤区18个县（市、区）实现散煤归零。

三是强化省内城市之间协同治理，把石家庄大气污染防治摆在首要位置，同步抓好其他污染传输通道城市治理。强化城镇与农村协同治理，突出农村散煤整治和面源污染治理，利用两年时间基本消灭劣质散煤使用。强化冬季与四季协同治理，既采取超常措施应对重污染天气，努力“削峰降速”，又以冬季标准抓大气治理，冬病夏治、四季长治。

参考文献

[1] 国家统计局：《中国统计年鉴》（2006~2016），中国统计出版社。

[2] 河北省统计局：《河北经济年鉴》（2006~2016），中国统计出版社。

[3]《河北省政府工作报告（2017）》，2017。

[4] 迟国泰等：《基于科学发展的综合评价理论、方法与应用》，科学出版社，2009。

[5] 杜栋等：《现代综合评价方法与案例精选（第二版）》，清华大学出版社，2008。

[6] 陈正伟：《综合评价技术及应用》，西南财经大学出版社，2013。

B.10
北京市人口调控研究*

摘　要：自新中国成立以来，北京人口规模增长经历了五个阶段。除了第一阶段是由于区划合并引起大量人口增长外，外地人口流入是人口迅速增长的主要原因。尤其是21世纪的第一个十年，北京人口随着城市化的加速，常住人口也迅速增加，大量的流入人口聚集在城市核心区和功能拓展区。迅速增长的人口对城市各项设施的服务与运行产生了巨大压力，对城市管理提出了挑战。人口迅速增长的原因是城市功能定位的失当。2015年，京津冀一体化上升为国家战略，将北京的定位明确为“全国政治中心、文化中心、国际交往中心、科技创新中心”“四个中心”，并提出将与这一城市定位不符合的城市功能进行疏解，以此带动北京人口调控。本文在分析北京市人口增长阶段及增长原因，并分析人口空间分布特点基础上，对京津冀13个城市的人口承载力进行预测，提出未来非首都功能疏解的重要区域在京津和京保石沿线城市。最后提出了北京市人口调控不能急于求成，要综合施策，有序疏解；在京津冀及至环渤海的环京地区要建立区域性中心城市，以承接北京非首都功能疏解；功能疏解要多元化，并要打破行政区，应以生态区或经济区进行资源分配，注重产业生态的

* ［基金项目］中国人民大学科学研究基金（中央高校基本科研业务费专项基金）项目，项目批准号：12XNI002。

［作者简介］张耀军，河南平顶山人，中国人民大学首都发展与战略研究院研究员，中国人民大学人口与发展研究中心教授，博士生导师，主要从事人口资源环境经济学、空间科学等领域的研究；王若丞，中国人民大学人口与发展研究中心博士研究生；岑俏，中国人民大学人口与发展研究中心硕士研究生，目前就职于上海市公务员局。

均衡发展。最后强调，人口调控不仅要将人口数量调控到适度规模，绝不能仅仅重视人口规模的调控，而且还应包括改善人口结构，提升人口素质，优化人口空间分布等方面。同时，人口调控还要与城市管理水平改善并行推进，共同促进城市可持续健康发展。

关键词： 人口调控 人口承载力 功能疏解 北京

一 规模变动及原因分析

自新中国成立以来，北京市的人口规模持续增长，尤其是自21世纪以来，人口规模急速膨胀（见图10－1）。1949年，北京人口为420.1万人。1953年全国第一次人口普查时，北京市常住人口为489.9万人。2015年增加到2170.5万人，是1949年的5.2倍，增长了1750.4万人，平均每年增加26.5万人，年均增长率为2.52%。

回顾起来，北京市人口增长可以划分为五个阶段，各个阶段都呈现不同的特点（见表10－1）。

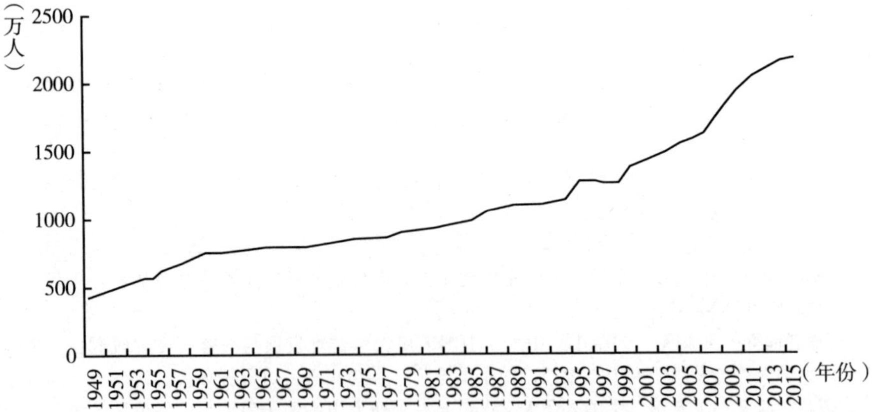

图10－1 北京市人口规模变动过程

表 10－1　北京市人口增长历程及其各阶段情况

增长阶段	增长量（万人）	年均增长（万人）	年均增长率（%）	主要原因
1. 快速增长阶段（1949～1964 年）	356.2	23.75	4.18	1. 人口的高自然增长率；2. 行政区的扩大
2. 稳定增长阶段（1964～1990 年）	309.7	12.39	1.35	计划生育政策的实施
3. 增长回升阶段（1990～2000 年）	277.6	27.76	2.3	流动人口的大量涌入
4. 加速增长阶段（2000～2010 年）	598.3	59.83	3.7	1. 流动人口的大量涌入；2. 户籍迁入人口加速
5. 增长趋缓阶段（2010～2015 年）	208.5	41.72	2.04	调控手段不断严格，如对非京籍住房和机动车限购政策，以调控人口①，人口增速有所下降

注：①北京于 2011 年 2 月 16 日正式公布了关于贯彻“国八条”的通知，对持有有效暂住证，在本市没有住房的购房人，且连续五年缴纳社会保险和个人所得税的非本市户籍家庭，限购一套住房；对于无法提供本市暂住证、连续五年以上缴纳社会保险或个人所得税的非本市户籍居民家庭，暂停在本市向其售房。外地人在北京买车也需要这一买房条件。

（一）快速增长阶段（1949～1964年）

该阶段北京市常住人口快速增长，从 1949 年的 420.1 万人增长到 1964 年的 776.3 万人，13 年间共增加了 356.2 万人，每年平均增加 23.75 万人，年均增长速度为 4.18%。自北京确定为中华人民共和国首都后，城市性质及职能发生了深刻变化，各项事业蓬勃发展，人口总量也随之上升。为适应首都城市发展的需要，1958 年把河北的房山、宛平、昌平、通县、顺义、大兴、怀柔、密云、平谷、延庆等 10 个县划入了北京市的行政区管辖，使北京市的行政区从新中国成立初期的 707 平方公里扩大到 16808 平方公里，人口由此增多了 282 万人。此时北京人口与全国发展情况一样，人口再生产处于“高出生、低死亡、高自然增长”阶段，原因是还未实行计划生育政策，人口增长处于没有控制的自然状态。据资料记载，在 20 世纪 50 年代，北京市的人口自然增长率一直保持在 20‰以上，1955～1957 年连续三年保持在 30‰以上，到 1963 年达到最高，为 35.3‰。在这一时期，户籍人口增加也是人口规模增加的重要原因之一，其间共增加人口 42 万人，其中 1959 年达 38.5 万人。

（二）稳定增长阶段（1964～1990年）

该阶段人口从776.3万人增加到1086万人，增加了309.7万人，平均每年增加12.39万人，年均增长率为1.35%。该阶段人口平稳增长的原因是我国在20世纪70年代实行计划生育政策，出生率和自然增长率得到控制，对抑制首都人口的快速自然增长起到了明显的作用。到1990年，人口自然增长率为7.2‰，较最高的1963年下降了28.1个千分点。加上这一时期户籍人口的增长也处于稳定期，平均每年增长为1.4万人，北京市人口规模保持稳定增长。

（三）增长回升阶段（1990～2000年）

这一阶段，常住人口从1086万人增加到1364万人，人口增加了278万人，平均每年增加27.76万人，年均增长率为2.3%。由于计划生育政策的长期推广，北京市的生育率稳定在较低的水平上，但由于流动人口的大量流入，北京市的总人口规模上升较快，超过了20世纪90年代以前的水平。流动人口的大量流入，是北京市经济、社会、城市等加速发展及全国改革开放的结果，也是北京与其他省份尤其是与周边地区（如河北）存在较大落差的结果。2000年第五次全国人口普查结果显示，到2000年北京市的流动人口已达到308.4万人，其中居住半年以上的有256.8万人，居住半年以上的流动人口占常住人口的18.8%。

（四）加速增长阶段（2000～2010年）

该阶段人口从1364万人增加到1962万人，增长了598万人，年均增长59.83万人，年均增长率3.7%。增长快速的原因依然是流动人口的大量涌入，其间常住外来人口的数量增加了448.6万人，平均每年增加44.9万人，年均增长率10.6%。通过对比可以看出，流动人口年增长高于常住人口的增长，年均增长率是常住人口的2.86倍。另外，户籍人口增长也较快，五年间增长了149.7万人，其中户籍人口的迁入是户籍人口增长的最主要因素。户籍迁入人口快速增长有高校录取及毕业生工作联系、家属随迁、工作调动、部队复原转业及随军家属迁入、小城镇投资迁入等原因。这里需要指出的有两点：一是新出台的《关于新生儿户口登记和随父子女户口迁移中办理计划生育手续有关问题的通知》规定，自2003年8月7日起，男方户口在京，女方户口在外地的夫妇，新生儿可以随父登记北京市常住户口。二是2005年11月，公安部在上报国务院《关于进一步改革户籍管理制度的意见》中提出“取消夫妻投靠的户口迁移条件限制，对已在配偶常住户口所在地投靠居住的公民，可以根据本人意愿在该地登记常住户口，不受双方年龄、婚龄、居住期限等条件限制”的意见，该意见的实施，对于解决夫妻两地的分居问题起到了积极作用，但另外，也加速了北京市户籍人口的增长，从而也为总人口增长起到了促进作用。

（五）增长趋缓阶段（2010～2015年）

这一阶段，常住人口从1962万人增加到2170.5万人，人口增加了208.5万人，平均每年增加41.72万人，年均增长率为2.04%。北京市自21世纪以来人口的高速增长，导致交通拥堵更加严重，“大城市病”更加突出，人口调控工作也再次引起相关部门的重视，并且对人口调控的策略也不断改进。尤其是2014年2月26日，习近平总书记到北京市调研，提出北京市的人口调控要与京津冀协同发展相结合，京津冀协同发展随即上升为国家战略。2015年6月9日，《京津冀协同发展规划纲要》出台，人口调控与北京“大城市病”问题解决与疏解非首都功能相结合进入了新阶段。

从以上分析可以得知，北京市人口规模的增长在改革开放前主要是自然增长及行政区域扩大引起的增长。改革开放后，随着计划生育政策的实施，自然增长不再居于主要地位，而随着人口流动性的增强，流动人口成了人口规模增长的主要因素。

二　空间分布与变动特点

（一）核心区人口规模比例下降，功能拓展区和城市发展新区人口规模上升

首都人口规模的迅速增长，在空间地理上并不均衡，表现为核心区人口

集聚程度下降，城市功能拓展区和城市发展新区人口规模上升明显。按照北京市主体功能区规划，城市功能拓展区和城市发展新区是未来人口集聚的主要区域，因此，近几年的人口空间分布趋势与定位一致。2015 年城市功能拓展区常住人口规模在各功能区中最大，达到 1062.5 万人，占全市总人口的 50% 左右（见图 10－2）。其次是城市发展新区，2015 年常住人口达到了 696.9 万人。

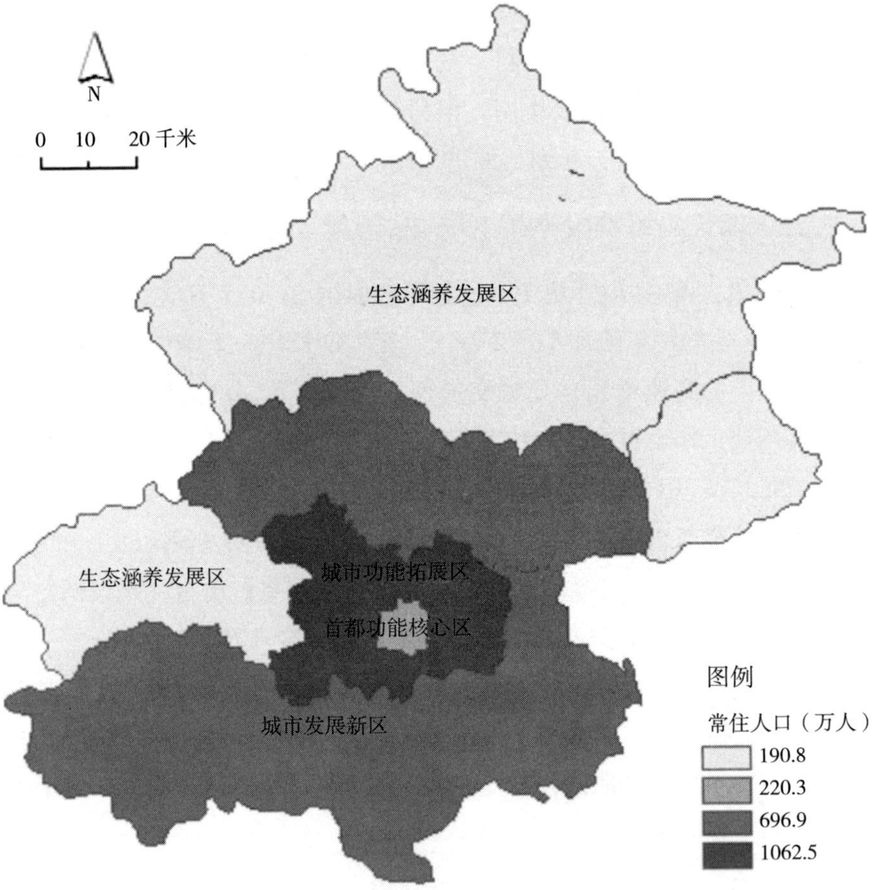

图 10－2　2015 年北京常住人口空间分布

20 世纪 90 年代以来，随着首都人口调控政策的执行，北京市区人口分布的空间格局也发生了变化，表现在首都功能核心区人口增长趋缓，占全市总人口的比重持续递减，已从 1990 年的占 21.60% 减少到 2015 年的

10.1%，2010～2015年常住人口增长4.1万人（见图10－3）。在所有功能区中，城市功能拓展区是人口增长最快的区域，2010～2015年常住人口增长最多，增加了107.1万人。城市功能拓展区占全市总人口的比重持续递增且增幅较大。同时，五个城市发展新区的人口增长速度也很明显，2010～2015年常住人口增长了93.7万人，其中通州、昌平和大兴区近几年占全市人口的比重均明显上升。需要指出的是，通州、昌平和大兴三个新城区人口增加主要是流动人口聚集造成的，这跟城乡接合部的问题、农村集体建设用地利用问题等因素密切相关。

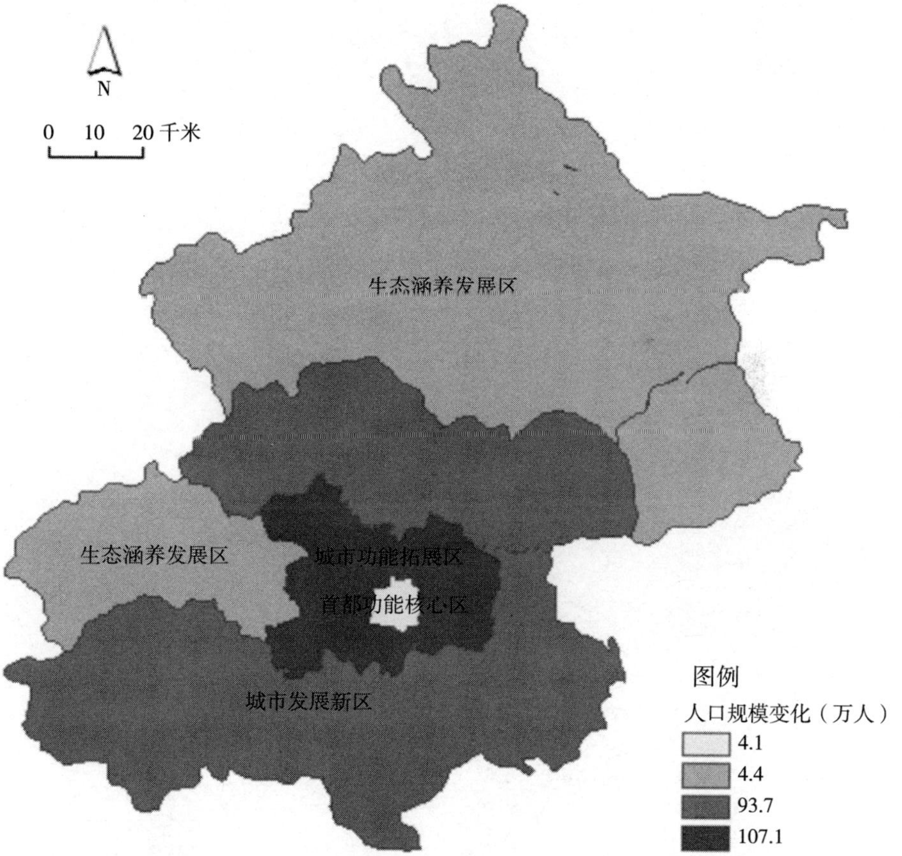

图10－3　2010～2015年北京常住人口在不同区域的增长情况

（二）不同区域人口密度相差悬殊，以首都功能核心区人口最为稠密

北京人口密度相差悬殊，以首都功能核心区人口最为稠密，2015 年人口密度近 24000 人/平方公里，相当于在 0.52% 的土地面积上聚集了 10.1% 的人口，是全市平均人口密度的 18 倍左右（见图 10－4）。城市功能拓展区的人口密度排在第二位，超过 8300 人/平方公里，相当于在 7.63% 的土地面积上聚集了 50% 左右的人口。城市发展新区和生态涵养区的土地面积占北京总面积的 91.85%，区域人口占总人口的近 40%。

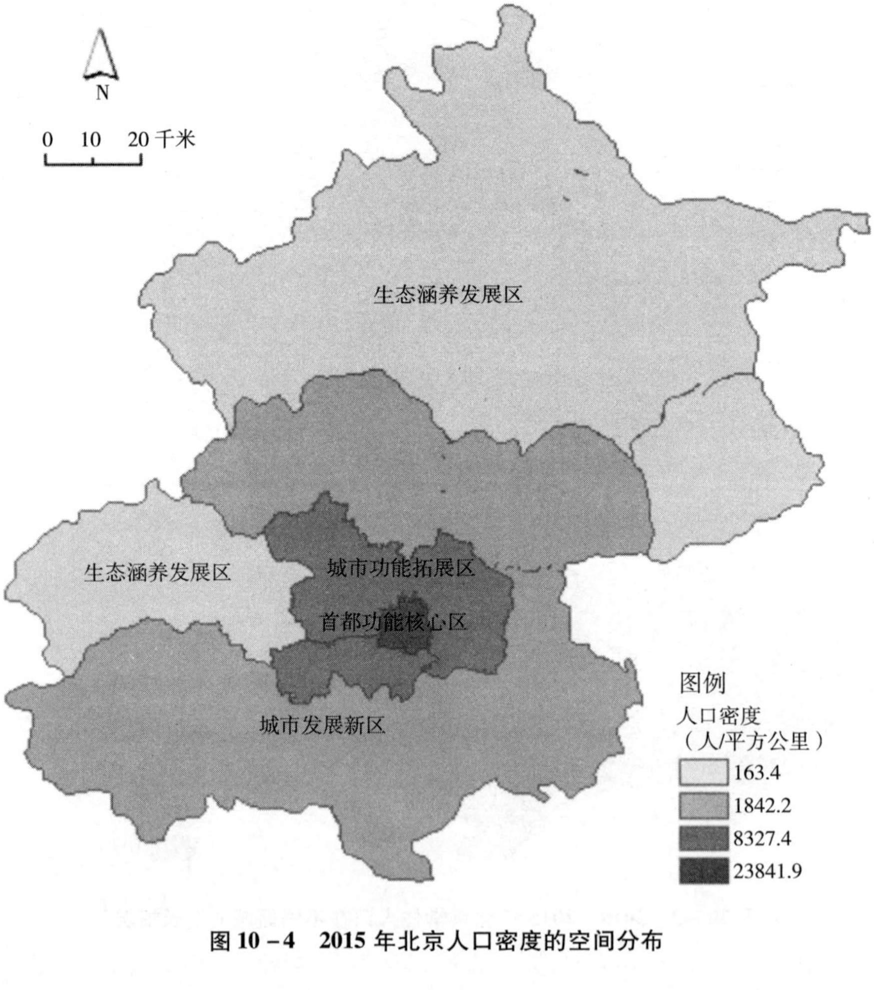

图 10－4　2015 年北京人口密度的空间分布

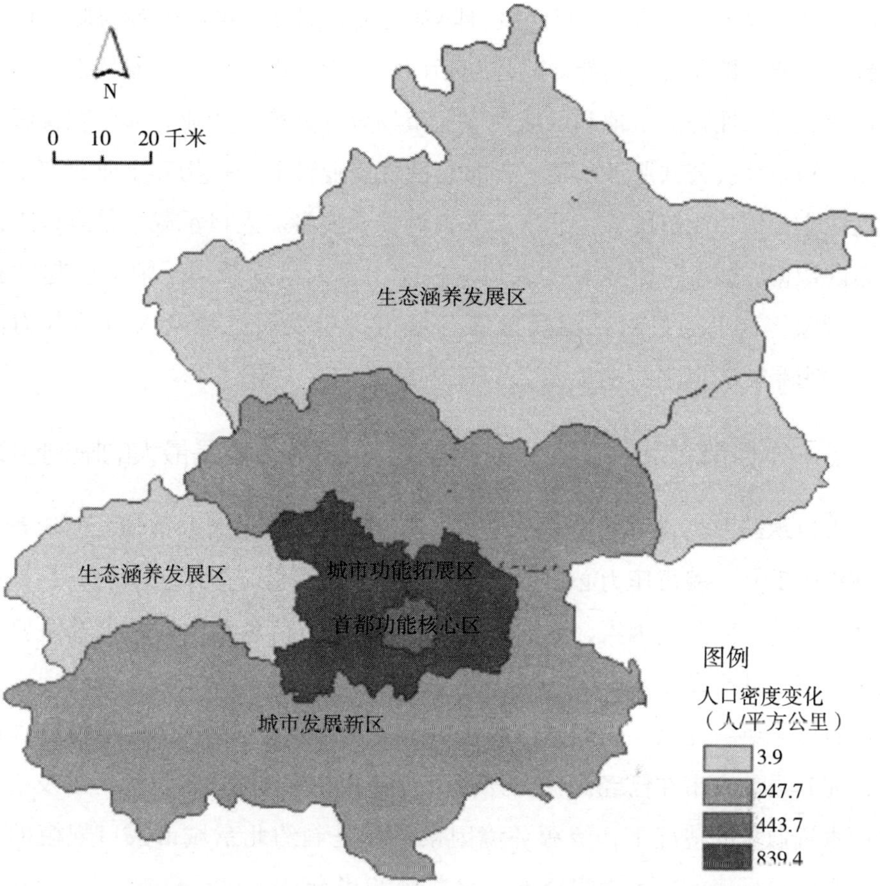

图 10－5　2010～2015 年北京人口密度变化的空间分布

如图 10－5 所示，2010～2015 年，各大功能区的人口密度都有所上升。城市功能拓展区的人口密度增长最快，其次是首都功能核心区，城市发展新区也保持了一定的增长，生态涵养区的人口密度保持相对稳定。在所有地区中，1990 年以来人口密度增加最大的分别是朝阳区、海淀区和丰台区，这些地区恰恰是外来人口大量聚集的地区。

三　人口承载与疏解方向

根据“全国政治中心、文化中心、国际交往中心、科技创新中心”的北京“四个中心”定位，《京津冀协同发展规划纲要》提出疏解与此定位不一致的功能，即非首都功能。具体包括四个方面，即一般性产业特别是高耗能产业、区域性物流基地和区域性专业市场等部分第三产业、部分教育医疗培训机构等社会公共服务功能、部分行政性事业性服务机构和企业总部。通过这些非首都功能疏解，为北京市人口调控和瘦身。人口承载力是人口未来分布的依据。如果一个区域的人口规模超出了人口承载力，则会引起“拥挤”现象。这里通过对京津冀地区各城市人口发展趋势及人口承载力测算①，判断未来非首都功能及人口疏解的方向。

（一）目前北京人口规模尚不超载，但资源环境是最大的限制因素

人口承载力测算结果表明，北京、天津的人口容量尚未饱和，但随着人口规模的上升，城市压力必将逐步增大。尤其是资源环境承载能力，是人口承载力中最小的限制因素，而河北省 11 个城市人口承载能力的提升主要受制于经济与社会发展水平。

具体来讲，北京、天津两市的人口承载能力最大制约因素是资源支撑能力，尤其是北京市在已经比较充分利用当地水资源与周边水资源，以及南水北调水资源量的情况下，资源环境因素仍然是制约北京城市人口规模的短板。在资源环境的单因素视角下，北京到 2030 年的人口承载能力是 2580 万人（见图 10－6）；而河北地区大部分城市的人口承载能力主要受制于社会发展潜力，以教育和医疗为代表的社会发展潜力是河北各地市未来人口规模的主要制约因素（见图 10－7）。

根据“木桶理论”，城市的最大人口承载能力会受制于其最短板的因素。城市的人口承载能力提升空间有限，既可能来自经济发展水平，也可能来自社会发展能力，还可能来自资源环境约束。由此我们这里采取多目标分析中常用的弱合并策略，即选取测算中最低的值作为承载力

① 人口承载力测算方法使用可能—满意度法，具体请参阅《京津冀发展报告（2013）》中“京津冀人口承载力研究”部分，社会科学文献出版社，2013。

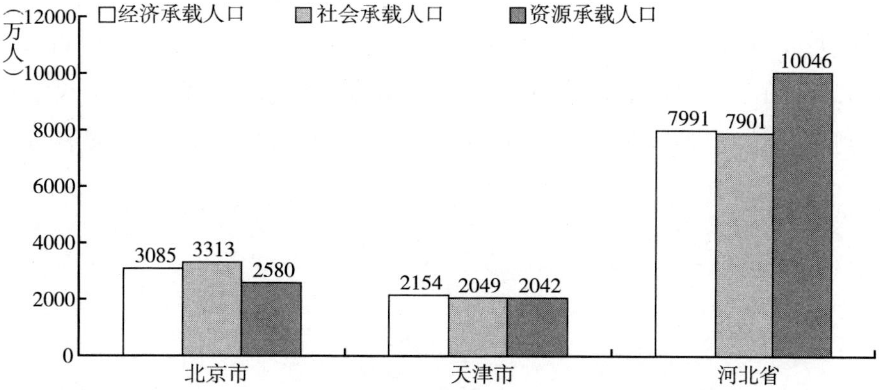

图 10－6　京津冀地区 2030 年各因素下人口承载力（分省）

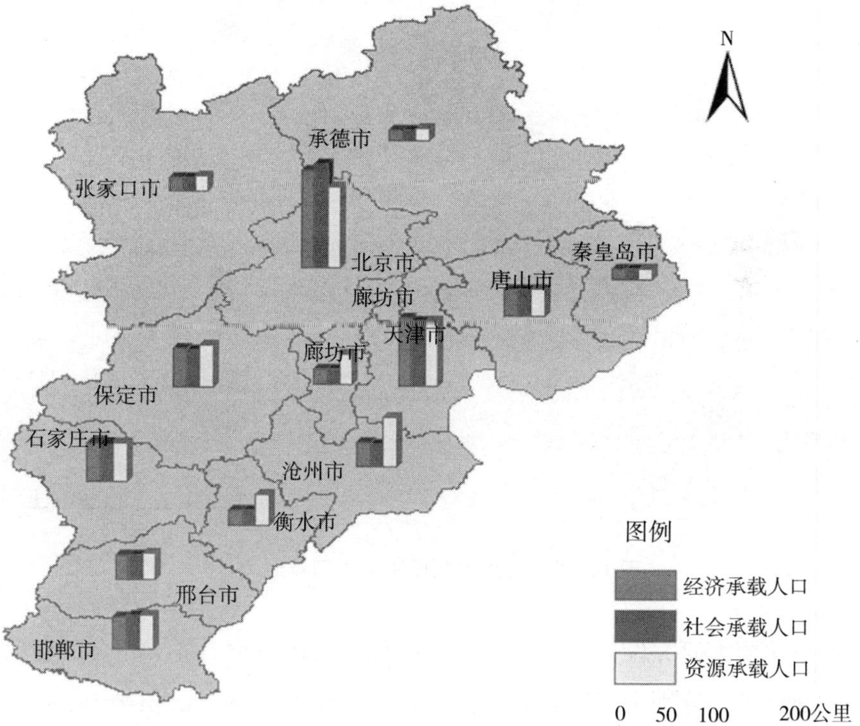

图 10－7　各因素下京津冀地区分地市人口承载力（分市）

预测值，由此计算出的人口承载能力我们称之为“最大限制因素下人口承载力”。在这种策略下可以看出北京、天津、石家庄等直辖市和省会城市仍然保持了人口承载能力的提高，河北的其他城市承载能力增长缓慢，甚至张家口、承德两地级市出现了人口承载能力的负增长（见图10－8）。

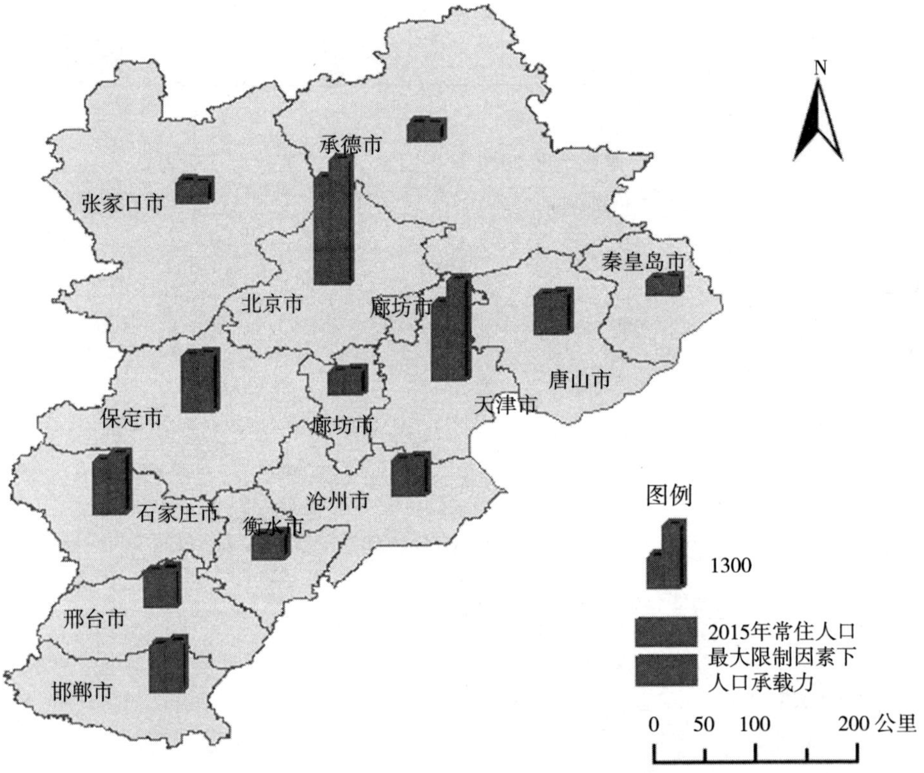

图10－8　最大限制因素下人口承载力

如果按照本研究设计的三套情景方案来平衡和补偿经济、社会、自然资源三方面因素，分别为三种因素相互补偿、经济发展优先、资源环境优先，三套方案下测算出来的京津冀各地市的人口承载能力结果较为接近，意即承载力刚性较强（见图10－9）。

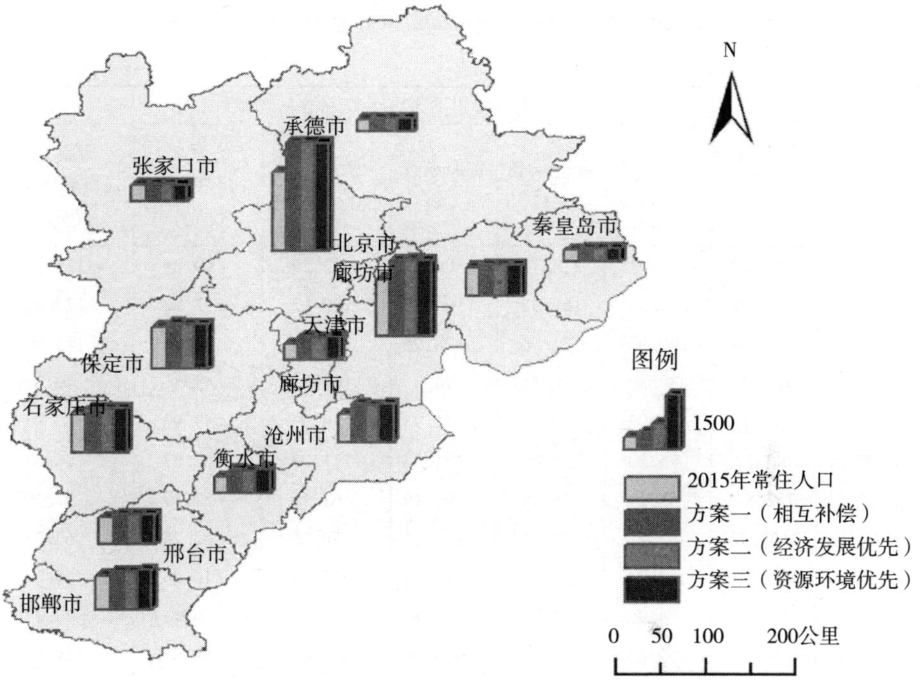

图 10－9　京津冀地区各方案下人口承载力变化（分市）

（二）未来北京人口规模将超过资源环境承载力，合理调控势在必行

随着经济社会发展、生态环境的改善，京津冀地区人口承载力也会随之上升，承载人口规模增大。将 2030 年的京津冀 13 个城市的人口预测结果与承载力相比较，可以发现人口规模与承载力相一致的情况，具体结果见表 10－2。

北京人口规模预计到 2030 年常住人口将达到 3084 万人，将至经济承载力和社会承载力极限，而资源环境承载力将被超载 504 万人。在不同的替代方案下，人口规模均超载。这意味着到 2030 年，人口将对北京的资源环境形成巨大的压力。

将天津的人口预测结果与人口承载力预测结果进行对比后表明，人口规模到 2030 年不会突破承载能力。根据不同的承载力因素计算，天津到 2030 年还有 174 万到 273 万人之间的人口承载能力。

表 10－2　2030 年京津冀各地市人口承载能力与常住人口比较

单位：万人

地　市	2030 年常住人口	不同要素下人口承载力与人口预测差异					
		经济承载人口	社会承载人口	资源承载人口	方案一（相互补偿）	方案二（经济发展优先）	方案三（资源环境优先）
北京市	3084.29	0.71	228.71	－504.29	－92.29	－69.29	－115.29
天津市	1881.08	272.92	167.92	160.92	199.92	217.92	173.92
石家庄市	1020.04	190.96	172.96	178.96	180.96	182.96	175.96
唐山市	805.7	39.3	20.3	74.3	44.3	43.3	40.3
秦皇岛市	306.07	33.93	40.93	41.93	38.93	37.93	40.93
邯郸市	943.17	75.83	135.83	121.83	111.83	102.83	126.83
邢台市	731.81	53.19	38.19	92.19	61.19	59.19	57.19
保定市	1167.75	52.25	22.25	136.25	70.25	65.25	62.25
张家口市	433.96	7.04	－21.96	70.04	18.04	16.04	11.04
承德市	355.9	－4.9	－12.9	45.1	9.1	6.1	7.1
沧州市	726.95	63.05	43.05	863.05	323.05	258.05	318.05
廊坊市	476.64	39.36	31.36	495.36	188.36	151.36	186.36
衡水市	455.46	17.54	7.54	503.54	176.54	136.54	173.54

注：表中正值代表人口承载力大于目前的常住人口，城市的人口规模未超载；负值代表了常住人口大于人口承载能力，城市人口规模超载，需要人口疏解或者提升人口承载能力。

河北各地市增长差异较大，总体上人口承载能力不超载，能够分摊北京的一部分人口压力。预测结果表明，人口承载能力增长明显的有沧州、廊坊、衡水三市，人口承载力 2030 年比 2013 年将增长 40% ～50%；石家庄、唐山、邯郸、秦皇岛、邢台五地市，2030 年比 2013 年将增长 10% ～20%；张家口与承德两城市人口承载力增长幅度低，2030 年与 2013 年相比增幅为 5% 左右。

（三）京津和京保石两主轴沿线城市人口承载力最大，应依此疏解产业与人口

到 2030 年，北京的人口承载力为 3000 万人左右，天津的人口承载力为

2000 万人左右。河北省各地市的承载力从 340 万人到 1300 万人不等（见表 10－3）。单因素人口承载力呈现空间的集聚性，即廊坊、唐山、沧州三市位于“双核”北京、天津市的东侧或南侧，人口规模得到明显提升；而河北南部的石家庄、保定、邯郸三市原本人口规模就比较大，未来仍有进一步增长的空间；地处河北北部的张家口、承德、秦皇岛三市在不同的因素下人口规模都增长缓慢。总之，京津冀区域人口承载力以京津和京保石两主轴沿线城市最大（见图 10－10、图 10－11、图 10－12）。

表 10－3　2030 年京津冀各地市人口承载能力

单位：万人

地　市	经济承载人口	社会承载人口	资源承载人口	方案一（相互补偿）	方案二（经济发展优先）	方案三（资源环境优先）
北京市	3085	3313	2580	2992	3015	2969
天津市	2154	2049	2042	2081	2099	2055
河北省	7991	7901	10046	8646	8483	8623
石家庄市	1211	1193	1199	1201	1203	1196
唐山市	845	826	880	850	849	846
秦皇岛市	340	347	348	345	344	347
邯郸市	1019	1079	1065	1055	1046	1070
邢台市	785	770	824	793	791	789
保定市	1220	1190	1304	1238	1233	1230
张家口市	441	412	504	452	450	445
承德市	351	343	401	365	362	363
沧州市	790	770	1590	1050	985	1045
廊坊市	516	508	972	665	628	663
衡水市	473	463	959	632	592	629

在三套加权方案下，计算结果的空间分布格局相似，即依然是位于“双核”北京、天津市的东侧或南侧的廊坊、唐山、沧州三地人口规模得到了明显提升，沿京广线主轴与京津主轴城市承载力较大（见图 10－13、图 10－14、图 10－15）。

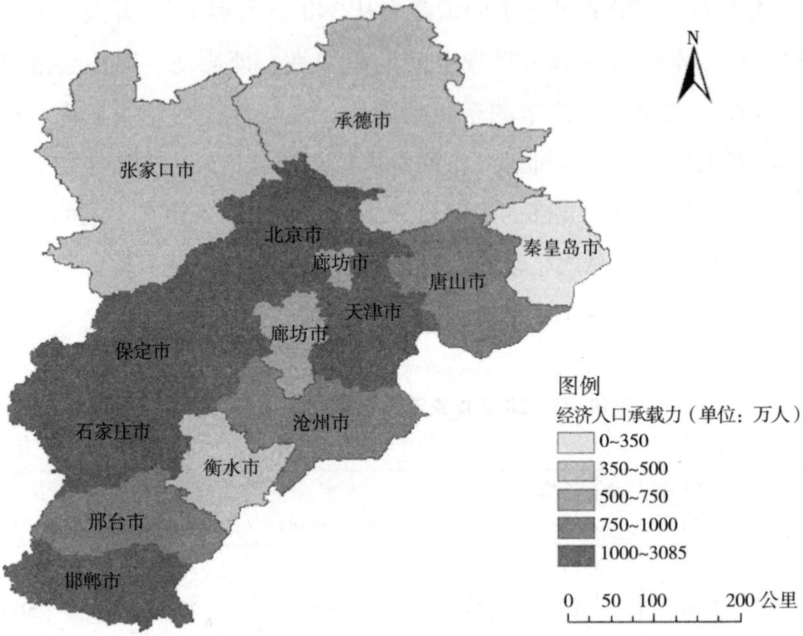

图 10－10　京津冀地区 2030 年经济因素的人口承载分布

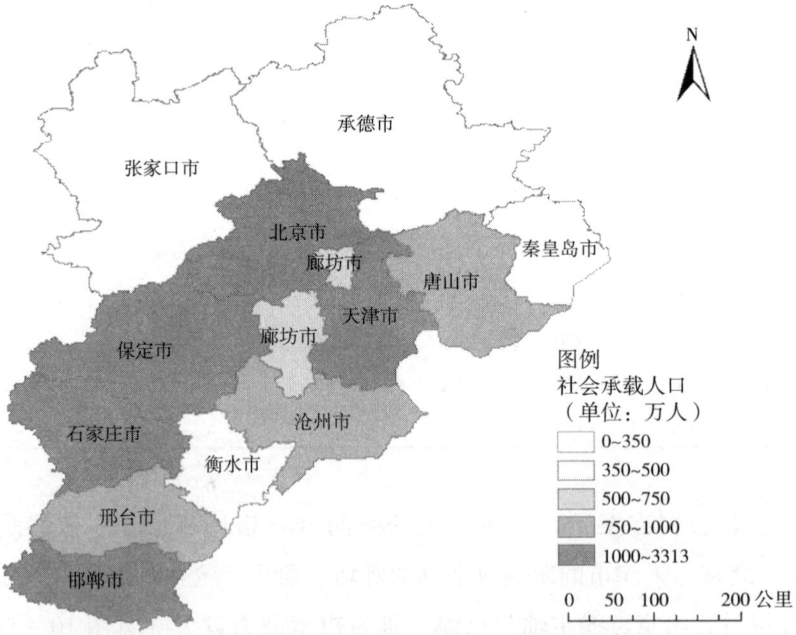

图 10－11　京津冀地区 2030 年社会因素的人口承载分布

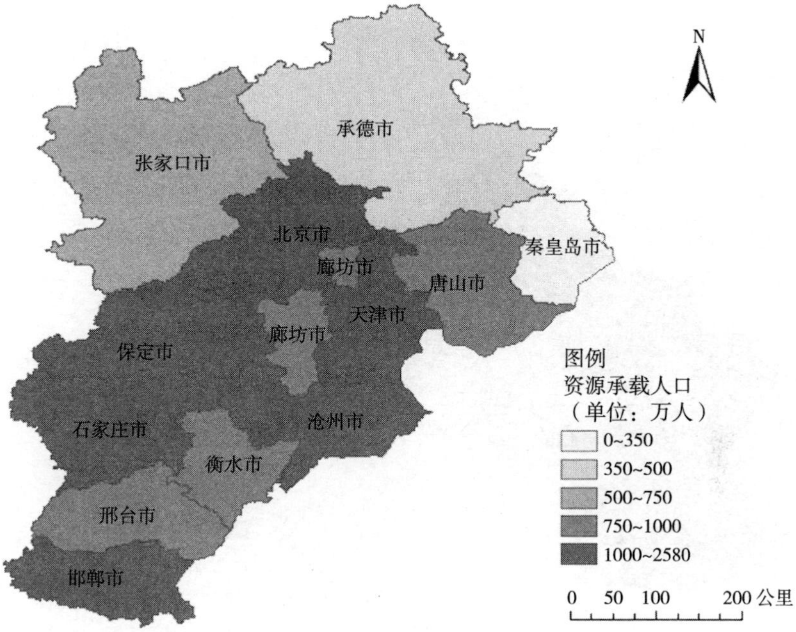

图 10－12 京津冀地区 2030 年资源因素的人口承载分布

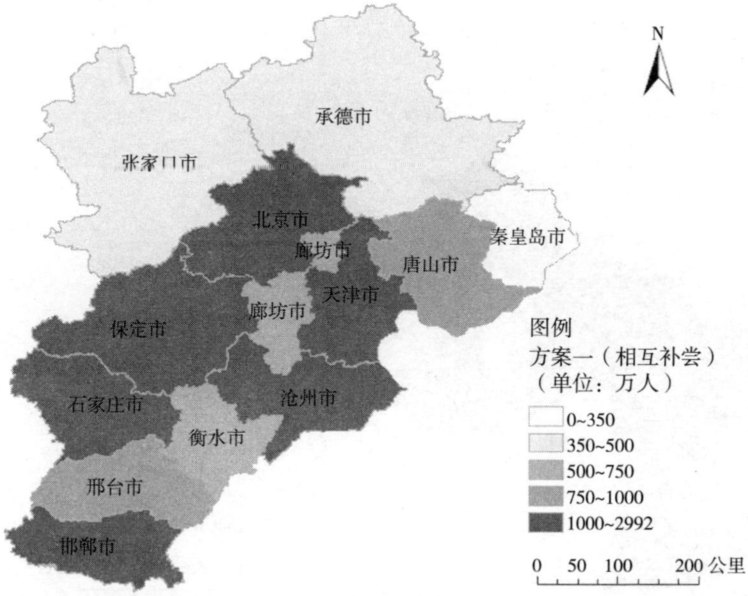

图 10－13 各因素互补情景下的京津冀地区 2030 年人口承载分布

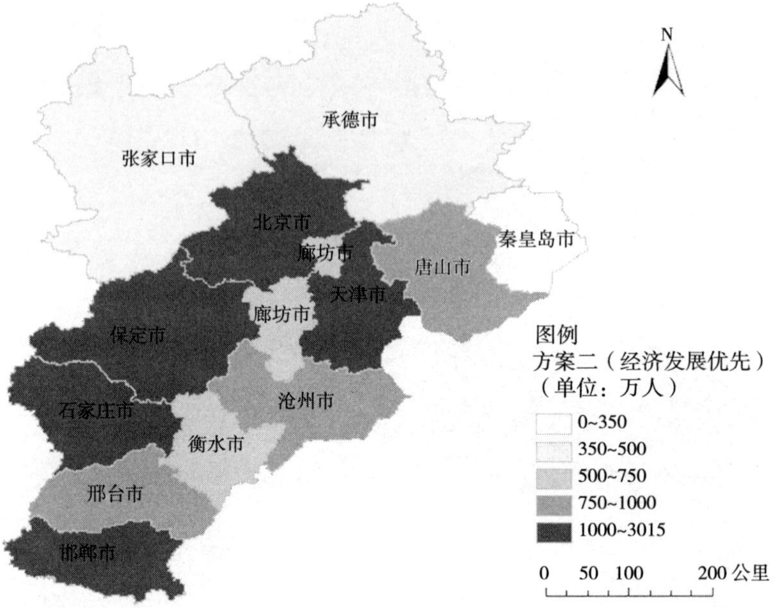

图 10－14 经济发展优先情景下的京津冀地区 2030 年人口承载分布

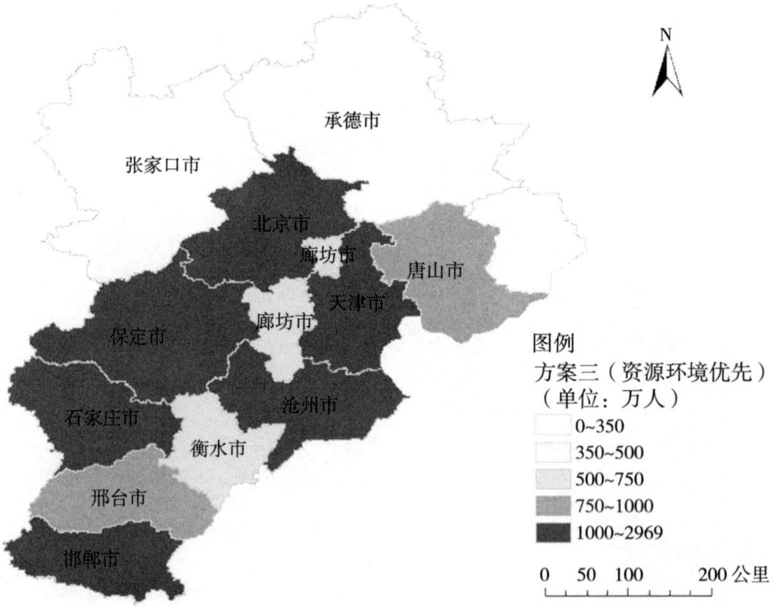

图 10－15 资源环境优先情景下的京津冀地区 2030 年人口承载分布

四　主要路径与对策建议

（一）综合施策有序疏解

北京市目前最基本的人口情况包括两个方面：一是人口流动已经成为当前北京市人口规模和结构变动最主要的影响因素；二是经济和教育因素是促使人口流动行为发生的主要原因。此外，流动人口规模大、高度集聚在主城区，向外迁出的意愿低，使得当前的疏解工作面临较大的困难。在此基本情况下，要保障北京市非首都功能疏解工作的有序开展，有效控制流动人口规模，需要经济、规划、行政、法律等多个方面的相互协同，以减小向外疏解的阻力。并且，产业的转移不可能在短时间内一蹴而就，应当做到逐步有序。产业的转移既需要找到合适的迁入地，同时还要处理好迁出地的善后事宜，不可避免地会对迁入迁出地以及相关人员产生相应的影响，尤其是会涉及员工的就业、迁居、子女教育等切身问题，一次转移较大体量的产业容易产生较大的波动和震荡。因此产业的转移应当逐步有序、依照规划有条理地进行，不能够急于求成。

北京市当前人口压力过大，从根本上讲是由于功能定位造成的优质资源过于集中。北京是我国的首都，在承担了行政中心职能的同时，也汇聚了大量国际国内一流的教育、医疗、市场资源，就像一块巨大的磁铁，将大量的人口吸引过来。因此要进行人口调控，就应当利用当前疏解非首都功能的时机，依据新的区域功能定位规划调整资源在空间上的配置，将过于集中的人口进行分散转移，从而有助于解决当前北京市人口承载力超载、人口结构和空间分布不均匀的问题。

（二）建设环北京区域性中心城市

从历史渊源、经济关系、地理区位及资源环境等方面综合来看，京津冀地区有着天然不可分割的联系，区域内其他地区是分流首都人口的上佳选择。但也应认识到，从经济、社会发展水平来看，京津冀三地出现了较为明显的不平衡格局，其中河北省不仅吸纳人口的能力较弱，而且还成为北京和天津流动人口的主要来源地之一。因此要加快推进京津冀乃至环渤海的协同合作发展进程，促进区域内经济、社会各项事业平衡发展，一方面要进一步扩大天津的分流能力；另一方面应当在发展资源上适当向河北进行倾斜，加强河北省内的基础设施建设和产业发展布局，与北京、天津紧密结合起来，形成各具特色、功能互补、布局合理的区域产业协作体系，构建区域大产业链，成为首都非核心功能疏解和人口调控的蓄水池以及坚强后盾，这样不仅能够减轻区域内人口流入北京的压力，还能够成为北京应对流动人口流入的一道缓冲区。从现实角度来看，河北省的保定、石家庄、唐山等城市都具有良好的发展基础，人口承载力潜力大，若能发展成为有吸引力的区域性中心城市，则能够从北京市分流出相当一部分的人口，从而有效减轻首都的人口压力。

（三）疏解方向多元化

在进行疏解时，第一是应吸取北京市建设弊病的教训，防止简单地向外摊大饼，过去的规划方式既不能有效利用京郊土地资源，因地制宜地发挥不同地区的区位优势，也不利于北京市主城区的长远发展；第二是杜绝把过多的非核心功能集中在同一个或少数几个区域内，这会导致少数地区的流动人口规模激增，造成新的人口失衡风险。

因此，应当将接收区域自身的区位条件与向外疏解的产业结构特点结合起来进行考虑，坚持因地制宜的原则，实行多元化的发展策略。例如有的地区可以将大学搬迁与迁入地适合的乡镇结合起来，发展为类似国外比较普遍的大学镇，对整个周边地区产生积极的带动作用，现阶段昌平和通州都有类似的规划；而有的地区适合承接一般性、服务性的产业，则可以将一些关联比较紧密的产业在迁入的地理位置上相对集聚，有利于规模经济的形成，减少通勤运输上的消耗。从整体规划上来看，各接收区域作为承接的卫星城，其功能定位应当相对独立和单一，避免过度集中，造成新的人口问题。

（四）以生态或经济区域分配资源

在推进京津冀协同发展进程中，应当尽量消减区域发展在行政上的壁垒，不能够仅仅以行政区划为依据来进行资源和政策的分配，而应当着眼于按照《京津冀协同发展纲要》中对各区域功能定位这一更为宏观的框架来统筹资源和政策的分配。简言之，不是简单地以京内或非京、城市或农村等行政区划来分配资源和政策，而是根据某一经济区域或生态区域承担的功能定位来分配资源，优化开发区在经济、公共服务资源方面倾斜得应当多一些，生态涵养区则更多的是环境资源及政策上的倾斜。

从现实和未来的视角看，京津冀区域内的生态资源仍然具有较大的开发整合潜力，若能进一步加强生态涵养区的建设，既能够为整个区域提供良好的生态环境支撑，维持良好的人口承载能力，还能够通过养老、旅游等产业的转移在一定程度上对首都人口进行分流。

（五）注重产业均衡发展

疏解非首都功能也应当在市区内保留家政、批发等所谓的低端产业，以保障人民群众生活的基本需要，同时低端产业对高端产业也具有相当大的支撑作用。“水至清则无鱼”，若要将低端产业进行一刀切，全部疏解出去，一方面工作执行的难度很大，容易在居民中产生强烈的阻力；另一方面也会给市区内的居民在生产生活上带来很多不便之处。因此一方面应当保留一定比例的与居民密切相关的产业，在疏解过程中可以保留相对优质的部分并促进其进行现代化改造，强化低端产业对高端产业发展的支撑作用；另一方面继续坚持引入发展高端产业，促进整体经济结构的优化升级。

（六）强化人口调控的综合效果

人口调控，不仅要将人口数量调控到适度规模，而且还应包括改善人口结构，提升人口素质，优化人口空间分布等方面。从某种意义上说，后者较人口规模更重要。人口结构的合理化和人口素质的提升，有利于保持人口红利，促进就业，推动城市创新发展；人口在空间上的合理分布，可以提升区域对人口的承载能力，有利于经济和社会的和谐。因此，人口调控绝不能只仅仅重视人口规模的调控，更要对人口要素的各个方面进行全面优化改善，如此，才能为城市与区域发展真正提供优良的人口环境。同时，人口调控与城市管理水平改善并存，是北京市未来促进城市可持续健康发展的正确方向。

参考文献

[1] Boschma, R. A. （2004）. *Competitiveness of Regions from an Evolutionary Perspective*. Regional Studies, 38, 1001 - 1014.

[2] Brown, P. J. B. , & Hincks, S. （2008）. *A Framework for Housing Market Area Delineation: Principles and Application*. Urban Studies, 45（11）, 2225 - 2247.

[3] Communities and Local Government（2010）. *Functional Economic Market Areas: An Economic Note*. London: Communities and Local Government.

[4] Entwisle, B. , Stern, P. C. （Eds. ）, 2005. *Population, Land Use, and Environment: Reasearch Direction*. National Academy Press, Washington, DC.

[5] 杜艳莉、胡燕：《北京人口疏解中的难题及对策》，《未来与发展》2016 年第 10 期。

[6] 高颖、张秀兰：《我国特大城市人口结构特点及变动趋势分析——以北京为例》，《人口学刊》2016 年第 216（2）期。

[7] 侯亚非：《关于“不流动的流动人口”的思考》，《北京行政学院学报》2006 年第 6 期。

[8] 马学广、李贵才：《欧洲多中心城市区域的研究进展和应用实践》，《地理科学》2011 年第 12 期。

[9] 孟向京：《中国人口分布的合理性评价》，《人口研究》2008 年第 32（3）期。

[10] 饶烨、宋金平、于伟：《北京都市区人口增长的空间规律与机理》，《地理学报》2015 年第 24（1）期。

[11] 孙铁山、刘霄泉：《中国超大城市常住外来和常住户籍人口居住—就业的空间错位——基于北京、上海和广州的实证》，《人口与经济》2016 年第 218（5）期。

[12] 王铮、孙翊：《中国主体功能区协调发展与产业结构演化》，《地理科学》

2013 年第 6 期。
[13] 肖金成：《改革开放以来中国的城市化进程》，载《投资建设三十年回顾——投资专业》，2008。
[14] 张耀军、李硕、孙艳宇等：《京津冀人口承载力研究》，载《京津冀发展报告(2013)》，社会科学文献出版社，2013。
[15] 张耀军、岑俏、何茜：《京津冀城市群空间布局及协同研究》，载《京津冀协同发展的展望与思考——2014 年京津冀协同发展研讨会论文集》，2014。
[16] 张耀军、刘沁、韩雪：《北京城市人口空间分布变动研究》，《人口研究》2013 年第 6 期。

B.11

京津冀产业协作研究*

摘　要：　通过区位商、城市流强度、相似系数、分布重心等指标对京津冀产业协作的现状进行测度，结果表明：京津冀三地经济发展严重失衡，在一定程度上河北已然陷入负向“累积循环因果”效应之中，难以摆脱“低水平陷阱”；三地产业结构同构问题明显，区际间诱发激烈竞争；政府对市场的干预程度过强，超过同等级的长三角、珠三角城市群。对此，推进三地产业协作必须要打破河北经济发展严重滞后的局面，充分发挥河北雄安新区的“反磁力中心”作用，引导河北产业融入京津产业链之中；三地政府要切实打破“一亩三分地”的思维定式，落实各自的功能定位，因地制宜优化产业空间格局；减少政府对市场的不必要干预，做到“当为处有为，当无为处无为”，逐步厘清政府与市场的边界。

关键词：　产业协作　模式　京津冀

京津冀产业协作是有序疏解北京非首都功能的重要落脚点，要深刻理解这样一种关系：京津冀协同发展是上位战略，有序疏解北京非首都功能是下

* 本文为2013年国家社会科学基金重点项目“都市圈内中小城市功能提升的模式与路径研究”（批准号：13AJL014）的阶段性成果。

[作者简介] 张长，首都经济贸易大学城市经济与公共管理学院硕士生；钟顺昌，首都经济贸易大学城市经济与公共管理学院博士生；安树伟，经济学博士，首都经济贸易大学特大城市经济社会发展研究院副院长、城市经济与公共管理学院教授、博士生导师。

位战略，京津冀产业协作是下位战略的子战略。基于隶属关系，子战略必须要服务于上位战略，即为实现“以首都为核心的世界级城市群”这一目标而努力。国际经验表明，世界级城市群的核心必定是有世界或区域影响力的城市，对此京津冀产业协作必须要把着力提升首都北京的国际地位作为起点和归宿。京津冀地区是我国重要的制造业基地之一，推进京津冀产业协作，有利于引导现有产业向更高端化迈进，为“中国制造2025”的顺利施行奠定基础。但当前三地经济发展存在显著落差，产业同构问题较为突出，严重制约了三地产业协作，对此京津冀产业协作应充分发挥北京的科技研发优势、天津的先进制造业基础优势以及河北的劳动力和资源优势，贯彻落实三地功能定位，突破产业协作的桎梏。北京“政治中心、文化中心、国际交往中心、科技教育中心”的城市功能定位，明确了必须要依靠创新驱动，走高端、高效、高辐射的发展道路①，凸显产业结构的“高精尖”，依托“腾笼换鸟”等方式推动产业结构向更高层级跃升；天津应充分发挥其先进制造业基础优势，积极承接北京的科技创新辐射，打造“全国先进制造研发基地”，为“中国制造2025”助力；三地协作最大的障碍就是河北经济发展严重滞后于京津两地，且“京津冀生态环境支撑区”的功能定位在一定程度上会阻碍其经济发展，使其陷入负向“循环累积因果”之中，突破这一瓶颈必须要依托科技创新推动，对此河北需牢牢抓住三地产业协作这一历史契机，借助“后发优势”因地制宜，逐步探索出一条以“资金扶持为主，技术转让为辅”的新型生态帮扶模式，以期在最短的时间内实现本地区生态环境与经济发展的同步提升。

一　基础条件与现状特征

（一）基础条件

1. 三地经济发展出现失衡

2015 年京津冀三地三次产业占比依次为：0. 6∶19. 7∶79. 7；1. 3∶46. 7∶

---

① 文魁、祝尔娟：《首席专家论京津冀协同发展的战略重点》，首都经济贸易大学出版社，2015。

52.0；11.5∶48.3∶40.2。按照郭克莎对产业阶段的划分标准：京津两地已进入“后工业化”发展阶段，而河北却仍停留在“工业化中期”阶段，经济发展阶段相差两个层级，使得三地产业难以有效对接。①

基于经济增长速度的角度，京津冀三地整体快于全国平均水平，大致满足“天津市 > 河北省 > 北京市 > 全国”的关系（见图 11－1）。2001～2015 年，天津的经济增速始终领跑京津冀；受到“产能过剩”的冲击和“去产能”的宏观国家政策调控，2014 年起河北经济增速不仅滞后于京津两地，而且与全国平均水平存在差距。前期的经济发展水平滞后，加之经济的后续增长动力不足，使得河北陷入负向“累积循环因果”效应之中。

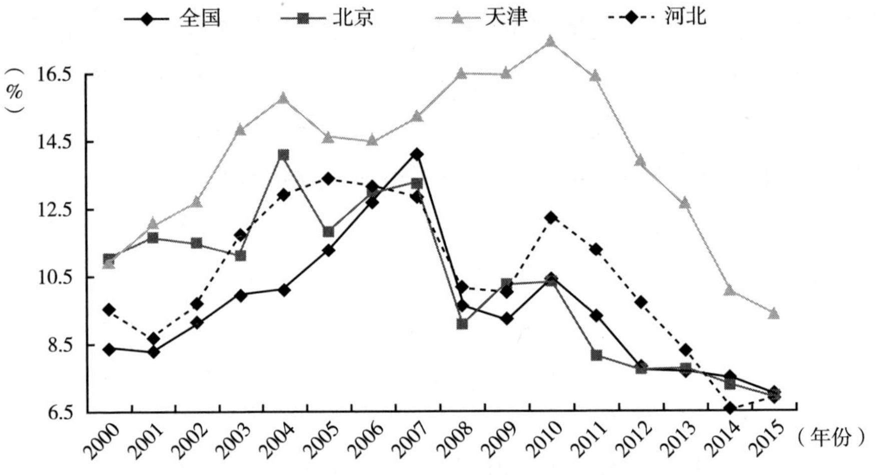

图 11－1　2000～2015 年全国、京津冀及内部各省市经济增速

资料来源：根据相关年份《北京市统计年鉴》《天津市统计年鉴》《河北经济年鉴》整理得出。

将空间尺度缩小，京津冀地级及以上城市间的经济发展差距则更为悬殊（见图 11－2）。如果将京津冀三地假想为三个国家，生产力水平的差距可以通过汇率的变动进行调节。但现实是京津冀三地共同使用同一种货币，不独

① 郭克莎：《中国工业化的进程、问题与出路》，《中国社会科学》2000 年第 3 期。

立的货币政策不仅无法刺激欠发达地区的产品输出，反而会使发达地区更加具备产品输出优势。[①] 因此，需要进一步放宽三地之间的人口准入限制，确保三地的人口实现自由迁徙，逐步实现生产力水平的趋同，进而消除区域内部的“马太效应”。

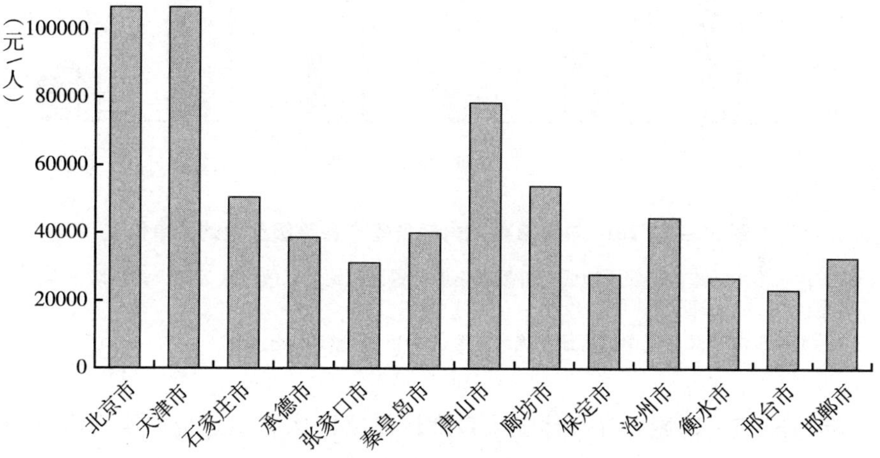

图 11－2　2015 年京津冀地级以上城市人均地区生产总值

资料来源：根据相关年份《北京市统计年鉴》《天津市统计年鉴》《河北经济年鉴》整理得出。

2. 要素价格存在空间差异

土地要素价格。京津冀土地购置单价存在明显的空间差异（见图 11－3），2014 年北京市的土地购置单价是河北省的 5.6 倍，生产要素价格间的差异（生产成本之间的差异）在一定程度上可以成为产业协作的推手。

劳动力要素价格。京津冀劳动力要素价格存在明显的空间差异，2013 年京津两地的城镇平均工资（私营单位）分别是河北的 1.71 倍和 1.49 倍。劳动力要素价格差异主要是两个原因所导致的：其一是地域差异造成的，即受到集聚经济的作用，大城市的工资水平普遍高于小城市；其二是劳动力质

① 黄志基、贺灿飞：《制造业创新投入与中国城市经济增长质量研究》，《中国软科学》2013 年第 3 期。

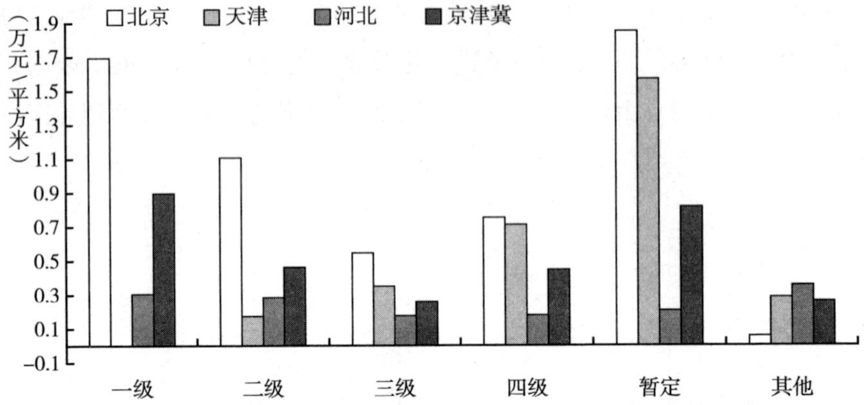

图 11－3　2014 年京津冀及内部各省市各等级土地购置单价

注：由于天津市一级土地成交价款和土地购置面积缺失，故无法计算天津一级土地购置单价。

资料来源：根据《中国房地产统计年鉴（2015）》整理得出。

量差异造成的。地域差异会伴随人口在区域之间的自由迁徙而实现区域间的工资水平趋同；而质量差异则需要加大教育投资力度，培育出与京津两地产业相匹配的劳动力要素，避免出现劳动力要素价格的差异难以弥补劳动力要素培训的费用。

3. 科技创新失衡

2010 年北京市人口教育结构中具有大学及以上文化程度的比重在京津冀占有绝对优势地位，分别是天津市、河北省和全国的 1.80 倍、4.13 倍和 3.41 倍（见图 11－4），表明北京有能力担当京津冀的“科技创新中心”，北京是京津冀智力输出的主要来源；相反，河北的高端人才占比则相对不足，这一方面需要加大教育投资力度；另一方面则需要营造适宜高端人才发展的良好环境，既要“培养人才”更要“留住人才”，实现欠发达地区的内生增长，打破限制区域发展的瓶颈。

4. 经济发展关联较为明显

测度经济关联性普遍采用人口流量指标和经济流量指标。

从人口流量的角度，以火车列次数对人口流动量进行近似替代，在

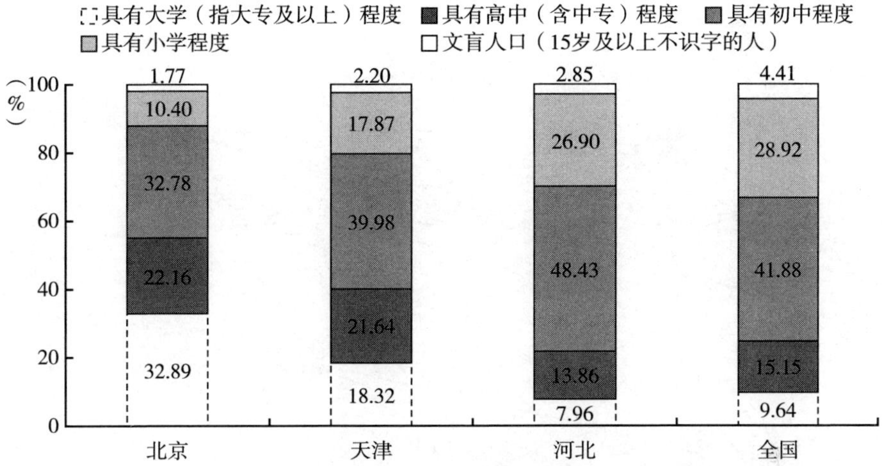

图 11－4　2010 年京津冀及全国人口教育结构

注：教育结构是由各个分类指标人数除以各分类指标人数之和得出的。

资料来源：根据《2010 年第六次全国人口普查主要数据公报》《北京市 2010 年第六次全国人口普查主要数据公报》《天津市 2010 年第六次全国人口普查主要数据公报》《河北省 2010 年第六次全国人口普查主要数据公报》整理得出。

Ucinet6 软件的支持下对经济关联性进行可视化处理，图 11－5 中方框的大小代表城市间的关联性强弱：方框越大表示城市间的关联性越强，反之表示关联性越弱。继而，可以将京津冀按城市关联性强弱划分为以下三个层次：第一层次包括北京市、天津市、石家庄市、唐山市、沧州市、邢台市、邯郸市；第二层次包括保定市、张家口市、秦皇岛市、廊坊市、衡水市；第三层次包括承德市。京津冀产业协作理应优先发展第一层次的城市，不仅因为这些城市更易接触市场，而且也因为这些城市更易获取其他城市的正外部性溢出。

从经济流量的角度，采用 Reilly 1929 年提出的引力模型对京津冀重点城市间的引力强度进行测度，其公式如下：

$$F_{ij} = G\frac{GDP_i \cdot GDP_j}{r_{ij}^2} \tag{1}$$

式（1）中，GDP_i表示 i 城市的地区生产总值；GDP_j表示 j 城市的地区

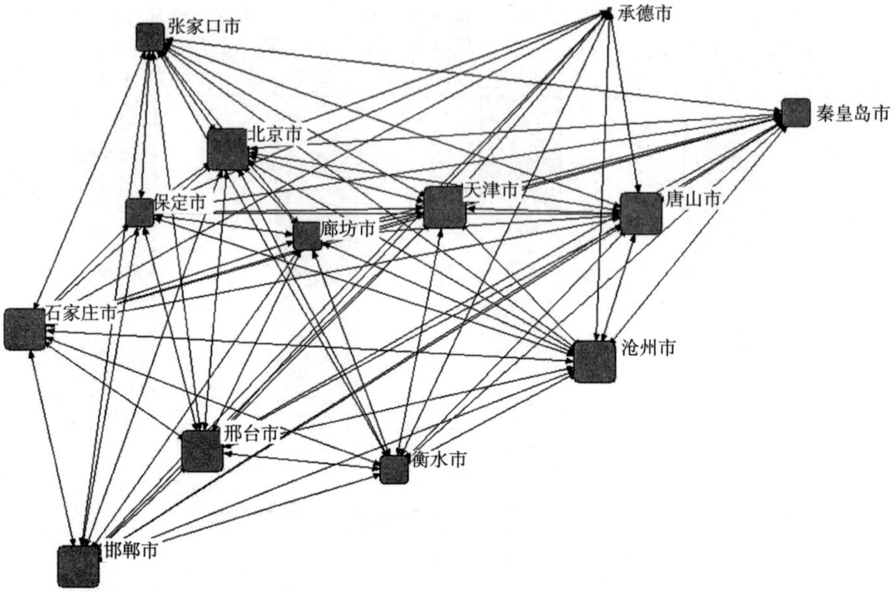

图 11－5　京津冀地级以上城市关联性强度

资料来源：通过中国铁路客户服务中心（http：//www. 12306. cn/mormhweb/）的相关内容对京津冀内部各地级以上城市的车次进行整理，时间选取的是 2016 年 10 月 10 日。

生产总值；G 表示介质常数，由于并不影响计算结果，故令 $G=1$；r_{ij}^2 表示 i 城市到 j 城市之间地理距离的平方。根据付承伟对京津冀重点城市间距离的测度①，得出京津冀重点城市间的经济引力（见表 11－1）。

表 11－1　2015 年京津冀重点城市之间的经济引力

城　市	北京	天津	石家庄	唐山	保定
北　京	—	22476. 87	1485. 89	4424. 30	2691. 90
天　津	22476. 87	—	942. 36	7009. 32	1481. 67
石家庄	1485. 89	942. 36	—	194. 67	809. 53
唐　山	4424. 30	7009. 32	194. 67	—	175. 51
保　定	2691. 90	1481. 67	809. 53	175. 51	—

① 付承伟：《大都市经济区内政府间竞争与合作研究——以京津冀为例》，东南大学出版社，2012。

结果显示，北京与天津的经济联系较为密切，而与石家庄之间的引力强度并不高，反映出京津冀城市间的产业协作并不是完全按照行政层级进行的，这需要在京津冀产业协作过程中引起足够关注。与社会学类似，城市间的产业协作也遵循“差序格局”进行：经济引力越强，产业间的协作也就越加容易；相反，倘若经济联系不强，而政府却强行加以推进，不仅难以实现预期目标而且会徒劳无功，典型的就是河北白沟大红门国际服装城从三年前的1500家店铺变为如今的30余家店铺。①

（二）现状特征

1. 京津冀产业协作现状

2014年至今，京津冀产业协作取得了显著进展，园区（或基地）对产业的承接能力显著提升，交通等基础设施条件大为改观，但就产业协作现状而言，河北经济发展相对滞后，因而产业协作主要是以“非首都功能”承接为主，加之北京的优势地位极为突出，因而京冀之间的产业协作成为三地产业协作的“主角”（见表11－2）。

表11－2　2014年以来京津冀产业协作现状

城市	产业协作	园区建设	运输物流网络体系
北京	推进曹妃甸首钢京唐二期等重大项目建设；支持中关村与天津、河北的协作共建；加强生物医药和汽车制造等领域与河北的合作	推进天津滨海—中关村科技园区的建设工作；推进曹妃甸协同发展示范区等合作园区的建设工作；引导绿色产业项目向张承生态功能区布局；推进张北云计算产业基地等园区建设工作	依托京台、京港澳等高速公路；京津、京唐等城际铁路；北京地铁平谷线实现与津冀的互联互通
天津	吸纳北京创新资源和优势产业；打造京津国家级创新主轴；与河北共建高端产业发展带	深化部市、院市合作，共建一批研发机构和创新平台，推进滨海—中关村科技园、未来科技城京津合作示范区、国家大学创新园区等建设工作	依托京滨、京唐等城际铁路；重点推进津石等高速的建设工作，打造京津冀一小时通勤圈

① 资料来源：http：//finance. sina. com. cn/roll/2017－04－28/doc－ifyetwtf8842991. shtml。

续表

城市	产业协作	园区建设	运输物流网络体系
石家庄	与中关村共建集成电路产业基地；推动大唐电信等合作项目竣工投产；积极承接京津装备制造、电子信息、生物医药、轻工食品等产业转移	与京津合作共建一批产业技术创新和科技成果孵化转化基地；与京津知名院校、科研机构和企业，推动京津冀"产学研"联盟良好发展	依托京石等城际铁路及京昆、石家庄绕城等高速公路，实现与京津及本省各地级市的互联互通
保定	与京津在文化、教育、卫生等领域展开广泛合作；推动汽车、新能源等重点产业的合作	依托重点优势领域组建产业技术创新联盟；加快推进徐水大王店汽车产业园等产业基地的建设工作；努力将白洋淀科技城建设成为国家自主创新示范区、京津冀创新成果转化基地、世界级的科技创新产业平台；推进白沟"京津冀现代智慧商贸物流产城融合示范区"的建设工作；与京津知名院校、科研机构合作共建产业创新中心	依托京石高铁、津保等城际铁路及京港澳、张石等高速公路，打造京津保地区一小时交通圈
唐山	与北京新能源环卫汽车等产业进行合作	与北京合作共建曹妃甸协同发展示范区；与天津合作共建津冀（芦台·汉沽）协同发展示范区	依托京唐等城际铁路实现与京津的密切联系
承德	深化与京津在新能源、文化旅游、健康养老、教育医疗、商贸物流等领域的合作	推进京津绿色有机食品直供地、中国北方最大的食用菌生产销售集散地和河北省燕山中药材经济核心示范区等建设工作；围绕建设"国家绿色大数据中心"，依托中关村大数据产业联盟，以中国电子信息生态科技城及承德高新区大数据产业园为平台，加快打造"六大基地"	依托津承铁路、承平等高速公路和北京城际公交（丰宁、滦平、兴隆三县）实现与京津的密切联系
廊坊	与京津签订战略合作协议，推进交通、产业、生态等领域的务实合作；推进永清国际服装城的建设工作；积极承接京东华北订单处理中心、微软游戏创新中心、中国社科院考古基地等高端转移项目	推进石保廊全面创新改革试验和京南科技成果转化试验区的建设工作；与高校及科研院所合作共建重大科技项目中试孵化等基地；推进中关村软件园廊坊创新中心等合作项目；加快中国（河北）博士后成果转化基地和全国智能机器人创新联盟京津冀总部的建设工作；加快建设科技研发创新成果转化引领区、战略性新兴产业和现代服务业聚集区、京津冀全面创新改革试验区、北京非首都功能集中承载地	依托京廊通勤铁路、京唐等城际铁路；京沪、津保高铁；密涿等高速公路；北京地铁平谷线，加强与京津两地及河北其他地级市之间的密切联系

续表

城市	产业协作	园区建设	运输物流网络体系
沧州	深化与京津科研院所合作，共建一批产业园区和科技成果孵化基地，打造承接京津科技资源转移、转化的集聚区	推进汽车产业园、激光产业园、生物医药园、通用航空城和再制造产业基地等园区的建设工作	—
衡水	以交通、生态环保、产业三个领域为突破口，精准承接非首都功能疏解；吸引威克多制衣等京津企业在本地落户；与北京秋实食品、红螺食品进行项目合作	推动"蓝火计划"衡水基地和北京、天津两个众创空间的建设工作；支持承接全国纺织产业转移试点园区的未来发展；重点抓好衡德综合物流园、衡东物流园、新发地农副产品物流园、安平内陆港等物流园区和工业新区、滨湖新区两大承接京津产业转移平台	构建高铁、城际、轨道、高速、航空等互联互通交通网络，构建京津冀区域核心都市的二小时、一小时交通圈
邢台	—	推动威县与顺义、沙河与房山、市开发区与通州合作共建园区	—
邯郸	积极开展"走进百家央企"活动；完成新兴凌云（央企）碳酸氢钠项目的整体外迁工作；与京津两地在教育、医疗、旅游等多领域的合作不断深入推进	推动中科院邯郸科技园和冀津循环经济示范区的建设工作；打造京津先进制造业转移承接地、食品工业扩能首选地、优质医疗教育资源合作优选地和旅游目的地	—
秦皇岛	在农业方面与北京顺鑫集团实现多领域合作；积极承接首都经营性服务机构和首都金融机构、区域总部等功能转移；重点承接京津高端技术人才、高新技术产业孵化和成果转化功能；谋划建设天津自贸区功能分区，强化与北京物流企业合作	推进现代物流结算中心、临港物流基地和现代物流产业承接平台的建设工作；支持中关村—秦皇岛分园的未来发展；依托现有软件产业研发基础，建设京津冀服务外包基地；打造京津冀滨海高端商务区和对外开放新平台；打造京津农产品交易功能承接和供应平台；推进中科院技术成果转化基地等项目的建设工作	努力实现京秦"一小时通达"，促进秦皇岛港与"三北"腹地的互联互通；依托承秦铁路、高铁、京秦高速二通道及北戴河新区支线等项目，实现与京津、冀中南的密切联系
张家口	推进北京华电中科 LED 等重大项目的建设工作；加强与北京医疗机构的合作，打造高端健康产业的集聚区；与京津科研院所和高等院校建立紧密联系	推进京张奥物流产业园区和空港物流园区的建设工作；推进中关村昌平园怀来分园、福田汽车产业城、怀来航空航天基地等重大合作项目；推进哈工大科技产业园、怀来航天产业园、中关村—张北云计算产业园建设	加快推进张承二期、京新三期等高速公路的建设工作，实现与京津及河北其他各地级市的互联互通

资料来源：作者根据相关资料整理。

2. 京津冀产业协作特征

（1）经济活动继续向京津集聚

“人口分布重心”的概念是 1874 年由美国学者弗朗西斯·沃尔克（Francis Amasa Walker）提出的，其定义为：假设一个地区的每个居民重量都相等，则在全部平面上力矩达到平衡的一点即为人口分布重心。其计算公式为：

$$\overline{X_P} = \frac{\sum_{i=1}^{n} P_i X_i}{\sum_{i=1}^{n} P_i};\overline{Y_P} = \frac{\sum_{i=1}^{n} P_i Y_i}{\sum_{i=1}^{n} P_i} \tag{2}$$

式（2）中，$\overline{X_P}$ 和 $\overline{Y_P}$ 为某地区人口分布重心的坐标，n 为组成该地域的行政区或统计区的数目，P_i为这些行政区或统计区人口数，[①] 由此可以得出 2000～2015 年期间京津冀三地基于省级层面的人口分布重心。

2000～2015 年，京津冀人口分布重心表现出较为明显的向东北方向偏移趋势：2000 年人口分布重心大致在定州市号头庄乡梁家营村（河北省保定市）附近；2015 年人口分布重心大致在定州市大辛庄镇泉邱一村（河北省保定市）附近（见图 11－6）。东北方向相对于其他区域而言对于人口的吸引能力更强，一定程度上反映出京津两地的经济集聚能力强于河北。

在式（2）的基础上，将人口数用地区生产总值予以替代，类似可以得到该地区的经济分布重心，其计算公式为，

$$\overline{X_{GRP}} = \frac{\sum_{i=1}^{n} GRP_i X_i}{\sum_{i=1}^{n} GRP_i}; \quad \overline{Y_{GRP}} = \frac{\sum_{i=1}^{n} GRP_i Y_i}{\sum_{i=1}^{n} GRP_i} \tag{3}$$

2000～2015 年，经济分布重心存在一定的波动，但总体上仍然保持向东北方向偏移趋势：2000 年经济分布重心在南市区焦庄乡毕庄村（河北省保定市）附近；2015 年，经济分布重心移动到安新县安州镇膳马庙村（河北省保定市）附近（见图 11－7）。

---

① 文魁、祝尔娟等：《京津冀发展报告：城市群空间优化与质量提升》，社会科学文献出版社，2014。

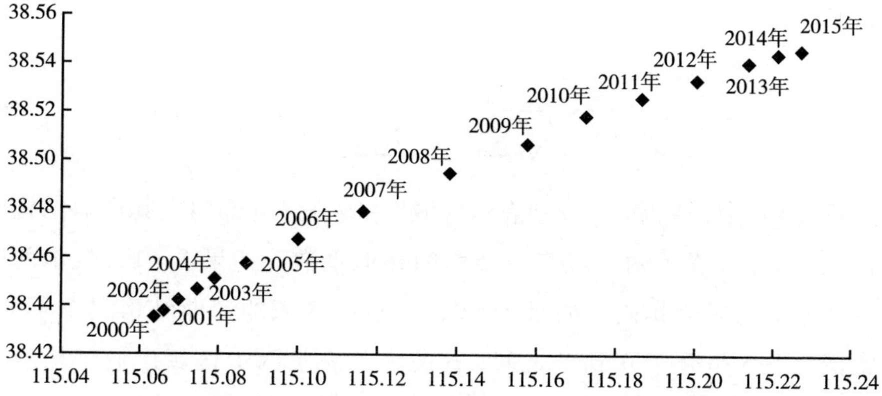

图 11－6　2000～2015 年京津冀人口重心变动

注：地理坐标为各省市政府所在地，利用谷歌地图搜索得到。

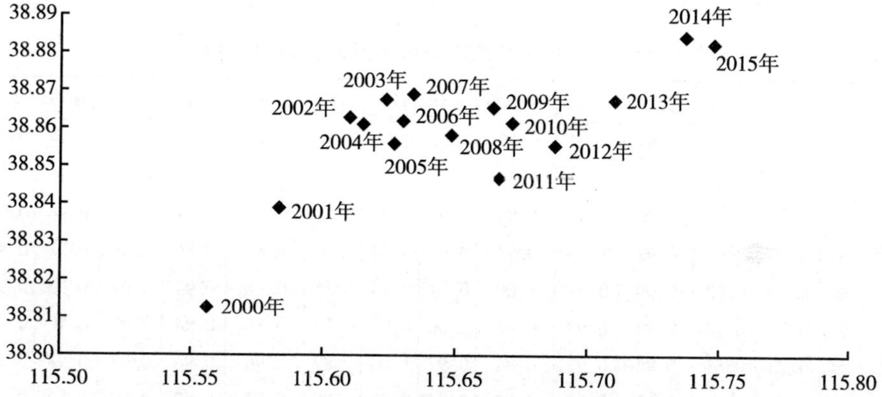

图 11－7　2000～2015 年京津冀经济重心变动

资料来源：根据相关年份《北京市统计年鉴》《天津市统计年鉴》《河北经济年鉴》整理得出。

总体而言，人口、经济分布重心的向东北向偏移，反映出京津两地强大的“虹吸效应”，同时在一定程度上也反映出河北尚未形成抵御京津两地经济吸引的“反磁力中心”。

（2）产业结构相似性较高

相似系数是用来测度几个区域之间产业结构相似性程度的指标，其表达式如下：

$$S = \frac{[\sum_{k=1}^{n}(X_{ik}X_{jk})]}{\sqrt{\sum_{k=1}^{n}X_{ik}^{2}\sum_{k=1}^{n}X_{jk}^{2}}} \quad (4)$$

式（4）中，X_{ik}和X_{jk}分别表示区域i和区域j各部门在其产业结构中所占的比重；S表示两区域产业结构的相似系数。如果$S=1$，表示两区域的产业结构完全相同；如果$S=0$，表示两区域的产业结构完全不同。通常情况下S是介于0到1之间，S越大，表示两个区域产业结构越相似；S越小，则表示两个区域产业结构越不相似。下文对京津冀地级以上城市进行测度（见表11－3），涉及《中国城市统计年鉴》划分的19个行业。

表11－3　2014年京津冀城市间产业相似系数

城　市	北京	天津	石家庄	唐山	秦皇岛	邯郸	邢台	保定	张家口	承德	沧州	廊坊	衡水
北　京	1.00	0.73	0.84	0.73	0.80	0.72	0.72	0.68	0.73	0.75	0.75	0.74	0.74
天　津	0.73	1.00	0.90	0.91	0.88	0.82	0.81	0.82	0.69	0.75	0.75	0.95	0.78
石家庄	0.84	0.90	1.00	0.92	0.99	0.92	0.94	0.88	0.90	0.94	0.93	0.96	0.95
唐　山	0.73	0.91	0.92	1.00	0.91	0.93	0.93	0.80	0.86	0.86	0.88	0.92	0.86
秦皇岛	0.80	0.88	0.99	0.91	1.00	0.91	0.94	0.85	0.91	0.94	0.92	0.95	0.95
邯　郸	0.72	0.82	0.92	0.93	0.91	1.00	0.97	0.94	0.89	0.94	0.97	0.90	0.94
邢　台	0.72	0.81	0.94	0.93	0.94	0.97	1.00	0.87	0.96	0.98	0.97	0.93	0.97
保　定	0.68	0.82	0.88	0.80	0.85	0.94	0.87	1.00	0.77	0.87	0.89	0.87	0.90
张家口	0.73	0.69	0.90	0.86	0.91	0.89	0.96	0.77	1.00	0.97	0.95	0.85	0.94
承　德	0.75	0.75	0.94	0.86	0.94	0.94	0.98	0.87	0.97	1.00	0.98	0.89	0.98
沧　州	0.75	0.75	0.93	0.88	0.92	0.97	0.97	0.89	0.95	0.98	1.00	0.88	0.97
廊　坊	0.74	0.95	0.96	0.92	0.95	0.90	0.93	0.87	0.85	0.89	0.88	1.00	0.91
衡　水	0.74	0.78	0.95	0.86	0.95	0.94	0.97	0.90	0.94	0.98	0.97	0.91	1.00

资料来源：根据相关年份《中国城市统计年鉴》整理得出。

京津冀存在较为明显的产业同构现象。由于北京承担着“四个中心”职能，产业较为特殊；天津和河北之间的产业同构现象相对较为普遍，尤其是河北内部各地级市间的产业同构现象尤为突出。京津冀地级以上城市共计

13个，河北省内部地级市皆与9个城市以上产业同构，石家庄市和秦皇岛市甚至出现了与12个城市产业同构的现象。产业结构相似度高，一方面，会提升对原材料的需求，引发企业对原材料的激烈竞争；另一方面，产业结构的相似在一定程度上反映出产品的异质性降低，使市场竞争变得更为激烈，区域间的贸易壁垒也随之提升，因而，与产业同构问题相伴而生的就是产业间的激烈竞争。

区位商（Location Quotient，LQ）考察的是国民经济中的各个行业在空间上的相对分布集中程度，是反映一个地区是否具备出口导向的重要指标。LQ是指 i 地区 j 产业就业份额与 j 产业占全国就业份额的比值，其计算公式如下：

$$LQ = \frac{E_{ij}/E_i}{E_{kj}/E_k} \tag{5}$$

式（5）中，E_{ij}是指 i 地区 j 产业的从业人数，E_i是指 i 地区的总从业人数，E_{kj}指全国 j 产业的总从业人数，E_k指全国的总从业人数。当 $LQ > 1$ 时，意味着 i 地区 j 产业的供给能力大于本地区的需求能力，表示该产业可以向外出口，因而认定为优势产业；当 $LQ = 1$ 时，意味着 i 地区 j 产业的供给能力刚好等于本地区的需求能力，表示该产业既不需要进口也不能出口；当 $LQ < 1$ 时，意味着 i 地区 j 产业的供给能力小于本地区的需求能力，表示该产业为了满足区域内部的需求还需要从区域外进口，因而认定为劣势产业。

2010年京津两市规模以上工业企业存在较为激烈的竞争，主要集中于两类产业，即汽车制造业与计算机、通信和其他电子设备制造业，就竞争优势而言，北京略逊于天津；河北省的优势产业为黑色金属冶炼和压延加工业，这是京津两地的工业发展的重要物质基础（见表11-4）。

表11-4　2010年京津冀各省市规模以上工业的优势产业

地　区	优势产业
北京（$LQ > 2$）	汽车制造业（2.69）；计算机、通信和其他电子设备制造业（2.73）
天津（$LQ > 2$）	汽车制造业（2.64）；计算机、通信和其他电子设备制造业（2.87）
河北（$LQ > 2$）	黑色金属冶炼和压延加工业（4.03）

与2010年相比，2014年京津冀三地间的产业竞争问题不仅未得到有效缓解，反而愈演愈烈，其中河北在黑色金属冶炼和压延加工产业上的绝对优势地位受到了天津的挑战。此外，2010年北京竞争优势不足的两类产业皆超过天津（见表11－5）。总体而言，2010～2014年京津冀内部各省市间的产业竞争大于产业协作，而且有愈演愈烈的趋势，“块状分割”下的诸侯经济成为制约京津冀产业协作的重要因素之一。

表11－5　2014年京津冀各省市规模以上工业的优势产业

地　区	优势产业
北京（$LQ>2$）	汽车制造业（3.37）；计算机、通信和其他电子设备制造业（3.02）
天津（$LQ>2$）	黑色金属冶炼和压延加工业（2.41）；汽车制造业（2.21）；计算机、通信和其他电子设备制造业（3.25）
河北（$LQ>2$）	黑色金属冶炼和压延加工业（3.97）

（3）政府过度干预较明显

黄志基、贺灿飞认为[①]，可以通过地方财政支出占地区生产总值的比重来测度地方政府对市场的干预能力。为了便于比较，以同等级的长三角、珠三角城市群作为参照对象（见图11－8）。1993～2014年，京津冀、长三角和珠三角地方财政支出占地区生产总值的比重分别增长了9.37%、8.96%和3.95%，即京津冀地方财政支出占地区生产总值的比重无论是绝对量，还是相对量皆高于同等级的长三角、珠三角城市群。因此，有理由认为京津冀政府对市场的扰动作用过强。

（4）北京优势地位较突出

从区位商看，信息传输、软件和信息技术服务业属于北京较为重要的优势产业，这得益于北京各大高校及科研院所的正外部知识收益，科技研发的绝对优势使得北京的经济发展成为京津冀三地的引擎。为了进一步阐述北京得天独厚的优势地位，采用城市流强度这一经济联系指标进行测度。城市流

① 黄志基、贺灿飞：《制造业创新投入与中国城市经济增长质量研究》，《中国软科学》2013年第3期。

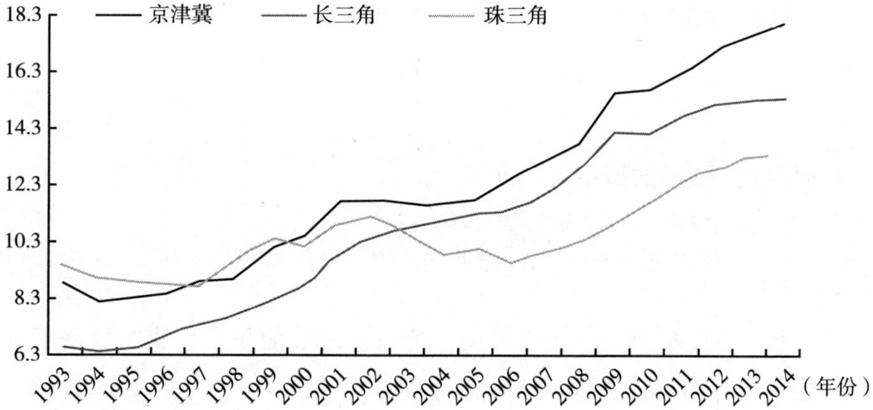

图 11－8　地方财政盈余及财政支出占地区生产总值比重

注：为了便于搜索数据，京津冀涵盖北京市、天津市、河北省全域；长三角涵盖上海市、江苏省、浙江省、安徽省全域；珠三角涵盖广东省全域，由此根据以上 8 省市统计年鉴的相关数据整理得出。

资料来源：根据各省市相关年份统计年鉴数据整理得出。

强度可以通过公式 $F = N \times E$ 来表示，其中 F 表示城市流强度；N 表示城市功能效益，即各城市外向功能量指标；E 表示外向功能，主要取决于某一产业从业人员的区位商。选取城市产业从业人员数量作为指标，i 城市 j 产业从业人员区位商为：

$$LQ_{ij} = \frac{Q_{ij}/Q_i}{Q_j/Q} \tag{6}$$

式（6）中，Q_{ij}表示 i 城市 j 产业的从业人员数量；Q_i表示 i 城市从业人员总数量；Q_j为全国 j 产业的从业人员数量；Q 为全国从业人员总数量。若 $LQ_{ij} < 1$，则表示 i 城市 j 产业不存在外向功能，即 $E_{ij} = 0$；若 $LQ_{ij} > 1$，则 i 城市 j 部门存在外向功能，此时 E_{ij} 为

$$E_{ij} = Q_{ij} - Q_i(Q_j/Q) \tag{7}$$

i 城市 m 个产业的总外向功能量 E_i 为

$$E_i = \sum_{j=1}^{m} E_{ij} \tag{8}$$

i 城市的功能效益 N_i 用人均地区生产总值来表示，则

$$N_i = \frac{GDP_i}{Q_i} \tag{9}$$

从而得到 i 城市的城市流强度 F_i 为

$$F_i = N_i \times E_i = \frac{GDP_i}{Q_i} \times E_i = GDP_i \times \frac{E_i}{Q_i} = GDP_i \times K_i \tag{10}$$

式（10）中，K_i 表示 i 城市外向功能量占总功能量的比重，反映了 i 城市总功能量的外向程度，即城市流倾向度。

北京的外向功能量（E_i）和城市流强度（F_i）始终居京津冀的绝对首位，而且远远超过其后的城市（见表 11－6），这主要是由“四个中心”的城市功能定位所决定的，在一定程度上反映出北京在京津冀城市群中的绝对优势地位。

表 11－6　京津冀第三产业内部城市流强度

城　市	2005 年			2014 年		
	E_i	F_i	K_i	E_i	F_i	K_i
北　京	161.36	1280.80	0.18	220.89	3347.10	0.16
天　津	15.69	298.87	0.08	10.36	304.72	0.02
石家庄	2.93	59.80	0.03	15.30	500.62	0.10
唐　山	7.34	200.93	0.10	3.23	136.01	0.02
秦皇岛	1.76	30.91	0.06	5.94	132.27	0.11
邯　郸	4.03	80.36	0.07	11.17	318.98	0.10
邢　台	2.31	48.53	0.07	10.57	293.14	0.18
保　定	4.56	77.34	0.07	14.92	345.79	0.11
张家口	1.56	18.34	0.04	10.00	256.61	0.19
承　德	1.49	22.80	0.06	7.86	258.99	0.19
沧　州	3.50	85.27	0.08	13.88	653.82	0.21
廊　坊	1.79	45.93	0.07	6.44	226.28	0.10
衡　水	1.31	31.42	0.06	8.05	245.48	0.21
京津冀合计	209.61	2281.30	—	338.62	7019.81	—

资料来源：根据相关年份的《中国城市统计年鉴》整理得出。

二　协作目标与模式选择

（一）产业协作的目标导向

1. 打造“反磁力中心”与京津实现有效对接

“虹吸效应”的存在使得在疏解北京非首都功能的背景下，京冀两地的产业协作更多是被动承接，而非主动协作。京津冀协同发展的重点是北京，而难点却在河北，需要下大气力提升河北省的城市功能，逐步缩小其与京津两地之间的经济鸿沟和公共服务水平差距。[①] 需要通过构建“反磁力中心”，将有限的资源集中于某几个点，实现对京津两地经济要素的“反吸引”，打破高端经济活动向京津集聚的局面，推动河北实现产业层级跃升，而不是陷入“低水平陷阱”。

2. 破解行政区与区际间经济发展的矛盾

一个地区的经济社会发展规划是以行政区划为蓝本进行修编的，因此规划必定是以行政辖区作为边界，以所辖行政区边界内部的利益最大化作为经济布局的准则。[②] 我国党政领导职务每个任期为 3 ~ 5 年，这在一定程度上催生了地方政府对短期经济利益的追求，客观上造成了区域经济运行边界与行政辖区边界的分异。对此，京津冀三地政府必须打破自家“一亩三分地”的思维定式，避免因追求短期经济利益而错失长远发展机遇，在推进京津冀产业协作的过程中逐步实现产业的最优化布局。

3. 减少政府对经济活动的干预

京津冀市场化程度偏低，主要是因为大量中央企业、国有企业集聚于此，客观上提升了国有经济在地区生产总值中的比重，因而在一定程度上束缚了市场经济的发展。但就京津冀产业协作而言，过度依靠市场会使河北陷

---

① 安树伟、肖金成：《京津冀协同发展：北京的“困境”与河北的“角色”》，《广东社会科学》2015 年第 4 期。

② 马海龙：《京津冀区域治理——协调机制与模式》，东南大学出版社，2014。

入“累积循环因果”之中，对此要转变政府在经济发展中所扮演的角色，确保政府“当为处有为，当无为处无为”。政府对市场的干预是必要的，但应着眼于宏观层面，更加关注那些市场失灵的地方，而不是在那些市场仍然保持着较高活力的地方，落实到产业政策上就是应着力引入“竞争性产业政策”而非“选择性产业政策”①。

4. 充分发挥北京的科技辐射作用

京津冀产业协作要明确北京的“核心地位”，要切实认识到北京的科技创新是天津、河北经济持续发展的根本保障，牢牢把握京津冀产业协作这一历史契机，从北京的优势地位中找寻各自的经济发展新动能，津冀两地要积极利用北京对其的科技辐射带动作用，推动天津先进制造业向更高层级跃升和河北制造业的转型升级。

（二）产业协作模式的选择

1. 京津冀产业协作模式演变

京津冀产业协作从宏观尺度上到目前大致经历了三个阶段（见图 11 - 9）。第Ⅰ阶段，指改革开放以前，京津冀的产业协作是以中央政府为主导的，企业是中央计划指令的被动承担者；第Ⅱ阶段，指改革开放以来到 20 世纪 90 年代，中央政府着眼于放权让利，承认微观主体的利益诉求，极大地调动了地方政府发展地方经济的积极性，产业协作的推动主体也因此由中央政府演变为地方政府；第Ⅲ阶段，20 世纪 90 年代至今，随着社会主义市场经济体制的逐步确立和完善，区际之间的联系也日益密切，初步形成了以政府为主导，辅之以市场的产业协作局面。② 未来京津冀产业协作要着眼于消除行政干预对产业的影响，充分激发市场机制的主动性，逐步完成向第Ⅳ阶段的转变，形成以市场为主导，辅之以政府的产业协作主导模式。

---

① 选择性产业政策是指日本式的产业政策，其政策功能是主动扶持战略产业和新兴产业，缩短产业结构的演进过程，以实现经济赶超目标。

② 马海龙：《京津冀区域治理——协调机制与模式》，东南大学出版社，2014。

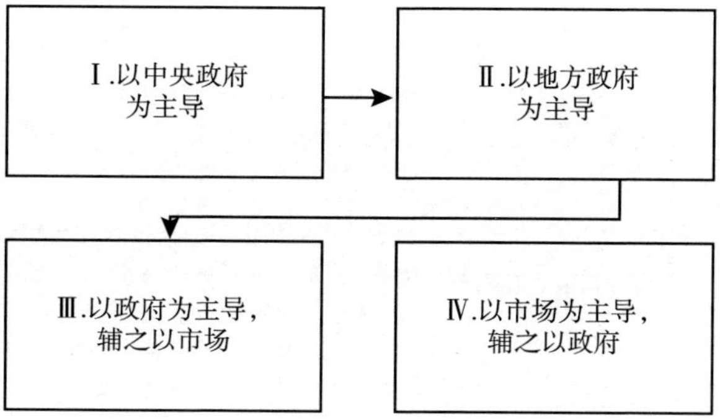

图 11－9　京津冀产业协作主导模式演变

2. 未来京津冀产业协作模式

（1）产业链分工

当前的产业分工是以产业链上下游关联为基础实现的，破解京津冀产业协作这一难题的突破口就是构建京津冀内部产业链网络体系，在产业链的作用下实现产业协作。就产业链协作而言，最基础的协作是区域内部的纵向协作，即产业链的上下游协作；在此之上就是区域内部的横向产业链协作，即通过桥梁产业将区域内部的两类不相关的产业链串联在一起；更为高级的就是区际间的横向产业链协作，使不同地区的产业链彼此相互作用；最为高级的就是产业链网模式，连通区际之间的产业链条，从而实现区际间的最佳协作模式（见表 11－7）。

表 11－7　产业链空间动态演化模式

演化模式	产业形态	主要内容
区域内纵向延伸模式	点发散形态	使产业链从一个企业内部转向区域内的企业之间（唐浩、蒋永穆，2008）
	线连接形态	接通分散在不同区域的产业链功能环节（张辉，2006），使产业链趋于完整
区域内横向拓展模式	线连接形态	通过某一新的产业链或者产业链片段将区域内两条本来没有交集的产业链"连"在一起，从而形成一种产业共生关系（程李梅等，2013）

续表

演化模式	产业形态	主要内容
区域间横向拓展模式	线连接形态	由于存在某种关系（比如互补性），而使得不同区域的不同产业链发生"连接"，进而形成新的市场需求的产业融合现象（白永秀、惠宁，2008）
产业链网模式	网结构形态	由于原产业链中某一占据特定价值段的节点企业不断聚集，从而形成新的产业链，也就是"产业链蘖生"现象，从母产业的视角看，在产业链的价值段纵向上形成互补关系，横向上形成替代关系（芮明杰、李想，2009）

承接产业转移的路径是基于区域产业基础条件和区域要素禀赋状况两个纬度进行分析的（见图 11－10）。对于第Ⅰ类区域而言，通过引进桥梁企业连通区际之间的产业链条，促成产业链在区域间延伸与拓展；对于第Ⅱ类区域而言，其是欠发达地区中最具潜力的区域，借助关键节点企业嵌入产业链网络之中，参与更大范围的区际产业分工；对于第Ⅲ类区域而言，其是欠发达地区中的欠发达地区，仅凭借自身的发展很难有所改观，因而只能根据其自身的比较优势去承接发达地区丧失比较优势的产业集群；对于第Ⅳ类区域而言，其要素禀赋虽好但缺乏产业承接基础，因而导致产业链延伸困难，因此可以通过引进关键节点企业迅速在承接地区内部形成产业链，如果关键节点企业还具备产业链边缘性质，则更加有利于与其他地区的产业链相串联，进而有助于解决当地产业基础差的问题。

（2）产业转移

一个区域的经济活动不可能是均衡分布的，因而产业协作也仅仅会集中于某些城市而不是所有城市。京津冀产业协作当前主要是以产业转移为主，因而对于产业转移的时间问题应当给予一定的重视。北京向河北转移的企业大体可分为以下两类：其一，是生产效率低的产业，这类产业会自然向欠发达地区转移，完全可以凭借市场的力量予以解决；其二，是可以在北京生存但与北京城市发展战略并不相符合的企业，也就是"非首都功能"。这类产业一旦转移到河北，由于本身较高的技术生产率会在短时间内挤占大量的市场份额，使本来有盈利空间的河北企业出现亏损甚至是破

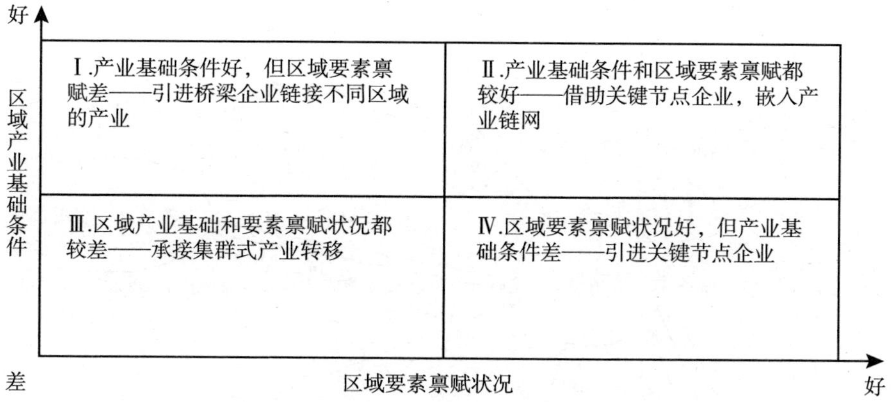

图 11－10　欠发达地区承接产业转移路径分析矩阵

资料来源：程李梅、庄晋财、李楚、陈聪：《产业链空间演化与西部承接产业转移的“陷阱”突破》，《中国工业经济》2013 年第 8 期。

产，使得产业转移不仅无益于河北本地的经济发展，反而使其变得愈加困难。对于此类产业转移应尽量实现“技术先行”，避免“企业先行”，即有规划、分批次转移。转型升级的阵痛期必定还是要经历的，通过低效率企业的破产或高效率企业的重组，从微观基础层面实现企业劳动生产力水平的提升，缩小京津冀内部的技术水平差距，实现京津冀产业协作的良性循环。对于京津冀产业协作而言，从长远来讲是谋求三地的共赢，而不是“零和博弈”。

就京津冀产业协作而言，优先发展具有潜力的城市无疑是最有效率的，同时河北省各地级市也应积极承接京津两地的“智力输出”，加大教育科研投入，主动获取最新技术，形成外部承接产业转移、内部提升科技研发水平的“内外兼修”发展模式，助推京津冀产业协作。当前京津冀地级及以上城市间产生了较为密切的产业互动关系（见图 11－11）。

（3）产业集群

京津冀的产业集群数量远远小于长三角、珠三角，即京津冀产业发展的集群程度明显不足，因而要把产业集群化作为推进京津冀产业协作的重要突破口。必须注意产业集群不是产业扎堆，集群内部的产业应当是彼此相互关联的，把

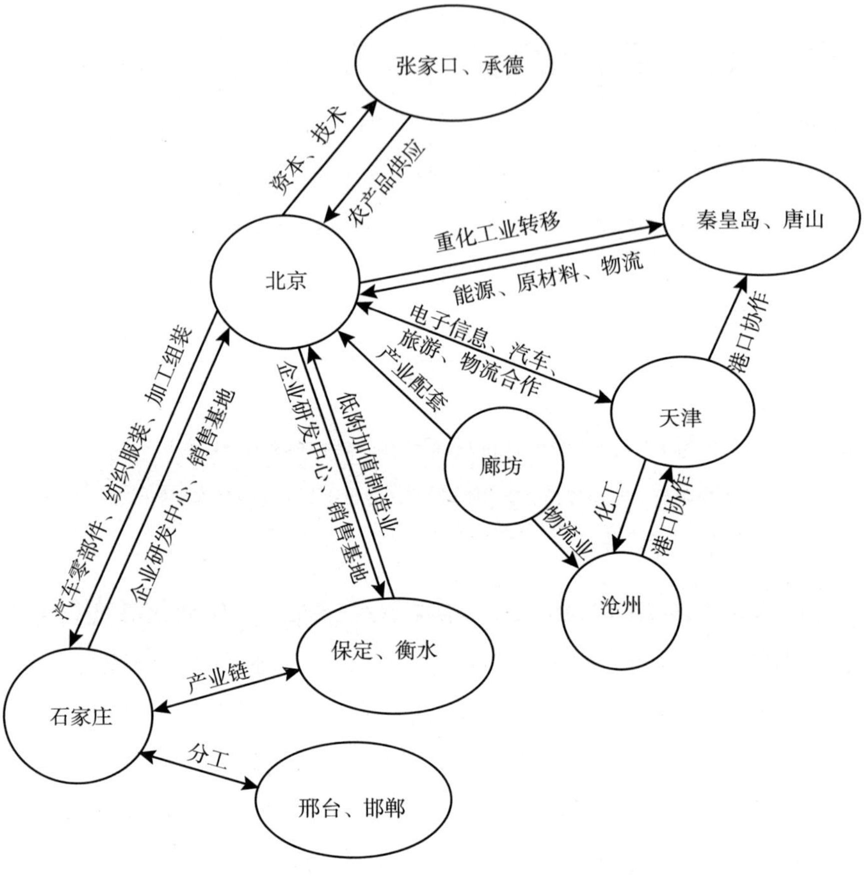

图 11-11　京津冀产业的分工与合作关系

资料来源：根据相关资料整理得出。

无关的产业放在一起不仅无助于产业规模经济的溢出，反而还会对其他产业产生消极作用。总体而言，京津冀产业协作重点是产业链之间的分工和产业集群。

三　布局优化与机制创新

（一）优化产业布局

京津冀产业协作的空间规划范围应充分尊重地域空间上的差异，缩小地理空间单元，在“次区域层面”上进行合理定位，制定出能够发挥各自优势和特点的区域总体规划。“京津冀次区域”是指将京津冀城市群视作一个有机整体，弱化其内部的行政区划边界，根据各自的地域分异特点，划分若干空间尺度相对较小的区域，使每个次区域都具有一定的独立性且具备各自特征，是区域政策、产业政策得以落实的实体地域空间。依据当前各区域生态承载力、区位特点、产业发展等现实情况，将京津冀城市群拟划分为六大次区域（见图 11－12、表 11－8）。

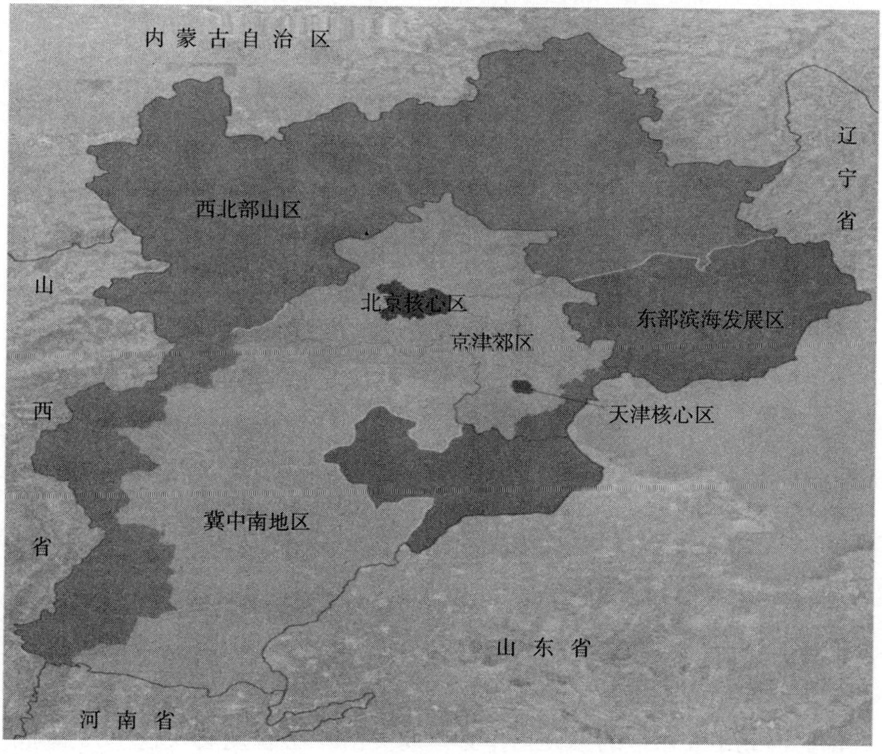

图 11－12　京津冀次区域功能定位

从京津协作的角度来看，北京作为国家金融管理中心，集中了大量金融资产，汇集了大量国际、国内金融机构总部；滨海新区作为国家综合配套改革试验区，在金融改革方面具有“先行先试”的政策优势，因而在金融业

表 11 - 8　京津冀次区域空间范围及定位

次区域名称	空间范围	功能定位
北京核心区	北京主城区	国际交往中心、科技中心、文化中心、高端服务业中心和管理控制中心
天津核心区	天津主城区	现代服务业中心、科技中心
东部滨海发展区	天津滨海新区;河北东部沿海地区,主要包括唐山、秦皇岛和沧州等地区	现代制造业和研发转化基地、国际航运中心
京津郊区	北京主城区以外地区、北京南部和东部的河北环京县(市),天津除城市核心区和滨海新区以外的地区	轻型高技术产业区、现代农业区、休闲产业区、先进制造业基地、现代农业区
冀中南地区	保定、石家庄、衡水、邢台、邯郸等地区	先进制造业基地、现代农业区
西北部山区	燕山—太行山生态涵养区和坝上高原生态防护区,主要包括张家口、承德,以及保定、石家庄、邢台、邯郸西部山区	生态保护区、生态产业区

产业布局方面应各有分工，实现错位发展，努力把北京、天津建设成为国际金融管理中心和国际金融运营中心；世界级城市群往往是国际贸易中心，北京作为一座内陆城市，尽管是全国铁路、公路和航空枢纽，但由于缺少天然海港做支撑，国际贸易受到一定制约，而天津港作为北方最大的综合性大港，应着力加强二者之间的合作，着力打造以海港、空港、铁路和道路建设为基础的京津物流一体化体系。

河北雄安新区不同于一般意义上的新区，其定位是重点承接北京疏解出的与全国政治中心、文化中心、国际交往中心、科技创新中心无关的城市功能，因而河北雄安新区的建设工作必须要突出“融合发展”这一发展理念，加强同北京、天津、石家庄、保定等城市的融合发展，与北京中心城区、城市副中心在功能上有所分工，实现错位发展。成立河北雄安新区，是北京城市功能由集聚到向外扩散的标志性节点，能显著提升首都城市功能的空间承载能力，其是首都圈的空间拓展，是“以首都为核心的世界级城市群”腹地建设的应有之义。

（二）产业协作的体制机制创新

1. 提升承接平台的产业承接能力

京津冀产业协作之所以举步维艰，归根结底是三地的社会经济发展差距过于悬殊，河北很难对京津两地的产业实现逆向吸引。资源是稀缺的，河北应将有限的资源集中于几个点上，迅速提升产业承接平台的经济发展水平，实现与京津两地产业环境的无缝对接，塑造“反磁力中心”，通过不断地发展积淀，以承接平台为圆心向外围区域扩散，最终实现产业承接能力的整体提升，为三地的产业协作助力。

2. 消除块状分割推进一体化发展

当前京津冀产业发展存在着明显的“产业同构”问题，主要是因为各地方政府为了追求短期的经济增长，通过税收等一系列优惠政策争相吸引产业，缺乏整体大局意识，造成了较为严重的产业雷同问题，产业结构雷同会进一步加剧地区间的块状分割。要立足京津冀发展整体大局，破除“一亩三分地”的思维定式，下好三地产业协作的大棋局，要建立健全监督机制，切实落实好三地的功能发展定位，引导三地产业合理分工，实现资源最优化配置。

3. 厘清政府与市场间的相互关系

《中共中央关于全面深化改革若干重大问题的决定》指出，“经济体制改革是全面深化改革的重点，核心问题是处理好政府和市场的关系”。京津冀产业协作必须要纠正行政权力所导致的市场畸形化发展问题，要逐步降低行政力量对市场的干预能力，厘清政府与市场的边界，管住政府这只“闲不住的手”，做到“当为处有为，当无为处无为”，实现政府与市场的和谐共存。

4. 使企业家成为市场经济的主体

企业家是市场经济的灵魂，是创新、生产要素“新组合”及经济发展的主要组织者和推动者。京津冀政府的力量太过强大，市场的力量则相对不足，企业的管理者做决策时不以“市场”为导向，反而是以政府出台的

“政策”为导向，这种现象显然是极为不正常的。经济发展中从要素驱动，到效率驱动，再到创新驱动，企业家精神的发挥逐步增强。因而京津冀产业协作一定要注重企业家精神的培养，只有微观主体（企业家）才能更加敏锐地捕捉到市场最新的动态，生产和创新出当前最具市场生命力的产品，在一定程度上实现资源的最优化配置。

参考文献

[1] 安树伟、肖金成：《京津冀协同发展：北京的“困境”与河北的“角色”》，《广东社会科学》2015 年第 4 期。

[2] 白永秀、惠宁：《产业经济学基本问题研究》，中国经济出版社，2008。

[3] 程李梅、庄晋财、李楚、陈聪：《产业链空间演化与西部承接产业转移的“陷阱”突破》，《中国工业经济》2013 年第 8 期。

[4] 付承伟：《大都市经济区内政府间竞争与合作研究——以京津冀为例》，东南大学出版社，2012。

[5] 郭克莎：《中国工业化的进程、问题与出路》，《中国社会科学》2000 年第 3 期。

[6] 黄志基、贺灿飞：《制造业创新投入与中国城市经济增长质量研究》，《中国软科学》2013 年第 3 期。

[7] 李国平、张杰斐：《京津冀制造业空间格局变化特征及其影响因素》，《南开学报》（哲学社会科学版）2015 年第 1 期。

[8] 陆铭：《大国大城》，上海人民出版社，2016。

[9] 马海龙：《京津冀区域治理——协调机制与模式》，东南大学出版社，2014。

[10] 芮明杰、李想：《网络状产业链构造与运行》，格致出版社、上海人民出版社，2009。

[11] 唐浩、蒋永穆：《基于转变经济发展方式的产业链动态演进》，《中国工业经济》2008 年第 5 期。

[12] 文魁、祝尔娟：《首席专家论京津冀协同发展的战略重点》，首都经济贸易大学出版社，2015。

[13] 文魁、祝尔娟等：《京津冀发展报告：城市群空间优化与质量提升》，社会科学文献出版社，2014。

B.12

京津冀地区空间结构研究综述*

摘　要：本文从五个方面介绍了近年来京津冀地区空间结构研究的相关成果。从空间组织构架看，应特别注意空间尺度不同，组织构架可能产生不同的形式：中宏观尺度研究主要围绕点轴理论展开，中微观尺度研究主要围绕圈层结构理论展开。从城市规模分布看，国外常见的指标和方法被学者们广泛复制，如城市首位度、四城市指数、十一城市指数、位序—规模法则等，但近年来也有学者质疑其对城市体系合理性的解释。从区域差异看，实证研究主要包括变异系数法、基尼系数法和GE指标分类法等，或借助空间自相关的方法；原因研究主要借助多元回归模型。从城市空间联系看，传统方法是借助引力模型将属性数据转化为关系数据，近年来也有借鉴国外的连锁模型分析城市间的经济联系。从城市功能空间分异看，多采用统计分析方法和多变量分析方法，前者如区位商法、纳尔逊法，后者主要依靠聚类分析、因子分析、对应分析等方法。

关键词：京津冀　空间结构　城市空间联系

---

* 本文为北京市社会科学基金研究基地项目“京津冀区域差异与地区一体化政策研究（16JDYJB025）”的阶段成果。

［作者简介］李青淼，首都经济贸易大学城市经济与公共管理学院区域经济系副教授，理学博士，研究方向为区域发展史、城市与区域规划。

空间结构指社会经济客体在空间中的相互作用以及所形成的空间集聚程度和集聚形态。陆大道先生曾将其归纳为六个研究领域，分别是：区域间社会经济发展的不平衡问题，社会经济空间组织的构架或脉络，最佳企业或城市规模和中心地等级体系，以城镇居民点为中心的城郊土地利用空间结构，空间相互作用，空间结构的演变。① 这其中，前五项为静态分析，后一项可看作对前五项的动态分析。前五项中，第三项的企业规模和第四项的城郊土地利用结构适用于中、微观空间尺度，其余适用于中、宏观空间尺度。本文结合京津冀地区的空间尺度特点，将讨论分为五部分。

在探讨空间结构前，有必要对京津冀地区空间范围做一界定。其实，从早年的"首都圈"到今天的"京津冀"，空间外延曾出现过"2+5""2+6""2+7""2+8""2+11"等不同方案。② 李国平、孙铁山等从空间和功能两方面解释了这一现象：首先，从空间上看，不同时期核心城市辐射强度不同，会导致以北京为核心的"首都圈"范围呈现分层次、分阶段向外扩张的趋势；③ 其次，从功能上看，京津冀各城市间存在着多层次的联系——既包括经济联系，也包括文化联系、生态联系等——不同功能联系所代表的空间外延各不相同。④ 近年来学界研究充分验证了该结论，特别是其中的第一点——不同时期学者对京津冀空间外延的认识大体呈现逐步扩张的趋势：20世纪以"2+5""2+6"为主；21世纪的最初五年发展到"2+7"；之后又加了石家庄，变成"2+8"；近五年特别是国家推出京津冀协同发展战略之后，又增加了衡水、邢台和邯郸，变成包含全部"两市一省"的"2+

---

① 陆大道、陆玉麟：《区域发展的空间结构》，载陆大道等《中国区域发展的理论与实践》，科学出版社，2003。

② 张杰斐：《京津冀区域空间发展》，载李国平主编《京津冀区域发展报告2014》，科学出版社，2014，第95~104页。

③ 孙铁山：《不同空间尺度的首都圈》，载李国平、孙铁山、张文忠、卢明华、韩振海、李涛《首都圈结构、分工与营建战略》，中国城市出版社，2004，第127~139页。

④ 孙铁山：《不同功能尺度的首都圈》，载李国平、孙铁山、张文忠、卢明华、韩振海、李涛《首都圈结构、分工与营建战略》，中国城市出版社，2004，第140~151页。

11”。尽管目前学界就“2 + 11”方案不再存有争论，但需要特别指出的是，本文涵盖了早年不同空间外延的研究。

一　空间组织架构

空间组织架构研究的理论基础在于点轴理论和圈层结构理论。特别是点轴理论自1986年由陆大道先生公开发表后，对我国中、宏观层面的空间规划产生了深远影响。[①] 在整个京津冀地域范围内，围绕一些重要节点，会形成若干发展轴线，譬如京津塘发展轴、京石邯发展轴、京唐秦发展轴、滨海发展轴等（不同研究其称法略有不同），[②③④⑤⑥] 还有学者认为京九沿线也会成为潜在的发展轴。[⑦] 对于这些发展轴线，学者们主要参照其区位特点、资源禀赋、行业基础，提出相应的产业发展策略。

建立京津冀空间组织架构应注意尺度的问题。空间尺度不同，组织构架可能产生不同形式。越来越多的研究者注意到，我们经常提及的京津冀城市群，虽冠以城市群的名称，但其形态、规模更类似于戈特曼提出的大都市带，它是由众多城市群组成的一个集合。这其中，不仅北京、天津与各自周边的中小城市、城镇发展成为北京城市群、天津城市群，像石家庄、唐山乃

---

① 陆大道：《2000年我国工业布局总图的科学基础》，《地理科学》1986年第6（2）期。

② 李国平、孙铁山：《首都圈：蓝图与营建战略》，载李国平、孙铁山、张文忠、卢明华、韩振海、李涛《首都圈结构、分工与营建战略》，中国城市出版社，2004，第290～305页。

③ 李国平、陈红霞、孙铁山、张冰雪：《京津冀区域空间结构及其发展格局》，载李国平、陈红霞等《协调发展与区域治理：京津冀地区的实践》，北京大学出版社，2012，第165～180页。

④ 张杰斐：《京津冀区域空间发展》，载李国平主编《京津冀区域发展报告2014》，科学出版社，2014，第95～104页。

⑤ 樊杰、周侃、陈东：《环渤海—京津冀—首都（圈）空间格局的合理组织》，《中国科学院院刊》2016年第31（1）期。

⑥ 肖金成：《“一轴两带”：京津冀空间布局优化构想》，《中国经济周刊》，2014年12月8日，第21页。

⑦ 北京城市经济学会：《京津冀城市群城市布局和空间结构研究》，北京市社会科学界联合会，2014。

至邯郸、保定这些中心城区人口达到百万人以上的大城市，假如它们与周边“拱卫”的中小城市、城镇能达到一定的联系（以通勤联系为主）门槛，均可视作城市群。这些城市群实际接近于国外“都市圈”“都市区”的概念，它们都具备“中心城市＋郊区”的空间结构特征，大多呈现单中心结构。[①]近年来，这一认识在实证研究中已得到充分体现。[②]

对都市区而言，由于空间尺度缩小，且多围绕一座特大的中心城市展开布局，故关注点不同于整个京津冀地区。显然，圈层结构较之轴线系统更有助于我们认识这类单中心区域的本质。陈秀欣等曾在京津冀地区中选出北京、天津、保定、石家庄四个单中心都市区，进行单中心区域密度函数分析。由于人口密度随距离分布不存在线性关系，回归前先对距离（自变量）和人口密度（因变量）进行 Box-Cox 转换，再将对数转换后的人口密度和平方根转换后的距离进行函数拟合，结果四大都市区密度函数的截距（中心城区人口密度的回归估测值）和斜率（人口密度梯度的回归估测值）均有所增加，这反映了 1990～2000 年四大都市区具备相似的变化趋势：中心城区人口增加，人口密度随着中心城区距离的增加而衰减得更快，四大都市区在 20 世纪末仍处于向心集聚的阶段。另外，考虑到京津冀各大都市区是同时存在并相互作用的，因此，进一步采用多中心区域密度函数拟合整个京津冀空间格局，以期更符合实际情况。通过模型拟合，计算出北京、天津、石家庄、保定、唐山、沧州、秦皇岛等都市区参数 a（中心区人口密度）和参数 b（密度梯度）各自的变化趋势，得出 20 世纪最后十年这些都市区内中心城区与外围地区的人口集聚或扩散关系。[③] 这些研究成果有助于我们认清京津冀各都市区的成长阶段。

---

① 北京城市经济学会：《京津冀城市群城市布局和空间结构研究》，北京市社会科学界联合会，2014。

② 樊杰、周侃、陈东：《环渤海—京津冀—首都（圈）空间格局的合理组织》，《中国科学院院刊》2016 年第 31（1）期。

③ 陈秀欣、李国平：《京津冀都市圈人口空间结构变动与影响因素》，载李国平、陈红霞等《协调发展与区域治理：京津冀地区的实践》，北京大学出版社，2012，第 123～164 页。

二 城市规模分布

这里所说的城市规模分布，并非指一座城市的合理规模，或一座城市内部的人口分布格局，而是指整个区域内各个城市彼此间规模上的关系，严格地说，应该称作城市体系规模分布。近年来，京津冀此类研究基本采用国外引进的一些指标和方法，如城市首位度、四城市指数、十一城市指数、位序—规模法则等，变量主要选择城市人口。此外，也有个别研究避开了城市人口，单纯通过分形理论探讨京津冀规模层次的合理性。[①]

对于那些热衷讨论城市规模分布的学者来说，他们尤为关心某一区域到底属于首位分布，还是位序规模分布。因为这牵扯到一个关键的问题——在首位分布与位序规模分布之间、单中心与多中心之间，究竟哪种形式效率最高？所以研究的最后不免都要对计算结果的“合理性”评骘一番，参考标准就是西方学者所总结出来的“理想状态”：即城市首位度为2，四城市和十一城市指数均为1，位序规模双对数回归线的斜率为1等。[②③④]

不过，近年来也有研究人员发出不同的声音，认为纠缠各类指数的“理想值”或位序规模回归线斜率是否为1并无太大意义。由于首位分布和位序—规模分布对区域经济发展兼有推动和阻碍作用，两种分布现象会同时存在于发达国家（或地区）和欠发达国家（或地区），应具体情况具体分析，所以，指数的“理想值”与经济发达程度、城市运行效率并无直接关联。另外，一座城市的理想规模由其他一座或数座城市的规模去“决定”，同样缺乏逻辑上的完美性。特别是对于京津冀三地，如果从位序规模法则看，北京的城市

① 张春燕：《京津冀城市中心地体系结构分形研究》，《现代商贸工业》2016年第11期。

② 吴庆玲：《京津冀区域城市体系规模结构探讨》，载文魁、祝尔娟等《京津冀区域一体化发展报告（2012）》，社会科学文献出版社，2012，第178～195页。

③ 陈秀欣、李国平：《京津冀都市圈人口空间结构变动与影响因素》，载李国平、陈红霞等《协调发展与区域治理：京津冀地区的实践》，北京大学出版社，2012，第123～164页。

④ 李青淼、李国平、张丹、杨昕：《京津冀区域空间发展》，载李国平主编《京津冀区域发展报告2012》，中国人民大学出版社，2013，第184～219页。

规模过大，发展远远超过了回归曲线赋予它的“位置”，是非常不合理的，然而这一规则并没有阻挡这些年北京城市扩张的脚步。所以说，这种研究方法应仅限于对现象的描述，不宜作为评判规模分布合理性的依据。①

与空间组织构架相同，城市规模分布也是高度空间尺度所依赖的：某一尺度上的多中心可能是另一尺度上的单中心。② 以京津冀为例，就整个地区而言，它是多中心的，其中又以京津“双中心”为主；但就每个城市群或都市区内部而言，大体各以某一中心城区为核心，呈现单中心格局。

三　区域差异测算

与长三角、珠三角相比，京津冀三地的二元结构最为显著，因此，经济发展的不平衡性一直是本地区空间结构研究的焦点话题。京津冀区域差异问题一般可分为实证研究和原因研究两部分。

实证研究中，测算指标主要是人均 GDP，方法涉及标准差、有权重或无权重的变异系数（CV）法、基尼系数法和 GE（Generalized Entrophy）指标分类法（如 Theil 指数法）等，样本选择以地级或区县级单元为主，也有少数研究简化到省级。

根据已有研究，我们发现：首先，计算方法不同，结果会有出入。如周立群计算的 1997 ~ 2002 年京津冀人均 GDP 变异系数、Theil 指数、基尼系数均呈现增加趋势，且幅度大体一致。而邢珊计算的 1978 ~ 2011 年京津冀绝对差异（标准差）始终在扩大，相对差异（变异系数、Theil 指数）总体处于波动中却缓慢下降。③ 其次，样本单元的空间尺度不同，结论也会有偏差。如马国霞等发现，从 1993 年到 2003 年，以区县为样本计算的 GE（广

① 北京城市经济学会：《京津冀城市群城市布局和空间结构研究》，北京市社会科学界联合会，2014。

② LambregtsB. Polycentrism：Boon or Barrier to Metropolitan Competitiveness? The Case of the Randstad Holland. BuiltEnvironment. ［J］. Vol. 32，No. 2，2006：114 - 123.

③ 邢珊：《京津冀区域经济差异及影响因素研究》，燕山大学硕士学位论文，2013，第 15 ~ 21 页。

义熵）比以地市为样本计算的 GE 整体偏大，地市 GE 以 1997 年为界先降后升，而区县 GE 则以 2000 年为界先降后升。[①]

当然，不同学者在选择测算方法时，主要还是根据自己的需要。比如有学者对威廉逊系数（加权变异系数）按三次产业进行分解，于是估算出各产业对京津冀整体差异的贡献以及产业间交互影响对整体差异的贡献。[②] 更多的研究是 Theil 指数基于样本组的分解，其目的在于判断组间差距和各组组内差距对整体差距的贡献。分组大多依据不同等级的行政区划，[③] 也有按地形地貌或区位条件进行划分的尝试。[④] 另有学者将京津冀差距作为环渤海地区差距的一个组内差距，分析其对更大空间尺度下不平衡性的贡献。[⑤]

除了经济不平衡性测度指标外，也可以借助探索性空间数据分析（ESDA），通过计算全局自相关和局部空间自相关指标，判断京津冀三地内部的经济差距。这类研究最大的不确定性在于空间权重矩阵的设置。一般而言，为简便起见，多数学者选用一阶 Rook 邻近矩阵，[⑥] 也有学者采用阀值空间权重矩阵。[⑦] 赫胜彬等利用夜间灯光亮度极值提取区域人口经济聚集点，并基于道路分级网络数据，根据道路长度和预定速度，计算任意两区域间的时间距离，由此建立改进的空间权重矩阵，并将其计算结果与基于邻接关系和基于欧氏距离、K 最近点等方法建立的空间权重矩阵所得结果

① 马国霞、田玉军、王志强：《京津冀都市圈经济增长区域差异及其动力机制量化分析》，《中国科学院研究生院学报》2007 年第 24（4）期。

② 张素敏：《京津冀地区经济增长与地区差异分析》，东北财经大学硕士学位论文，2007，第 15～22 页。

③ 马国霞、田玉军、王志强：《京津冀都市圈经济增长区域差异及其动力机制量化分析》，《中国科学院研究生院学报》2007 年第 24（4）期。

④ 李青淼、李国平、张丹、杨昕：《京津冀区域空间发展》，载李国平主编《京津冀区域发展报告 2012》，中国人民大学出版社，2013，第 184～219 页。

⑤ 盖美、张丽平、田成诗：《环渤海经济区经济增长的区域差异及空间格局演变》，《经济地理》2013 年第 33（4）期。

⑥ 陈东：《京津冀城市进化与区域经济增长差异研究》，河北工业大学硕士学位论文，2012，第 41～42 页。

⑦ 沈体雁、魏海涛、杨宏伟：《京津冀就业空间结构及其演化——基于全国经济普查数据的分析》，载文魁、祝尔娟等《京津冀区域一体化发展报告（2012）》，社会科学文献出版社，2012，第 149～177 页。

相对比。[①] 还有学者在变量选取上做文章，对八组人均指标进行主成分分析，再以计算出来的综合指数替代常见的人均 GDP。[②]

不平衡性原因研究有定性的，也有定量的。定性研究中，学界见仁见智，提出了很多影响因素，本文择其要者，罗列如下：资源禀赋、固定资产投资、外商直接投资、劳动效率的空间差异，国有经济比重过高，城市定位趋同化，产业分工不合理，金融体系不完善，一体化市场缺乏等。[③④⑤]

定量研究中，建立多元回归模型是常见的方法，其中，因变量大多为人均 GDP 或 GDP 总量。如周立群等运用面板数据，选择个体固定效应模型，通过回归对自变量作用进行排序，从大到小依次为文化、劳动投入、总人口、人力资本、当地需求、外商投资、固定资产投资、工业化和政府支出，其中劳动投入和政府支出的影响为负效应，其余均呈现正效应，而民营化、城市化、三产比例、技术进步等一直被强调的政策和举措，对三地经济发展并无显著作用。[⑥] 邢珊借助面板数据，选取固定效应变截距模型，得出资本投入、产业结构、对外开放程度对京津冀区域经济有显著的正向作用，就业人数的影响效果不显著。[⑦] 陈东在比较一般模型（OLS 模型）和空间滞后模型（SLM 模型）后认为，从统计意义上讲，后者好于前者，故模型引入空间要素很有必要；该文还就两种模型下估计系数的不同给予了统计学的解释；借助 SLM 模型论述了京津冀三地城市化率、二、三产比重对本地和邻近区域的影响。[⑧]

---

① 赫胜彬、杨开忠：《京津冀区域经济空间差异研究》，《统计与决策》2016 年第 11 期。

② 赵雪冉、周文通、陆军：《京津冀区域经济空间差异研究》，《工业技术经济》2015 年第 12 期。

③ 张亚明、王帅：《京津冀区域经济差异分析及其协调发展研究》，《中国科技论坛》2008 年第 2 期。

④ 马国霞、田玉军、王志强：《京津冀都市圈经济增长区域差异及其动力机制量化分析》，《中国科学院研究生院学报》2007 年第 24（4）期。

⑤ 张素敏：《京津冀地区经济增长与地区差异分析》，东北财经大学硕士学位论文，2007，第 24 ~ 26 页。

⑥ 周立群、邹卫星：《京津冀地区差距、因果积累与经济增长》，《天津社会科学》2006 年第 6 期，第 73 ~ 81 页。

⑦ 邢珊：《京津冀区域经济差异及影响因素研究》，燕山大学硕士学位论文，2013，第 15 ~ 21 页。

⑧ 陈东：《京津冀城市进化与区域经济增长差异研究》，河北工业大学硕士学位论文，2012，第 42 ~ 43 页。

除多元回归以外，其他判定影响因素的方法包括：周立群等利用VAR分析经济增长、资本形成和城市规模变动的相互关系，总体看来，经济发展会进一步促进资本和人口要素的集聚，但要素集聚反过来并不能推进经济发展。市场机制推动的因果累积循环模式在京津冀并未形成，而本地的发展模式仍为GDP单动力推动模式，地区差距扩大主要系奉行GDP最大化战略所致。[①] 马国霞等通过模拟空间极化增长，总结了京津冀地区两大极核（北京与天津）的形成过程。[②]

四　城市空间联系

城市空间联系是空间结构研究的重要组成部分。有学者甚至认为在网络化社会中，城市功能联系比城市规模还重要。在京津冀地区，讨论城市空间联系具有很强的实用性，这类研究不仅能得出众多有价值的结论，也会成为其他研究的前奏。

传统上，城市空间联系研究是围绕属性数据展开的。其中心思想是利用空间相互作用的公式，将属性数据转化为关系数据。转化的假设前提在于城市作为节点在辐射周边腹地时，其影响力是遵循距离衰减规律的。19世纪末，物理学的引力模型被引入到空间研究中，并由此产生了一系列公式——如零售引力定律、断裂点公式、潜能模式等。这些方法被研究京津冀的学者们所广泛使用，[③④] 有时也会根据实际需要，修正模型中的部分变量。如沈体雁等修正距离弹性系数，在1.5～2.5进行赋值检验。[⑤] 关晓光等针对

---

① 周立群、邹卫星：《京津冀地区差距、因果积累与经济增长》，《天津社会科学》2006年第6期。

② 马国霞、田玉军、石勇：《京津冀都市圈经济增长的空间极化及其模拟研究》，《经济地理》2010年第30（2）期。

③ 孙久文、丁鸿君：《京津冀区域经济一体化进程与特征分析》，载文魁、祝尔娟等《京津冀区域一体化发展报告（2012）》，社会科学文献出版社，2012，第35～62页。

④ 李青淼、李国平、张丹、杨昕：《京津冀区域空间发展》，载李国平主编《京津冀区域发展报告2012》，中国人民大学出版社，2013，第184～219页。

⑤ 沈体雁、魏海涛、杨宏伟：《京津冀就业空间结构及其演化——基于全国经济普查数据的分析》，载文魁、祝尔娟等《京津冀区域一体化发展报告（2012）》，社会科学文献出版社，2012，第149～177页。

"城市质量"（分子），建立了复合指标体系，通过主成分分析法得出各城市的综合得分；针对"城市距离"（分母）则综合考虑了城市间凭借铁路和公路通行所需的时间。[①] 祝辉等对距离进行了通勤修正和经济落差修正。[②] 牛方曲等在计算城市间相互作用强度时，距离采用的是两城市间交通可达性评价值，该值是在不同等级的交通路线相互叠加而成的复杂路网上，采用 Dijkstra 算法计算出的城市间最短路径。[③]

空间联系研究经常作为其他研究的前期基础。上述牛方曲等计算城市间相互作用强度的研究，目的是为了构建京津冀城市群空间结构多叉树（MSSTree），用以反映城市群的等级结构及主要城市的吸引范围。[④]

近年来，西方一些前沿的空间联系研究已经特别看重关系数据。较之属性数据，关系数据可以反映两两城市间实际发生了的"流"，但获取并不容易，因此会有一些替代方案出现。泰勒团队在研究欧洲巨型城市区域时所使用的连锁模型便是其中之一。在国内，也有学者通过对该模型的改进研究京津冀生产性服务业、制造业、一般性服务业的网络整体效率、网络联系的匹配性、出入点度的分布状况。[⑤]

五　功能空间分异

城市功能的空间分异以往是空间结构研究的薄弱环节。21 世纪初，就

---

① 关晓光、刘柳：《基于修正引力模型的京津冀城市群空间联系分析》，《城市问题》2014 年第 11 期。

② 祝辉、张晋晋、安树伟：《城市群发展状态的测度研究——以京津冀城市群为例》，《工业技术经济》2014 年第 9 期。

③ 牛方曲、刘卫东、宋涛、胡志丁：《城市群多层次空间结构分析算法及其应用——以京津冀城市群为例》，《地理研究》2015 年第 34（8）期。

④ 牛方曲、刘卫东、宋涛、胡志丁：《城市群多层次空间结构分析算法及其应用——以京津冀城市群为例》，《地理研究》2015 年第 34（8）期。

⑤ 赵渺希、魏冀明、吴康：《京津冀城市群的功能联系及其复杂网络演化》，《城市规划学刊》2014 年第 1 期。

曾有学者直言不讳地指出点轴理论中缺乏对节点城市功能的定位。[①] 陆大道先生总结的空间结构研究六大领域中，也没有直接提及城市功能。究其原因，大抵是传统观念中将“产业”与“空间”割裂开来，而类似的研究被划入“产业”范畴，而非“空间”范畴。这一缺陷在进入21世纪后有所好转，“产业”与“空间”结合得越发紧密，职能研究被赋予更多的“空间”色彩。

京津冀城市功能的空间分异研究虽然起步较晚，但起点不低。在方法论上，多采用统计分析方法和多变量分析方法，前者如区位商法、纳尔逊法，后者主要是聚类分析、因子分析、对应分析等。

区位商法是研究京津冀功能空间分异的主流方法，[②③] 也时常作为寻找城市经济活动基本部分（或城市外向功能量）的手段。[④⑤] 有学者在区位商概念的基础上进一步提出了“职能规模”和“职能地位”的概念，用以分析京津冀各城市优势产业的职能强度，[⑥] 或直接利用区位商的标准差作为衡量某行业职能强度的指标。[⑦] 不过，鉴于区位商在统计解释和经济解释上的不足，许多学者尝试对其进行改进。如吴康[⑧]、石郑[⑨]均凭借改进区位商法

① 陆玉麟：《论点—轴系统理论的科学内涵》，《地理研究》2002年第22（4）期。

② 祝尔娟、李茂勋：《京津冀产业发展升级的现实依据》，载祝尔娟、王安伟、陈安国等《京津冀产业发展升级研究》，中国经济出版社，2011，第83～111页。

③ 李青淼、张梦心：《京津冀承载力相关数据及空间分布》，载文魁、祝尔娟等《京津冀发展报告（2013）——承载力测度与对策》，社会科学文献出版社，2013，第333～366页。

④ 马菲菲、李国平：《京津冀大都市圈城市职能演变及其影响因素》，载李国平、陈红霞等《协调发展与区域治理：京津冀地区的实践》，北京大学出版社，2012，第95～122页。

⑤ 祝辉、张晋晋、安树伟：《城市群发展状态的测度研究——以京津冀城市群为例》，《工业技术经济》2014年第9期。

⑥ 吴康：《京津冀城市群职能分工演进与产业网络的互补性分析》，《经济与管理研究》2015年第36（3）期。

⑦ 马菲菲、李国平：《京津冀大都市圈城市职能演变及其影响因素》，载李国平、陈红霞等《协调发展与区域治理：京津冀地区的实践》，北京大学出版社，2012，第95～122页。

⑧ 吴康：《京津冀城市群职能分工演进与产业网络的互补性分析》，《经济与管理研究》2015年第36（3）期。

⑨ 石郑：《京津冀协同发展下的城市功能分工与互补性研究》，首都经济贸易大学硕士学位论文，2016，第12～16页。

对京津冀城市分工进行研讨。

除区位商法外，纳尔逊法也被用于京津冀城市职能的实证研究。曾鹏等研究我国十大城市群（包括京津冀城市群）的城市职能时，依据城市经济基础理论，以最小需要量法找出城市各行业的基本部分，在此基础上，借助纳尔逊标准差法找出城市的一般职能、突出职能和强势职能。①

聚类分析由周一星先生等在20世纪80年代末引入中国，② 之后其一直是国内城市职能分类研究的常见方法。马菲菲等曾对京津冀十座城市1990年、2000年、2008年的职能结构进行聚类，方法是首先用区位商法找出城市职能部门的基本活动部分，之后进行因子分析，选出特征根大于1的前若干个主因子（累计方差贡献率恰好刚过85%），然后再以这些主因子为新的变量，采用最小距离法进行聚类分析，最后依据不同的距离系数将十座城市分为四大类五小类，当然，三个年份的分类结果有所不同。③

R型因子分析也是研究城市职能的主要方法之一。陈航等以京津冀9座城市为样本，通过穆尔回归法，找出各部门的最小需要量，确定每座城市各个产业的基本活动部分，之后通过因子分析，找出特征根大于1的前五个主因子，逐一判定9座城市的主因子得分，从而确定城市职能类型。④

对应分析主要是针对R型因子分析只关注变量、Q型因子分析只关注样本的缺憾，给出R型和Q型因子分析的对偶关系，使变量点和样品点投射于相同的公因子轴上，并可相互解释的一种多元统计方法，故又有“R－Q型因子分析”之誉。李佳洺等曾利用对应分析法探讨包括京津冀在内的三

① 曾鹏、罗艳：《中国十大城市群城市职能结构特征比较研究》，《中国科技论坛》2013年第2期。

② 周一星、R·布雷德肖：《中国城市（包括辖县）的工业职能分类——理论、方法和结果》，《地理学报》1988年第43（4）期。

③ 马菲菲、李国平：《京津冀大都市圈城市职能演变及其影响因素》，载李国平、陈红霞等《协调发展与区域治理：京津冀地区的实践》，北京大学出版社，2012，第95～122页。

④ 陈航、栾维新、王跃伟：《首都圈内城市职能的分工与整合研究》，《中国人口资源与环境》2005年第5期。

大都市圈在1997年和2007年的城市职能分布情况。① 此法不仅可以快速便捷地找出各个城市所对应的职能（样本点接近哪些变量点）；还能明确区域内一般化职能（距原点近的变量点）和专业化职能（距原点远的变量点）、综合型城市（距原点近的样本点）和专业型城市（距原点远的样本点）；②并且通过总惯性的测定，判断城市间潜在的职能互补性。③

除上述方法外，还有学者通过三次产业的职能演变系数观测京津冀各地所处的工业化阶段。④ 通过克鲁格曼专业化指数⑤⑥或结构相似系数⑦考察京津冀地区两两城市之间的职能结构差异。通过区位商灰色关联系数法，计算京津冀地区各城市、各行业的灰色关联度，前者用于判定城市间是否具有产业同构性特征，后者用于观察产业在各城市间是否具备专业化分工。⑧

参考文献

[1] 陆大道、陆玉麟：《区域发展的空间结构》，载陆大道等《中国区域发展的理

---

① 李佳洺、孙铁山、李国平：《中国三大都市圈核心城市职能分工及互补性的比较研究》，《地理科学》2010年第30（4）期。

② 李青森、李国平、张丹、杨昕：《京津冀区域空间发展》，载李国平主编《京津冀区域发展报告2012》，中国人民大学出版社，2013，第184～219页。

③ 吴康：《京津冀城市群职能分工演进与产业网络的互补性分析》，《经济与管理研究》2015年第36（3）期。

④ 马菲菲、李国平：《京津冀大都市圈城市职能演变及其影响因素》，载李国平、陈红霞等《协调发展与区域治理：京津冀地区的实践》，北京大学出版社，2012。

⑤ 孙久文、丁鸿君：《京津冀区域经济一体化进程与特征分析》，载文魁、祝尔娟等《京津冀区域一体化发展报告（2012）》，社会科学文献出版社，2012，第35～62页。

⑥ 吴康：《京津冀城市群职能分工演进与产业网络的互补性分析》，《经济与管理研究》2015年第36（3）期。

⑦ 祝尔娟、李茂勋：《京津冀产业发展升级的现实依据》，载祝尔娟、王安伟、陈安国等《京津冀产业发展升级研究》，中国经济出版社，2011，第83～111页。

⑧ 石郑：《京津冀协同发展下的城市功能分工与互补性研究》，首都经济贸易大学硕士学位论文，2016，第17～28页。

论与实践》，科学出版社，2003。

[2] 张杰斐：《京津冀区域空间发展》，载李国平主编《京津冀区域发展报告2014》，科学出版社，2014。

[3] 孙铁山：《不同空间尺度的首都圈》，载李国平、孙铁山、张文忠、卢明华、韩振海、李涛《首都圈结构、分工与营建战略》，中国城市出版社，2004。

[4] 陆大道：《2000年我国工业布局总图的科学基础》，《地理科学》1986年第6（2）期。

[5] 李国平、孙铁山：《首都圈：蓝图与营建战略》，载李国平、孙铁山、张文忠、卢明华、韩振海、李涛《首都圈结构、分工与营建战略》，中国城市出版社，2004。

[6] 李国平、陈红霞、孙铁山、张冰雪：《京津冀区域空间结构及其发展格局》，载李国平、陈红霞等《协调发展与区域治理：京津冀地区的实践》，北京大学出版社，2012。

[7] 肖金成：《"一轴两带"：京津冀空间布局优化构想》，《中国经济周刊》，2014年12月8日。

[8] 樊杰、周侃、陈东：《环渤海—京津冀—首都（圈）空间格局的合理组织》，《中国科学院院刊》2016年第31（1）期。

[9] 北京城市经济学会：《京津冀城市群城市布局和空间结构研究》，北京市社会科学界联合会，2014。

[10] 陈秀欣、李国平：《京津冀都市圈人口空间结构变动与影响因素》，载李国平、陈红霞等《协调发展与区域治理：京津冀地区的实践》，北京大学出版社，2012。

[11] 张春燕：《京津冀城市中心地体系结构分形研究》，《现代商贸工业》2016年第11期。

[12] 吴庆玲：《京津冀区域城市体系规模结构探讨》，载文魁、祝尔娟等《京津冀区域一体化发展报告（2012）》，社会科学文献出版社，2012。

[13] 李青淼、李国平、张丹、杨昕：《京津冀区域空间发展》，载李国平主编《京津冀区域发展报告2012》，中国人民大学出版社，2013。

[14] Lambregts B. Polycentrism: Boon or Barrier to Metropolitan Competitiveness? The Case of the Randstad Holland. Built Environment. Vol. 32, No. 2, 2006: 114 - 123.

[15] 邢珊：《京津冀区域经济差异及影响因素研究》，燕山大学硕士学位论文，2013。

[16] 马国霞、田玉军、王志强：《京津冀都市圈经济增长区域差异及其动力机制量化分析》，《中国科学院研究生院学报》2007年第24（4）期。

[17] 张素敏：《京津冀地区经济增长与地区差异分析》，东北财经大学硕士学位论

文，2007。
[18] 盖美、张丽平、田成诗：《环渤海经济区经济增长的区域差异及空间格局演变》，《经济地理》2013 年第 33（4）期。
[19] 陈东：《京津冀城市进化与区域经济增长差异研究》，河北工业大学硕士学位论文，2012。
[20] 沈体雁、魏海涛、杨宏伟：《京津冀就业空间结构及其演化——基于全国经济普查数据的分析》，载文魁、祝尔娟等《京津冀区域一体化发展报告（2012）》，社会科学文献出版社，2012。
[21] 赫胜彬、杨开忠：《京津冀区域经济空间差异研究》，《统计与决策》2016 年第 11 期。
[22] 赵雪冉、周文通、陆军：《京津冀区域经济空间差异研究》，《工业技术经济》2015 年第 12 期。
[23] 张亚明、王帅：《京津冀区域经济差异分析及其协调发展研究》，《中国科技论坛》2008 年第 2 期。
[24] 周立群、邹卫星：《京津冀地区差距、因果积累与经济增长》，《天津社会科学》2006 年第 6 期。
[25] 马国霞、田玉军、石勇：《京津冀都市圈经济增长的空间极化及其模拟研究》，《经济地理》2010 年第 30（2）期。
[26] 孙久文、丁鸿君：《京津冀区域经济一体化进程与特征分析》，载文魁、祝尔娟等《京津冀区域一体化发展报告（2012）》，社会科学文献出版社，2012。
[27] 关晓光、刘柳：《基于修正引力模型的京津冀城市群空间联系分析》，《城市问题》2014 年第 11 期。
[28] 祝辉、张晋晋、安树伟：《城市群发展状态的测度研究——以京津冀城市群为例》，《工业技术经济》2014 年第 9 期。
[29] 牛方曲、刘卫东、宋涛、胡志丁：《城市群多层次空间结构分析算法及其应用——以京津冀城市群为例》，《地理研究》2015 年第 34（8）期。
[30] 赵渺希、魏冀明、吴康：《京津冀城市群的功能联系及其复杂网络演化》，《城市规划学刊》2014 年第 1 期。
[31] 陆玉麟：《论点—轴系统理论的科学内涵》，《地理研究》2002 年第 22（4）期。
[32] 祝尔娟、李茂勋：《京津冀产业发展升级的现实依据》，载祝尔娟、王安伟、陈安国等《京津冀产业发展升级研究》，中国经济出版社，2011。
[33] 李青淼、张梦心：《京津冀承载力相关数据及空间分布》，载文魁、祝尔娟等《京津冀发展报告（2013）——承载力测度与对策》，社会科学文献出版社，2013。
[34] 马菲菲、李国平：《京津冀大都市圈城市职能演变及其影响因素》，载李国平、陈红霞等《协调发展与区域治理：京津冀地区的实践》，北京大学出版社，

2012。
[35] 吴康:《京津冀城市群职能分工演进与产业网络的互补性分析》,《经济与管理研究》2015 年第 36 (3) 期。
[36] 石郑:《京津冀协同发展下的城市功能分工与互补性研究》,首都经济贸易大学硕士学位论文,2016。
[37] 曾鹏、罗艳:《中国十大城市群城市职能结构特征比较研究》,《中国科技论坛》2013 年第 2 期。
[38] 周一星、R·布雷德肖:《中国城市(包括辖县)的工业职能分类——理论、方法和结果》,《地理学报》1988 年第 43 (4) 期。
[39] 陈航、栾维新、王跃伟:《首都圈内城市职能的分工与整合研究》,《中国人口资源与环境》2005 年第 5 期。
[40] 李佳洺、孙铁山、李国平:《中国三大都市圈核心城市职能分工及互补性的比较研究》,《地理科学》2010 年第 30 (4) 期。

皮书起源

“皮书”起源于十七、十八世纪的英国，主要指官方或社会组织正式发表的重要文件或报告，多以“白皮书”命名。在中国，“皮书”这一概念被社会广泛接受，并被成功运作、发展成为一种全新的出版形态，则源于中国社会科学院社会科学文献出版社。

皮书定义

皮书是对中国与世界发展状况和热点问题进行年度监测，以专业的角度、专家的视野和实证研究方法，针对某一领域或区域现状与发展态势展开分析和预测，具备原创性、实证性、专业性、连续性、前沿性、时效性等特点的公开出版物，由一系列权威研究报告组成。

皮书作者

皮书系列的作者以中国社会科学院、著名高校、地方社会科学院的研究人员为主，多为国内一流研究机构的权威专家学者，他们的看法和观点代表了学界对中国与世界的现实和未来最高水平的解读与分析。

皮书荣誉

皮书系列已成为社会科学文献出版社的著名图书品牌和中国社会科学院的知名学术品牌。2016 年，皮书系列正式列入“十三五”国家重点出版规划项目；2012~2016 年，重点皮书列入中国社会科学院承担的国家哲学社会科学创新工程项目；2017 年，55 种院外皮书使用“中国社会科学院创新工程学术出版项目”标识。

中国皮书网

发布皮书研创资讯，传播皮书精彩内容
引领皮书出版潮流，打造皮书服务平台

栏目设置

关于皮书：何谓皮书、皮书分类、皮书大事记、皮书荣誉、
皮书出版第一人、皮书编辑部

最新资讯：通知公告、新闻动态、媒体聚焦、网站专题、视频直播、下载专区

皮书研创：皮书规范、皮书选题、皮书出版、皮书研究、研创团队

皮书评奖评价：指标体系、皮书评价、皮书评奖

互动专区：皮书说、皮书智库、皮书微博、数据库微博

所获荣誉

2008 年、2011 年，中国皮书网均在全国新闻出版业网站荣誉评选中获得“最具商业价值网站”称号；

2012 年，获得“出版业网站百强”称号。

网库合一

2014 年，中国皮书网与皮书数据库端口合一，实现资源共享。更多详情请登录 www.pishu.cn。

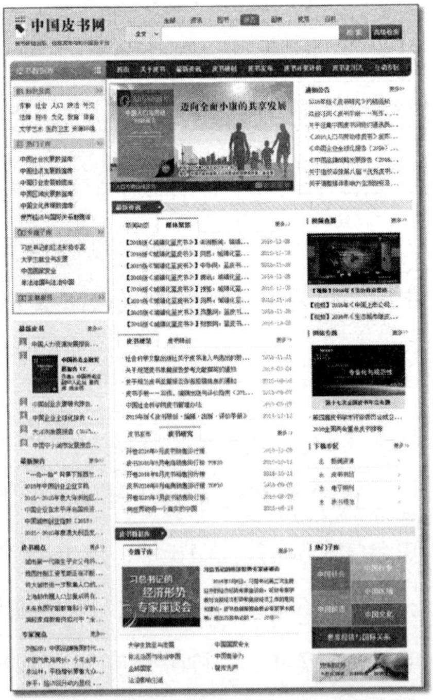

S 子库介绍
Sub-Database Introduction

中国经济发展数据库

涵盖宏观经济、农业经济、工业经济、产业经济、财政金融、交通旅游、商业贸易、劳动经济、企业经济、房地产经济、城市经济、区域经济等领域，为用户实时了解经济运行态势、 把握经济发展规律、 洞察经济形势、 做出经济决策提供参考和依据。

中国社会发展数据库

全面整合国内外有关中国社会发展的统计数据、 深度分析报告、 专家解读和热点资讯构建而成的专业学术数据库。涉及宗教、社会、人口、政治、外交、法律、文化、教育、体育、文学艺术、医药卫生、资源环境等多个领域。

中国行业发展数据库

以中国国民经济行业分类为依据，跟踪分析国民经济各行业市场运行状况和政策导向，提供行业发展最前沿的资讯，为用户投资、从业及各种经济决策提供理论基础和实践指导。内容涵盖农业，能源与矿产业，交通运输业，制造业，金融业，房地产业，租赁和商务服务业，科学研究，环境和公共设施管理，居民服务业，教育，卫生和社会保障，文化、体育和娱乐业等 100 余个行业。

中国区域发展数据库

对特定区域内的经济、社会、文化、法治、资源环境等领域的现状与发展情况进行分析和预测。涵盖中部、西部、东北、西北等地区，长三角、珠三角、黄三角、京津冀、环渤海、合肥经济圈、长株潭城市群、关中—天水经济区、海峡经济区等区域经济体和城市圈，北京、上海、浙江、河南、陕西等 34 个省份及中国台湾地区 。

中国文化传媒数据库

包括文化事业、文化产业、宗教、群众文化、图书馆事业、博物馆事业、档案事业、语言文字、文学、历史地理、新闻传播、广播电视、出版事业、艺术、电影、娱乐等多个子库。

世界经济与国际关系数据库

以皮书系列中涉及世界经济与国际关系的研究成果为基础，全面整合国内外有关世界经济与国际关系的统计数据、深度分析报告、专家解读和热点资讯构建而成的专业学术数据库。包括世界经济、国际政治、世界文化与科技、全球性问题、国际组织与国际法、区域研究等多个子库。